Manual de narrativa

Eloy M. Cebrián

Manual de narrativa

Cómo invocar a las musas y escribir una gran novela

Berenice

www.editorialberenice.com

Primera edición: mayo, 2022

Colección MANUALES BERENICE

Director editorial: Javier Ortega
Maquetación: Daniel Valdivieso Ramos

Impresión y encuadernación: Romanyà Valls
ISBN: 978-84-18648-15-1
Depósito legal: CO-461-2022

Impreso en España / *Printed in Spain*

Para María Eugenia,
mi compañera,
con quien sigo escribiendo.

Índice

Prólogo

Estimado lector:

Me voy a tomar la libertad de tutearte aunque no nos conozcamos, porque es probable que nos hayamos cruzado ya en las páginas de más de un libro. Los escritores leemos mucho. No sé de un solo escritor que antes no haya sido también un lector contumaz. Siempre he pensado que los muchos años en los que me limité a ser un lector fueron la parte fundamental de mi aprendizaje literario. Sin ese poso que fueron dejando en mí todos aquellos libros, yo nunca habría sentido la necesidad de empezar a escribir. Sin el asombro que encontré en aquellos miles de páginas, jamás me habría decidido a pasar a la acción. A la escritura, como a casi todo en la vida, se llega por el deseo de emular a quienes admiramos. Este deseo conduce a la imitación, que es la clave del aprendizaje. Pero hay un momento previo, un momento que con frecuencia dura muchos años, en el que el tanque de la creación se va llenando gracias a la lectura. A veces, ese tanque rebosa y nace un nuevo escritor.

Mi vocación literaria fue tardía y no recuerdo que la desencadenara nada en concreto. Aunque puede que fuera el aburrimiento. Tenía treinta años y un trabajo que no acaparaba todo mi tiempo, y vivía solo la mayor parte de la semana. Lo que nunca pude imaginar es que aquel arrebato me llevaría tan lejos. Al cabo de estos años, con diez novelas, dos libros de relatos y varias colecciones de artículos publicadas, creo poder afirmar que lo que empezó como una afición se ha convertido en algo más. Hoy en día no comprendería mi vida sin la escritura. Si algún motivo me obligara a dejar de escribir, sentiría que me habían arrebatado algo esencial, como si Batman tuviera que dejar de ser Batman. Muchas veces me han preguntado qué es para mí la escritura, y yo siempre respondo que la escritura es mi personalidad secreta. La mayor parte del tiempo soy un profesor de instituto que dedica el grueso de su existencia a dar sus clases, a corregir exámenes y a soñar con el día de la jubilación. Pero hay momentos en los que me desprendo del profesor y dejo salir a otro Eloy Cebrián, el que coloca una «M» mayúscula y un punto entre su nombre y su primer apellido, el que escribe novelas y las publica, el que a veces se encuentra con sus lectores en presentaciones y ferias del libro. Y me siento muy orgulloso de ese Eloy alternativo que algo tiene de personaje de ficción. A Eloy Cebrián, el profesor, lo modeló la vida. A Eloy M. Cebrián, el escritor, lo construí yo.

Pero mi *yo* literario no nació de la noche a la mañana. El deseo de escribir un libro no te convierte en escritor por arte de magia. Tampoco el hecho de escribirlo. Si me apuras, ni siquiera el tener un libro publicado hace de ti un escritor de verdad. Mucha gente escribe hoy en día. En las redes sociales abundan los literatos de toda índole; miles de personas tratan de vender sus libros a través de Amazon y de otras plataformas y editoriales de autoedición. Otro fenómeno relacionado es la proliferación de los talleres literarios. Esta democratización de la literatura tiene su lado bueno, sin duda, porque permite que emerjan nuevos talentos que hace años lo habrían tenido mucho más difícil para dar a conocer su trabajo. La cruz de la moneda es que entre semejante avalancha de libros cada vez es más complicado distinguir lo bueno de lo mediocre, al menos a simple vista. Para no perdernos entre esta jungla de páginas impresas, la mayoría de los lectores seguimos confiando en la figura del editor. De modo que aplicamos el principio de que un libro que ha logrado abrirse camino entre muchos otros hasta ser publicado por una editorial y acabar en las librerías, es un libro que hay que tomarse en serio. ¿Significa eso que todos los libros publicados merezcan la pena? En absoluto, pero es el mejor criterio que conozco para decidir si voy a dedicarle a un libro unas cuantas horas de mi vida (recuerda la máxima de Hipócrates: *Ars longa, vita brevis*). Naturalmente, uno debe dejar cierto margen a la sorpresa, y es verdad que me he topado con más de un libro autoeditado o publicado por editoriales minúsculas que me ha parecido magnífico. Pero la experiencia de los profesionales del mundo de la edición sigue siendo imprescindible. Y dudo que haya un solo aspirante a escritor cuyo mayor deseo no sea que sus obras sean publicadas por una editorial comercial. ¿Pero eso cómo se consigue?

He aquí el secreto: se consigue al cabo de infinidad de lecturas, después de incontables horas de trabajo solitario y tras recorrer un camino empedrado de rechazos y decepciones. Si el precio de escribir y publicar te parece excesivo, quizás no merezca la pena que sigas leyendo. Aunque ahora viene la buena noticia, porque hoy en día existen recursos (llámalos atajos, si quieres) que facilitan algo el proceso. La participación en un taller de escritura es uno de ellos.

Durante un par de horas a la semana, me reúno con un grupo de personas que quieren escribir novelas y relatos, y les explico las recetas a las que he llegado después de muchos años de ensayo y error; les cuento de dónde han venido mis ideas y cómo salgo a buscarlas cuando las musas se muestran poco generosas; les expongo, paso a paso, el proceso por el que una diminuta ocurrencia puede llegar a convertirse en un cuento o en toda una novela; cuáles son las condiciones que debe cumplir una trama para interesar y arrastrar a los lectores; cómo realizar un buen *casting* de personajes, esos actores imaginarios que son los encargados de contar nuestras historias; les hablo del estilo, que es una mezcla entre caja de herramientas y paleta de colores, y sirve para que el lenguaje de cada día se convierta en literatura; les hablo de mis escritores favoritos y de lo que he aprendido de cada uno de ellos; les muestro la maquinaria interna de las historias, todos esos resortes, ruedas y engranajes que no se suelen percibir a simple vista. Les hablo de cómo convertir sus ideas en narraciones, de cómo combatir la pereza y la frustración; les revelo algunos de los trucos del oficio (no todos, porque siempre conviene guardarse algún as en la manga). En definitiva, trato de ayudarles a convertirse en los mejores escritores que puedan llegar a ser, siempre con la advertencia de que aprender a escribir se parece a dominar un instrumento musical en que, por muy buenos que lleguemos a ser, siempre podremos llegar a hacerlo mejor.

Igual que hacen mis alumnos del instituto, a veces los alumnos del taller me preguntan si les voy a entregar copia de los apuntes, y siempre me resisto a ello. Les pido que escuchen y que tomen notas de lo que más les interese o más útil les parezca. Sobre todo, les pido que pregunten y participen lo más posible. Con eso trato de que dejen de darme la murga con lo de los apuntes, porque la verdad es que no tengo apuntes que entregarles. Preparo mis talleres con algunas notas y ejemplos, y luego dejo mucho espacio para la improvisación. He comprobado que, conforme expongo algún aspecto del oficio de escribir, hay infinidad de detalles que se me ocurren sobre la marcha, porque me vienen a la memoria los momentos en que me he visto en esa misma tesitura (la de escribir un diálogo, la de hacer una descripción de un lugar o de un personaje, la de realizar saltos temporales en una narración…), los problemas con los que me he encontrado y las formas que he encontrado de superarlos. Tengo comprobado que los alumnos suelen encontrar más entretenidas y aprovechables mis improvisaciones que las partes preparadas. Sin embargo, como improvisaciones que son, suelen tener una vida efímera: existen mientras hablo de ellas, pero luego tienden a desvanecerse. Es lo mismo que pasa con las ideas que se nos ocurren para relatos, para tramas y para personajes: si no tomamos nota de ellas de inmediato, se esfuman y no hay forma de recuperarlas. Ese es uno de los motivos que me han movido a escribir este libro: quiero dejar constancia escrita de las cosas que he aprendido a lo largo de estos veinticinco años que llevo escribiendo, y no solamente de las técnicas fundamentales, que son muy parecidas a las que podrás encontrar en cualquier otro manual de narrativa, sino de esas recetas personales que surgen en todos los talleres de manera más o menos espontánea, con frecuencia en forma de anécdotas, y que son las que los alumnos más disfrutan. Hablar de técnica literaria puede resultar muy abstracto, incluso árido. Hablar de las experiencias vividas mientras escribimos resulta mucho más ameno, pues la narración viene acompañada del aroma del recuerdo, de lo inmediato, de lo vivido. Y he aquí uno de los primeros consejos que encontrarás en este manual: evita lo abstracto y haz que tus historias desciendan siempre al ámbito de lo concreto. Seguro que tus lectores las disfrutarán mucho más. Y tú también al escribirlas.

Este manual está dedicado a los alumnos de mis talleres literarios, tanto a los adultos como a los chicos de mi taller juvenil, esos jóvenes que quieren convertirse en escritores y que no temen hacer frente a las dificultades que van a encontrarse en el camino. Con estas páginas les entrego por fin esos apuntes que tantas veces me han reclamado y que yo me había resistido a elaborar hasta el momento. Es justo que ellos sean los primeros destinatarios de este manual, pues muchas de las explicaciones contenidas en él surgieron de sus preguntas, de sus dudas y de sus inquietudes. Y de su entusiasmo, por supuesto.

Pero también está dedicado a ti, en quien me gusta pensar como un alumno secreto, un alumno al que no conocía hasta que te decidiste a abrir las páginas de este libro. Lo más probable es que nunca hayas asistido a un taller literario. Puede que en tu localidad no existan, que el trabajo y las obligaciones no te hayan dejado tiempo o, sencillamente, que no lo consideres necesario. No voy a discutirte esto último. Yo también era muy escéptico con respecto a los talleres. Jamás asistí a ninguno ni los eché de menos, y solo cambié de opinión cuando me ofrecieron ser profesor de un taller y decidí aceptar. Entonces comprobé que los talleres funcionan, que realmente ayudan a los escritores en ciernes. Para empezar, son un lugar de encuentro donde los apasionados de la escritura intercambian experiencias y se brindan apoyo mutuo. Además, las recomendaciones del profesor, que también es un escritor en activo, ayudan a que los alumnos se ahorren unos cuantos pasos y más de un error. Tú, sin embargo, parece que has optado por ser un lobo solitario. Y aun así te invito a que te adentres de forma decidida en estas páginas, pues estoy convencido de que en ellas encontrarás algunas respuestas y un buen puñado de consejos útiles. Este libro no va a hacer de ti un escritor profesional de la noche a la mañana. Ni siquiera puedo prometerte que sus ejercicios y recomendaciones vayan a convertirte en un escritor mucho mejor del que ya eres. Lo que sí te garantizo es que te contaré cosas en las que no habías pensado y te mostraré caminos que todavía no has recorrido. También te aseguro que el viaje merecerá la pena.

Eloy M. Cebrián
Albacete, 14 de marzo de 2021

1.
Las ideas

INVOCANDO A LAS MUSAS

Si fueras un poeta o dramaturgo griego de la antigüedad, no tendrías el menor problema para encontrar ideas con las que trabajar. Te limitarías a acudir al mismo manantial donde todos los artistas griegos llevaban cientos de años abasteciéndose: la mitología. Aunque para un griego antiguo la mitología no era una simple fuente de historias fantásticas, sino algo que se remontaba a la raíz misma de su cultura, y de lo que se valía para explicar su historia y sus creencias. Si fueras un poeta o dramaturgo griego escribirías sobre los héroes de Troya, como Aquiles, Héctor y Ulises; sobre el legendario rey tebano Edipo, que mató a su padre y se casó con su madre; escribirías sobre las hazañas del forzudo Hercales; y sobre los dioses: Zeus, Atenea, Apolo, Poseidón, Afrodita… Sobre intrigas olímpicas, luchas y traiciones, y sobre cómo las vidas de los dioses y de los hombres se cruzaban con frecuencia. Ya lo ves, para los artistas griegos, encontrar ideas no era difícil. Por entonces, la originalidad no era un concepto tan apreciado como ahora y nadie creía que fuera un problema escribir sobre lo que ya se había escrito, cantar lo que ya se había cantado, con tal de que se hiciera bien.

Por si fuera poco, los artistas griegos contaban con poderosos aliados para encontrar inspiración. O, aliadas, mejor dicho. Se trataba de las Musas, que eran unas deidades de aspecto femenino (su número exacto todavía se discute, aunque suele hablarse de nueve) que servían de intermediarias entre el poeta, músico o dramaturgo y el dios Apolo, al que se consideraba la fuente suprema de la creación artística. Era frecuente que un poeta griego comenzara una composición pidiendo la intervención de la Musa, es decir, invocándola. Así rezan los primeros versos de la Odisea:

> Háblame, Musa, del hombre de múltiples tretas que por muy largo tiempo anduvo errante, tras haber arrasado la sagrada ciudadela de Troya, y vio las ciudades y conoció el modo de pensar de numerosas gentes.
>
> Trad. de Carlos García Gual

Las Musas tenían dedicados santuarios a los que se podía acudir para hacerles ofrendas y sacrificios y recabar de ese modo sus favores. Se llamaban «museos», una palabra que con el tiempo se usó para designar un tipo de institución diferente, aunque también relacionada con el arte y con la cultura.

Por suerte para ellos, los griegos tenían bien resuelto este asunto de la inspiración que a los escritores nos ha traído siempre de cabeza. De hecho, hoy en día oímos hablar con frecuencia del «bloqueo» del escritor, que se puede definir como la sensación de parálisis que se experimenta ante un papel o una pantalla en blanco. ¿A quién no le ha ocurrido?

Empezar a escribir una historia no es como saltar desde un trampolín. No basta con estar decidido a hacerlo, dar un paso en el vacío y confiar en que la fuerza de la gravedad se encargue del resto. Es verdad que en el instante de escribir la primera palabra se siente cierto vértigo, pues comprendemos que estamos a punto de dar un paso importante. Pero antes de ese momento debe haber un tiempo de preparación, más o menos largo, que nos habrá conducido hasta el comienzo de la escritura propiamente dicha. Los atletas con experiencia saben que antes de la carrera es necesario calentar. En la carrera de fondo que viene a ser la escritura, el calentamiento, los preparativos son importantes. Nadie debería lanzarse a escribir una historia sin prepararlo todo antes concienzudamente. Es decir, nadie a quien no le seduzca la idea de perder el tiempo y malgastar horas de trabajo. Sospecho que tú tampoco eres amigo de desperdiciar tu tiempo, por lo que te hablaré a fondo de todo ese trabajo previo a la escritura cuya importancia estoy tratando de subrayar. De momento hablaremos únicamente del nacimiento de la idea principal. En capítulos posteriores estudiaremos técnicas para convertir esa idea en todo un argumento que nos sirva como soporte de un relato o de una novela.

HÁGASE LA LUZ

Tratemos de imaginar el nacimiento de una idea. Supongo que un neurólogo lo podría explicar mucho mejor, pero me imagino que el primer paso será una especie de destello, un neurotransmisor que transporta un impulso electroquímico desde una neurona a su vecina. Y así se pone en marcha una especie de reacción en cadena: neuronas que encienden las neuronas adyacentes hasta que una parte de nuestro cerebro empieza a brillar como cuando encendemos las luces del árbol de Navidad. La pena es que ese mecanismo suele producirse de un modo ajeno a nuestra voluntad, es decir, es espontáneo y no podemos iniciarlo ni controlarlo. Por si fuera poco, se trata de un proceso en buena medida irracional en el que participan las zonas más profundas y oscuras de nuestra mente, ese territorio en penumbra que los psiquiatras llaman «el inconsciente». Del mismo modo que no podemos controlar el contenido de nuestros sueños, nos resulta imposible forzar el nacimiento de una idea sobre la que crear una historia, eso que los retóricos romanos llamaban *inventio,* lo que puede traducirse por «hallazgo».

La diferencia es que ellos contaban con un repertorio prefijado de temas al que acudir, mientras que nosotros tenemos que salir a buscar ideas al ancho mundo, o bien esperar a que se nos ocurran.

Pero todo esto no significa que no podamos hacer absolutamente nada para estimular la creatividad. De hecho, los amantes del deporte afirman que un rato de ejercicio ayuda a adquirir un estado mental propicio para la inventiva. Un ejemplo de este espécimen del escritor atleta es el japonés Haruki Murakami, uno de mis novelistas contemporáneos favoritos y eterno candidato al Nobel. Murakami escribe entre las cuatro y las diez de la mañana, y dedica las tardes a la práctica deportiva, en concreto al *running* y a la natación. Por desgracia, no te puedo confirmar por propia experiencia que esto funcione, del mismo modo que tampoco puedo afirmar que la meditación, el yoga o el taichí sirvan para nada, creativamente hablando. Me imagino que cada escritor tiene sus métodos y sus ritos. Truman Capote siempre escribía en la cama. Balzac consumía no menos de cincuenta tazas de café al día. Victor Hugo usaba siempre la misma indumentaria para escribir, consistente en una túnica de color rojo y sandalias. El guionista Dalton Trumbo escribía dentro de la bañera, donde llegó a permanecer hasta veinte horas. Otros escritores han recurrido a las drogas y al alcohol. Ya ves que somos gente poco convencional tirando a muy rara. El hecho de que se te haya despertado la vena creativa significa que seguramente también tú lo seas, de modo que ve haciéndote a la idea.

De momento no he probado nada de lo expuesto hasta ahora. Sin embargo, si alguien me asegura que una gorra de Mickey Mouse calada hasta las cejas me ayudaría a alumbrar una novela de éxito, no duraría en hacerme con una de inmediato. Aunque algunas cosas raras sí que he hecho, justo es reconocerlo.

Hubo una época en que me dedicaba sobre todo a escribir relatos, un género tan apasionante como difícil, y con el inconveniente añadido de que la producción constante de relatos precisa de una imaginación muy fértil. No en vano cada relato nace de una idea distinta, por lo que la máquina generadora de ideas del cuentista ha de funcionar a pleno vapor y encontrarse siempre bien engrasada. Yo usaba una libretita (más tarde volveremos a esto) en la que apuntaba ideas y gérmenes argumentales, pero llegó un día en que el material de la libretita se agotó y las ideas nuevas se mostraban reacias a acudir. Pues bien, no se me ocurrió nada mejor que encerrarme en una habitación completamente oscura, sentarme en una silla y esperar. Lo de la oscuridad era para eliminar cualquier estímulo exterior que me distrajera. Lo de la silla, por miedo a estar demasiado cómodo y quedarme dormido. Tengo que reconocer que al principio me sentí un poco imbécil, pero no habían pasado ni cinco minutos cuando mi cerebro empezó a funcionar como nunca lo haría en otras circunstancias. No había pasado ni media hora cuando salí de la habitación con al menos cinco ideas para nuevos relatos. Y me refiero a ideas sólidas que incluían esbozos de personajes y de argumentos. La cosa tiene su lógica, porque nuestro cerebro no es amigo de la inactividad. Cuando no tiene nada que hacer, funciona a su manera. Por la noche, inventa sueños y alguna que otra pesadilla. Durante la vigilia, hace lo mismo, pero en forma de ideas.

Y ahora tengo que reconocer que nunca más he recurrido a este método del aislamiento sensorial. En primer lugar, porque creo que no me he vuelto a encontrar en esa situación de sequía de ideas (lo que es muy distinto de la sequía creativa, es decir, el hecho de no escribir durante largos períodos de tiempo, algo que sí me ha ocurrido con frecuencia). Pero también porque mi fiebre por la escritura de relatos concluyó pronto, tan pronto como comprobé que el género novelístico era, en general, más sencillo (o menos exigente), y que las novelas tenían una salida editorial menos complicada que los cuentos.

Volviendo a esta técnica del aislamiento sensorial, te animo a que la practiques al menos en una ocasión. Siempre resulta interesante vivir la experiencia de quedarse a solas con uno mismo, prescindiendo de cualquier actividad que nos distraiga, ya sea el móvil o el ordenador, aunque solo los estés usando para escuchar música. Es cierto que quizás precises de cierta práctica y disciplina, pero seguramente los resultados te van a sorprender. Aunque te aviso de que es posible que no todas las ideas que se te ocurran sean agradables. Todos tenemos una parte oscura adentro que solemos enterrar bajo muchas capas de disimulo y convencionalidad. Asomarse a ese lado oscuro puede resultar aterrador, pero los escritores de verdad debemos acostumbrarnos a mirar las partes menos agradables de la vida, incluyendo la nuestra, pues es precisamente en esos rincones polvorientos donde la luz nunca llega donde nos aguardan algunas de las mejores historias.

Pero hay otros momentos del día que son también propicios para el alumbramiento de ideas. Mis preferidos son esos ratos de duermevela que preceden al sueño, un tiempo de una duración variable. En mi caso suelen ser apenas unos minutos, pero ese territorio fronterizo entre el sueño y la vigilia me ha proporcionado algunas de mis mejores ideas. El giro principal de la trama de mi novela *Madrid, 1616* se materializó en mi cabeza mientras estaba en la cama, con los ojos cerrados, esperando que el sueño me indultara de las preocupaciones del día. La idea me pareció tan buena que me incorporé de un salto para apuntarla antes de que se desvaneciera, que es lo que tienden a hacer las ideas (las buenas y las no tan buenas) si uno no las anota de inmediato.

¿Qué tiene ese estado previo al sueño para que las ideas, que a menudo se muestran tan remisas, acudan a nuestra cabeza con semejante docilidad? Creo que la respuesta es que en esos momentos la mente comienza a liberarse, a cortar los vínculos que nos mantienen atados la realidad durante el día. La tiranía de las obligaciones diarias (el trabajo, los quehaceres domésticos, el cuidado de nuestra familia...) nos fuerza a permanecer atentos y despiertos, un estado poco propicio a que la imaginación levante el vuelo. Por motivos similares, otro de los momentos en que suelen ocurrírseme ideas valiosas son los primeros compases del día, especialmente cuando tengo que madrugar. Y no es mientras estoy en la cama cuando esto me ocurre, sino en el momento en que me coloco bajo el chorro cálido de la ducha. Más de una vez he despertado de un ensueño creativo para darme cuenta de que el reloj había seguido avanzando implacable y por tanto iba a llegar tarde al trabajo. Además, como puedes imaginar mis recibos de gas tienden a ser espantosos.

LA GUARIDA DEL ESCRITOR

Al margen del aislamiento sensorial, hay maneras mucho más ortodoxas y comunes de activar nuestros procesos creativos. O, dicho de otro modo, de solicitar los favores de las Musas. Y no te olvides de que son deidades y, como tales, exigen sacrificios. Los antiguos griegos sacrificaban animales. Pero, tranquilo, las Musas modernas se conforman con sacrificios menos cruentos, aunque tampoco lo ponen fácil, porque lo que van a pedirte es, nada más y nada menos, que tú mismo te ofrezcas como sacrificio.

Siento darte la mala noticia, pero la tarea del escritor es exigente. Se trata de un camino largo que nadie recorre con facilidad, un trabajo que requiere grandes dosis de paciencia, de dedicación y de esfuerzo. No niego con ello la posibilidad de que alguna gran idea pueda caerte llovida del cielo. J. K. Rowling ha contado muchas veces que la idea de un colegio de magos se le ocurrió en un viaje en tren entre Manchester y Londres, lo que explica la importancia de los viajes en tren en los libros de Harry Potter. Sin embargo, me niego a pensar que la inspiración del colegio Hogwarts y todo lo demás no existiera ya en su cabeza desde mucho antes, quizás desde sus días escolares, en forma del minúsculo germen de una idea que fue nutriéndose de experiencias vitales y lecturas a lo largo de los años.

El novelista israelí Amos Oz comparaba el trabajo del escritor con el del propietario de una pequeña tienda de barrio. Afirmaba que todos los días acudía a abrir su tienda según un horario fijo y se colocaba detrás del mostrador, y ello sin tener la menor seguridad de que durante esa jornada fuera a vender nada en absoluto. Sin embargo, si a algún cliente se le ocurría presentarse en su tienda, lo encontraría al pie del cañón.

Son muchos los escritores (sobre todo novelistas) que han comparado la tarea del escritor con la de un escribiente, uno de aquellos antiguos oficinistas que realizaban largas y tediosas jornadas sentados delante de su escritorio. La visión no puede ser menos romántica, y al mismo tiempo más real. Así pues, si quieres propiciar los favores de las Musas, hazte a la idea de que tendrás que abrir tu tiendecita y quedarte esperando su visita. O quizás prefieras la metáfora del escribiente sentado tras un viejo escritorio de madera oscura, como el inolvidable personaje de Bob Cratchit en *Una canción de Navidad*, de Dickens, o el no menos inolvidable *Bartleby, el escribiente*, de Herman Melville (¿cómo que no has leído ese cuento? ¡Corre ahora mismo a hacerlo!). Este es el sacrificio principal que exige la musa que visita a los novelistas y narradores en general hoy en día: largas horas de dedicación y de confinamiento solitario.

Disuasorio, ¿verdad?

En fin, piensa que, si realmente fuera tan malo, nadie escribiría, y que yo sepa todavía no existe un programa informático que haga el trabajo. No dudo que para mucha gente la idea de permanecer días y días encerrada trabajando en un proyecto cuyo éxito nadie puede garantizar resulte poco estimulante. Sin embargo, hay personas que aman la soledad y no hacen ascos a un encierro prolongado. Isaac Asimov, el maestro norteamericano de la ciencia ficción, se definía a sí mismo como claustrófilo, es decir, como amante de los espacios cerrados. Contaba que de niño su sueño era encerrarse en uno de aquellos minúsculos quioscos de prensa y revistas que había en el metro de su ciudad, Nueva York, y leer sus publicaciones de ciencia ficción favoritas mientras oía el fragor de los trenes al pasar.

Por todo lo dicho, deberías ir pensando en dónde y cómo vas a montar tu oficina, tu tiendecita, tu guarida o (como ves, los escritores nunca andamos escasos de metáforas) tu santuario personal dedicado a las Musas. Lo ideal sería un amplio estudio abuhardillado con oscuras vigas de madera en el techo, largos anaqueles repletos de libros, una chimenea en la que arde un fuego crepitante, alfombras mullidas y un gran escritorio de nogal sobre el que colocar tu iMac último modelo y su monitor de 32 pulgadas. Y puede que también un gran danés bostezando delante del fuego. Pero si no dispones de nada de eso, no te preocupes, la mayoría de los escritores nos las apañamos con mucho menos. Basta con cualquier rincón tranquilo, a ser posible bien iluminado y ventilado, pero ni siquiera esto es fundamental. Lo más importante es que sea un lugar que puedas reclamar como propio, aunque se trate de la habitación de la plancha o un armario debajo de la escalera como aquel en el que Harry Potter dormía en casa de los Dursley.

Si vives solo o en compañía de tu gran danés, gozas de una situación envidiable para convertirte en escritor. Si no es así, tendrás que pelear para conquistar tu guarida y prepararte para defenderla de intrusiones. Por ello te recomiendo que aproveches un momento en que toda la familia esté reunida en la mesa (durante la comida o cena es lo más socorrido), des unos golpecitos con el cuchillo en un vaso para reclamar silencio y les hables usando el tono más serio y firme que te salga. Diles que has decidido convertirte en escritor, que tu carrera empieza hoy mismo y que necesitas que tu espacio y tu tranquilidad se respeten. Me imagino los aspavientos de tu pareja, el pitorreo de tus hijos y la cara de perplejidad de tu suegra, pero no te desanimes por ello. Insiste en que la escritura es un trabajo para el que se necesita soledad y calma, diles que para ti es algo tremendamente importante, negocia, si es necesario. Y, una vez alcanzado un acuerdo, disponte a defender tu guarida de escritor como si se tratara de un castillo, pues la conquista de ese espacio propio es el primer escalón de tu carrera literaria.

Pero el lugar de trabajo de un escritor (su *scriptorium*, como decían los monjes medievales) es mucho más que su castillo.

EL CUARTO DE LAS BRUJAS

En su libro *La práctica del relato*, el narrador y profesor de escritura Ángel Zapata equipara el lugar de trabajo del escritor con la habitación de jugar de un niño, pues ambos son sitios en los que la imaginación lo hace todo posible. Estoy muy de acuerdo con esta idea. Además, la metáfora del escritor como niño que juega me parece mucho más agradable que la del escritor-escribiente atado a su mesa de trabajo como un galeote a su remo. Pero no se trata únicamente de buscarle a nuestro oficio su aspecto más lúdico (que lo tiene). Hay mucho de real en la idea de que el lugar donde escribimos es como una ventana abierta por donde pueden colarse todas las historias. También me parece interesante que nos acostumbremos a pensar en nuestro espacio creativo como en un territorio sin límites y sin reglas, con esa misma osadía que permite a un niño imaginar que está en otro planeta, en el *Far West* o en el país de Mordor, y todo ello sin salir de su cuarto.

Cuando yo era niño pasaba mucho tiempo en casa de mis abuelos, un caserón grande y profundo que ahora solo existe en mi memoria y en mis sueños. En el extremo más remoto de la casa había un trastero donde se amontonaban cajas y baúles repletos de cosas antiguas y fascinantes. Recuerdo unos elegantes estuches de color burdeos llenos de muestras de los perfumes que mi abuelo llevaba de comercio en comercio como representante. Había también instrumental de laboratorio y herramientas de dentista (yo no sabía muy bien de qué se trataba, lo que lo hacía todo mucho más interesante). En los baúles se guardaban viejas colchas y prendas antiguas. Y había una caja llena de muñecos de guiñol. Las posibilidades de inventar juegos con todo aquello eran infinitas, como mi hermano y yo descubrimos. Un día, el trastero se convertía en el laboratorio de un científico loco en una película de terror. Al siguiente, con las colchas y cuerda montábamos un escenario y representábamos funciones de títeres para toda la familia. En una ocasión construimos un campamento indio. Incluso nos inventamos una nave espacial que mi hermano tripulaba mientras yo me encargaba de los efectos especiales. Llamábamos a aquel trastero «el cuarto de las brujas», aunque no sé si el nombre fue idea nuestra o de los mayores, quizás para disuadirnos de entrar allí. Si así era, tuvieron poco éxito.

Conforme uno va madurando, cada vez experimenta con más frecuencia el síndrome del «paraíso perdido», que consiste en que comenzamos a ver nuestra infancia como una especie de territorio mítico al que, de forma más o menos consciente, desearíamos regresar. Lo de «territorio mítico» significa que esa infancia por la que suspiramos tal vez no se parezca mucho a la que realmente nos tocó vivir. Aunque este paraíso infantil se base en nuestros recuerdos, el filtro de la memoria suele embellecer lo vivido, eliminar las partes más amargas y teñirlo todo con la luz cálida de la nostalgia. Yo mismo acabo de demostrar la existencia de este síndrome al evocar la casa de mis abuelos y el trastero donde mi hermano y yo jugábamos. Estoy seguro de que toda esa diversión y esas emociones que recuerdo fueron solo los momentos más brillantes entre muchas horas de polvo y tedio. Por suerte, la memoria humana es imperfecta, lo que casi siempre juega a nuestro favor.

¿Que por qué te estoy contando todo esto? Muy sencillo, porque durante los muchos años que ya dura mi edad adulta, lo único que me ha hecho recuperar esa sensación de emoción y de juego de mis años infantiles ha sido la escritura. Es más, te doy mi palabra de que lo mismo le ocurre a toda la gente que conozco que se ha tomado la escritura en serio. Habrás oído la expresión «disfrutar como un enano», entendiendo que aquí «enano» es una forma coloquial de referirse a un niño. Cada vez que un escritor entra en su lugar de trabajo y enciende su ordenador, es como si a la vez encendiera una máquina del tiempo que lo devuelve a la infancia, ese país ajeno a las leyes de lo cotidiano donde todas las aventuras eran posibles. Hazte escritor y serás siempre un niño, es decir, un niño con la inteligencia y la experiencia de un adulto, la mejor combinación posible. El director de cine Orson Welles tenía veinticinco años cuando dirigió *Ciudadano Kane*, su primera película. Cuando le preguntaron qué había pensado al tener a su disposición los enormes recursos de Hollywood, respondió que se había sentido como un niño al que le hubieran regalado «el tren eléctrico más caro del mundo». Pues bien, no hay escritor que no se haya sentido igual en muchas ocasiones.

LA IMPERFECTA MEMORIA

En la sección anterior me he referido a la memoria humana, que no se parece nada a la de los ordenadores. Cuando le pedimos a un ordenador que nos muestre una fotografía que archivamos en él hace cinco años, o un texto que escribimos hace una década, lo hará con un 100% de fidelidad. Es decir, la fotografía será exactamente la misma que archivamos y el texto idéntico al que escribimos en su momento. En otras palabras, serán la misma fotografía y el mismo texto. Sin embargo, lo más probable es que nuestra memoria nos hubiera predispuesto a una imagen y un texto diferentes. ¿Significa eso que nuestra memoria funciona mal? Exactamente, así es.

La memoria de la mayoría de la gente es imperfecta porque la evolución, ese colosal mecanismo biológico que nos ha creado como especie, no ha sido capaz de inventar nada mejor. Sin embargo, eso que parece un problema ha terminado siendo una bendición. Si no fuera porque nuestra memoria es imperfecta, la humanidad no habría tenido la necesidad de inventar la escritura, ni los libros, ni los ordenadores. Es más, nuestra memoria, con todas sus imperfecciones, es uno de los yacimientos de ideas más ricos de los que puede disponer un escritor.

En su novela *Soldados de Salamina*, Javier Cercas afirma que para escribir novelas «no hace falta imaginación, solo memoria», y sentencia que «las novelas se escriben combinando recuerdos». Esta máxima se la atribuye al novelista chileno Roberto Bolaño, que es, junto con el propio Cercas, uno de los personajes de la novela.

Combinar recuerdos como receta para la escritura. ¿Será cierto? Acabo de tomar de la estantería una de mis primeras novelas y he dedicado un buen rato a pasar sus páginas. Habla mucho del estudio de un fotógrafo, y resulta que en la planta baja de la casa de mis abuelos (siempre la casa de mis abuelos) había uno de estos estudios, y que yo pasaba muchas horas allí de niño, extasiado con la magia del revelado de imágenes, al que me permitían asistir. En otra novela aparece un personaje femenino clavadito a una novia que tuve hace muchos años. En una tercera, el personaje de una mendiga fue creado a imagen y semejanza de una señora que vendía estampas de santos en la esquina del instituto donde enseño. He hojeado algunos de mis cuentos. En uno de ellos se habla de la relación entre dos hermanos que tienen un sospechoso parecido con mi hermano y conmigo. Otro relato está basado en una anécdota que me ocurrió durante una visita a la ciudad de Edimburgo, y se convirtió también en la idea germinal de toda una novela.

Sigo hojeando las páginas que he escrito y rara es la novela, relato o artículo en los que no utilice mi vida, mis recuerdos, mis gustos y aficiones, mis lugares favoritos y las personas con las que me he cruzado como materia prima de la ficción. Lo he hecho de forma más o menos disimulada, de forma más o menos fiel. Este personaje es el vivo retrato de una persona a la que conocí (solamente le cambié el nombre para evitar problemas legales). Aquel otro, sin embargo, está construido con rasgos de varias personas distintas, como si se tratara de un pequeño monstruo de Frankenstein. La peripecia del protagonista de cierta novela está inspirada en mi propia desorientación cada vez que piso un aeropuerto...Y así podría seguir hasta concluir que la mayoría de las ideas que he usado para escribir mis historias son un reflejo de mis vivencias.

¿Quiere decir eso que, en realidad, las obras que leemos como ficción son una especie de autobiografías encubiertas? No me atrevería a afirmarlo de forma rotunda. La relación que cada escritor mantiene con sus argumentos y con sus personajes es de una naturaleza muy íntima. Sería necesario, por lo tanto, adentrarse profundamente en la biografía del autor para saber hasta qué punto lo que ha escrito se parece a lo que ha vivido, aunque en algunos casos célebres esto resulta más que evidente. Mark Twain fue piloto de barcos fluviales en el Misisipi, lo que se refleja de forma recurrente en sus novelas. Jack London fue buscador de oro en Alaska y encontró en su propia vida un filón para nutrir sus novelas y a sus personajes de experiencias reales. El británico Ian Fleming trabajó para el servicio de inteligencia británico, por lo que no resulta sorprendente que su personaje más célebre sea el agente secreto James Bond.

Con todo, casi para cada ejemplo podemos encontrar un contraejemplo de autores que han inventado aventuras que nada tenían que ver con sus vidas. El italiano Emilio Salgari vivió una existencia gris y abrumada por las deudas. Sus viajes se redujeron a una travesía de algunas semanas por las costas del Adriático. Sin embargo, sus novelas están ambientadas en el sudeste asiático, en las lejanas islas de Java, Sumatra y Borneo, donde transcurren las fabulosas aventuras del pirata Sandokán. Karl May, que gozó de un enorme éxito como autor de novelas del Oeste, era alemán y no viajó a los EE. UU. hasta bien cumplidos los sesenta. Cuentan de su enorme decepción cuando comprobó lo poco que se parecían los nativos americanos a los guerreros de la pradera que él había imaginado en sus novelas.

Un ejemplo engañoso sería el de J. R. R. Tolkien, que era profesor de inglés en Oxford y llevó una vida apacible, entre seminarios, reuniones de intelectuales y tazas de té ante la chimenea. Qué poca relación parece existir entre su vida de académico y las fabulosas aventuras bélicas de sus héroes de la Tierra Media. Y, sin embargo, Tolkien conoció la guerra de primera mano. Al igual que gran parte de los jóvenes de su generación, tuvo que luchar en la Primera Guerra Mundial (la «Gran Guerra», como la llamaban entonces), y estuvo a punto de perder la vida en la batalla del Somme, en la que murieron alrededor de un millón de soldados. Ni en la batalla del abismo de Helm ni en la que tuvo lugar ante las puertas de Mordor se alcanzaron cimas de horror, violencia y muerte comparables a las que Tolkien presenció con sus propios ojos. Por otro lado, ¿qué otra cosa es La Comarca, con sus pacíficos y hogareños hobbits, sino un calco de la campiña inglesa, ese paisaje idílico de prados, bosquecillos y arroyos por el que Tolkien paseaba casi a diario?

TU VIDA COMO NOVELA

Todo esto conduce a una recomendación que casi resulta ociosa, pues estoy seguro de que, por breves y tímidas que sean tus incursiones en el mundo de la escritura, ya te habrás dado cuenta de lo siguiente: no debes vacilar en extraer las ideas para tus historias de la cantera de tu experiencia. En tu vida encontrarás la materia prima que vas a necesitar para darles vida a tus personajes. Y ello no significa que tus protagonistas deban parecerse necesariamente a ti, ni que sus historias tengan que discurrir por los mismos lugares que tú recorres a diario. Tu memoria y las vivencias que atesora no son materiales rígidos ni inmutables. Por el contrario, no hay sustancia más dúctil y maleable que la que compone nuestros recuerdos (ya hemos hablado de lo imperfecta que es la memoria humana). Acostúmbrate a «combinar recuerdos», como recomienda Roberto Bolaño en la novela de Javier Cercas. Piensa que esos recuerdos ya han pasado por el filtro de la memoria, y que al mezclarse y combinarse puede que se parezcan muy poco al recuerdo original. Así evitarás la acusación de escribir historias à *clef*, es decir, de representar siempre hechos y personajes reales disimulados por algunos cambios menores. Incluso si tus historias se parecen mucho a tu vida, únicamente tú estarás en el secreto.

Y tampoco renuncies a relatar tu vida tal y como es, o bien como tú la percibes desde tu sensibilidad y tu mundo interior. «No me cuentes tu vida» es un modo habitual de pedirle a alguien que no se ponga pesado. Sin embargo, «contar la vida» puede ser uno de los ejercicios literarios más apasionantes. Muchos escritores célebres lo han hecho en autobiografías que se han convertido en grandes clásicos. Lo hicieron dos de los autores más importantes de la literatura latinoamericana del siglo XX: el chileno Pablo Neruda en *Confieso que he vivido* (1974), y el colombiano Gabriel García Márquez en *Vivir para contarla* (2002). El judío italiano Primo Levi narró sus experiencias en el campo de exterminio de Auschwitz en *Si esto es un hombre* (1947), el testimonio más estremecedor sobre las atrocidades nazis que se haya escrito jamás. Isaac Asimov, el gran autor de ciencia ficción, era un auténtico maestro en narrar su vida, hasta el punto de que sus millones de fans disfrutamos de sus textos autobiográficos tanto como de sus relatos y novelas.

A no ser que hayas rebasado ya la edad de jubilación, no me atrevo a aconsejarte que escribas un libro de memorias. A lo que sí te animo es a llevar un diario. Y no se trata de consignar de forma prolija lo que te ocurra cada día, como si estuvieras levantado acta de tu vida (no hay documento más aburrido que un acta). Me refiero a un diario de tipo literario en el que elijas un momento significativo de cada jornada, o tal vez un par de momentos, para dejar constancia de esas vivencias desde el punto de vista del escritor. Aprovecha el poco tiempo transcurrido para recrearlas con detalle, describe tus reacciones mientras las vivías y tus sentimientos mientras las recuerdas, quizás al final de la jornada. Examina tu vida, registra tus observaciones y deja testimonio de cómo el mundo exterior modela tu universo interior y viceversa. Acostúmbrate a contemplar la vida con ojos de escritor y a reflexionar sobre ella. Volveremos a este asunto, pero te adelanto que hasta la experiencia que se nos figura más trivial y rutinaria puede brillar con intensidad cuando se contempla desde una perspectiva literaria. De paso, recuerda que el diario de una adolescente judía que se ocultaba de los nazis en una buhardilla se ha convertido en uno de los libros más leídos de la historia.

ESPIONAJE

Los escritores somos mirones consumados. Y sé que te suena raro. La figura del mirón, del *voyeur*, está muy desprestigiada hoy en día. Alguien que mira de forma insistente nos parece un maleducado o algo peor. Una mirada de este tipo suele interpretarse como una agresión de la que hay que huir o a la que hay que responder. Sin embargo, la mirada es una herramienta esencial para un escritor. Y mucho me temo que no existe un método alternativo. En tu día a día encontrarás personas y situaciones que merecen ser observadas. Para un escritor, se trata de una parte fundamental de tu trabajo. Eres como el ornitólogo que observa los pájaros con prismáticos. Con la diferencia de que los pájaros no se enfadan cuando se saben observados. Como mucho se echan a volar. La gente, en cambio...

Esto me ocurrió en Edimburgo. Estaba esperando el autobús cuando vi acercarse a un mendigo, uno cualquiera de los que abundan en aquella ciudad. Aunque no exactamente, porque aquel hombre en particular tenía un aspecto terrible: era un tipo grandote y melenudo con barba de oso. Iba vestido con una parka militar tan sucia como el resto de su persona. Era un hombre relativamente joven, quizás de cuarenta años o menos, aunque resultaba difícil determinarlo debajo de todas aquellas greñas y aquella mugre. Cargaba con dos grandes bolsas en las que supongo que estaban guardadas todas sus pertenencias. Su apariencia incitaba a la compasión, desde luego. Pero sobre todo daba miedo. A mí me resultó fascinante. La gente que me rodeaba en la parada del autobús hizo lo que casi todo el mundo hace en estos casos, es decir, fingir que el mendigo era invisible. Yo, en cambio, bien por curiosidad o por deformación profesional, lo observé fijamente. El hombre interceptó mi mirada y se detuvo en seco. De pronto se dirigió hacia mí y colocó su cara a apenas diez centímetros de la mía. Entonces miré a otro lado, aunque pensé que ya era tarde. El tipo estaba tan furioso que me pareció oírlo resoplar. Pensé que allí podía ocurrir cualquier cosa y las piernas me temblaron. Y de repente ya no estaba allí. Se esfumó de un modo tan repentino que bien podría haber sido una alucinación.

Es solo un ejemplo de lo que puede ocurrir cuando uno se comporta como un *voyeur*. En aquel caso, en concreto, la situación se resolvió de modo favorable. Es más, el mendigo se convirtió en el personaje central de mi novela *Memorias de un fantasma*, por lo que doy por bien empleado el mal rato que pasé. En otras ocasiones me han respondido con gestos de desagrado, y no descarto que llegue un día en que alguien me parta la cara por mirón, aunque mis intenciones fueran puramente profesionales. De hecho, me estoy planteando usar gafas de sol con cristales muy oscuros para disimular un poco mejor.

El novelista norteamericano Lamar Herrin, gran escritor y buen amigo, disfruta visitando lugares en los que nunca ha estado y sentándose a observar a la gente mientras toma notas. Esto se traduce en la maravillosa ambientación de sus novelas y en la cuidada caracterización de sus personajes. Hablaremos largo y tendido sobre la importancia de los detalles visuales en la narrativa. Pero esos detalles, esas «instantáneas», no suelen surgir del aire. Por lo tanto, una de las tareas de tu formación como escritor será acostumbrar tu mirada a funcionar como una cámara. Aprende a registrar tanto los planos generales como los planos de detalle (el contorno plateado que crea el sol en el borde de una nube, la grieta que recorre la acera, la curiosa figura que sirve de remate a un edificio, el *collage* que forman los carteles pegados en un muro, las peculiaridades de un atuendo, los rasgos de un anciano, la textura de su piel, los reflejos en un suelo pulimentado, una bolsa de supermercado que revolotea impulsada por el viento...). No dejes que se te escape nada que luego puedas utilizar en tus narraciones. En algunos casos puedes valerte de fotografías, igual que los pintores hacen a veces. Pero nuestro lenguaje no es el de la imagen, por lo que te recomiendo que mejor uses una libretita para anotar tus impresiones.

Y ahora voy a recordarte que el título de este epígrafe es «espionaje», y los espías se valen de mucho más que de su vista para recoger información valiosa. Cualquier espía que se precie procurará aguzar el oído para captar cualquier detalle interesante de su entorno. Y no descartará el uso del resto de sus sentidos cuando la ocasión lo requiera. Por lo que a mí respecta, siempre me ha fascinado la falta de pudor que la gente demuestra cuando habla por su teléfono móvil en el tren o en el autobús. Hace un tiempo dedicaba los viajes en tren a tomar notas de las conversaciones que oía a mi alrededor. Y no hacía falta prestar demasiada atención, porque las dichosas conversaciones tenían lugar a un volumen tan alto que lo difícil era dejar de oírlas. Algunas veces lo que aquellas personas contaban eran naderías («llego a tal hora» o «estamos pasando por Aranjuez»). Pero otras veces asistí a dramas familiares o encendidos coloquios amorosos. Materia prima de primera. De hecho, escribí un relato titulado «Objetos personales» basándome en fragmentos de llamadas telefónicas oídas en un tren.

En las grandes ciudades, el metro puede ser un sitio muy adecuado para tus observaciones de campo. Con todo ese trasiego de gente subiendo, bajando y esperando en las estaciones, nunca te faltarán especímenes que contemplar. Pero te ruego que tengas mucho cuidado de que no te pillen, sobre todo cuando viajes en un vagón. Los pasajeros habituales están adiestrados para que su mirada no se cruce con la de otra persona más allá de una décima de segundo. Una mirada más larga provocaría una reacción hostil, y dentro de un vagón no hay adónde huir.

Aparte de los medios de transporte, otro sitio ideal para ejercer el «espionaje literario» lo constituyen las cafeterías y los restaurantes, que son lugares a los que la gente suele acudir acompañada. Una comida sabrosa o una simple taza de café casi siempre invitan a la charla, y allí estarás tú para no perderte detalle. La gran ventaja para los espías literarios en este país es que, al igual que ocurre cuando hablamos por el móvil, los españoles no solemos moderar el volumen de nuestras conversaciones en lugares públicos.

Por último, cuando te conste que alguien de tu entorno tiene una historia interesante que contar, no vaciles en abandonar el rol del espía y asumir el de reportero. Ármate con tu cuaderno de notas o con la grabadora del móvil y prepárate para escuchar y preguntar. Yo lo hice para escribir la que hasta la fecha es la más popular de mis novelas. Se titula *Bajo la fría luz de octubre* y relata la vida de una familia republicana durante los años treinta y cuarenta. Para escribirla me basé en los recuerdos de mi tía Maruja, la mayor de las hermanas de mi padre, a la que convertí en narradora y protagonista del libro. Aquellas horas de conversación en las que mi tía me contó lo que la familia había vivido y sufrido durante aquellos años fueron ya un regalo impagable. El proceso de convertir todos esos hechos en una novela, una de mis mejores experiencias como escritor. Quizás tú podrías hacer lo mismo. Inquiere, pregunta, interésate por las vidas y los recuerdos de los demás. La persona más insospechada esconde todo un universo de experiencias. Cada vida es una novela que está esperando a su narrador. Como escribió Galdós en *Fortunata y Jacinta*, «Por doquiera que el hombre vaya lleva consigo su novela».

LAS VIDAS AJENAS

En 1959, el escritor norteamericano Truman Capote (sí, el que escribía en la cama) supo del asesinato de los cuatro miembros de la familia Clutter en Holcomb, una localidad del estado de Kansas. Poco después, Capote se trasladaba allí en compañía de una amiga, la también escritora Harper Lee, con la intención de indagar en el crimen y entrevistar a cualquiera que tuviera relación con la familia. Meses después, cuando los asesinos fueron detenidos, el autor decidió entrevistarse con ellos para completar su documentación. Las entrevistas continuaron durante los cinco años que transcurrieron hasta la ejecución de la sentencia. Capote llegó a alcanzar tal grado de intimidad con los criminales que al parecer llegó a entablar una relación romántica con uno de ellos. En 1965, Dick Hickock y Perry Smith fueron ahorcados. Un año después se publicaba *A sangre fría*, una monumental novela de no ficción sobre el crimen de Holcomb.

Las vidas ajenas, lo que les ocurre a otros, son una excelente fuente de ideas e historias. Basta con estar atento a los telediarios, a la prensa y a las redes sociales. Hace años, durante un taller para jóvenes, se me ocurrió repartir periódicos entre los alumnos y pedirles que localizaran noticias que pudieran convertirse en historias de ficción. Recuerdo que encontraron al menos media docena de ellas.

En el caso de *A sangre fría*, Capote actuó como novelista y periodista a la vez, es decir, escribió sobre hechos y personas reales tras documentarse extensamente sobre ellos, aunque no dudó en tomarse ciertas libertades para humanizar el retrato de los asesinos. Dado que somos autores de ficción, podemos tomarnos todas las libertades que queramos. De hecho, ni siquiera importa si la noticia que nos sirve de punto de partida es real o un ejemplo más de *fake news*. El rigor periodístico no forma parte de nuestro trabajo, que consiste en interesar, entretener y conmover a nuestros lectores. O incluso en remover su conciencia.

Hace muchos años oí por la radio una noticia que me sobrecogió. Trataba sobre una mujer, un ama de casa de mediana edad que había desaparecido de forma repentina. Tras ser buscada durante días, la localizaron dentro de uno de los armarios de su vivienda, donde ella misma se había escondido. Estaba deshidratada, desnutrida y en estado de enajenación mental. A partir de esta premisa, escribí un relato titulado «Igual que entonces», en el que traté de imaginar qué puede ocurrir en la vida de una mujer que decide dar la espalda al mundo y buscar refugio dentro de un armario. El cuento adoptó la forma de un monólogo en primera persona que se alternaba con fragmentos de la noticia tal y como podría haberse publicado en un periódico. Ni los detalles ni los personajes se correspondían con los de la noticia real, que usé como punto de arranque y de destino para la historia. Mi intención no era recrear unos hechos de forma periodística, como hizo Capote, sino denunciar la lacra de la violencia a través de unos hechos ficticios. Las mentiras sirven a veces para contar grandes verdades.

He aquí mi consejo: a tu condición de espía suma la de observador de la realidad a través de los medios de comunicación, que te acercan las vidas de personas a las que no tendrías acceso de otro modo. Piensa en las noticias como en una fuente inagotable de grandes historias y procura estar siempre atento para reconocerlas. Un auténtico cazador de historias nunca se permite el lujo de bajar la guardia.

EL MÚSCULO DE IMAGINAR

Vivo en una pequeña ciudad enclavada en una zona agrícola. Si me remonto a hace cien años, descubro que la mayoría de mis antepasados se dedicaban a la agricultura y a la ganadería. Cultivaban su comida y criaban a los animales que les procuraban sustento, es decir, producían la mayor parte de los alimentos que consumían.

Los nietos y bisnietos de aquellas personas abastecemos nuestra cocina con alimentos comprados en el supermercado. Es más, a veces ni siquiera nos molestamos en cocinar. Nos limitamos a comprar comida preparada que puede calentarse en el microondas o pedimos una pizza o un sushi por internet.

Nos hemos vuelto perezosos.

Con la imaginación nos está ocurriendo algo parecido a lo que nos ocurre con la comida. En el pasado la gente leía y conversaba. Hubo un tiempo en que la familia entera se reunía en torno al aparato de radio, que era como una especie de altar doméstico décadas antes de que llegara a los hogares el primer televisor. Pero una de las fuentes de diversión favoritas era la de contar historias. Al caer la noche, era frecuente que los niños reclamaran que les contaran cuentos o historias reales (contar «sucedidos», lo llamaban), tarea de la que solían ocuparse los abuelos. La familia reunida para escuchar relatos era un reflejo de la tribu en torno a la hoguera en la noche de los tiempos.

Yo he tenido la suerte de conocer todavía esa fuente de entretenimiento en mis primeros años. Después, siendo ya padre, le contaba a mi hijo un cuento cada noche antes de quedarse dormido. Eran narraciones originales que inventaba para él, lo que me imagino que fue importante en mi formación como escritor. Su cara de asombro en la penumbra del dormitorio es uno de los recuerdos más emocionantes que conservo.

Sé que me he apartado del asunto central, pero pedirle a un escritor que vaya al grano es intentar que actúe de un modo ajeno a su naturaleza de charlatán empedernido. A lo que iba: la consecuencia de todo esto es que se está perdiendo el arte de narrar historias y, lo que puede que sea peor, el arte de saber escucharlas. Las historias de las que nos nutrimos nos vienen enlatadas y listas para consumir. Nos llegan a través del televisor, del móvil o de cualquiera de los dispositivos que hemos convertido en nuestros dioses domésticos. Nos llegan en formato *streaming*, como las series de televisión, o en forma de videojuego, con sofisticados gráficos y fastuosos escenarios. La técnica permite mostrar cosas que antes apenas alcanzábamos a imaginar. Los dragones de *Juego de Tronos* son más auténticos que la propia vida. Los combates de *Call of Duty* no tienen nada que envidiar a los de una guerra real. El entretenimiento nunca ha sido tan atractivo y asequible. Y, sobre todo, tan cómodo.

Pero tanta comodidad exige un precio.

Quien escucha o lee una historia debe poner de su parte casi tanto como el narrador. Las palabras por sí solas no bastan para desatar toda la magia de la ficción. Las descripciones brindan información, pero sobre ellas el lector o el oyente crea una imagen mental de los personajes y de los lugares donde transcurren sus aventuras. Antes de que *Juego de Tronos* se convirtiera en una serie, los lectores sabían que Daenerys Targaryen era una adolescente delgada, con el cabello rubio plateado y los ojos de color púrpura. La descripción era lo bastante imprecisa para que cada lector creara su propia imagen mental del personaje. Desde el estreno de la serie, no nos queda más remedio que imaginarla con los rasgos de la actriz Emilia Clarke y una larga peluca rubia.

En los tiempos en que vivimos, cualquier novela de éxito no es más que el primer paso para una futura película o serie de televisión. O para un videojuego. El producto nos llega terminado y nada queda por hacer. Tan solo sentarnos y consumirlo, sin el enojoso trámite de leer, de escuchar, de imaginar. ¿Qué es más cómodo, sentarse ante el televisor con un gran cuenco de palomitas y verse las ocho temporadas de *Juego de Tronos*, o bien leerse de cabo a rabo los cinco libros que hasta ahora forman la colección, a razón de casi mil páginas cada uno, y encima tener que esperar a que J. R. R. Martin se decida a escribir un desenlace para la saga, lo que a este paso puede que no ocurra nunca?

Yo consumo películas y series de televisión, igual que tú y que casi todo el mundo. Admiro el talento de esos equipos de guionistas, técnicos y actores que son capaces de poner esas historias increíbles delante de nuestros ojos. Crecí en un mundo de pantallas e imágenes en movimiento. Y uno de los momentos más emocionantes que recuerdo es el del estreno de *La Guerra de las Galaxias* (la película que ahora se conoce como *Episodio 4*) en un cine de mi ciudad. Sin embargo, compruebo con tristeza que este proceso de multiplicación de las imágenes ha ido en detrimento de nuestra imaginación. Cualquier buen lector está a la altura del mejor guionista de Hollywood en cuanto a su capacidad de imaginar. Pero cada vez hay más buenos lectores que se pasan a las filas de los simples espectadores o, dicho de otro modo, de los simples consumidores.

Al igual que les ocurre a nuestros músculos, la imaginación se atrofia cuando no se usa. Se atribuye a Pablo Picasso la cita «todos los niños nacen artistas. Lo difícil es seguir siéndolo cuando crecemos». La musculatura onírica de la mayoría de las personas (o, lo que es lo mismo, su capacidad de imaginar y de inventar) comienza a debilitarse conforme se cumplen años. Como lector que eres, sé que has mantenido tonificados los músculos más importantes. Pero lo más probable es que el móvil, los videojuegos y los canales de *streaming* hayan provocado algunos daños. Va a ser necesario, por lo tanto, practicar ciertos ejercicios de gimnasia mental para devolverte la capacidad de imaginar que tenías con tres o cuatro años, cuando tus padres te contaban cuentos antes de dormir.

HIPÓTESIS Y BINOMIOS

Hemos recurrido varias veces a la infancia para referirnos a la actividad literaria (el cuarto de juegos, la imaginación de los niños...), pero hasta las metáforas más útiles deben tener sus límites. La dura verdad es que el trabajo de un escritor no es apto para niños, sino para gente madura, disciplinada y con capacidad de sacrificio. Si después de todo lo que te he contado siguen sin acudir las ideas a tu cabeza, no te rindas. O ríndete si quieres. Tampoco pasa nada por no ser escritor. Yo no lo fui durante muchos años y a veces echo de menos la tranquilidad que tenía entonces.

Te voy a dar un par de recetas para «forzar la máquina» cuando las ideas no se decidan a acudir dócilmente a tu llamada, una especie de hackeo mental que obligará a tu cerebro a ponerse en modo creativo aunque no esté por la labor. Son, por decirlo así, trucos que nos permiten secuestrar a la Musa y ponerla a trabajar para nosotros durante un rato. Ninguna de las dos técnicas es de mi cosecha. Las aprendí en un libro titulado *Gramática de la fantasía*, cuyo autor fue Gianni Rodari, un escritor y pedagogo italiano especializado en el uso de la creatividad en la escuela. El primer truco es el de la «hipótesis fantástica». Veamos cómo funciona:

La hipótesis fantástica podría definirse como una respuesta compleja a una pregunta simple. Yo la uso a veces en mis clases, y no solamente en las clases de escritura, sino también en las de inglés. ¿Recuerdas las condicionales de tipo II y de tipo III? Cuando te las explicaron en el instituto, seguramente tu profesor denominó a las de tipo II «hipotéticas», y a las de tipo III, «imposibles». Lo más probable es que en aquel momento la explicación te pareciera aburrida, pero si lo piensas no deja de ofrecer posibilidades interesantes.

«¿Qué pasaría si viviéramos en una sociedad donde los libros estuvieran prohibidos?» He aquí una pregunta cuya respuesta nos obliga a formular una hipótesis, lo que la RAE define como la «suposición de algo posible o imposible para sacar de ello una consecuencia». La consecuencia, en este caso, sería toda una novela: *Farenheit 451*, de Ray Bradbury, una historia que transcurre en un futuro distópico en el que los libros son ilegales y el acto de leer se considera subversivo.

«¿Qué pasaría si la humanidad perdiera el sentido de la vista?» Esta pregunta se ha respondido, que yo sepa, en dos novelas distintas. La primera es *El día de los trífidos*, del autor británico de ciencia ficción John Wyndham. En esta historia, un fenómeno astronómico causa una ceguera colectiva, lo que es aprovechado por unas plantas mutantes para adueñarse del planeta. Otra novela que responde a la misma pregunta hipotética es *Ensayo sobre la ceguera*, del Nobel portugués José Saramago. En este caso, la historia plantea una serie de cuestiones morales de una dureza terrible. Seguramente conocerás esta novela portentosa o te encontrarás con ella antes o después.

Para las «condicionales de tipo III», las denominadas «imposibles», se ha inventado todo un género que se denomina «historia alternativa» o «ucronía». ¿Qué habría pasado si determinado hecho histórico no hubiera tenido lugar, si determinado personaje histórico hubiera logrado sus objetivos, o si aquel otro no hubiera muerto a una edad temprana? La pregunta reina a este respecto es «¿qué habría pasado si Alemania y Japón hubieran ganado la Segunda Guerra Mundial?», cuyas posibles respuestas han generado numerosas obras de ficción. Una de ellas es *El hombre del castillo*, una perturbadora novela del norteamericano Philip K. Dick que también ha dado lugar (¡cómo no!) a una serie de televisión. Otra ficción de tipo ucrónico que personalmente me apasiona se titula *Alejandro Magno y las águilas de Roma*, del novelista y divulgador español Javier Negrete. En esta novela, el rey macedonio Alejandro el Grande se libra de una muerte prematura en Babilonia y se embarca en la aventura de conquistar el Mediterráneo occidental, donde chocará, de forma inevitable, con el pujante poder del joven estado romano.

En la sección de ejercicios te propondré que crees tu propia hipótesis fantástica. Ahora, voy a someterme yo también a la prueba. Procuraré que al menos una de las posibles respuestas a la pregunta dé como resultado un relato sobrenatural, que es uno de mis géneros favoritos, pero sin descartar que la historia transcurra por cauces más realistas. De lo que se trata, en realidad, es de partir de una premisa poco usual. Veamos:

¿Qué pasaría si a una chica perdiera su teléfono móvil, en el que tenía almacenadas las últimas fotos que se tomó con su padre justo antes de que él muriera?

Como verás, la pregunta no nos lleva necesariamente al reino de lo extraordinario, sino que se trata de algo que puede pasarle a cualquiera. Las respuestas son numerosas, y cada una de ellas desembocará en una historia distinta, desde un relato psicológico sobre la orfandad y el duelo hasta una historia de fantasmas o un *thriller*, o ambas cosas mezcladas.

¿Y si, al cabo de un tiempo de buscarlo infructuosamente y dar la pérdida por definitiva, la chica recibe el móvil devuelto de forma anónima? ¿Y si, al comprobar las fotos almacenadas en el dispositivo, descubre que las imágenes de ella con su padre siguen ahí, pero hay además hay una serie de instantáneas que no recuerda en las que el hombre aparece solo y mostrando una expresión de miedo o de súplica? ¿Quién le ha devuelto el móvil? ¿Cuál sería su siguiente reacción y qué haría a continuación? ¿Adónde podría conducirnos todo esto?

Acabo de embarcarme en los comienzos de un proceso creativo para probar la validez de la hipótesis fantástica, y me alegra notar dentro de mí ese estado de excitación que experimento durante los primeros compases de un proyecto. Sin embargo, no creo que de momento escriba esa historia (que podría ser una novela o un relato largo). Primero tengo que acabar un curso de escritura narrativa en el que estoy trabajando.

Además de la hipótesis fantástica, Gianni Rodari propone otra técnica para activar nuestro motor de generar historias. Es la que denomina el «binomio fantástico», y consiste en elegir dos palabras de significados muy dispares y pensar en posibles modos de relacionarlas. Según Rodari, «no es suficiente con un solo polo eléctrico para formar una chispa, sino que hacen falta dos». Así pues, cada concepto influiría sobre el otro, de modo que la suma (el binomio) generará ideas distintas de las que cada palabra inspiraría por separado. Él pone como ejemplo las palabras *perro* y *armario*, y propone las siguientes combinaciones: «el perro con el armario», «el armario del perro», «el perro sobre el armario», o «el perro en el armario». En cada una de ellas es fácil intuir el germen de una historia.

Yo suelo proponerles este ejercicio a los alumnos en los talleres. Para darle al proceso un tono más contemporáneo, les aconsejo que usen una de las varias herramientas *online* que generan palabras de forma aleatoria, y que «lancen los dados» hasta que den con una combinación de la que intuyan que puede surgir una historia. Existe la posibilidad de usar más de dos palabras, lo que complicaría el ejercicio, pero vamos a ser prudentes en esta prueba.

Así pues, me dirijo a la web *www.palabrasaleatorias.com*, pulso el botón y obtengo como primer resultado las palabras *gatito* y *ca-*

misa. No está mal para un relato infantil, pero voy a seguir probando hasta que me salga algo más adulto. *Esfera* y *tostar*... Hum... El resultado sería demasiado surrealista. *Sacacorchos* y *DVD*... Creo que no. *Té* y *dormir*... Tengo entendido que el té quita el sueño, pero a mí no me gusta el té. *Planta* e *infierno*... Esta combinación me sugiere mucho más, pero ya escribí un relato sobre un infierno situado en la planta cuarta de un edificio. Tiremos una vez más de la palanca de esta «tragaperras» de ideas en busca del *jackpot*. Ahora obtengo *epitafio* e *inundación*, y mi instinto narrativo se dispara de inmediato...

Veo un pequeño cementerio cerca de un río, con tumbas independientes excavadas en la tierra, cada una con su lápida y su epitafio. Unas lluvias torrenciales provocan una crecida del río, y las aguas inundan el terreno, arrastrando lápidas y ataúdes. En las noticias vi hace poco que en un pueblo de Italia ocurrió algo parecido, en este caso por un derrumbamiento que provocó que el contenido de muchas tumbas terminara en el mar. Quizás como premisa resulte más verosímil que la de la inundación. Creo que es la que voy a usar. Pero trasladaré el escenario de Italia a Galicia, una tierra que conozco mejor. En los pequeños pueblos de la costa gallega la gente siente mucho apego por sus tradiciones, en especial la de honrar a sus difuntos. Esos ataúdes y cadáveres mezclados al pie del acantilado ofrecen componentes macabros y trágicos que podrían dar juego en el contexto del culto ancestral a la muerte en las zonas más remotas de Galicia. Veo infinidad de posibilidades en una historia con este arranque. Debería documentarme sobre lo que ocurrió en aquel cementerio. ¿Podría convertirse en una novela fantástica? Desde luego, pero no descarto historias de otro tipo. Un relato de realismo mágico, por ejemplo. Incluso una trama policial de narcotráfico. ¿Y si una banda de narcos usaba los nichos vacíos del cementerio para ocultar sus alijos?

Unas ideas originan otras como en una reacción en cadena. Las posibilidades son tantas que la imaginación echa a galopar sin freno. Como podéis ver, Gianni Rodari y su *Gramática de la fantasía* son aliados poderosos.

EL BLOC DE NOTAS

En este epígrafe voy a darte una de las recomendaciones más sencillas que encontrarás en todo el libro, pero a la vez una de las más importantes: necesitas un bloc de notas. No importa de qué tipo, aunque conviene que sea de un tamaño reducido para que lo puedas llevar a todas partes contigo. Yo he de reconocer que soy un poco fetichista para esto de los artículos de papelería. Escribo muy poco a mano, pero cuando lo hago me decanto siempre por uno de esos cuadernos Moleskine que se mantienen cerrados por una goma. Me encanta su aspecto de objeto antiguo, como de periodista de hace cien años, su esmerada encuadernación, que les hace parecer un librito que aún está por escribir, la calidad y grosor del papel y la posibilidad de cerrarlo con la goma, con lo que parece que las anotaciones tomadas en él quedan más a resguardo. El problema de estos cuadernos es que no los encuentras por menos de doce euros. Sinceramente, no hace falta que gastes tanto.

El cuaderno, lógicamente, te servirá para anotar tus ideas, a ser posible en el mismo momento en que surjan. Si quieres, puedes usar una libretita distinta para cada proyecto, lo que te proporcionará una especie de cuaderno de bitácora de cómo la idea principal fue creciendo y enriqueciéndose con otras. Cuando pases a la posteridad, puede que esos cuadernos se conviertan en objetos codiciados y se subasten por miles de euros. De momento, confórmate con usarlo para evitar que tus ideas (sean buenas, malas o mediocres) se esfumen.

En efecto, la sustancia que compone las ideas es una de las más volátiles del universo. Piensa en la rapidez con la que una gota de alcohol se evaporaría bajo el sol del mes de agosto. Esa sería una buena analogía. No quiero ni pensar en la cantidad de ideas excelentes que he dejado ir por no tener la diligencia de anotarlas de inmediato. El problema es que, cuando se desvanecen, generalmente es para siempre, sin dejar rastro ni pistas de su paradero. Quizás el germen del libro destinado a hacerme famoso, el que iba a ser mi pasaporte a la posteridad… Prefiero no pensar en ello.

Ahora en serio. Las ideas, sobre todo las buenas, tienden a presentarse de forma inesperada. En este capítulo hemos estudiado varias formas de invocar a las Musas, pero aun así estas traviesas diosecillas tienen la manía de ignorar nuestras súplicas y asaltarnos a traición, muchas veces en el peor momento. Suelen hacerse las encontradizas cuando uno está a punto de quedarse dormido, o en mitad de una clase o de una conversación importante. ¿Que cuál es la forma de proceder en ese caso? Yo solo conozco una: salta de la cama o interrumpe de inmediato lo que estés haciendo, toma tu cuaderno y anota la maldita idea. Te darás cuenta de lo efímera que es su vida cuando empiece a esfumarse casi al mismo tiempo que tratas de transcribirla.

¿Me preguntas qué ideas debes anotar y cuáles no merecen la pena? No te compliques la vida. Anótalas todas. Hasta la idea más torpe y raquítica puede crecer después hasta convertirse en oro puro. Una vez se me ocurrió algo tan estúpido que casi ni me molesté en anotarlo: ¿Qué pasaría si dos vecinos compartieran la misma cuerda de tender? Una idea muy tonta que creció dentro de mí hasta convertirse en uno de los relatos de los que más satisfecho me siento. Se titula «Sonidos en un piso vacío», y nunca habría existido si la idea que lo originó hubiera quedado olvidada.

Toda buena historia es mucho más que la suma de sus partes, pero cada una de esas partes constitutivas son el resultado de un proceso creativo independiente. Por lo tanto, la necesidad de anotar ideas no solo importa al principio del proyecto, es decir, cuando estamos en la fase de la idea inicial, sino a lo largo de todo el proceso de escritura. Como tú mismo descubrirás (si no lo has hecho ya), toda buena idea inicial tiene la virtud de poner la mente creativa del escritor a toda potencia (en *overdrive*, dicen los anglosajones). Eso quiere decir que esa idea abrirá la compuerta para que lleguen otras, y que pronto las invenciones se presentarán en cascada. A partir de cierta masa crítica, tu cerebro comenzará a burbujear por efecto de esa intensa actividad mental. Este es el estado que los griegos antiguos denominaban *enthousiasmos*, lo que quiere decir algo así como «soplo divino», y que nosotros hemos adaptado como «entusiasmo». Cuando esto ocurre, es como si un dios (o más bien una diosa) nos hubiera raptado. Lo único que podemos hacer en ese caso es dejarnos llevar.

Así pues, no te reprimas. No te pongas límites. Intenta llegar allá donde tu musa te lleve. Intenta siempre pensar «más allá». Y, sobre todo, no dejes de anotar ni una sola de las ideas que te susurre al oído.

LIBROS Y ESPEJOS

Al comienzo de este capítulo te hablé de la mitología, de cómo los clásicos usaban las historias de sus dioses y de sus héroes a modo de banco común de ideas. Esta costumbre no se limita al mundo clásico, sino que llega hasta hoy en día formando una cadena de historias que se miran y se inspiran en otras historias.

En la Grecia arcaica, las historias sobre el sitio de Troya seguramente circulaban en forma de cuentos y canciones populares. Más tarde, los aedos o cantores ambulantes que recorrían las ciudades de la Hélade las convirtieron en un corpus poético que recibió el nombre de *Ilíada* (por «Ilión», otro de los nombres de Troya). Los 24 cantos que componen la *Ilíada* se transmitieron de forma oral, es decir, cada cantor los aprendía de sus maestros y los legaba a sus aprendices, y es fácil suponer que en el proceso se introdujeron numerosos añadidos y modificaciones. A pesar de su naturaleza de obra colectiva, la tradición atribuyó todas esas canciones de gesta a uno solo hombre: el cantor ciego Homero, nacido en la isla de Quíos. La introducción de la escritura fijó la forma del poema, que no alcanzó su versión definitiva hasta la época helenística, de manos de los eruditos de Alejandría. Con anterioridad, el poema ya había dado lugar a un sinfín de manifestaciones pictóricas, escultóricas y literarias (las tragedias de Esquilo, Sófocles y Eurípides son el mejor ejemplo). El gran espacio de intercambio cultural que es la Grecia helenística convierte la *Ilíada* y la *Odisea*, su poema hermano, en un poderosísimo foco generador de historias. La literatura latina culta comienza con una traducción de la *Odisea* que realiza un liberto de origen griego llamado Livio Andrónico. El poeta Virgilio escribe una secuela de la *Ilíada* llamada *Eneida*, y se las arregla para remontar la estirpe romana hasta los héroes de Troya. Cada época crea sus versiones de los mitos de Troya, desde la novela de caballerías hasta al teatro clásico francés del siglo XVII, desde la poesía renacentista hasta los *blockbusters* del Hollywood del siglo XXI, con Brad Pitt a la cabeza del reparto. Los nombres y las historias se repiten formando una larguísima cadena cuyos extremos se pierden en el remoto pasado y en el futuro.

¿Quiere decir esto que la originalidad es una cualidad escasa? En modo alguno. Lo que denominamos originalidad (o novedad) es un valor moderno que no ha jugado un papel relevante en otras épocas. Si un autor francés del siglo XVIII usaba las figuras de Electra y de Orestes en un drama, un poema o un ensayo filosófico, nadie lo acusaría de poco original, sino que se aplaudiría su cultura, su respeto a la tradición y su devoción por los clásicos. Además, lo más probable es que en la nueva Electra los temas universales del mito antiguo se actualizaran para satisfacer las inquietudes de los franceses de la Ilustración. Esta es la esencia de los clásicos.

Pero hasta en las obras que se consideran más originales encontramos ecos de historias que ya se han contado antes, seguramente infinidad de voces. El personaje de Harry Potter, por ejemplo, es un huérfano que vive con sus tíos, quienes lo maltratan y lo cargan de tareas domésticas, mientras que a su propio hijo (el infame primo Dudley) lo colman de regalos y caprichos. No hace falta contar mucho más para que la historia nos suene a la de Cenicienta, un cuento folclórico que ha tenido infinidad de versiones, antiguas y modernas. Una saga de novelas juveniles que ha gozado de gran aceptación ha sido la de Percy Jackson, quien resulta ser hijo del dios Poseidón, y cuyas aventuras están inspiradas directamente en los mitos antiguos. En clave más adulta, el mito de Orfeo y Eurídice surge en las canciones y cuentos folclóricos de la vieja Hélade y de Tracia, quién sabe si con algún resabio de un personaje real, pero impregna toda la historia de la literatura y del arte en general, desde de la Grecia clásica hasta la actualidad, transformado en poemas, dramas, novelas, pinturas, esculturas, óperas y ensayos de todas las épocas y estilos.

Donde quiero llegar con todo esto es a la idea de que es un error considerar que la originalidad narrativa consiste en contar una historia que nunca se haya contado, protagonizada por un personaje que no se parezca a ningún otro. Según Google, hasta la fecha se han publicado cerca de 130 millones de libros en todo el mundo, una cifra que crece año tras años gracias a los nuevos sistemas de impresión y edición digital. ¿De verdad piensas que es posible inventar una historia en la que nadie haya pensado antes? Me parece poco probable, además de innecesario. No dejes que ese peaje moderno que es la originalidad paralice tus impulsos creativos. Tampoco temas inspirarte en otras historias ya contadas. Piensa en la literatura universal como en un larguísimo salón de espejos que se miran entre sí, cada uno reflejando lo que ya reflejaron los anteriores, pero añadiendo siempre elementos nuevos al cuadro. Este juego de textos cuyos ecos se oyen en otros textos se denomina «intertextualidad», y resulta que es uno de los componentes principales de la cultura.

Veamos cómo podemos aplicar esta idea de un modo práctico.

Uno de mis maestros literarios es Jorge Luis Borges quien jamás escribió una novela. Ni falta que le hizo. Los cuentos de Borges se consideran una de las cimas de la literatura latinoamericana contemporánea, y los más famosos son de género fantástico. El protagonista de «Funes, el memorioso» es un hombre que sufre un accidente que lo deja paralizado, pero que a cambio recibe el don de una memoria perfecta. Pero ¿se trata realmente de un don? Ponte en el lugar del pobre Funes, que no puede abandonar jamás su habitación ni su cama, y cuyo universo se reduce a ese cuarto y al panorama que se divisa desde su ventana. Su memoria y su percepción sobrenaturales le permitían reconstruir «las formas de las nubes australes del amanecer del 30 de abril de 1882 y podía compararlas en el recuerdo con las vetas de un libro en pasta española que solo había mirado una vez». Era capaz de reconstruir sus sueños de principio a fin. Y una vez reconstruyó un día entero, lo que le llevó un día entero.

Como ves, se trata de un personaje fascinante que cuenta con toda la grandeza de los personajes clásicos. ¿Por qué no usarlo en una historia original? ¿Por qué no escribir una nueva versión del mito de Ireneo Funes?

Borges confesó en más de una ocasión que había escrito su cuento como una larga metáfora del insomnio. Esto nos proporciona un binomio fantástico como punto de partida para crear un personaje y una historia. *Memoria* e *insomnio*. ¿Me acompañas?

Reconozco que esta vez ha sido más difícil. He tenido que esperar hasta la madrugada, hasta uno de esos momentos en que uno despierta de repente y no logra conciliar el sueño. Es decir, para desarrollar una idea para una historia que incluya el concepto de «insomnio», he tenido que esperar hasta un momento de insomnio. La cosa es como sigue:

El «Funes» de mi historia es un personaje femenino, una joven aquejada de un trastorno del espectro autista. Existen ya ejemplos de personajes con este perfil. Tenemos a Christopher Boone, el protagonista de *El curioso incidente del perro a medianoche*, de Mark Haddon. También a Ted, el niño que protagoniza *El misterio de la noria de Londres*, de Siobhan Dowd. Ambas son novelas escritas para el público juvenil, y en ambos casos se trata de excelentes ejemplos de buenas tramas y personajes protagonistas inolvidables. Al igual que Christopher y Ted, la protagonista de mi historia tendrá el síndrome de Asperger, lo que significa que gozará de una capacidad intelectual extraordinaria y al mismo tiempo le resultará muy difícil establecer relaciones sociales, puesto que su cerebro funciona de un modo diferente al de la mayoría de la gente. El aspecto en el que mi protagonista sobresale es, precisamente, el de gozar de una memoria perfecta (una memoria eidética o fotográfica), lo que le permite recordar cualquier cosa que ve o aprende en todos sus detalles, y a la vez captar relaciones y concordancias donde el común de la gente solo ve datos inconexos. Esta habilidad ha hecho que nuestra heroína sea reclutada por un servicio de inteligencia, donde se encarga de analizar información procedente de las fuentes más dispares. Su herramienta de trabajo es el ordenador, pero en última instancia es su cerebro el que se encarga de relacionar las informaciones en apariencia más desvinculadas, y de ese modo anticiparse a las acciones de organizaciones terroristas o a las bandas de crimen organizado. La cuestión es que nuestra protagonista está sufriendo una crisis de insomnio provocada, precisamente, por esa avalancha de datos que se ve obligada a procesar a diario. Para combatirla, no se le ocurre nada mejor que seguir el ejemplo de Funes, y durante cada noche hace una reconstrucción mental detallada de su actividad durante el día. Para su sorpresa, descubre que hay cinco minutos de cada jornada que le resulta imposible recordar, siempre a la misma hora, como si su memoria hubiera sido hackeada y borrada por un agente exterior. A partir de aquí, la trama comienza a galopar.

Como es lógico, habría muchos detalles que concretar antes de comenzar la escritura propiamente dicha. En primer lugar, habría que decidir si lo que queremos escribir es un relato o toda una novela, una decisión trascendental de la que dependerán todas las demás. Luego sería necesario elaborar el personaje del protagonista, su pasado, los detalles de su vida, el modo en que el autismo determina su modo de ser y sus relaciones... Pero un solo personaje no basta para narrar una historia, por lo que habría que rodear a la protagonista de una serie de personajes secundarios. Algunos la ayudarán y otros se convertirán en sus antagonistas. Y quizás inventemos algunos más únicamente para que nuestra historia esté más poblada, para dar impresión de vida. Hablando de historia, no tenemos todavía un argumento propiamente dicho, apenas un germen narrativo que será necesario desarrollar, planificar, dividir en capítulos y en escenas para conformar una trama. Y habrá que definir al menos un desenlace, pues de otro modo avanzaríamos a ciegas por la historia. Y otra cosa. Deberemos determinar el tiempo del relato, es decir, ¿cuánto tardan en trascurrir los hechos que se cuentan? ¿Los narraremos en orden cronológico o daremos saltos al pasado o al futuro? ¿Lo contaremos todo o dejaremos cosas en el tintero? ¿Y qué hay del punto de vista? ¿Adoptaremos la voz de la protagonista o contaremos los hechos desde fuera de la historia? ¿Narraremos en primera persona o en tercera persona?

En fin, son tantas las cosas que quedan por hacer que será necesario emplear el resto de este libro para explicarlas.

2.
El estilo

CARACTERES SOBRE CERA

El papel es algo tan común, tan de cada día, que tenemos la sensación de que siempre estuvo ahí. Pero no es así. Los europeos no conocimos el papel hasta el siglo XI, que fue cuando los árabes lo introdujeron a través de la península ibérica. Ellos habían aprendido su uso en Asia Central, aunque el invento original procedía de China, como la brújula, la pólvora y los fideos. La invención de la imprenta, a mediados del siglo XV, aumentó mucho la demanda de este material. Sin embargo, el uso de fibras textiles (lo más común era emplear trapos de algodón o de lino para fabricar papel) lo hacía caro y escaso. La única alternativa era triturar el papel viejo para fabricar nueva pasta de papel, lo que demuestra que el concepto de reciclaje es muy antiguo. No fue hasta mediados del siglo XIX, con el progreso de la ciencia química, cuando se empezó a usar la madera para fabricar papel a escala industrial, lo que supuso un gran abaratamiento y popularización del producto. La cuestión es que el papel, esas láminas finas y flexibles sobre las que escribimos, imprimimos nuestros libros y periódicos y deslizamos la vista a diario, ha sido el principal vehículo de transmisión del conocimiento durante seiscientos años. La gran pregunta es si lo seguirá siendo durante mucho tiempo, puesto que ahora sufre la dura competencia de las pantallas electrónicas. ¿Quién sabe? Puede que, al cabo de todos estos siglos, pertenezcas a la última generación que hace un uso cotidiano del papel. Tal vez para las próximas generaciones el papel se convierta en una rareza, como ya lo son el casete y la máquina de escribir. Lo de ser el último en hacer algo suena triste y le hace sentirse a uno un poco crepuscular, pero a la vez imprime prestigio. Recuerda esto la próxima vez que pases las páginas de un libro, que hagas unas fotocopias o que tomes notas en un cuaderno.

¿Y nuestros antepasados? ¿Qué usaban ellos para escribir? Las soluciones fueron diversas según cada cultura, pero pensemos por ejemplo en los romanos, que hablaban un idioma parecido al nuestro y, en general, se parecían bastante a nosotros. Ellos empleaban también un material fabricado a partir de fibras vegetales que se llamaba «papiro» (la palabra «papel», de hecho, procede del nombre de ese material). El papiro se elaboraba en Egipto, desde donde se importaba a todo el imperio. A diferencia de nuestro papel moderno, se trataba de un material caro y en absoluto apropiado para el uso cotidiano. ¿Existían alternativas? Bien, alguna había. Cuando un texto era lo suficientemente importante (por ejemplo, un edicto imperial) se grababa en piedra y se exponía en los templos y en otros edificios públicos, es decir, allí donde todos pudieran verlo. En cuanto a los escritos de poca monta (y un buen ejemplo de ello serían los ejercicios escolares) se usaba una tableta de madera recubierta de una capa de cera. El escolar romano colocaba la tableta sobre sus rodillas y trazaba penosamente las palabras sobre la cera con la ayuda de un punzón. El nombre de aquel utensilio, que estaba hecho de madera o de hueso, era «estilo».

Muchas generaciones han pasado desde aquellos romanos que usaban el estilo para escribir. El significado de la palabra se ha modificado, y lo que nosotros denominamos «estilo» ha dejado de ser un objeto para convertirse en algo inmaterial, intangible y, sin embargo, tan importante para la escritura como aquel punzón con el que se grababan caracteres sobre la cera.

EL ESTILO LITERARIO

¿Qué entendemos vulgarmente por tener estilo? Se trata de una cualidad, desde luego, de algo que adorna a quien lo posee y lo hace interesante para los demás. Una manera elegante de vestir, buenos modales, un aire sofisticado… Pero todo eso no basta. Faltaría la capacidad para sobresalir y distinguirse de otros. Es decir, para resultar atractivo de un modo singular.

De un buen estilo literario se podría decir lo mismo. Por supuesto, debe resultar sugerente para el lector. Pero, además, debe serlo de un modo característico y peculiar, distinguiendo al escritor que lo emplea de otros literatos (de sus competidores, si se quiere). Un buen estilo literario debe resultar atractivo de un modo personal. Casi nada.

Una de las definiciones más socorridas afirma que el estilo es la forma peculiar de decir de cada autor. Dicho con otras palabras: el estilo es su voz literaria. En el caso de ciertos escritores, su estilo es tan reconocible como su imagen en las solapas de sus libros.

Prueba a leerle este párrafo a alguien aficionado a la lectura (y no me refiero a un consumidor de *best sellers*, sino a un lector de verdad):

> Úrsula, ya casi ciega, fue la única que tuvo serenidad para identificar la naturaleza de aquel viento irreparable, y dejó las sábanas a merced de la luz, viendo a Remedios, la bella, que le decía adiós con la mano, entre el deslumbrante aleteo de las sábanas que subían con ella, que abandonaban con ella el aire de los escarabajos y las dalias, y pasaban con ella a través del aire donde terminaban las cuatro de la tarde, y se perdieron con ella para siempre en los altos aires donde no podían alcanzarla ni los más altos pájaros de la memoria.

Probablemente no tarde ni dos segundos en pronunciar el nombre de Gabriel García Márquez, y hasta es posible que afine un poco más e identifique la fuente de la cita como la novela *Cien años de soledad*.

Prueba ahora con esto:

> Lo cierto es que el hombre gris besó el fango, repechó la ribera sin apartar (probablemente, sin sentir) las cortaderas que le dilaceraban las carnes y se arrastró, mareado y ensangrentado, hasta el recinto circular que corona un tigre o caballo de piedra, que tuvo alguna vez el color del fuego y ahora el de la ceniza. Ese redondel es un templo que devoraron los incendios antiguos, que la selva palúdica ha profanado y cuyo dios no recibe honor de los hombres.

«Eso es de Borges», te dirá casi con toda seguridad ese buen lector que has escogido para esta prueba. Lo cierto es que hay muchas posibilidades de que cualquier lector experimentado conozca muy bien a ambos autores, pues tanto Borges como García Márquez ocupan lugares de honor en el canon literario de nuestro idioma. Incluso si este hipotético lector no hubiera leído las obras concretas de las que provienen estas citas (cosa poco probable), será capaz de relacionarlas con un autor o con el otro gracias a una serie de rasgos que se asocian a ellos tanto como la ceguera a Borges o el bigote a García Márquez.

Al Nobel colombiano lo reconocemos por esa osadía de mostrarnos a un personaje femenino (Remedio, la bella) ascendiendo a los cielos rodeada de un aleteo de sábanas, hasta perderse en esas alturas donde no pueden alcanzarla «ni los más altos pájaros de la memoria». Aunque no tengamos muy claro qué pájaros son esos, la fuerza poética de la metáfora es tal que nos deja sin aliento durante unos instantes.

En cuanto al relato de Borges, basta con leerlo en voz alta para comprobar que retumba como un texto que parece extraído de las Sagradas Escrituras, por no mencionar ese uso de los adjetivos tan peculiar (el «hombre gris», la «selva palúdica», los «incendios antiguos»). ¿Y qué hay de ese «tigre de piedra», tan borgiano que casi podría vigilar la tumba del autor en el cementerio ginebrino donde fue enterrado?

Ahora me dirás que juego con ventaja al elegir ejemplos como estos. Estamos hablando de un premio Nobel y de un premio Cervantes. ¿Qué tiene de particular que escritores de ese nivel escriban con estilo? Tienes razón, desde luego, pero ocurre que no son los únicos. Del mismo modo que cada persona tiene su voz, cada escritor tiene su estilo, su forma de personal de decir las cosas, a veces muy característica y a veces más sutil, pero tan indisociable de su persona como su firma o sus huellas dactilares. Yo mismo, al redactar este manual, estoy impregnando estas líneas de mi ADN literario, de mi forma de construir los párrafos y las oraciones que los componen, de usar los adjetivos, de colocar los signos de puntuación, de elegir las imágenes...

Ahora bien, si en este momento me pusieran delante un texto escrito por mí hace treinta años, probablemente no lo reconocería. Casi todas las células de nuestro cuerpo se regeneran a intervalos regulares, lo que quiere decir que, transcurridos siete u ocho años, queda de nosotros muy poco del que fuimos. Con la manera de escribir pasa algo parecido. Al cabo de los años, nuestro estilo mantiene algunos rasgos característicos de lo que fue, los más ligados a aspectos fundamentales de nuestra personalidad. Otros rasgos, en cambio, se transforman de tal modo que, transcurrido un tiempo, a cualquier escritor le cuesta trabajo reconocer sus propios textos. O, en caso de reconocerlos, siente tanta vergüenza que desearía ocultar esos escritos para que nadie pudiera leerlos jamás. A mí me ocurre cada vez que me atrevo a desenterrar material antiguo del disco duro de mi ordenador. «Pero ¿quién escribió esto?» me pregunto a veces. Cuando me contesto que el culpable fui yo, siempre siento el deseo de pulsar la tecla de borrar. Si no lo he hecho nunca es porque tuve una educación religiosa y creo en la importancia de la penitencia.

¿Cuáles son los motivos por los que el estilo de un escritor cambia tanto a lo largo del tiempo? La respuesta es de cajón. Piensa en ti mismo. Piensa en cómo cambiaste en el tránsito entre la niñez y la adolescencia. Piensa en cómo cambió tu voz, sobre todo si eres un hombre. Si ya peinas canas, piensa cómo la madurez ha borrado casi cualquier traza del joven que fuiste. Ahora hazte a la idea de que tu voz literaria es algo que te pertenece de un modo tan íntimo como tus glándulas o tus pulmones, y por lo tanto cambiará a medida que tú lo haces. A diferencia de los cambios físicos, que nos resulta imposible controlar, la evolución del estilo literario depende en gran medida de la voluntad y del esfuerzo. Aparte de la cirugía y de la cosmética, nada puedes hacer para evitar que tu pelo se vuelva gris o que te salgan arrugas en torno a los ojos. En cambio, puedes aprender a escribir un buen diálogo o a trazar una briosa descripción de un personaje. En ello estamos.

A SIMPLE VISTA

Algunos de los componentes más importantes del estilo se reconocen a simple vista, sin necesidad de leer una sola palabra. Supón que abres un libro y te encuentras con algo parecido a esto:

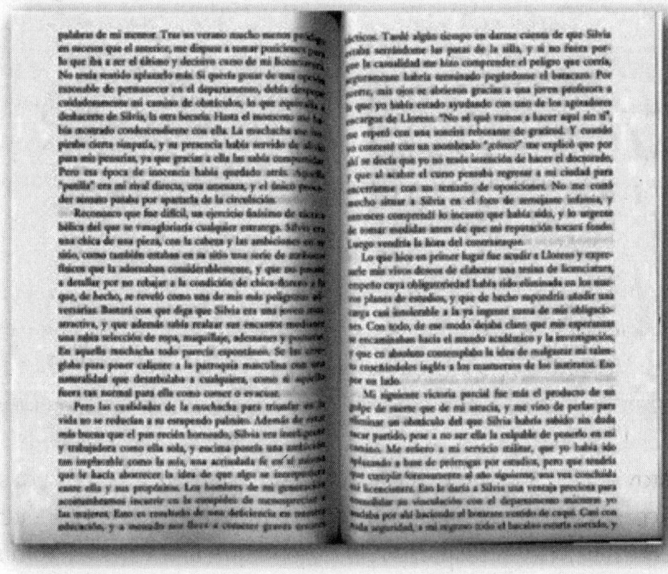

Un solo golpe de vista te habrá bastado para saber que te encuentras ante un escritor de los llamados «de párrafo largo», es decir, alguien que opta por estirar sus frases y sus períodos gramaticales. Lo más probable es que prefiera construir oraciones largas y complejas, con mucha subordinación, y que se recree tanto en las cosas que narra y describe que no encuentre nunca el momento de cortar su discurso con un punto y aparte y empezar a escribir de otra cosa. Los escritores de este tipo suelen gastarse un estilo reflexivo que hace juego con una manera de pensar y contar minuciosa, meditativa y sosegada. También suelen estar aquejados de una especie de *horror vacui* que les impide dejar mucho espacio en blanco en el papel. Yo soy uno de esos escritores. Pero que quede entre nosotros.

Bien, ahora dime, ¿qué pensarías si al abrir un libro lo que te encuentras es esto otro?

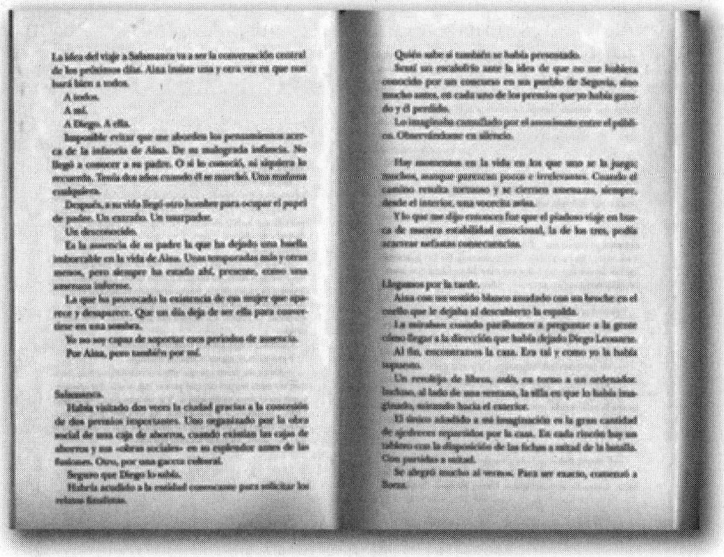

Estoy seguro de que te darías cuenta enseguida de que te has topado con un escritor completamente distinto del anterior. A este autor le gusta dejar mucho espacio en blanco en la página, como les ocurre a los poetas. Escribe en párrafos muy cortos: algunos de una línea, otros de apenas dos o tres palabras. Su forma de contar es mucho menos pausada que la del escritor anterior. Lo imaginamos en tensión mientras escribe, saltando en su asiento igual que salta de un párrafo a otro. Contando su historia en frases cortas que son como ráfagas de ametralladora. Deseando avanzar en la narración de la manera más veloz posible.

Lo que quiero que comprendas es que, independientemente de a qué estilo me adscriba yo, no hay ninguna crítica velada en todo esto. El hecho de que un estilo sea válido o eficaz no depende de la longitud de párrafo que el autor prefiera, sino de su habilidad para obtener buenos resultados con su modo de distribuir el contenido de sus historias. Es cierto que los escritores de «párrafo largo» suelen ser más clásicos en su forma de narrar. Algunos nos recuerdan a aquellos autores del siglo XIX que escribieron historias inolvidables en libros muy largos llenos de párrafos que no terminaban nunca. Y me refiero a autores como Dickens, Balzac, Dostoievski o nuestros Galdós y «Clarín». Cuando leo al novelista norteamericano John Irving, por ejemplo, tengo la sensación de estar leyendo una novela de Dickens que transcurriera en la actualidad, en lugar de en la Inglaterra victoriana.

> En la escuela dominical perfeccionamos una forma de entretenimiento consistente en maltratar a Owen Meany, quien era tan pequeño que no sólo sus pies no tocaban el suelo cuando se sentaba, sino que sus rodillas no llegaban hasta el borde del asiento; por tanto, sus piernas sobresalían derechas, como las de un muñeco. Era como si Owen Meany hubiese nacido sin articulaciones.
>
> John Irving, *Oración por Owen* (1989)
> Trad. de Iris Menéndez

Estamos ante un estilo de novela «caudaloso», con tramas que a menudo abarcan largos períodos de tiempo, incluso toda una vida; con una recreación pausada y abundante en detalles de cada escena; con infinidad de personajes que entran y salen de la acción principal; con historias secundarias que se desgajan de la central o se cruzan con ella. Esta forma de narrar, tan clásica como hermosa, necesita muchas páginas para desplegar todo su potencial, así como largos párrafos y oraciones para analizar a los personajes, sus acciones y sus pensamientos con el detalle necesario.

La otra forma de narrar, la de los párrafos cortos, seguramente goce de muchos más seguidores entre los lectores de hoy en día, pues es un estilo que suele catalogarse como más «moderno».

Desarmado, el hombre se retiró sin apartar los ojos del animal que, con expresión triunfante, lo contemplaba a su vez.

Echó a correr.

En un breve vistazo sobre el hombro vio que el dóberman se ensañaba con el maletín y hacía jirones el revestimiento de piel.

Dobló una esquina y lo perdió de vista.

JON BILBAO, «Preludio y consecuencias de un encuentro nocturno» (*Física familiar*, 2014)

He elegido como ejemplo un relato de un autor español donde puedes ver reflejado lo que quiero decirte sobre la forma de narrar. Jon Bilbao prefiere distribuir este pasaje de su relato (un hombre que huye de un perro peligroso) en párrafos muy breves, de una sola frase. La acción es rápida, trepidante, y la forma de narrar se ajusta al contenido para darnos esa impresión de que los hechos se suceden de forma veloz.

Como curiosidad, sin embargo, te diré que en pleno siglo XIX existía un tipo de escritor muy partidario del párrafo corto, y me refiero a los llamados «folletinistas», que publicaban sus novelas en los periódicos a razón de una entrega semanal. A estos jornaleros de la pluma se les pagaba por renglones o por páginas, por lo que procuraban acortar sus párrafos lo más posible e introducir muchos diálogos, ya que cobraban lo mismo aunque en las páginas entregadas hubiera mucho espacio en blanco. El más famoso de todos ellos fue el sevillano Manuel Fernández y González, que escribió en torno a doscientas novelas (no se conoce el número exacto), todas ellas malísimas. Pero cuidado con los prejuicios, porque Dickens, Balzac y Galdós ejercieron también de folletinistas y ahí los tienes, ocupando lugares de honor en el Parnaso de las letras universales. Lo artístico y lo crematístico nunca estuvieron reñidos. Más bien al contrario.

¿Podemos establecer, por lo tanto, una división tajante entre autores de párrafo corto y de párrafo largo? Seguramente no, aunque cada escritor tienda de forma natural hacia uno o hacia el otro estilo. Pero lo cierto es que un modo de narrar no excluye el otro, lo que significa que en la misma novela o relato el autor puede alternar pasajes escritos en párrafos largos con escenas que se narran mediante frases cortas agrupadas en párrafos breves, del mismo modo que puede elegir entre narrar algunas partes empleando el diálogo mientras que en otras empleará la narración. Un autor competente es un «todoterreno» que domina la técnica y hace uso de los recursos más apropiados según la naturaleza de lo que esté narrando. Una evocación de la infancia del protagonista no se debe escribir empleando el mismo estilo que su participación en un atraco a un banco. Al menos eso es lo que dicen todos los manuales de estilo. Ahora bien, cuando estás trabajando en tu guarida de escritor, no hay nadie ahí para decirte lo que debes y lo que no debes hacer.

Hemos mencionado antes los diálogos, y conviene traer a colación ahora que el uso más o menos frecuente del diálogo es otro de los recursos que caracterizan el estilo de un escritor. Es decir, hay autores que prefieren narrar dándoles voz a sus personajes, mientras que otros optan porque sea la voz del narrador la que predomine en la historia. Es lo podemos comprobar también con un solo golpe de vista:

> decírselo. Luego pensé que, en lugar de servir para infundirle ánimos, esa observación podría empeorar las cosas. Volvió el silencio, un silencio largo y rotundo. En medio de la oscuridad, aquel silencio resultaba intolerable, como el de una emisora de radio que deja de emitir de improviso.
>
> —Y tú, ¿qué?
>
> —¿Cómo dices?
>
> En su voz detecté la violencia que antes había echado de menos en su gesto. Supe que iba a ocurrir algo y me alegré. Cualquier cosa era mejor que permanecer allí callados en mitad de la oscuridad.
>
> —Yo soy un personaje, de acuerdo. Pero ¿y tú? ¿Por qué has de ser tú más real que yo?
>
> Pobrecillo. Dadas las circunstancias era normal que estuviera ofuscado. Habría que armarse de paciencia con él.
>
> —Mira —dije con voz amable—. Uno de los dos tiene que ser real para poder imaginar al otro. Yo estoy contando esta historia. Yo soy el narrador y tú el personaje. Yo soy real y tú no. Creo que eso ha quedado demostrado.
>
> —No seas imbécil. Cualquiera sabe que narrador y autor son dos cosas distintas.
>
> Su respuesta me dejó helado. Después de los acontecimientos de la noche, creía estar preparado para cualquier cosa. Salvo para una clase de literatura. Tal vez por eso solo acerté a responder:
>
> —¿Eh?
>
> —Vamos. Piensa. ¿Cuántos relatos y novelas has
>
> 328
>
> leído en los que alguien habla en primera persona? ¿Significa eso que quien escribe la historia y quien la narra sean el mismo? ¿Acaso Watson era en realidad Conan Doyle? ¿Crees que Dickens se hacía pasar por un tipo llamado David Copperfield? No importa que uno de los personajes de un libro sea quien cuenta la historia. Seguirá siendo un personaje. Un ente de ficción. ¿Me sigues?
>
> Ahora había llegado mi turno de abrir la boca sin acertar a decir nada. Finalmente, tras varios intentos, me las arreglé para balbucear:
>
> —Ab… surdo.
>
> —Con que absurdo, ¿eh? Muy bien. Pues entonces dime tu nombre.
>
> Tomé aliento con el fin de infundirme paciencia de nuevo.
>
> —Nada más sencillo. Me llamo Fernando Ortiz.
>
> Supuse que estaba decepcionado. Pero enseguida noté que no estaba dispuesto a dar su brazo a torcer.
>
> —Muy bien, te llamas Fernando Ortiz. Encantado. ¿Y qué más?
>
> —¿Qué más?
>
> —Sí. Cuéntame algo de ti. De tu vida. De tu infancia. La gente real, como tú afirmas ser, conserva multitud de recuerdos. Es más. Yo diría que es la capacidad de recordar lo que los hace reales. Uno es lo que recuerda. O, lo que es lo mismo, sin recuerdos no hay identidad. Solo un cascarón vacío. Ahora dime, ¿qué recuerdas tú?
>
> No quise contestar inmediatamente. Pensé que
>
> 329

De nuevo nos encontramos con párrafos más cortos (cada uno de ellos correspondería a la intervención de un personaje o a un breve pasaje narrativo o descriptivo). El momento en que cada personaje toma la palabra queda marcado por un signo ortográfico llamado «raya» que a veces también se denomina (de forma errónea) «guion largo». El texto queda muy «aireado» por la abundancia de espacio en blanco y, a simple vista, resulta más atrayente para la lectura. Si estuviéramos hablando de la interfaz de un programa informático, emplearíamos el término *user friendly*.

Conviene aclarar, una vez más, que el empleo de pasajes dialogados no excluye, en modo alguno, que en la misma obra vayamos a encontrar pasajes de tipo narrativo o descriptivo en los que la responsabilidad de contar la asuma un narrador interno o externo a la historia. Sin embargo, hay autores que emplean el diálogo de forma abundante mientras que otros lo racionan mucho más. Los primeros muestran rasgos que son más propios de los guionistas o de los autores dramáticos, mientras que los segundos se decantan de una forma más clara por la narración. ¿Que cuáles son los mejores? Me temo que no hay respuesta a esa pregunta. Se trata de una de tantas elecciones estilísticas que los escritores vamos a realizando a lo largo de nuestra carrera, y a la que también tú te enfrentarás si insistes en dedicarte a esto de forma seria y constante.

DENTRO DEL PÁRRAFO

Seguramente estarás familiarizado con el término «sintaxis», que alude a una rama de la gramática que estudia las formas en las que se combinan las palabras y frases. La sintaxis no se inventó para los escritores, pero resulta una herramienta tan útil para nuestro trabajo que a la larga descubrirás que no puedes pasar sin ella. Piensa en tu trabajo literario como si fueras un arquitecto que está diseñando un edificio. Este edificio tendrá una fachada que será su parte más visible, y que dependerá en gran medida del gusto estético del profesional, es decir, de su faceta más artística. Pero para que ese edificio se tenga en pie y no se derrumbe al poco de ser construido, todo arquitecto tiene que echar mano de las matemáticas y de la física. Con esas herramientas podrá calcular el mejor modo de repartir las cargas con arreglo a los materiales que tiene a su disposición. Pues bien, los escritores nos valemos de la sintaxis de un modo parecido al que los arquitectos e ingenieros usan las matemáticas y la física: sus reglas nos permiten combinar y ordenar palabras y frases, y por lo tanto ideas, de un modo correcto y comprensible. Con ayuda de la sintaxis logramos imprimir orden, elegancia y claridad a nuestros textos. La alternativa es la confusión, auténtica dinamita para cualquier texto escrito, ya sea literario o no.

Comprenderás mejor lo que te estoy diciendo con la ayuda de ejemplos:

> Yo también me veía acusado, no sólo por el esfuerzo del niño por no rendirse, sino por su actitud y su manera de contemplarme: en ningún momento se me había acercado mucho, me miraba con una mezcla de incredulidad y necesidad o deseo de confianza, esto último perceptible sobre todo cuando me hablaba con sus vocablos interjectivos y aislados y casi siempre enigmáticos, con su voz potente tan inverosímil en alguien de su tamaño.
>
> JAVIER MARÍAS, *Mañana en la batalla piensa en mí* (1994)

Javier Marías es un buen novelista, pero no se caracteriza por ponérselo fácil a sus lectores. La novela de la que proviene esta cita se abre con una escena interminable en la que el protagonista y narrador se encuentra en una situación muy comprometida de la que no sabe cómo salir. Su voz entona un larguísimo monólogo compuesto de párrafos que se extienden a lo largo de varias páginas. Dentro de ellos, las oraciones se alargan hasta lo imposible, se retuercen sobre sí mismas, se ramifican como serpientes de muchas cabezas. El estilo de Javier Marías nos atrapa de tal modo que nos sentimos perdidos en un laberinto de palabras cuya salida no logramos divisar, igual que el protagonista no sabe salir de esa situación tan difícil en la que se ha metido. Pero hay una serie de reglas que el autor respeta, lo que le permite mantener la coherencia y evitar que los lectores se pierdan y desistan de la lectura. Son las reglas de la sintaxis, naturalmente.

Si un profesor de Lengua les pidiera a sus alumnos que realizaran el análisis sintáctico de un pasaje escogido de una novela de Marías, seguramente las pobres criaturas pasarían un mal rato. El autor suele agotar el catálogo de las oraciones compuestas en castellano: coordinadas, subordinadas, yuxtapuestas y puede que algún tipo más que él mismo se haya inventado. Hace falta saber mucha sintaxis para realizar un análisis así. Pero necesitarás la sintaxis si quieres llegar a ser un escritor competente. La sintaxis es la base de la redacción, y sin una buena redacción no puede haber una buena escritura. ¿Puede romperse la sintaxis? Por supuesto que sí, pero siempre pensando en la expresividad y en la emoción del texto. Y en algo tan fundamental como es el disfrute de tus lectores.

> Todo es negro. Negro y altísimo. Una habitación pequeña que se dispara hacia arriba. Como si hubieran levantado un rascacielos enorme de 30, 40, 50 metros a base de negrura. Una profundidad enorme construida hacia el cielo. Siento que estoy en el fondo de un pozo excavado hacia arriba. Porque es el horizonte lo que se ha convertido en un agujero. Levantar la vista y encontrar un hoyo es lo que produce esta sensación. Hay una luz al final, una luz muy alta que tiene forma de rayo.
>
> NURIA LABARI, *Cosas que brillan cuando están rotas* (2016)

En esta novela, que gira en torno a los atentados del 11-M, Nuria Labari emplea un estilo radicalmente distinto del de Javier Marías. Tenemos frases cortas que producen una sensación de urgencia. De hecho, la autora rompe la sintaxis de las oraciones usando el punto y seguido. «Una profundidad enorme construida hacia el cielo» no es una oración completa, por lo que, desde un punto de vista gramatical, resulta discutible que deba ir seguida por un punto. Pero el uso de este signo, que parece obligarnos a realizar una pausa mayor, imprime un ritmo entrecortado a la lectura que a la autora le interesa conseguir. No hay problema. Es libre de hacerlo, igual que lo eres tú. Pero asegúrate de conocer las reglas antes de romperlas.

CUESTIÓN DE RITMO

Si esto fuera un manual sobre la escritura de poesía, me resultaría fácil escribir esta sección. La poesía occidental más antigua que conservamos (la de Homero y la de la poeta lírica Safo) se escribió para ser cantada. Más que poemas en el sentido moderno, se trataba de letras de canciones. Aún hoy en día es frecuente que determinados músicos tomen poemas y los conviertan en canciones. Lo hizo Joan Manuel Serrat con Machado, Leonard Cohen con García Lorca y un largo etcétera. La poesía y la música, por lo tanto, siempre han ido de la mano. Igual que ocurre con una canción, un poema no puede concebirse sin un ritmo regular, aunque no se cante ni se recite en voz alta. En castellano, el ritmo poético se consigue mediante la alternancia de sílabas tónicas y átonas conforme a determinada cadencia que se va repitiendo a lo largo del poema. Estos patrones rítmicos están perfectamente estudiados y catalogados por la prosodia y la métrica. Me bastaría con remitirte a tus viejos libros de texto del instituto (o a los de tus hijos) y tendríamos resuelto el problema de la métrica.

El problema es que no somos poetas, sino narradores, es decir, prosistas. Y el ritmo de la prosa es un asunto distinto. Aunque existe, te lo aseguro. Es más, es un componente esencial del estilo y debemos tenerlo muy en cuenta si aspiramos a escribir bien.

Una pregunta: ¿tú hablas en prosa o en verso? A menos que seas un personaje de Calderón o de Zorrilla, supongo que hablarás en prosa. ¿Significa eso que tu habla no se ajusta a patrones rítmicos regulares? No exactamente. Todos los idiomas poseen patrones rítmicos, secuencias de sílabas de más o menos longitud que acentuamos de determinada manera para que lo que decimos resulte comprensible. Estas tiradas de sílabas acentuadas y átonas crean unos ritmos determinados que tendemos a repetir de forma inconsciente (o consciente, si eres un rapero). Sin saberlo, todos somos expertos en las posibilidades rítmicas de nuestra lengua materna. Pero ¿qué tiene que ver todo esto con la escritura?

Hazme un favor y háztelo a ti mismo: lee este pasaje en voz alta:

> El tiempo acaba siempre borrando las heridas. El tiempo es una lluvia paciente y amarilla que apaga poco a poco los fuegos más violentos. Pero hay hogueras que arden bajo la tierra, grietas de la memoria tan secas y profundas que ni siquiera el diluvio de la muerte bastaría tal vez para borrarlas. Uno trata de acostumbrarse a convivir con ellas, amontona silencios y óxido encima del recuerdo y, cuando cree que ya todo lo ha olvidado, basta una simple carta, una fotografía, para que salte en mil pedazos la lámina del hielo del olvido.
>
> JULIO LLAMAZARES, *La lluvia amarilla* (1988)

Precioso, ¿verdad? Pues así es la novela entera, un libro sobre la soledad y el abandono de eso que el escritor Sergio del Molino bautizó como «la España vacía». Nos basta con leer esas líneas en voz alta para darnos cuenta de que el autor está usando el idioma de un modo muy especial. Si nos fijamos únicamente en el sonido de las palabras, comprobaremos que estas se han elegido para lograr un cierto efecto sonoro, una música, un ritmo, una determinada forma de belleza.

A esto es a lo que me refiero con el ritmo de la prosa. Sabremos que lo hemos conseguido cuando nuestras palabras poseen una música que a veces parece una balada y otras suena como un tema de *heavy metal*. Una música que a veces retumba con ecos de catedral y otras nos hace cosquillas en el oído de un modo mucho más íntimo. El sonido forma una parte esencial de la identidad de cada palabra. Todos oímos las palabras en nuestra mente conforme las leemos y las escribimos. Como escritores que somos, debemos acostumbrarnos también a leer en voz alta nuestros textos para comprobar que suenan bien, que poseen el ritmo que teníamos intención de darles. Estoy seguro de que el autor *La lluvia amarilla* leyó su libro en voz alta conforme lo escribía, y puede que también después. No existe otro modo de que un texto escrito en prosa suene a poesía de la mejor. Bastaría con escribir el pasaje que he citado en líneas sueltas para que cualquier lector avezado lo tomara por un poema.

En un capítulo posterior estudiaremos la manera de escribir una prosa rítmica. De momento, vamos a continuar con otras cosas.

PALABRAS, PALABRAS, PALABRAS

Los lectores se alimentan de palabras. Los escritores trabajamos con ellas (hay escritores que incluso viven de ellas, aunque esa sea otra historia). Las palabras son la materia prima de nuestro arte, lo que explica el motivo por el que tantos han pretendido escribir literatura en algún momento de su vida. La mayoría de la gente comprende que, para componer una canción, existe un paso previo inevitable, que es el de aprender a tocar un instrumento. Cualquiera que pretenda pintar óleos o acuarelas aprenderá enseguida que, sin conocimientos de dibujo y sin tener ni idea de cómo mezclar pigmentos, sus esfuerzos están condenados al fracaso. Sin embargo, un relato o una novela se construyen con palabras, y todos sabemos usar las palabras. De hecho, emitimos e interpretamos miles de ellas cada día, tanto de forma oral como por escrito. Cualquier persona medianamente instruida conoce y usa todas las palabras que componen *La metamorfosis* de Kafka o *El retrato del artista adolescente,* de James Joyce. ¿Qué le impide a cualquier persona medianamente instruida, por lo tanto, atreverse a escribir su propia *Metamorfosis*, su propio *Retrato del artista adolescente*? Muchos lo intentan, de hecho, aunque con resultados distintos de los que esperaban. Entonces es cuando descubren que el lenguaje de una obra literaria no es el que están acostumbrados a usar a diario.

No es el mismo y a la vez es el mismo. Una paradoja aparente que se resuelve con facilidad. El lenguaje de la literatura parte de la lengua normal (la «lengua natural», como la llaman los filólogos), de sus palabras y de las normas gramaticales y sintácticas que muestran cómo combinarlas de un modo comprensible. Hasta ahí todo está claro. Pero no todas las palabras sirven, del mismo modo que no sirve cualquier combinación de ellas, sino únicamente aquellas que, puestas juntas, creen el efecto que estamos buscando, o bien el sentimiento que deseamos provocar en el lector. Por ejemplo, para describir el interior de una cueva yo podría escribir que «dentro de ella revolotean murciélagos». Sin embargo, esa frase no crea ningún efecto en concreto; las palabras que la componen se limitan a informar, a denotar un hecho. Ahora bien, puede ser que me dé por plagiar a un poeta del Siglo de Oro (Luis de Góngora, por ejemplo), y lo que escriba sea *infame turba de nocturnas aves*, donde no solo hay una metáfora (los murciélagos no son aves), sino también un adjetivo usado con un valor subjetivo (*infame*) y una aliteración que se logra por la repetición de la sílaba «tur» en posición acentuada. Por si esto fuera poco, la frase forma un verso endecasílabo con un ritmo muy definido. Y todo ello en cinco palabras. Conclusión: este no es un trabajo para aficionados.

Hay escritores que son auténticos virtuosos del lenguaje. En sus manos, las palabras cantan o lloran, igual que un violín en las manos de un maestro. Podríamos poner muchos ejemplos, pero vamos a quedarnos un rato con Francisco Umbral, de quien te invito a leer un fragmento de su libro *Mortal y rosa*:

> … tú, yo, asiento reservado para caballeros mutilados, todos caballeros mutilados, las madres terribles con la bolsa de la compra abultada, como otro embarazo, y la chica leyendo un libro gordo, y el de los recados silbando en el Metro y el sembrado de cabezas que tengo de bajo de mí, una calva con mapas, una pelambrera con brillos, los cuatro pelos sobre un cráneo blanco y lechoso, la huella de las tenacillas en un pelo gris de mujer, como una ceniza en olas tenues de resignación, y el maíz violento de un pelo de muchacha, cebada adolescente que perfuma e ilumina. No, la ciudad no existe, la ciudad una locura, una invención, una esperanza, una mentira. La sueña desde allá abajo los que van en Metro, ánimas del purgatorio en túnel, justos en multitud, limbo húmedo, catacumba veloz. No existimos, no tomamos café, no hacemos el amor. Sólo nos sueña, desde lo profundo, un hombre silencioso que va en Metro.
>
> FRANCISCO UMBRAL, *Mortal y rosa* (1975)

Ahí está el lenguaje que usamos a diario, nuestra lengua castellana de todos los días. Todos comprendemos el significado de palabras como *viajero, resignación, purgatorio* y *bolsa de la compra*. A ninguna persona nacida y criada en este país (o en cualquiera de los países de habla hispana) se le puede escapar el sentido de la oración *No, la ciudad no existe, la ciudad una locura, una invención, una esperanza, una mentira.*

¿Qué tiene este texto de especial, entonces?

El texto de Umbral es extraordinario porque el idioma que usamos todos los días se emplea de un modo distinto, es decir, se trata del mismo idioma, pero usado con una intención diferente de la habitual. Aquí el propósito no es contar algo o informar sobre algo, sino hacer pensar y sentir al lector. Cuando lo leemos, comprendemos instintivamente que el autor nos está diciendo mucho más de lo que el texto en apariencia dice, un significado que va más allá de la suma de las palabras que lo componen. También intuimos que no debemos entender el tema del que habla (el hecho cotidiano de viajar en metro) como algo literal, sino como un símbolo de algo más. Un texto como este nos invita a sumergirnos en él y bucear hasta el fondo en busca de ese tesoro que es la experiencia literaria. Para crearlo, el autor se ha valido de su imaginación y de sensibilidad, por supuesto, pero también de una serie de recursos que casi siempre encontramos, con una presencia evidente o más discreta, en un texto literario, sobre todo en uno que se acerca tanto a lo poético como es el texto de Umbral. La metáfora es el más importante de todos ellos (*limbo húmedo, catacumba veloz*), pero no el único. El autor encuentra el modo de mezclar elementos concretos y abstractos (*una ceniza en olas tenues de resignación*) de un modo ajeno a la lengua cotidiana, un modo que nos produce a la vez extrañeza y emoción. Los adjetivos les arrancan fulgores inesperados a los nombres que califican (*madre terrible, maíz violento*). Las reglas sintácticas saltan en pedazos para imprimirle un ritmo urgente a las frases (*tú, yo, asiento reservado para caballeros mutilados, todos caballeros mutilados…*), como si el autor estuviera pintando un cuadro impresionista con las palabras. Además, Umbral se ha servido de su oído musical para disponer las palabras de un modo rítmico. Encontramos repeticiones de la conjunción «y» (polisíndeton), listas, paralelismos gramaticales… Las palabras se suceden, veloces y rítmicas, como los vagones del metro. Al final, la idea de que quizás la superficie del mundo no sea más que el sueño de un hombre que viaja en metro, un pensamiento tan profundo como inquietante que nos deja el alma en suspenso.

Mortal y rosa es un libro deslumbrante, de eso no cabe duda. En sus páginas, Francisco Umbral demuestra que es un auténtico maestro del uso literario del lenguaje, es decir, del estilo. De hecho, se le considera uno de los mejores «estilistas» en nuestra literatura moderna. Ahora bien, conviene que no pierdas de vista el hecho de que *Mortal y rosa* no es una novela. Es un libro escrito casi totalmente en prosa, de acuerdo, y algunos de sus pasajes tienen un cierto tono narrativo, pero se trata, sobre todo, de un libro de contemplación y meditación en torno a un acontecimiento terrible en la vida de su autor: la muerte de un hijo a temprana edad. Concluyendo: Umbral es un maestro del estilo pero no es un novelista, ni siquiera un narrador. Sin embargo, tengo entendido que tú sí quieres serlo.

Ahora, echémosle un vistazo a este otro fragmento:

> El portal del caserón, enmarcado también en un arco de alabastro, se abrió pesarosamente, con esa reticencia que tienen las puertas a dejar escapar los secretos que albergan. En el umbral, apareció un hombre de fisonomía demacrada, como de pergamino, y mirada pavorosa, donde quizá se almacenasen los residuos de algún crimen sin castigo. Se tambaleaba con esa ebriedad aturdida que tienen los resucitados. Cuando distinguí la mancha roja que afloraba en la pechera de su camisa y le contaminaba las solapas de la chaqueta, supe que él había sido el destinatario de ese disparo cuyo eco aún infamaba mis oídos.

Este texto se lo he tomado prestado al escritor español Juan Manuel de Prada, y pertenece a su novela *La tempestad*, que ganó el Premio Planeta en 1997. El narrador relata cómo una puerta se abre para dar paso a un hombre herido por un disparo en el pecho. Esta vez sí estamos leyendo una novela, el problema es que el estilo resulta tan recargado y ampuloso que se superpone a la narración y no nos deja verla con claridad. La escena es dramática, sin duda, pero quizás no tanto como para justificar el artificioso lenguaje con el que está contada. Admiro a Juan Manuel de Prada como el gran estilista que es, pero creo que a veces se deja arrastrar demasiado por esa facilidad suya para jugar con las palabras. Su modo de escribir es muy hermoso. Su modo de contar, sin embargo, no me parece demasiado eficaz.

Y acabamos de llegar a una encrucijada importante. Hay un momento en la vida de todo escritor en que debe decidir entre sus inclinaciones poéticas y su vocación de narrar historias. Si un día descubres que te has convertido en un gran orfebre del lenguaje, *chapeau*, bien por ti. Pero en ese mismo momento debes preguntarte si tu habilidad para crear metáforas, símiles y paralelismos, si tu pericia para encontrar el adjetivo perfecto te ayuda a contar mejor tus historias. Ha llegado el momento de elegir, porque el trabajo de un narrador y el de un poeta no es el mismo. A veces, escribir bien equivale a narrar mal, como podría decirse de ese gran escritor pero cuestionable narrador que es Juan Manuel de Prada.

EN LAS GARRAS DEL ARCHIDEMONIO

Somos muchos los lectores que nos iniciamos en la literatura de la mano de Edgar Allan Poe. De chaval, leí sus *Narraciones extraordinarias* tantas veces que perdí la cuenta. Aquellos cuentos plagados de caserones en ruinas, de asesinatos sangrientos, de gente enterrada viva, de venganzas, de torturas y de muertos resucitados le depararon más de un momento de terrorífico goce a aquel niño-adolescente que era yo. Recuerdo, en especial, el relato «El gato negro», cuyo edificante argumento nos cuenta la historia de un hombre que se obsesiona con el gato del título de tal modo que trata de matarlo de un hachazo. Pero su esposa se interpone y acaba siendo ella la asesinada. El criminal se desembaraza del cadáver emparedándolo en el sótano y parece que va a salirse con la suya. Cuando unos policías se presentan para preguntar por el paradero de la mujer, incluso se jacta de la sólida construcción de su casa golpeando con su bastón la pared tras la que se halla el cadáver. Entonces…

¡Que Dios me proteja y me libre de las garras del archidemonio! Apenas había cesado el eco de mis golpes cuando una voz respondió desde dentro de la tumba. Un quejido, sordo y entrecortado al comienzo, semejante al sollozar de un niño, que luego creció rápidamente hasta convertirse en un largo, agudo y continuo alarido, anormal, como inhumano, un aullido, un clamor de lamentación, mitad de horror, mitad de triunfo, como sólo puede haber brotado en el infierno de la garganta de los condenados en su agonía y de los demonios exultantes en la condenación.

EDGAR ALLAN POE, «El gato negro»
(*Narraciones extraordinarias,* 1843)
Trad. de Julio Cortázar

¡Qué magnífico escritor era Poe! Qué capacidad la suya para ponernos los pelos de punta con ese uso tan expresivo del lenguaje. Expresivo y a la vez excesivo, como el propio autor en vida. Pero, además, conviene recordar que Poe publicó sus cuentos más famosos en las décadas de 1830 y 1840, es decir, cuando el Romanticismo todavía era una corriente en boga, al menos en sus aspectos más superficiales. Si por algo se caracteriza el Romanticismo es por su predilección por lo excesivo, por lo irracional, por los sentimientos sin freno, por lo gótico, por lo macabro... Todo ello se traduce en una forma de escribir en prosa que podríamos denominar «estilo enfático». Aquí no hay contención ni medias tintas, el horror y la emoción están siempre en todo lo alto. De ahí los «aullidos», «los clamores» y los «demonios exultantes en la condenación».

Creo que muy pocos escritores se han librado del influjo de Poe, aunque con resultados desiguales. Cien años después de que el maestro de Boston publicara sus relatos de terror, otro escritor de Nueva Inglaterra reciclaba el estilo de narrar de Poe para dar voz a sus propios demonios, y escribía cosas como esta:

Fue algo terrible e indescriptible, mucho más grande que cualquier tren subterráneo: un agregado amorfo de burbujas protoplásmicas, vagamente luminosas, y miles de ojos que se

> formaban y deshacían como pústulas de luz verdosa a medida que avanzaba hacia nosotros por el túnel.
>
> Trad. de Miguel Temprano García

La cita pertenece a la novela corta *En las montañas de la locura*, de Howard Phillips Lovecraft (1936), una de las obras clave del ciclo de relatos fantásticos conocido como los *Mitos de Cthulhu*, de enorme repercusión hasta el presente. En Lovecraft podemos encontrar todos los excesos de Poe, pero multiplicados hasta alcanzar proporciones cósmicas.

Tan grande es la influencia de ambos autores, sobre todo en los autores primerizos, que, transcurridos otros setenta años, cierto escritor español no puedo evitar escribir algo como esto:

> El cielo acerado del atardecer se veía surcado por miríadas de criaturas voladoras de contornos caprichosos. Aquí y allá, montones informes de una materia hedionda brotaban del terreno, semejantes a pústulas a punto de reventar; también vi formas geométricas: cubos, prismas, toda suerte de inverosímiles tetraedros. Y en la distancia, el terreno se elevaba para conformar una cordillera alucinante en la que, silueteadas al contraluz de un sol crepuscular, paredes y agujas de inusitada verticalidad conformaban la dentadura de una descomunal fiera.

Esta prosa tan desaforada, con sus pústulas y sus cordilleras alucinantes, no es más que una imitación más o menos deliberada de los temas y el estilo de Lovecraft y, por lo tanto, de Edgar Allan Poe. Yo mismo soy el autor de ese texto, y lo único que puede decir en mi descargo es que llevaba todavía la letra «L» de novato prendida a la espalda.

He traído a colación a Poe y a Lovecraft porque tengo comprobado que son pocos los autores primerizos que escapan de su influjo. De hecho, me atrevo a suponer que tú mismo has ensayado alguna que otra página de horror macabro, o incluso de horror cósmico. Ahora voy a rogarte que no te tomes lo que sigue como una censura. Todo aprendizaje conlleva un período de imitación. El hecho de copiar a nuestros autores favoritos no solo es inevitable, sino absolutamente necesario, porque de ese modo aprendemos y practicamos sus técnicas y los trucos de su estilo. Si persistimos en ello, acabaremos desarrollando un estilo personal que incorporará las técnicas de todos esos maestros en los que nos hemos inspirado. El problema es el hecho de estancarse en la fase de imitación y seguir escribiendo toda la vida como Poe y como Lovecraft. Ni somos autores del siglo XIX ni debemos olvidar que Lovecraft no hubo más que uno. Y en esto último coexiste la admiración con no pocos reparos. Si te soy sincero, no veo mucha diferencia entre la exaltación narrativa de los autores que escriben a lo Lovecraft y esa prosa artificial, intrincada y pseudopoética de los autores que escriben a lo Juan Manuel de Prada. En ambos casos, el lenguaje acaba convertido en un velo que se superpone a la narración y prácticamente la oculta. No te discutiré que el velo pueda ser colorido, elegante y precioso, pero desde luego no aporta claridad, sino todo lo contrario.

Soy un gran aficionado al cine (casi todos los novelistas lo somos, porque el lenguaje de la novela y el del cine se parecen muchísimo). Hay varios directores a los que admiro profundamente, pero mi favorito ha sido siempre el norteamericano John Ford, que entre otras muchas cosas fue un gran narrador de historias épicas. Seguro que en algún momento de tu vida has visto el western *Fort Apache*, de 1948, con John Wayne y Henry Fonda a la cabeza del reparto. ¿Que qué tiene que ver una película del Oeste con el estilo literario? Pues absolutamente todo. Te invito a volver a verla y a fijarte en cómo está realizada. Trata de prestar atención a la sucesión de planos, de escenas, de diálogos, de partes puramente narrativas… Ahora sé sincero y dime cuánto has aguantado tratando de analizar la técnica antes de dejarte arrastrar por la historia y olvidarte del análisis. John Ford no superpone su dominio de la técnica cinematográfica a la narración, lo pone a su servicio. El estilo de Ford es admirable porque resulta tan liviano y transparente que el director logra que nos olvidemos de él.

Para mí este es el secreto de los grandes narradores.

> La mayoría de los estudiantes ansiaban llegar a la sala de disección y hundir el escalpelo en los cadáveres, como si les quedara un fondo atávico de crueldad primitiva.
>
> En todos ellos se producía un alarde de indiferencia y de jovialidad al encontrarse frente a la muerte, como si fuera una cosa divertida y alegre destripar y cortar en pedazos los cuerpos de los infelices que llegaban allá.
>
> [...]
>
> Andrés Hurtado no manifestaba más sensibilidad que los otros; no le hacía tampoco ninguna mella ver abrir, cortar y descuartizar cadáveres.
>
> Lo que sí le molestaba era el procedimiento de sacar los muertos del carro en donde los traían del depósito del hospital. Los mozos cogían estos cadáveres, uno por los brazos y otro por los pies, los aupaban y los echaban al suelo.
>
> Eran casi siempre cuerpos esqueléticos, amarillos, como momias. Al dar en la piedra, hacían un ruido desagradable, extraño, como de algo sin elasticidad, que se derrama; luego, los mozos iban cogiendo los muertos, uno a uno, por los pies y arrastrándolos por el suelo, y al pasar unas escaleras que había para bajar a un patio donde estaba el depósito de la sala, las cabezas iban dando lúgubremente en los escalones de piedra. La impresión era terrible; aquello parecía el final de una batalla prehistórica, o de un combate de circo romano, en que los vencedores fueran arrastrando a los vencidos.
>
> Pío Baroja, *El árbol de la ciencia* (1911)

El pasaje que acabas de leer es terrible, eso no te lo voy a discutir. Pero creo que encierra una gran lección de escritura. Por eso me he permitido el lujo de citarlo casi íntegro, a pesar de su larga extensión.

Leí *El árbol de la ciencia* en el instituto cuando tenía… ¿diecisiete años? Han pasado cuatro décadas desde entonces, pero no he podido olvidar el relato de la vida de Andrés Hurtado y la evocación de aquella sala de disección de la facultad donde cursó sus estudios de medicina, como el propio Baroja. Incluso sin releer el pasaje, recordaba muy bien el modo en que describe la falta de humanidad de los estudiantes, las bromas con los cadáveres, el desprecio con el que tratan esos cuerpos, su brutalidad de niños privilegiados. También recordaba las cabezas golpeando los escalones de piedra conforme los cuerpos eran arrastrados por los mozos escaleras abajo.

Lo que Pío Baroja nos está contando no es una historia de cadáveres emparedados ni de apariciones monstruosas, sino una página de los recuerdos del personaje narrada con el mayor grado de realismo. Seguramente ese es el secreto del inmenso horror que encierra. Si comparas el estilo de Baroja con los excesos de Poe y de Lovecraft, comprobarás que nada tienen que ver. El escritor español escribe de un modo claro, con una sencillez que muchos le reprocharon durante su vida. No emplea ni un tono grandilocuente ni una adjetivación exagerada. Al leerlo, no tenemos la impresión de que el narrador está gesticulando y gritándonos junto al oído. Nos habla con frases sencillas y bien construidas, y con un léxico que no aspira a la extravagancia, sino a la precisión. Parece que podemos escuchar a Baroja hablándonos tranquilamente desde su sillón, con su batín y su boina, como un abuelo venerable. Sin embargo, ahí está toda su fuerza macabra, ahí están la crueldad y la inhumanidad que todavía me hacen estremecerme cuarenta años después.

¿Cuál es el secreto? La técnica, por supuesto. El modo de narrar. Ese estilo claro, conciso y contenido que no convierte al texto en el recipiente de la emoción, sino en su catalizador. El horror no está en el texto, sino dentro de todos nosotros. Ejerciendo como un alquimista experto, Baroja desencadena esa reacción por la cual ese sentimiento de asco y consternación crece y rebosa en nuestro interior.

Toda una lección de lo que un sencillo punzón llamado «estilo» puede lograr cuando lo maneja una mano experta.

PUNTOS DE VISTA

Hemos hablado hasta ahora del estilo como una característica única y personal de cada escritor, como su voz literaria, olvidando quizás el hecho de que la literatura de ficción a menudo nos obliga a imitar voces distintas de la nuestra, lo que ocurre cada vez que los personajes de nuestras historias se empeñan en hacerse oír sin intermediarios. De esto hablaremos en la sección dedicada al diálogo. Pero existe otro elemento que obliga al escritor a camuflar su voz bajo la del personaje-narrador. Estoy hablando del punto de vista.

Imaginemos que trabajo con personas con discapacidad intelectual, y que se me ha ocurrido escribir una novela en la que se refleje la vida y los problemas a los que se enfrentan mis alumnos. También he pensado que el punto de vista más atractivo y original para mi historia será el del protagonista. Yo tengo alrededor de cuarenta años y estudié literatura inglesa en Oxford. Mi personaje tiene quince años y sufre un síndrome del espectro autista. Se llama Christopher:

> La gente me provoca confusión. Eso me pasa por dos razones principales.
>
> La primera razón principal es que la gente habla mucho sin utilizar ninguna palabra. Siobhan dice que si uno arquea una ceja puede querer decir montones de cosas distintas. Puede significar «quiero tener relaciones sexuales contigo» y también puede querer decir «creo que lo que acabas de decir es una estupidez».
>
> Siobhan también dice que si cierras la boca y expeles aire con fuerza por la nariz puede significar que estás relajado, o que estás aburrido o que estás enfadado.
>
> MARK HADDON, *El curioso incidente del perro a medianoche* (2005)
> Trad. de Patricia Antón de Vez

El punto de vista de su novela obligó a Mark Haddon a adoptar el estilo de su narrador, un adolescente con una discapacidad intelectual que determina de un modo muy drástico su forma de entender el mundo y el modo en que se comunica con los demás. No conozco el resto de la obra de este autor. Puede que para su siguiente novela se convirtiera en una dama victoriana de alta sociedad, o en un soldado de la Segunda Guerra Mundial. Pero su debut como adolescente autista fue tan convincente que recibió el aplauso unánime de los lectores y de la crítica, y el libro no ha dejado de reeditarse y traducirse desde que se publicó.

Un ejemplo aún más célebre es el del norteamericano Mark Twain poniéndose en la piel de un pilluelo que vive en un pueblo del profundo Sur antes de la guerra de Secesión americana:

> Bueno, pues la señorita Watson me dio un buen repaso por la mañana por culpa de la ropa. Pero la viuda no me riñó. Se limitó a limpiar la grasa y la arcilla con cara tan apenada que decidí portarme bien una temporada, si podía. Después, la señorita Watson me metió en el retrete y rezó; pero poco ganó con ello. Me dijo que rezara todos los días y que conseguiría todo lo que pidiera.
>
> MARK TWAIN, *Las aventuras de Huckleberry Finn* (1884)
> Trad. de J. A. de Larrinaga

En ambos casos, el modo principal del que se vale el autor para construir su personaje protagonista son sus propias palabras. No importa lo maduro o sofisticado que sea el estilo del escritor, lo que cuenta es que su voz quede subordinada a la del personaje que va a ejercer como narrador, ya sea un muchacho con autismo o un joven vagabundo con un padre borracho. Si los lectores somos capaces de vislumbrar al autor entre las rendijas de su prosa, la novela habrá fracasado.

Yo mismo tuve ocasión de comprobarlo cuando decidí narrar la vida de una muchacha en los tiempos de la república, la guerra civil y la posguerra. La protagonista tomaba prestado los recuerdos de mi tía Maruja, la hermana mayor de mi padre, por lo que el libro era una crónica novelada de mi propia familia durante aquellos años. Desde el principio del proyecto supe que este solo tendría éxito si la voz de Maruja, la protagonista, resultaba natural y creíble. En ese caso, tendría muchas posibilidades de involucrar al lector en la historia. Adiós, por tanto, a los alardes estilísticos, a las frases largas y a las figuras literarias. Tan solo me permití el lujo de deslizar una metáfora en el título. La novela se titula *Bajo la fría luz de octubre*, y es sin duda el libro de más éxito de todos los que he escrito:

Para mí todo aquello era de lo más normal, aunque claro, yo era muy pequeña entonces, y a los niños pequeños casi nada les causa extrañeza, porque para ellos el mundo es completamente nuevo y lo mismo les da un milagro que un hecho cotidiano. Aquello pasó antes de la guerra. Y, ahora que lo pienso, lo que me parece milagroso es que existiera un antes de la guerra, como si todo lo ocurrido hasta entonces hubiera quedado abolido del tiempo y de la memoria. Pero no fue así. Porque yo misma me acuerdo de muchas cosas que ocurrieron antes de aquellos años terribles, y eso que mi memoria ya no es buena, y a veces todo es oscuro y se confunde.

ELOY M. CEBRIÁN, *Bajo la fría luz de octubre* (2003)

En el extremo opuesto estaría el escritor argentino Manuel Mújica Laínez, construyendo un fabuloso universo medieval a través de la voz de un hada legendaria. Aquí prima el ornamento, la belleza, el lirismo. Un lenguaje lleno de magia para un personaje mágico:

Los rumores cesaron uno a uno. La brisa estremeció con leve suspiro la pálida humareda de los árboles; un pastor invisible prolongó en su caracola, erguida hacia la paz de la luna, su extraña queja, insinuándonos viejísimas cadencias de mar y de mitología, que callaron de súbito; rechinaron en el castillo goznes y cerrojos; onduló unos segundos, alrededor de mi torre, el canto de una mujer que apaciguaba a un niño.

MANUEL MÚJICA LAÍNEZ, *El unicornio* (1965)

¿Adónde nos lleva todo esto? Hablaremos mucho del punto de vista más adelante. De momento, basta con subrayar la idea de que la elección de un punto de vista u otro es una de las decisiones más importantes que debemos tomar a la hora de emprender un proyecto literario. Y tanto es así que el estilo en que la historia será narrada, su apariencia verbal, quedará subordinada a esta decisión. Un narrador infantil no puede emplear las mismas que un adulto, un anciano que hablara como un joven seguramente haría el ridículo, un indigente no se expresa como un profesor universitario (a menos que se trate de un profesor universitario que, por reveses de la vida, haya caído en la indigencia). Si me apuras, los hombres y las mujeres usamos lenguajes distintos, por lo que hecho de narrar desde la perspectiva del otro sexo nos obliga a un radical cambio de mentalidad.

En ocasiones el narrador tiene que ejercer como ventrílocuo, o quizás más bien como médium. No estoy seguro de cuál es la comparación más adecuada. El narrador-ventrílocuo debe prestarles su voz a otros personajes, aunque esta voz sufre transformaciones en el proceso. El narrador-médium se deja poseer por sus personajes de ficción que él mismo ha creado y les concede algo tan material (y a la vez tan etéreo) como una voz con la que expresarse. Suena muy esotérico contado de esta manera, pero en realidad no es más que una cuestión de lenguaje y de técnica.

Una cuestión de estilo.

3.
La buena escritura

RETÓRICA

Pese a los esfuerzos de maestros y profesores, la importancia de escribir bien está muy devaluada hoy en día. Piensa en las cualidades más valoradas para conseguir empleo. Aparte de grados y másteres, al aspirante le pedirán aptitudes para el trabajo en equipo, dominio del inglés y de la informática, capacidad para resolver problemas, buena disposición para trabajar por un salario ínfimo... qué se yo. Lo que seguramente no le pedirían sería facilidad para expresarse por escrito de una forma correcta y precisa, (salvo que el trabajo fuera de periodista o creativo publicitario).

Si hubieras nacido en una ciudad del imperio romano hace veinte siglos o así, la cosa habría sido distinta. Los jóvenes romanos de buena familia deseosos de hacer carrera sabían muy bien los pasos que tenían que dar. El primero era hacer un largo servicio militar e ir ascendiendo en el escalafón del ejército. Con suerte, una campaña en tierras bárbaras o en alguna provincia rebelde les permitiría acelerar el proceso, sobre todo si esta iba acompañada de mucha destrucción, pillaje y abundantes esclavos para vender y engrosar su fortuna. Una vez acabada la carrera militar, lo más habitual era meterse en política. Curiosamente, hoy miramos con desdén a quienes anuncian que desean hacer carrera en política. Para los romanos, sin embargo, el servicio público era la más digna de las aspiraciones y el único modo de llegar a ser un ciudadano prominente. Lo suyo era comenzar con una magistratura menor, y después ir ascendiendo en el escalafón (el *cursus honorum*, lo llamaban ellos) hasta poder aspirar al puesto más honorable, el que otorgaba el grado máximo de poder y dignidad, solo por debajo del césar, y me refiero a la magistratura de cónsul. Pues bien, influencias y fortuna aparte, la única forma de abrirse camino en la política era ser un buen orador, y para ello resultaba imprescindible ser un escritor competente.

Los romanos adoraban los discursos. Nada les resultaba más emocionante que la figura togada de un orador dirigiéndose a ellos desde una tribuna pública, haciéndoles vibrar de emoción, sentir lo que él sentía y pensar lo que él pensaba. Recuerda al personaje de Marco Antonio dirigiéndose a la plebe en la tragedia *Julio César*, de William Shakespeare, el modo en que manipula y troca los sentimientos de los asistentes, que pasan de aplaudir a los asesinos de César a exigir su sangre.

Tal y como se presenta en la obra de Shakespeare, el discurso de Marco Antonio fue improvisado, pero esto raramente era así. Los discursos se estudiaban y preparaban cuidadosamente y, por supuesto, se escribían (de hecho, en ocasiones también se publicaban, como era el caso de los discursos de Cicerón). Un noble romano sin talento para la oratoria y la persuasión tenía muchas posibilidades de fracasar en la vida pública y, lo que era peor, de recibir la mofa general. Por ello los menos dotados solicitaban la colaboración de especialistas en redactar discursos: los llamados logógrafos, muchos de ellos de origen griego.

Como tantas otras cosas, los romanos aprendieron el arte de la oratoria de los griegos. ¿Te acuerdas de las Musas? Fíjate hasta qué punto la capacidad de expresarse con elocuencia se consideraba una disciplina artística que había una musa específica para la oratoria, igual que la había para la música, para la poesía y para la tragedia. Se llamaba Calíope, y la representaban con una lira y una corona de laurel, al igual que al dios Apolo, a quien servía como mensajera.

Calíope era, además, la musa de la poesía épica y fue la madre de Orfeo, el cantor y poeta mítico de las leyendas antiguas. Ya lo ves, hasta las deidades conocen el pluriempleo.

Para facilitar el trabajo de Calíope, las familias nobles de Roma tenían la costumbre de enviar a sus vástagos a Atenas en lo que hoy equivaldría a un Erasmus u otro tipo de estancia formativa en el extranjero. Allí perfeccionaban su griego y estudiaban en la escuela de algún orador famoso. Los había seguidores de varios estilos (la palabra «estilo» vuelve a aparecer). La escuela ática abogaba por un estilo natural y carente de artificios, mientras que la asiánica era todo lo contrario: exuberante, artificiosa y abundante en figuras literarias.

De modo que los griegos fueron los maestros de los romanos en el arte de la retórica, cuyo padre fundador fue nada menos que Aristóteles, quien dedicó un tratado entero a los tipos de discurso y las cualidades que estos debían poseer. Y fue además autor de la *Poética*, el primer tratado sobre el arte de la escritura, centrado sobre todo en la tragedia, considerada la máxima expresión literaria en la época.

Cuando en el instituto estudiaste la metáfora, la metonimia, la anáfora, el polisíndeton, la hipálage, el quiasmo y el resto de las figuras literarias, lo que estabas haciendo en realidad es recitar una lista de palabras griegas que designaban una serie de artificios útiles para embellecer un discurso. Lo que tú estudiaste en tus años mozos era lo mismo que aquellos jóvenes romanos aprendían en las escuelas de los maestros de retórica atenienses. Los recursos que usamos los escritores modernos son idénticos a los que emplearon y catalogaron los oradores y poetas del pasado. Cuando alguien se decide a ser escritor debe ser consciente de que se convierte en depositario de una tradición milenaria.

El lenguaje es un patrimonio, pero los escritores tenemos la responsabilidad añadida de usarlo bien, lo que requiere estudio y práctica. Si no estás dispuesto a hacer el sacrificio necesario para aprender, es preferible que no sigas leyendo.

LAS HERRAMIENTAS

¿Te imaginas el estudio de un artista sin pinceles, lienzos ni tubos de óleo? ¿Puedes concebir el taller de un escultor vacío de bloques de mármol, martillos y escoplos? ¿Qué clase de taller mecánico podría funcionar sin una simple llave, sin un triste destornillador? Al margen de los útiles de escritura, la herramienta fundamental de nuestro oficio es el diccionario.

El diccionario es un catálogo de palabras, que son la materia prima de nuestro arte (fíjate en que a veces empleo la palabra «arte» y otras digo «oficio», pues para mí son equivalentes). Te aseguro, sin miedo a equivocarme, que no hay escritor que no mantenga un idilio privado con el diccionario. Gabriel García Márquez remonta su historia de amor hasta la edad de cinco años, cuando fue con su abuelo el coronel a conocer los animales de un circo que pasaba por Aracataca, su pueblo natal. A la vista de «una especie de caballo desolado y maltrecho, con expresión de madre espantosa», el pequeño Gabriel le preguntó a su abuelo el nombre de aquel animal. Cuando el coronel respondió que era un camello, alguien le corrigió y le dijo que en realidad se trataba de un dromedario. De vuelta en casa, el abuelo le mostró a su nieto un diccionario y le recomendó que lo usara para que nadie tuviera que venir a corregirlo: «Este es el libro que no solo lo sabe todo, sino que además nunca se equivoca». Cuando Gabriel le preguntó cuántas palabras contenía, el abuelo respondió: «Todas».

Esta historia se puedes leer en el prólogo al diccionario *Clave*, publicado por la editorial SM en 1997. Al final de este prólogo, García Márquez asegura que «no hay nada más útil y noble que los diccionarios para que jueguen los niños desde los cinco años. Y también, con un poco de suerte, los buenos escritores hasta los cien».

Diccionarios los hay de muchos tipos, y todos ellos resultan útiles en un aspecto u otro. Pero el fundamental de todos ellos, el que no puede faltar en nuestra biblioteca es el diccionario de la Real Academia Española.

Con sus luces y sus sombras, el diccionario de la RAE es la obra de referencia fundamental para el uso y el aprendizaje del español. Se trata de un diccionario vivo que cambia y evoluciona, si no al mismo ritmo que nuestro idioma, al menos sí de un modo constante. En él encontrarás los significados de las palabras. Y subrayo esto por mucho que te parezca una perogrullada, porque a veces creemos saber lo que una palabra significa y resulta que no es así. La lengua es una de las creaciones humanas más democráticas, pues la construimos entre todos. Ahora bien, las innovaciones y los cambios son también el resultado de la acción colectiva. Por mucho que te empeñes en que una palabra signifique determinada cosa, eso no ocurrirá hasta que la mayoría de los hablantes se pongan de acuerdo en que así sea y este acuerdo se mantenga en el tiempo. Entonces será cuando el diccionario recoja esa acepción. Es muy probable que el primer hablante que, por influencia del francés, empleó la palabra «avión» para designar un ingenio volador más pesado que el aire, se sintiera frustrado al ver que nadie lo imitaba. La gente seguía empeñada en que un avión era una especie de vencejo. Por suerte, su insistencia se vio recompensada. Ahora pongamos por caso que un escritor novato use la palabra *inmarcesible* como sinónimo de *inaccesible*, tal vez por que parezca más bonita o más culta. *La cumbre de la montaña era inmarcesible*, escribe el escritor novato. Y con ello solo demuestra su ignorancia, amén de cierta pedantería. Si, en lugar de confiar en su dudoso criterio, el escritor novato hubiera acudido al diccionario, habría descubierto que *inmarcesible* significa «algo que no se puede marchitar», y con ello habría evitado, no solo hacer el ridículo, sino comunicar su idea con precisión. Y no te lo tomes a mal si te has visto en ese caso, porque nos ha pasado a todos. Una vez yo escribí que cierto personaje se había expresado de un modo «taciturno», cuando alguien taciturno no se expresa en absoluto, sino que permanece callado. Yo pensaba que «taciturno» significaba «hosco» o «enfadado». Por suerte, el diccionario me sacó de mi error.

Pero el diccionario de la RAE no es una herramienta esencial solamente para los autores novatos, sino para cualquiera que haga un uso frecuente de la lengua escrita, sea por motivos de trabajo o de ocio. El español o castellano es una lengua hermosísima, pero también complicada, y el diccionario viene a ser su libro de instrucciones. El de la RAE, en concreto, representa el esfuerzo combinado de cientos de especialistas, que a su vez son enamorados del lenguaje (*frikis* del lenguaje, los llamaríamos hoy). Por lo tanto, no debe faltar en tu lugar de trabajo. La versión física, con sus dos pesados tomos, es algo engorrosa de manejar, amén de cara. Sin embargo, hay una versión en línea completamente gratuita y al alcance de tus dedos. No hay excusa.

Existen otros diccionarios que te pueden echar una mano allá donde el de la RAE no llega. He afirmado hace un momento que el español es una lengua complicada, y sobre eso me viene a la cabeza los agónicos esfuerzos de un amigo norteamericano con el género gramatical, que casi siempre se las arregla para confundir. Para mi amigo, «la torre» es «el torre», y cuando le corrijo no puede comprender «el razón» de que «torre» sea de género femenino y «coche» sea masculino. Pero también los hablantes nativos nos vemos en situaciones comprometidas con respecto al uso del idioma, sobre todo al uso escrito. Para ello están los diccionarios de dudas y dificultades, para echarnos una mano con los numerosos problemas que el uso de nuestra propia lengua nos plantea. Hasta hace unos años, la obra de referencia era el *Diccionario de dudas y dificultades de la lengua española*, de Manuel Seco. Ahora existe también un *Diccionario panhispánico de dudas* en el que colaboraron todas las academias de la lengua española, y que cuenta también con la consabida versión en línea. Otra obra importante que puede sacarte de más de un aprieto es la *Ortografía de la Real Academia*. Es un libro de tamaño reducido, pero vale su peso en oro. Prueba a consultar en él, por ejemplo, el uso de las mayúsculas o de los puntos suspensivos. Seguramente te llevarás más de una sorpresa.

Si nos ceñimos a los recursos en internet, existe un portal que se ha vuelto imprescindible para el buen uso del idioma. Me refiero a la Fundación del Español Urgente, conocida como la Fundéu (*fundeu.es*). Esta institución, creada en 2005, se ha convertido en todo un referente y una herramienta indispensable para escritores, periodistas, estudiantes y, en general, para cualquier que desee evitar tropiezos a la hora de usar la lengua. Por ejemplo, podemos acudir a la Fundéu para que nos aclare el uso de «por qué», «porqué» y «porque», un asunto que genera muchos más errores que aciertos. Es más, en el caso poco probable de que no demos con la respuesta a nuestra duda, podemos enviar una consulta y una especialista nos responderá en un plazo muy razonable de tiempo. En muchos casos, además, la Fundéu publica las consultas en su web para que todos los usuarios puedan favorecerse de las explicaciones.

Otro diccionario que no debería faltar en tu biblioteca es el de sinónimos, aunque el hecho de recurrir a esta herramienta parezca un reconocimiento tácito de nuestras limitaciones como escritores (igual que los diccionarios de rimas que solían usar los malos poetas). Habrá quien piense que solo los escritores pobres en recursos se sirven de diccionarios. Sin embargo, el mismo razonamiento debería llevarlos a pensar que solo los astrónomos cortos de vista usan telescopios. Yo echo mano de mis diccionarios constantemente, al igual que todos los escritores serios que conozco. Y el de sinónimos es una de mis preferidos. Por cierto, ¿existen los sinónimos?

Se ha discutido largo y tendido sobre esto, pero mi sensación es que es casi imposible dar con dos sinónimos perfectos. Tomemos como ejemplo las palabras *casa* y *morada*. El sentido común parece indicarnos que significan lo mismo, y lo más probable es que un diccionario de sinónimos los incluyera bajo el mismo epígrafe. Sin embargo, esto ocurre porque estos diccionarios en realidad están emparentados con los antiguos *tesauros*, que eran obras lexicográficas en las que las palabras se agrupaban por poseer significados afines o relacionados, aunque no fuesen idénticos. Hablando en términos lingüísticos, en los tesauros las palabras se agrupaban por campos semánticos. Pero volviendo a la cuestión de *casa* y *morada*, es evidente que el significado de la segunda palabra incluye al de la primera, aunque es mucho más amplio, puesto que se puede morar en una casa, pero también en una cueva o en una tinaja vacía, como el filósofo Diógenes. Pero ahí no termina la diferencia entre ambas, porque casa es una palabra de uso habitual, mientras que *morada* pertenece a un registro más culto, literario o poético. ¿Qué pensarías de alguien que te invita a su *morada* para tomar un aperitivo? Una de dos: o es un pedante redomado o se cree un personaje cervantino, por lo que convendría dar aviso al frenopático, que por cierto es un sinónimo de *manicomio*.

En realidad, la mayoría de lo que consideramos sinónimos son palabras con significados muy similares que se usan en circunstancias distintas, según la situación sea de mayor o menor formalidad, según se usen en la lengua hablada o en la lengua escrita, según deseemos complacer, ser neutrales o busquemos la ofensa, según queramos escribir con sencillez o nos apetezca buscarle tres pies al gato. Es más, a veces elegimos una palabra no solo por su significado o su registro, sino porque nos suena mejor que otra palabra equivalente. Para todos estos casos, los diccionarios de sinónimos son insustituibles. Por ejemplo, a mí la palabra *taimado* me suena mejor que la palabra *astuto*. Con todo, si *taimado* tampoco acabara de convencerme, mi diccionario de sinónimos me ofrece las alternativas *ladino, listo, avispado, espabilado, cauteloso, sagaz* y *hábil*. Y si el personaje al que estoy describiendo no es santo de mi devoción, lo puedo calificar como *vivillo, vivo, calculador, artero, sutil, tortuoso, artificioso, pícaro, perillán, bribón, cuco, chusco, zorro, zorrero, marrullero, bellaco, fullero, socarrón, malicioso, engañoso, tramposo, disimulado, maquiavélico, pérfido* e *hipócrita*. Para todos los gustos y registros.

Pero hay otras palabras a las que les tengo manía. No soporto la palabra *tema*, ni siquiera cuando se usa en su acepción correcta, que suele ser las menos de las veces. Tampoco me llevo bien con ciertos vocablos, muy en boga hoy en día, que me parecen auténticas cápsulas de veneno dentro de un texto literario, entre ellas *implementar, solidario, obvio* y *enésimo*. En general, detesto usar palabras rimbombantes o excesivamente formales. Prefiero evitar términos como *devastación, soberbio, atrabiliario* y *delicuescente* (este último ni siquiera sé lo que significa). Si me dieran a elegir entre los adjetivos *viscoso* y *mucilaginoso*, me quedaría con el primero sin vacilar un instante. Hablar de estilo es hablar de tomar decisiones. Un diccionario de sinónimos me ofrece varias opciones entre las que decidir.

Y aún voy a darte otro motivo para usar un diccionario de este tipo, por si todavía no te has decidido a comprarlo. Repetir una palabra sin una distancia prudencial entre ambas apariciones es un error estilístico, al igual que las rimas no deseadas, que en prosa son prácticamente todas.

Levantó la mano con <u>insistencia</u>, pero su <u>insistencia</u> fracasó.

¿Qué tal así?:

Levantó la mano con <u>insistencia</u>, pero su <u>terquedad</u> fracasó.

Un ejemplo más:

Dediquémonos con <u>ahínco</u> a los otros <u>veinticinco.</u>

Sin embargo, como sabes muy bien, el número «cinco» y sus compuestos tienen mala rima en nuestro idioma, por lo tanto:

Dediquémonos con <u>empeño</u> a los otros veinticinco.

Yo usé durante muchos años el diccionario de sinónimos de Espasa Calpe, pero internet te ofrece varias alternativas en línea que te harán el mismo papel de forma gratuita y con más comodidad.

Podría mencionar algunas obras de consulta más que a mí me han sido de utilidad, pero seguramente todas ellas acabarán cruzándose en tu camino antes o después. De todos modos, tanto en este aspecto de la corrección lingüística como en todo lo relacionado con la escritura, la mejor escuela es la lectura. Por ello te recomiendo que, antes de aspirar a ser un escritor profesional, procures ser un lector profesional. Te aconsejo que leas con criterio, que te fijes en los buenos modelos, que subrayes, que anotes y que aprendas todo lo que puedas de aquellos que han recorrido antes el mismo camino que tú deseas recorrer.

LAS COSAS, CLARAS

«Y el chocolate, espeso». Así reza el conocido refrán. Por desgracia, a mí el chocolate me sienta mal. Y más si es uno de esos chocolates tan espesos que la cucharilla se tiene derecha dentro de la taza. Si consulto mi web de sinónimos favoritas, compruebo que *espeso* viene a significar lo mismo que *denso*. Pero en otros contextos también equivale a *tupido* y *frondoso*, lo que me viene de perlas para lo que deseo contarte en este epígrafe.

Vamos a empezar con un ejemplo:

> Llegué hasta su alcoba que estaba abierta. Allí la oscuridad era misteriosa, perfumada y tibia, como si guardase el secreto galante de nuestras citas. ¡Qué trágico secreto debía guardar entonces! Cauteloso y prudente dejé el cuerpo de Concha tendido en su lecho y me alejé sin ruido. En la puerta quedé irresoluto y suspirante. Dudaba si volver atrás para poner en aquellos labios helados el beso postrero.
>
> Ramón María del Valle-Inclán,
> *Sonata de otoño* (1902)

He aquí un texto denso donde los haya. Denso y también admirable, como corresponde al maestro de la prosa castellana que fue Valle-Inclán. Pero el escritor gallego publicó su *Sonata de otoño* en 1902, es decir, en pleno modernismo. Y si por algo se caracterizó ese movimiento es por la riqueza y la elaboración del lenguaje. Mira, como ejemplo clásico, el comienzo de este «Responso a Verlaine» (1896), de Rubén Darío, que fue el adalid de los modernistas:

> Padre y maestro mágico, liróforo celeste
> que al instrumento olímpico y a la siringa agreste
> diste tu acento encantador;
> ¡Pánida! Pan tú mismo, que coros condujiste
> hacia el propíleo sacro que amaba tu alma triste,
> ¡al son del sistro y del tambor!

Hay una anécdota (no estoy seguro si real o apócrifa) según la cual García Lorca asistió a un recitado público de este poema, y al oír el verso *que púberes canéforas te ofrenden el acanto*, se levantó para afirmar que solo había entendido la palabra «que».

Pero volvamos con Valle-Inclán. Su forma de narrar es hermosa, lírica, rica en figuras retóricas y en cultismos (*postrero* en lugar de *último, suspirante* en lugar de *jadeante*), tan voluptuosa como la escena que está narrando. Ahora imagínate el panorama si tuvieras que leer una novela entera escrita así. Probablemente hasta el lector moderno más culto se sentiría algo reacio, y eso sin dejar de admirar el estilo de Valle, que por suerte escribió obras que han sobrevivido mucho mejor al paso del tiempo. Valle-Inclán oculta los hechos que está narrando tras una cortina de finísimo encaje que es admirable en sí misma por la riqueza de su factura, pero que al mismo tiempo resulta demasiado tupida para que el lector se sienta cómodo mientras lee, para que se sienta relajado, en lugar de obligado a ejercer como traductor cada dos frases.

En nuestros tiempos (es decir, 120 años después de la *Sonata de otoño*), son numerosos los autores que se siguen creyendo Valle-Inclán, por desgracia para ellos y para sus lectores. Me veo obligado a acudir de nuevo a Juan Manuel de Prada, que siempre da mucho juego:

> —Ahora no trabajo, podemos vernos si quiere —me propuso Valentina, muy resuelta y sin circunloquios—. Pero viene usted a mi casa, le pido. No puedo dejar niño solo ni salirlo a la calle porque está enfermito.
>
> Me enterneció aquel diminutivo como una flor aterida sobreviviendo entre los escombros sintácticos…
>
> JUAN MANUEL DE PRADA, *Lucía en la noche* (2019)

Esa «flor aterida sobreviviendo entre los escombros sintácticos» es un ejemplo de prosa decorativa que puede bastar para que yo deje de leer una novela, que por otro lado abunda en pasajes ornamentales del mismo estilo:

> Sin mayores preámbulos, me condujo a través de un inmenso vestíbulo de paredes muy altas y abovedadas, en donde reverberaba el llanto babélico de familiares y amigos de los fallecidos, como en una premonición del purgatorio...

Creo que ya sabes adónde pretendo llegar. Los autores como Juan Manuel de Prada se zampan cien páginas del diccionario cada mañana para desayunar. Están tan encantados de conocerse, tan satisfechos de su facilidad para la prosa lírica, que no pierden ocasión de demostrarnos que se hallan a la altura de Valle-Inclán, de Francisco Umbral y hasta de Quevedo y Góngora, si se tercia. Sin embargo, convendría que recordaran de vez en cuando que un narrador no es un poeta. En poesía, el lenguaje puede ser un fin en sí mismo. Si tomamos como ejemplo el poema de Rubén Darío que te mostré hace unos párrafos («Responso a Verlaine»), es evidente que el significado de los versos es confuso, incluso para un oyente culto como García Lorca (quien seguramente estuviera bromeando a costa del actor que lo recitaba). Sin embargo, esa oscuridad del significado es secundaria, y casi con toda seguridad buscada, porque lo que aquí cuenta es la sonoridad de las palabras, la música que crean unas junto a otras, la rotundidad rítmica de las esdrújulas, que parece reproducir el sonido de esos instrumentos arcaicos a los que se alude (la lira, la siringa, el sistro, el tambor). Una de las diferencias principales entre un poeta y un narrador es que el primero está mucho más cerca de la música que el segundo. En música lo que importa es la entidad sonora de la obra, mientras que el significado o bien no existe como tal o es muy ambiguo y sujeto a interpretación. Un poeta también puede permitirse el lujo de jugar con las palabras por sus sonidos y por sus ritmos, y crear belleza de esa manera. Un narrador puro, en cambio, debe subordinar el uso del lenguaje a la historia que está contando. Todo aquello que no contribuya a la narración es superfluo, estorba.

Aunque también hay casos intermedios. Vimos uno de ellos cuando te cité un pasaje de *La lluvia amarilla* como ejemplo. Otro ejemplo clásico es el escritor alicantino Gabriel Miró, gran maestro de la prosa poética:

> Era una mañana inmensa de oro. Lejos, encima del mar, el cielo estaba blanco, como encandecido de tanta lumbre, y las paradas aguas, que de tiempo en tiempo hacían una blanda palpitación, ofrecían el sol infinitamente roto. Si pasaba una lancha, silenciosa y frágil, los remos, al emerger, desgranaban una espuma de luz.
>
> GABRIEL MIRÓ, *El libro de Sigüenza* (1912)

Este texto que acabas de leer está a medio camino entre la prosa y la poesía. Es cierto que en él se narran cosas, pero en este caso la plasticidad del lenguaje tiene la misma importancia que su uso para narrar la historia.

Otro ejemplo ilustre de la misma forma de escribir es Juan Ramón Jiménez, uno de nuestros premios Nobel de literatura, quien por otro lado es más conocido como poeta, y con razón:

> Desde lo alto del mirador se veía el campo y el río, confusamente, con vaguedades verdes, y de plata, entre la bruma sombría de la noche. Por el naciente, sobre los negros pinos recortados en un cielo blando, nacarino y como hollado, la luna subía dramática y celeste... Y del jardín bajo subía una penetrante esencia de jazmines moriscos, y las fachadas lascivas de las casas eran, sobre el azul de terciopelo de la noche, espectrales, goyescas, encendidas por el resplandor de la iluminación de la plaza en feria y por las bengalas azules, amarillas, granates de los fuegos artificiales...
>
> JUAN RAMÓN JIMÉNEZ, *Estío* (1915)

Si yo criticara a Juan Ramón Jiménez por su estilo sería un auténtico bárbaro tirando a analfabeto. Ahora bien, soy plenamente libre, como lector, de elegir un tipo de escritura mucho menos lírica, más transparente. Una escritura al estilo de la cinematografía de John Ford o de las novelas del norteamericano Paul Auster, premio Príncipe de Asturias, quien se decanta por un estilo claro y nítido y no por ello pierde un ápice de profundidad y de elegancia, sino todo lo contrario:

> Fue el verano en que el hombre pisó por primera vez la luna. Yo era muy joven entonces, pero no creía que hubiera futuro. Quería vivir peligrosamente, ir lo más lejos posible y luego ver qué me sucedía cuando llegara allí. Tal y como salieron las cosas, casi no lo consigo. Poco a poco, vi cómo mi dinero iba menguando hasta quedar reducido a cero; perdí el apartamento; acabé viviendo en las calles…
>
> Paul Auster, *El palacio de la luna* (1989)
> Trad. de Maribel de Juan Guyatt

Esta novela, que te recomiendo encarecidamente, es un buen ejemplo del estilo que suelen emplear los narradores norteamericanos: sobrio, elegante, directo… Sobre todo, es un ejemplo de estilo natural. El personaje-narrador nos habla sin artificios, con la misma sencillez aparente con la que se dirigiría a un amigo mientras toman café. Si lo piensas, es mucho más fácil aceptar la historia de un narrador que se dirige así a sus lectores que digerir la prosa rococó de Juan Manuel de Prada, quien parece empeñado en convencernos de lo bien que escribe dejando la historia en segundo plano. Tendemos a desconfiar de quien se dirige a nosotros empleando un lenguaje ampuloso y florido. Al menos yo, en esos casos, lo primero que suelo pensar es «¿Qué querrá venderme este tío?». Y por si acaso me echo la mano al bolsillo, no vaya a ser que con tanta retórica lo que pretenda sea distraerme y robarme la cartera.

Una forma de narrar franca y sencilla, como la de Paul Auster, engancha al lector y lo envuelve en la historia sin que se dé cuenta. Al cabo de dos páginas, el mundo que nos rodea (el que solemos llamar «real») queda en segundo plano, y el universo de la historia que estamos leyendo acapara nuestra atención hasta el punto de que se vuelve mucho más real que el que existe fuera de los confines de la página. Puede que de chaval leyeras *La historia interminable*, la inolvidable novela juvenil de Michael Ende: un niño llamado Bastian Baltazar Bux roba un extraño libro del mismo título en una tienda de libros usados y se refugia en el desván de su colegio para leerlo. Bastian se sumerge de tal modo en la lectura que su mundo y el universo fantástico del libro comienzan a confundirse, hasta que llega un momento en que el niño se encuentra convertido en uno de los personajes de *La historia interminable*. Lo que Michael Ende escribió fue una gran alegoría de algo que todos los buenos lectores conocemos muy bien, y que por lo tanto tú también conoces. Lo que a Bastián le ocurre en la novela es lo mismo que a ti te ha ocurrido cada vez que te has abandonado a la lectura de una historia apasionante. Incluso tiene un nombre técnico: se denomina «inmersión ficcional», y es algo a lo que todo narrador debe aspirar para sus lectores. Te aseguro que no es sencillo lograr que un lector se sumerja en tu relato o tu novela. Acaparar la atención de la gente hasta ese punto es todo un desafío para nuestra capacidad de contar historias. Es algo que solo se consigue con la complicidad de la persona que te esté leyendo, quien debe poner mucho de su parte. Para el escritor es el fruto de su talento y de su habilidad técnica, que solo se conquista tras un largo aprendizaje. Y ahora te voy a revelar un secreto del oficio: es mucho más fácil lograr la inmersión ficcional si usas un estilo natural que si alardeas de un estilo pretencioso.

Otro norteamericano que combinó una capacidad narrativa fuera de serie con una escritura de líneas claras y definidas fue Raymond Carver, cuyos personajes se parecen tanto a nosotros que a veces sus relatos son como un espejo que el autor nos pone delante:

> El sábado por la tarde fue a la pastelería del centro comercial. Después de mirar las fotografías de pasteles pegadas en las páginas de una carpeta de anillas, encargó uno de chocolate, el preferido de su hijo. El que escogió estaba adornado con una nave espacial y su plataforma de lanzamiento bajo unas cuantas estrellas blancas, y con un planeta escarchado de color rojo en el otro extremo. El nombre del niño, SCOTTY, iría escrito en letras verdes bajo el planeta.
>
> RAYMOND CARVER, «Parece una tontería»
> (*Catedral*, 1983)
> Trad. de Benito Gómez Ibáñez

¿Se te ocurre un modo más sencillo, más «antirretórico», de empezar una historia? ¿No te da la impresión de estar oyendo al autor contar una anécdota en una reunión de amigos? A pesar de su riqueza y de la abundancia de detalles (o quizás gracias a ella), la claridad de la escritura de Carver es casi pura transparencia, hasta el punto de que mucha gente la encontraría insípida. «Bah, eso lo puedo escribir yo también.» Haciendo un juego de palabras con el título del relato, la escritura de Raymond Carver «parece una tontería». Sin embargo, te aseguro que es muy difícil terminar de leer este relato sin sentir un nudo en la garganta. El cuento está disponible en línea. Te invito a que tú mismo lo compruebes.

Pero nuestra literatura también ha tenido sus «carvers». Uno de ellos fue Pío Baroja, de quien te ofrecí un largo pasaje en el capítulo anterior. Desde sus comienzos, el autor se decantó por un estilo claro y natural cuando muchos de sus contemporáneos cultivaban las extravagancias retóricas. El estilo de Baroja fue adelgazando de tal forma, se volvió tan liviano y transparente, que muchos lo acusaban de no tener estilo y de despreciar el arte. Hasta el final de su vida, al novelista vasco lo persiguió el sambenito de que escribía de una forma descuidada y ramplona. Pero el tiempo pone a cada uno en su sitio, y Baroja es uno de los escritores más leídos y reivindicados de la Generación del 98.

Dentro de la misma generación, otro escritor que renegó de los artificios literarios fue el alicantino José Martínez Ruiz, más conocido como «Azorín», que era el pseudónimo que usaba para escribir en la prensa. «Azorín» abogaba, además, por un estilo «impresionista» de pinceladas rápidas, frases cortas y un ritmo insistente y un tanto machacón. Mira la que escribió sobre el estilo:

> ¿Que cómo ha de ser el estilo? Pues el estilo... mirad la blancura de esa nieve de las montañas, tan suave, tan nítida: mirad la transparencia del agua de este regato de la montaña, tan límpida, tan diáfana. El estilo es eso; el estilo no es nada. El estilo es escribir de tal modo que quien lea piense: Esto no es nada. Que piense: Esto lo hago yo. Y que sin embargo no pueda hacer eso tan sencillo —quien así lo crea—; y que eso

> que no es nada, sea lo más difícil, lo más trabajoso, lo más complicado.
>
> 'Azorín', *Un pueblecito: Riofrío de Ávila* (1916)

Estoy muy de acuerdo. En mi propia forma de escribir he comprobado un cambio paulatino desde mi estilo ampuloso y recargado del principio hasta unas formas mucho más sencillas y nítidas en tiempos más recientes. Se dice que la mayoría de los escritores suelen ser barrocos en su juventud, lo que es fruto tanto de su inexperiencia como de su inseguridad. El miedo de que lo acusen de no saber escribir impulsa al escritor novato a cargar las tintas en la forma, a veces a expensas del contenido. Conforme gana en obras y en veteranía, el peso de tener algo que demostrar va desapareciendo, lo que facilita una simplificación del estilo. En esto los escritores nos parecemos a ese conductor novato que recorre la ciudad nervioso, agarrotado, pendiente de mil cosas a la vez y temeroso de que el conductor de detrás lo increpe con su claxon. Con el tiempo, tanto los conductores como los escritores nos relajamos y avanzamos con mucha más seguridad. El problema es que es justo entonces cuando suelen ocurrir los accidentes más catastróficos.

A estas alturas ya estarás deseando que te dé un consejo claro y que pasemos a otra cosa. ¿Qué estilo es preferible? ¿El sencillo o el ornamental? ¿El claro o el enrevesado? Aunque creo que mis preferencias son evidentes, el consejo que debo darte es que lo ideal sería que en lugar de un único estilo dispusieras de varios, y que los aplicaras según el tipo de texto o narración en el que estás trabajando. No es lo mismo escribir una historia policíaca que describir la puesta de sol en un día de agosto. Un pasaje lírico se compone de mimbres distintos de los de una columna periodística. Todo eso es cierto, pero ahora te voy a contar la alegoría del reloj con la esperanza de que te sirva de algo. Y tengo que empezar por reconocer que esta imagen del reloj se la he tomado prestada a otro escritor, pero no recuerdo a cuál, y la he usado tantas veces en mis talleres que ya la considero propia. En fin, la cuestión es que me gusta pensar en una historia (ya sea relato o novela) como en un reloj de pulsera, a los que soy muy aficionado. Lo que vemos, la esfera del reloj, suele ser simple y esquemática. Cuanto más sencilla es, más elegante resulta. Pero lo importante de un reloj, lo que más aprecia su dueño, es que dé la hora con exactitud. Y para ello, bajo la sencillez de la esfera, existe una compleja maquinaria compuesta por engranajes, muelles y resortes que deben funcionar a la perfección, cada pieza subordinada a las demás en un conjunto armónico. Traducido a términos literarios, esa es para mí la escritura perfecta: una apariencia sencilla y elegante y una gran complejidad y profundidad latiendo bajo ella para lograr que el relato funcione, que emocione, que cumpla sus objetivos.

DETALLES

Hazme el favor de leer cuidadosamente el siguiente texto:

> Tienes que prestar atención a los detalles. Los detalles son los que venden tu historia. Vale, esto pasa en un servicio de caballeros. De modo que tienes que saberte cada detalle de ese sitio. Tienes que saber si hay secador de manos o toallas. Tienes que saber que los váteres no tienen puertas. Tienes que saber si el jabón es líquido o en polvo, si hay agua caliente o no. Porque si lo haces bien, cuando cuentes la historia se la creerá todo dios. Y si le cuentas la historia a alguien que alguna vez haya ido allí a echar una meada y le mencionas algún detalle del que se acuerde, ese seguro que pone la mano en el fuego por ti.
>
> QUENTIN TARANTINO, *Reservoir Dogs* (1992)

Lo que acabas de leer no es un texto literario, o no exactamente. Está extraído del guion de una película. *Reservoir Dogs* es un *thriller* que narra las consecuencias de un asalto a un banco. Entre los atracadores hay un policía infiltrado, papel que interpreta el actor Tim Roth. Este agente tiene que representar el papel de un malhechor, y debe hacerlo a la perfección para que el resto de la banda lo tome por uno de ellos. Se le ocurre contarles una anécdota falsa, una historia divertida de algo que, supuestamente, le sucedió en los aseos de una estación de autobuses durante una operación de tráfico de drogas. De ese modo espera hacerles reír y ganarse su confianza. Un policía veterano lo adiestra y le da las recomendaciones que acabas de leer para que su narración sea verosímil. Acabamos de entrar de lleno en la técnica de contar historias, y los consejos del veterano nos vienen de perlas también a nosotros: «Los detalles son los que venden tu historia».

Hay algo en lo que casi nunca pensamos. Quizás porque nos parece evidente, pasamos por alto su importancia. Las historias que cuentan las novelas y los relatos son casi siempre falsas. Nunca ocurrieron, alguien las inventó. A diferencia de lo que pasa en la película de Tarantino, el arte de contar historias no consiste exactamente en engañar; es algo mucho más sutil. El lector sabe que lo que está leyendo no es real, pero hay que contárselo de tal manera que se le olvide. Este efecto recibe el nombre de «suspensión de la incredulidad», y es uno de los elementos clave de la técnica narrativa. Viene a representar una especie de acuerdo con el lector: «Tú te olvidas de que lo que te estoy contando es mentira. A cambio, yo te divierto, te entretengo, te emociono, te hago pasar miedo, te mantengo clavado en el sillón, te impido apagar la lámpara de la mesita para quedarte dormido. Te hago feliz, en suma. A cambio, solo tienes que leer lo que voy a contarte como si estuviera ocurriendo de verdad». En realidad, este acuerdo suele ser muy ventajoso para los lectores, por lo que estos suelen dar bastantes facilidades. Pensemos, por ejemplo, en las novelas de género. Cuando un lector abre una novela de Stephen King, lo que espera es pasar miedo. Si la novela es de Patricia Highsmith, lo que espera es vivir las emociones que experimentan quienes cometen crímenes violentos. A Ray Bradbury le pedimos que nos transporte a otros mundos. Lo que esperamos de los escritores es, nada menos, que nos cautiven con sus historias. Lo que ellos nos piden a cambio es, sencillamente, que nos las creamos mientras las estamos leyendo. Ese es el pacto en el que se basa la suspensión de la incredulidad.

Hay muchas formas de conseguir eso tan complejo que denominamos «verosimilitud», pero la más básica de todas ellas, y quizás la más útil, te la acabo de revelar. Y me refiero a narrar con un estilo natural, ajeno a la afectación y al artificio. Como hemos visto, los lectores tienden a creer con más facilidad lo que se les cuenta de un modo sencillo que lo que tratan de endosarles envuelto en artificios y purpurina. Al narrar de un modo natural estamos alimentando la confianza del lector y facilitando el pacto del que te he hablado. La naturalidad es la clave de un estilo eficaz. No me cansaré de repetirlo.

Hemos visto que una forma de que el lector acceda a quedarse a vivir en nuestra historia es alimentar su confianza. La segunda forma es alimentar sus sentidos. Es decir, ser capaces de llenar nuestra historia detalles, de imágenes, de sonidos, de sensaciones... La idea es lograr que los hechos que estamos relatando, así como los personajes que los protagonizan, se proyecten en la mente del lector como si se tratara de una película. En *Reservoir Dogs*, conforme el policía infiltrado le cuenta al resto de la banda su anécdota en los servicios de una estación de autobuses, vemos un *flashback* de los hechos narrados. Sin embargo —recuerda— la historia es ficticia, inventada, de modo que lo que estamos viendo nunca ocurrió. Pero la historia del señor Naranja (Tim Roth) está tan bien contada, es tan abundante en detalles y estímulos visuales, que sus compinches pueden verla igual que la vemos los espectadores de la película.

Voy a procurar explicar esto algo mejor con un ejemplo. O, mejor dicho, con un antiejemplo:

> Tan pronto como me quedé solo, empecé a pensar en lo que había ocurrido. Me pregunté qué significaban todos aquellos silencios y reflexioné sobre la extraña actitud de Alberto cuando se enteró de que Jaime se había marchado. ¿Era contrariedad lo que yo había intuido en su mirada? Tras darle vueltas durante unos minutos, me dije que las respuestas no iban a ser sencillas, y concluí que lo único que estaba en mi mano hacer, de momento, era mantener los ojos muy abiertos y esperar hasta que alguien mostrara sus cartas.

¿Qué has visto al leer este párrafo? Con suerte, un tipo sentado con expresión meditabunda. Y puede que ni eso. La culpa la tienen esos verbos que he subrayado (*pensar, preguntarse, reflexionar, intuir…*). Se trata de verbos que designan procesos mentales, verbos estáticos que no ayudan en nada a recrear la escena en nuestra mente. Por otro lado, el pasaje está casi desprovisto de nombres que designen cosas concretas y tangibles, sino que se limita a lo abstracto: *actitud, contrariedad, respuesta…* Un pasaje como este, por muy bien redactado que esté, no se puede decir que esté bien escrito, pues es prácticamente «invisible para el lector».

Ahora te invito a leer la siguiente escena:

> Sobre las calles y callejas, tan tortuosas y torcidas como todo en aquel país, colgaban monstruosas telas de araña, y un olor nauseabundo subía de los ventanucos de los sótanos y de los pozos secos.
>
> Atreyu se había deslizado al principio de esquina en esquina para no ser descubierto, pero pronto no se esforzó ya por ocultarse. Plazas y calles estaban vacías y tampoco en los edificios había movimiento. Entró en algunos, pero sólo encontró muebles volcados, cortinas rasgadas, vajilla y cristal hechos añicos… todos los signos de la desolación, pero ningún habitante. Sobre una mesa había aún comida a medio comer: unos platos con sopa negra y unos restos pegajosos que quizá fueran pan.
>
> Michael Ende, *La historia interminable* (1979)
> Trad. de Miguel Sanz

El pasaje pertenece a ese gran clásico juvenil al que ya hemos aludido en este capítulo, y me viene de perlas para lo que estoy intentando explicar. Las palabras subrayadas aluden a cosas concretas (*callejas, ventanucos, comida, sótanos, pozos, telas de araña…*), tangibles, o bien nos remiten a sensaciones y percepciones relacionadas con los sentidos (*desolación, olor nauseabundo, negra, pegajoso…*). El pasaje funciona como una bomba de sensaciones que estalla en la conciencia del lector, y también ante sus ojos. La aventura del héroe Atreyu en el «país de la gentuza» adquiere una dimensión mucho más dramática gracias a este pasaje, ya que se desarrolla en un lugar que podemos ver y oír, palpar y oler.

Buena parte del éxito de una narración se basa en la capacidad del escritor para generar «atmósferas», es decir, para situar a sus personajes en un entorno que encaje con su estado de ánimo o que lo modifique. Si la atmósfera de la historia está muy conseguida, ese entorno envuelve también al lector y le hace sentir las mismas cosas que el personaje sobre cuyas andanzas está leyendo. Esto se consigue mediante descripciones ricas en detalles que se han seleccionado para conseguir una sensación determinada. Podemos hablar de atmósferas terroríficas, misteriosas, oníricas, fantásticas, sensuales, desoladoras, suntuosas... Para ser capaz de crear todos estos ambientes, el autor debe entrenar su capacidad de observación, además de hacer un uso abundante de obras de consulta. Pero no se trata de amontonar detalles y sensaciones sin orden ni concierto, sino de aprender a elegir los elementos más idóneos, los más eficaces para crear la atmósfera perfecta para nuestra narración. A veces basta con un par de pinceladas. Para ejemplificar esto, regresaremos al aula de anatomía que describe Pío Baroja:

> Otra cosa desagradable para Andrés era el ver, después de hechas las disecciones, cómo metían todos los pedazos sobrantes en unas calderas cilíndricas pintadas de rojo, en donde aparecía <u>una mano entre un hígado y un trozo de masa encefálica, y un ojo opaco y turbio en medio del tejido pulmonar</u>.
>
> Pío Baroja, *El árbol de la ciencia* (1911)

Esa mano y ese ojo rodeados de despojos humanos bastan por sí solos para elevar al máximo el tono truculento y la atmósfera oscura de la historia. Se trata de elementos de una fuerza visual tan enorme que se adueñan al instante de la mente del lector, quien concluye la lectura del pasaje abrumado por el asco y la desolación, justamente lo que el autor estaba buscando. Si me apuras, el texto posee ahora más fuerza y significado que cuando se escribió, en una época que no conocía aún los horrores de Auschwitz.

Puede sonarte paradójico, pero la escritura es siempre una labor colaborativa. Es cierto que las historias se urden en soledad, que el escritor trabaja a solas, recluido en su guarida al igual que un antiguo anacoreta en su cueva en medio del desierto. Allí crea a sus personajes, les pone nombres y caras y los dota de movimiento y voluntad. Y, además, imagina cómo son los lugares donde transcurren sus peripecias. Pero esas historias no cobran vida hasta que alguien las lee y, al hacerlo, usa la información que el autor le brinda para reconstruir en su imaginación las caras de los personajes, sus voces y los lugares donde transcurre la trama. La escritura literaria no es sino una forma de comunicación, y esta comunicación se completa cuando la historia, como si de una película se tratara, se proyecta en las mentes de los lectores. Sin embargo, a diferencia de lo que ocurre en el cine, la película será distinta en el caso de cada lector. Cada uno usará su sensibilidad, su imaginación y hasta sus recuerdos a la hora de «adaptar» la historia. Cuando escribí *Bajo la fría luz de octubre,* yo tenía una idea muy clara del aspecto de los personajes. No en vano estaban basados en gente real, en los miembros de mi propia familia. Pero estoy seguro de que cada lector los ha imaginado con rasgos distintos, y hasta puede que algunos les adjudicaran las apariencias de sus propios abuelos, padres y tíos, tal y como se veían en las fotos familiares. Igual ocurre con los escenarios de las historias y con el resto de los detalles visuales: por mucho que el escritor trate de ser exhaustivo y preciso con los detalles, cada lector interpretará la información que el texto le ofrece para crear escenarios sutilmente distintos. Un relato o novela que se publica deja de pertenecer en exclusiva a su autor, pues su propiedad se comparte con cada uno de los lectores, que harán nacer una historia distinta con cada lectura. Siempre he pensado que esta es la mayor grandeza de la ficción narrativa.

Para concluir esta sección sobre la importancia de los sentidos en la escritura, voy a brindarte el comienzo de uno de los más grandes ciclos de ciencia ficción de todos los tiempos. Su título es *Hyperion*, y comienza con uno de sus personajes principales tocando un piano de cola en una nave espacial que se encuentra estacionada en un planeta remoto, un mundo habitado únicamente por formas de vida primitivas. Esa combinación de lo artístico (la pieza de piano), lo tecnológico (el sofisticado vehículo espacial) y lo primordial (la vegetación y fauna primitivas, las tormentas) crea una atmósfera de una intensidad difícil de olvidar:

> En el balcón de su negra nave espacial, el cónsul de Hegemonía tocaba el *Preludio en do menor* de Rajmaninov en un antiguo pero inmaculado Steinway, mientras grandes y verdes saurios bramaban en los pantanos. Una tormenta avanzaba hacia el norte. Negros nubarrones cubrían el bosque de gimnospermas gigantes mientras los estratocúmulos se elevaban a nueve kilómetros de altura en un cielo violento. Los relámpagos rasgaban el horizonte. Cerca de la nave, formas reptilianas tropezaban con el campo de interdicción, ululaban y se alejaban entre brumas azules.
>
> DAN SIMMONS, *Hyperion* (1989)
> Trad. de Carlos Gardini

Hablar de la riqueza visual de una obra literaria puede sonar contradictorio, pero no lo es en absoluto. Es verdad que el cine o la pintura se basan en la imagen, pero imagen y escritura están también íntimamente vinculadas, pues la segunda posee el poder de invocar a la primera. Esto no quiere decir que una escritura que se centre únicamente en lo abstracto carezca de valor. Puede ocurrir si se trata de un ensayo o de algunos tipos de poesía. Pero la ficción literaria, la narración, nos pide cosas tangibles, detalles visuales, sensaciones. El escritor debe mostrar en lugar de decir. Se trata de un lugar común en los talleres literarios, pero conviene recordarlo aquí: en lugar de decirnos o contarnos las cosas, el buen escritor emplea las palabras precisas para ponerlas ante nuestra vista, para hacerlas visibles. Un exceso de abstracción enturbia un texto narrativo. Lo concreto, en cambio, lo vuelve nítido y transparente.

De nuestra capacidad de crear mundos complejos y sugerentes usando palabras dependerá nuestro éxito como narradores. Debemos aprender a usar el lenguaje como los fotógrafos usan su cámara y los artistas usan sus pinceles. Debemos aprender a pintar con las palabras.

TÓPICOS

Un buen estilo, una escritura de calidad, rehúye el tópico. Y con lo de tópico no me refiero solamente a esa reflexión, opinión u observación consabida de la que echamos mano porque es cómoda de usar y no corremos el riesgo de provocar polémica o desacuerdo, sino también a los tópicos del lenguaje. Se trata de frases prefabricadas, grupos de palabras que parecen pegadas con un pegamento tan fuerte que resulta casi imposible encontrarlas por separado. Aquí tienes una muestra:

A altas horas de la madrugada / A bombo y platillo / Espectáculo dantesco

Un silencio sepulcral / Un silencio sobrecogedor

Llamar poderosamente la atención / Arder en deseos

Aspirar profundamente / A su mente acuden / Baño de multitudes

Con el corazón en la mano / Con el alma en vilo / Dar palos de ciego

Defender a capa y espada / Devanarse los sesos / Espiral de violencia

Grata sorpresa / Ladrido lastimero / La música inundaba la estancia

Las lágrimas inundaron sus ojos / Lo asaltó una duda

Le atrae como un imán / La invadió por completo

Los recuerdos se agolparon / Llevarse la palma / Mano temblorosa

Marco incomparable / Mar de dudas / Mirada cómplice

Mudo asombro / No levantar cabeza / Profundas arrugas

Rabiosa actualidad / Risa de hiena / Se desliza con sigilo

Se le iluminó el rostro / Sonrió beatíficamente

Sonrisa (o mirada) cómplice / Sonrisa maquiavélica

Sonrisa seductora / Sumido en la tristeza

Súplica muda / Terrible enemigo

La lista podría ser mucho más larga, pero creo que con estos ejemplos basta para que entiendas a qué tipo de tópicos me refiero. Si quienes acuñaron estas expresiones hubieran cobrado derechos de autor por su ocurrencia, habría muchos millonarios más en España, pues son tan populares que resulta imposible no encontrárselas una y otra vez. Los medios de comunicación tienen buena parte de la culpa, y lo más probable es que muchos de estos «hallazgos» fueran realizados por periodistas (el «espectáculo dantesco», sin ir más lejos, por no mencionar los muy de moda «escenario» y «relato», que encima le han birlado a la narrativa). Aunque tampoco hay que rasgarse las vestiduras. Lo consabido, lo evidente, lo trillado, el lugar común, el cliché... todas esas cosas forman parte de nuestra cultura y hay que aprender a vivir con ellas, igual que con las bolas que se forman en los jerséis de lana. Y no estoy diciendo con esto que dichas frases no tengan su utilidad. Son útiles en la medida en que resultan prácticas y fáciles de usar, como un plato precocinado, y porque nos vienen a la cabeza sin el menor esfuerzo. Si le aseguras a tu visitante que su aparición ha sido «una grata sorpresa», no seré yo quien te lo reproche. Al fin y al cabo, habrás conseguido salir del paso con poco gasto de tiempo y nulo esfuerzo. Ahora bien, si en un relato calificas una situación como un «espectáculo dantesco» o afirmas que «el silencio era sepulcral», entonces tú y yo tendremos un problema.

¿Que por qué me tomo esto tan a la tremenda?

Expresividad. Esa es la respuesta. El lenguaje que usemos para nuestras historias (el lenguaje literario en general) ha de ser expresivo. Y no me refiero con ello a que deba ser muy elaborado y lleno de ringorrangos, creo que eso ya ha quedado claro. Me refiero a que, aparte de comunicar cosas, debe expresar y provocar emociones. Una literatura desprovista de emoción es letra inerte, papel gastado en vano. Y nada provoca menos emociones que las frases hechas y consabidas. Si escribes que «silencio era sobrecogedor» o que la «música inundaba la estancia», si afirmas que un personaje le dirigió a otro «una mirada cómplice», estarás faltando a la obligación de todo escritor, que es la de provocar emociones y sensaciones a sus lectores. ¿Por qué? Pues porque a fuerza de repetirse hasta la náusea, esas frases provocan tantas emociones como la lectura de un prospecto de paracetamol, aunque sea José Sacristán quien lo lea.

Pero, a fin de cuentas, lo que tienes entre las manos es un manual, y un manual no se limita a decirte lo que no debes hacer, sino que te ofrece soluciones. Mi primer consejo es que no cargues demasiado las tintas si no ves que existe una auténtica necesidad dramática de ello. Un «silencio sobrecogedor» puede ser un silencio sin más, o una frase tan sencilla como «no se oía nada». Si pensamos que es necesario enfatizar un poco más, mi recomendación es que rehúyas la retórica en la medida de lo posible, o al menos la retórica vacía. En su novela *La vida invisible*, Juan Manuel de Prada escribe que «el silencio era alto y hostil como un acantilado de hielo». Nosotros, que somos más de andar por casa, quizás nos las arreglaríamos con algo así como «el silencio era inmenso», o «el silencio era tan profundo que contuvo el aliento para no profanarlo». Yo qué sé. Casi cualquier cosa es mejor que un «silencio sobrecogedor».

ORIGINALIDAD

Que no te engañe el título de este apartado. No tengo intención de recomendarte que trates a toda costa de contar cosas que nunca haya contado nadie. Amén de ser imposible, ni siquiera creo que eso sea deseable. Lo que sí haré es tratar de hacerte ver la necesidad de encontrar lo insólito y lo sugestivo dentro de lo cotidiano. Y también la necesidad de hallar modos personales de contar las historias de siempre, que en realidad son las buenas. Me vas a perdonar la pequeña pedantería, pero voy a citar aquí unos versos de un soneto de Shakespeare, y encima (doble pedantería) en inglés:

So all my best is dressing old words new,
Spending again what is already spent.

W. Shakespeare, soneto 76

[«Mi mérito es vestir lo antiguo con prendas nuevas,
Y volver a decir lo que ya ha sido dicho.»]

En el apartado anterior hablábamos de la originalidad en el lenguaje, de la necesidad de evitar tópicos, frases hechas y clichés. Vamos a centrarnos ahora en la originalidad de los contenidos. Y en esto no esperes milagros. Ningún manual va a enseñarte a tener ideas originales o a contemplar el mundo de un modo personal. Esa es una tarea exclusivamente tuya, y además una tarea que dura años, por no decir toda la vida.

Soy muy forofo de la ciencia ficción, uno de los géneros donde la imaginación vuela más alto y, por lo tanto, uno de los géneros en los que cada vez resulta más difícil encontrar ideas nuevas y originales. Entre mis autores favoritos de ciencia ficción mencionaría sin duda al norteamericano Robert Silverberg, autor de más de treinta novelas, algunas de ellas obras maestras del género. Si tienes curiosidad por comprobar lo fértil que puede ser la imaginación de un autor de ciencia ficción, te recomiendo *La estrella de los gitanos* (1989), novela en la que Silverberg riza el rizo de la inventiva y la originalidad. Pero lo que quería mostrarte es una cita en la que Silverberg da una serie de consejos a los jóvenes escritores que también les sirven a los nuevos escritores, aunque no sean ya tan jóvenes:

> Apúntate a clases de historia, antropología, religión, biología, astronomía, economía, escultura, física. Toca algún instrumento musical, aunque no lo hagas bien. Sé voluntario de un comedor social. Haz excursiones por las montañas más altas que puedas encontrar.
>
> Aprende un nuevo lenguaje, preferiblemente que use un alfabeto diferente. Habla con personas con las que no estás de acuerdo y escúchalos, escucha la experiencia tras sus palabras. Baila bajo las estrellas. Aprende a montar a caballo (o en camello o elefante). Enamórate y que te rompan el corazón. En otras palabras: ten algo sobre lo que escribir.

Se trata de recomendaciones teñidas de idealismo, pero creo que las encontrarás sugerentes. Por mi parte, opino que es muy cierto que un autor debe abrirse a nuevas experiencias y aprender a aprovecharlas para sus ficciones, pero sé que los mejores yacimientos de ideas de los narradores no están en el mundo exterior, sino en su propia cabeza. Naturalmente, Herman Melville les exprimió todo el jugo a sus experiencias en buques balleneros, y Dashiell Hammett supo sacar partido al hecho de haber sido detective privado en la agencia Pinkerton. Sin embargo, frente a ellos podríamos mencionar Julio Verne, cuyas aventuras no estuvieron ni por asomo a la altura de las de sus personajes (jamás puso los pies en África, por ejemplo). ¿Y qué decir de Franz Kafka, abogado de seguros y enfermo crónico, y también autor de algunas de las ficciones más poderosas y perturbadoras que vio el siglo XX?

Más de acuerdo estoy con la primera parte de los consejos de Robert Silverberg, en la que recomienda a los aspirantes a escritores que no dejen de atesorar conocimientos. Resulta casi ocioso pedirle a alguien que desea escribir que jamás deje de aprender, pues como lector voraz que es no habrá hecho otra cosa durante su vida. Un lector es un estudiante eterno, y sus inquietudes suelen diversificarse conforme unos libros los conducen a otros, como en esa laberíntica biblioteca de la novela de Umberto Eco *El nombre de la rosa*. Todo ese conocimiento acumulado sobre las disciplinas más dispares es también experiencia, experiencia libresca, pero experiencia a la postre. Por ello se dice que un lector vive muchas vidas además de la propia. Mi consejo es que nunca permitas que se extinga tu sed de conocimientos. Por lo tanto, nunca dejes de leer.

Los mejores escritores, los que más admiras, jamás han dejado de ser lectores. Stephen King afirma que «leer es el centro creativo de la vida de cada escritor», y concluye que quien no tiene tiempo para leer tampoco tiene tiempo (ni herramientas) para escribir. Como sabes, estamos hablando de uno de los escritores actuales más prolíficos. Sin embargo, King afirma leer entre setenta y ochenta libros al año, generalmente novelas, lo que supone una novela y media a la semana:

> Cada noche me aposento en el sillón azul con un libro en las manos. No leo narrativa para estudiar el arte de la narrativa, sino porque me gustan las historias. Existe, sin embargo, un proceso de aprendizaje. Cada libro que se elige tiene una o varias cosas que enseñar, y a menudo los libros malos contienen más lecciones que los buenos.
>
> Stephen King, *Mientras escribo* (2000)
> Trad. de Jofre Homedes Beutnagel

De modo que debemos leer libros para ser capaces de escribir libros. ¿Significa esto que aprendemos a escribir por imitación? En efecto, así es. Al igual que aprendemos prácticamente todo en la vida.

Pero ¿y la originalidad?

Ahora cabría recurrir al tópico y decir aquello de que la originalidad está sobrevalorada, y en buena medida así es. Aunque lo mejor sería decir que la originalidad es un fantasma, un invento de la modernidad que carece de fundamento real. Cualquier obra, cualquier idea que nos parezca original, probablemente no sea sino una combinación de ideas preexistentes, o quizás una idea usada muchas veces en el pasado que se formula de un modo novedoso. Y esto no debe provocarte tristeza ni frustración. Piensa que de lo que estamos hablando es de literatura, que la literatura se sustenta en el lenguaje y que el lenguaje es tradición. Todo lo que escribas, todo lo que llegues a hacer, será como añadir un ladrillo, una cornisa, una ventana, un capitel, un relieve, al majestuoso edificio de la literatura universal, en el que muchos trabajaron antes que tú y al que muchos otros sumarán sus esfuerzos en el futuro. Cada nuevo artífice basará su aportación en lo aprendido de los que vinieron antes y añadirá su toque personal, de modo que los que vengan después puedan aprovecharlo. Lejos de resultar frustrante, la idea es evocadoramente hermosa.

Así pues, tu originalidad, tu modo personal de contemplar la vida y de reflejarlo por escrito, se basará en todas esas cosas que has vivido, que has leído y que has aprendido, esas ideas, experiencias y sensaciones que se han acumulado a lo largo de los años y que, además de formarte como escritor, te han convertido en la persona que eres, una persona parecida a muchas otras, pero a la vez distinta de todas las demás. Las cosas que te asemejan a otros permiten que tus lectores puedan identificarse con lo que escribes. Lo que te hace distinto te dará ese toque personal, esa originalidad a la que todos los autores aspiramos.

LAS GAFAS DE RAYOS X

Cuando yo era un crío, existía una empresa de venta por correo llamada La Casa Honor, cuyo poco honorable negocio consistía en engañar a los niños vendiéndoles productos milagro que siempre resultaban ser completos fiascos. La estrella de su catálogo eran unas gafas con las que te aseguraban que podías ver el interior de las cosas y de la gente como si llevaras puesto un aparato de rayos x en cada ojo. La realidad no podía ser más decepcionante, y uno se sentía bastante estúpido con aquellas gafas de plástico cuyo único poder consistía en aligerar tu hucha de unos cuantos meses de ahorros.

Muchos años después, y a pesar de los avances de la tecnología, siguen sin existir unas gafas de rayos x que funcionen. Sin embargo, el talento de un escritor conocedor de su oficio puede brindarnos un modo práctico y asequible de asomarnos al reverso misterioso que poseen hasta las cosas más cotidianas. De este modo, cualquier juntaletras mediocre podría escribir un relato de tono nostálgico en el que el narrador rememorara los hechos más sobresalientes de su penúltimo curso en el instituto, y que quizás sería algo parecido a esto:

> Recuerdo que la mitad de mis compañeros estaban enamorados de Olivia Reyes, una chica muy atractiva que siempre llegaba tarde a clase. Hasta que ella aparecía, todo resultaba muy aburrido, sobre todo escuchar al profesor de Historia perorar sobre Bismark y la unificación de Alemania. Pero en el momento que Olivia entraba en la clase y oíamos su risa, nos animábamos de repente.

No es que el párrafo que acabas de leer esté mal escrito. Está redactado con corrección y… y poco más. El lenguaje es tan plano, y lo que se narra tan carente de interés, que uno tiene la sensación de estar oyendo al profesor de Historia divagando sobre Bismark. Lo que cuenta es lo que hay, sin matices, sin connotaciones, sin dobles sentidos, sin nada que eleve a los lectores ni un solo centímetro por encima del suelo. El texto que acabas de leer es previsible, y por lo tanto carece de valor literario.

Ahora imaginemos que el relato sobre ese curso en el instituto lo ha escrito un autor que combina la imaginación con una técnica depurada. En tal caso, el resultado podría parecerse mucho a lo siguiente:

> Fue una especie de hecatombe. Media clase se enamoró de Olivia Reyes, todos a la vez o por turnos, cuando entraba cada mañana aseada, apenas empolvada, era una visión crujiente y vulnerable que llegaba a hacerte daño si se te ocurría pensar en ello a medianoche. Olivia llegaba siempre tres cuartos de hora tarde y hasta que ella aparecía el temario era algo muerto, un desperdicio, el profesor divagaba sobre Bismarck como si cepillase su cadáver de frac penosamente, la tiza repelía. Los pupitres se animaban con su llegada. Parecía mentira Olivia Reyes, algo tan esponjoso y aromático cuando pisaba el aula riendo, aportando la fábula de su perfil, su luz de proa, parecía mentira y hacía tanto daño.
>
> ELOY TIZÓN, «Velocidad de los jardines» (1992)

La cosa ha dado un cambio radical, ¿verdad? La chica «muy atractiva» se ha convertido en «una visión crujiente y vulnerable», una presencia tan perturbadora que podía llegar a «hacerte daño si se te ocurría pensar en ella a medianoche». El profesor de Historia que peroraba cansinamente sobre Bismark ahora parece cepillar «su cadáver de frac». Para cerrar el párrafo, se nos brinda una nueva visión de Olivia entrando en el aula riendo y aportando «la fábula de su perfil» y «su luz de proa». Olivia Reyes no es solamente una chica atractiva. Las aulas de los institutos están llenas de chicas atractivas. Hay tantas que a sus compañeros ya casi ni les llaman la atención. En los ojos y en el recuerdo del narrador, Olivia Reyes adquiere cualidades tangibles y olfativas. Además de «una visión crujiente y vulnerable», la muchacha es algo «esponjoso y aromático» que «parecía mentira y hacía tanto daño».

Naturalmente, he hecho trampas. He tomado un párrafo de un relato memorable y lo he convertido en un texto puramente informativo que carece de lustre y de interés. Pero creo que la pequeña argucia ha funcionado. El relato forma parte de un libro publicado hace treinta años. Se trata de una colección de cuentos que toma su título precisamente de este relato, y cuya publicación abrió un capítulo nuevo en la narrativa breve española, que por entonces olía a naftalina, como el frac polvoriento del canciller Bismark. Eloy Tizón se puso sus gafas de rayos x y nos hizo ver más profundamente y más allá. Ignoro si el relato es autobiográfico, o si lo es en parte. Supongo que mi tocayo habrá sufrido muchas veces esa pregunta, que carece totalmente de relevancia. Los hechos que se narran, lo que aconteció en aquel lejano tercero de BUP, es completamente real dentro de los confines de la narración. Es más, la brillantez con que está escrito lo hace mucho más real que cualquier evocación de los años escolares redactada de un modo anodino y previsible.

Lo cotidiano, lo más vulgar, centellea como un diamante en manos de un escritor que cuente con una imaginación adiestrada y una técnica que le permita sacar provecho de las imágenes que su imaginación le proporciona.

En sus «Instrucciones para subir una escalera», Julio Cortázar nos ofrece un ejemplo excelente de lo que acabo de decir. ¿Qué hay más anodino que una escalera y que el hecho de subirla? Sin embargo, el autor argentino se sitúa ante este elemento cotidiano, se pone sus gafas de rayos x y, con mirada de escritor, saca a la luz ese reverso insólito de lo cotidiano que casi siempre resulta invisible. Y lo consigue empleando una mezcla de humor y de parodia. En este texto (no se trata propiamente de un relato), Cortázar imita el estilo formal y preciso de los manuales de instrucciones, pero aplicándolo a un objeto tan carente de misterio como es una escalera, cuya utilidad evidente es la de salvar desniveles, y cuyo funcionamiento todo el mundo conoce desde la infancia más temprana. Las escaleras, como tantas otras cosas que nos rodean, son elementos que damos por sentados. Están ahí, las usamos de forma mecánica y rara vez nos paramos a pensar en ellas, es decir, a menos que nos quedemos sin aliento a media subida o tropecemos con un peldaño y nos hagamos un esguince. Cortázar contrarresta esta mirada perezosa que solemos emplear para lo que siempre está ahí y nos muestra los prodigios que esconden las escaleras, es decir, vuelve visible lo invisible:

> Nadie habrá dejado de observar que con frecuencia el suelo se pliega de manera tal que una parte sube en ángulo recto con el plano del suelo, y luego la parte siguiente se coloca paralela a este plano, para dar paso a una nueva perpendicular, conducta que se repite en espiral o en línea quebrada hasta alturas sumamente variables. Agachándose y poniendo la mano izquierda en una de las partes verticales, y la derecha en la horizontal correspondiente, se está en posesión momentánea de un peldaño o escalón.
>
> Julio Cortázar, «Instrucciones para subir una escalera» (*Historias de cronopios y de famas*, 1962)

Me vas a permitir que cierre capítulo con un texto que ejemplifica muy bien varias de las cosas que te he contado. Se trata de un artículo literario de Juan José Millás, autor del que soy un lector muy devoto. Para empezar, admiro su capacidad para contar cosas muy profundas con palabras muy sencillas, lo que dota a sus textos de esa cercanía que sentimos cuando nos habla un amigo. Pero creo que su virtud principal es la de mirar lo cotidiano con ojos de escritor. Su vuelo lírico se posa esta vez en algo tan poco memorable como el lepisma, un bichito que vive en nuestras casas y que se alimenta de lo que se nos desprende, como los cabellos, las escamas de piel y la caspa. Pero también se pirra por el papel de nuestros libros (sobre todo los más viejos) y por los adhesivos que se usan en las encuadernaciones. En este caso, más que unas gafas de rayos x, lo que Millás emplea es un microscopio que funciona a base de ingenio, de imaginación y de talento creador:

> Hay un insecto microscópico, el lepisma, también llamado por su aspecto pececillo de plata, que vive en los libros igual que un delfín en las profundidades del océano. Surcando las páginas como si fueran láminas de agua sucesivas. Puede alojarse indistintamente en un volumen de Kafka o Flaubert, de Melville o Poe, sin que el grado de salinidad de escrituras tan diferentes afecte a su organismo. El lepisma navega, pues, en el interior de la masa de papel recorriendo títulos, textos y texturas, aunque lo normal es que si nace en Moby Dick muera en esta novela sin cruzarse jamás, curiosamente, con

la ballena blanca, su pariente lejano. […] Nos acompañan en la travesía lectora como los delfines a los navegantes, saltando fuera de la página y zambulléndose en ella a través de un adverbio, que atraviesan sin romperlo ni mancharlo.

Juan José Millás, «Oración»
El País (5/6/1998)

4.
Tejiendo la historia

EL HÉROE QUE TENÍA LOS PIES HINCHADOS

En la Grecia antigua se contaba la historia del príncipe tebano Edipo, cuyo nacimiento vino precedido por un vaticinio funesto. El oráculo había anunciado que si el rey Layo tenía un hijo varón, llegaría un día en que este mataría a su padre y desposaría a su madre. Así pues, cuando su esposa Yocasta se quedó encinta y dio a luz a un niño, el rey, por miedo a la profecía, ordenó que se llevaran a la criatura, perforaran sus pies y lo colgaran de un árbol en mitad del monte. Sin embargo, antes de que las alimañas dieran con él, el pequeño príncipe fue hallado por un pastor, que al observar sus pies heridos lo llamó Edipo («pies hinchados»). Edipo fue adoptado por los reyes de Corinto y creció fuerte y diestro en las artes de la guerra, hasta que alguien le habló de su hallazgo y su adopción y decidió partir para averiguar su origen. En mitad de su camino, el príncipe tuvo un encuentro con un hombre noble y su auriga, quien lo insultó y le exigió que se apartara. En la pelea que siguió, Edipo los mató a ambos. Y más adelante desafió a la Esfinge, un monstruo con cuerpo de león, cabeza y torso de mujer y alas de águila que estaba asolando el reino de Tebas. Cuando Edipo supo dar respuesta a los enigmas que la Esfinge le planteó, la criatura, encolerizada, se arrojó por un precipicio. Y así fue como Edipo entró triunfante en la ciudad de Tebas, donde fue coronado rey y desposó a la viuda de Layo, con la que tuvo cuatro hijos, dos varones y dos niñas. Pasaron los años y Tebas fue azotada por una terrible epidemia de peste. Esta vez, el oráculo le reveló que la única forma de aplacar a los dioses y poner fin a la calamidad era que el asesino del difunto rey Layo abandonara la ciudad. Las pesquisas que realizó condujeron a Edipo a la terrible verdad: no solamente había sido él mismo quien había matado a Layo, su padre, sino que además era culpable de incesto, el más terrible de los pecados, al haber yacido con su propia madre. Al enterarse de que Edipo, su esposo, era en realidad su hijo, Yocasta se quitó la vida. En cuanto a él, enloquecido por el dolor y la culpa, se atravesó los ojos con el broche de la túnica de su madre y abandonó Tebas para recorrer la tierra convertido en un vagabundo ciego, con la única compañía de su hija Antígona. Finalmente, fue acogido por el héroe Teseo y murió en Colono, en las afueras de Atenas.

Y colorín colorado, este cuento se ha acabado (en este caso, el colofón «y fueron felices y comieron perdices» resultaría inapropiado).

La que acabo de contarte es quizás la versión más conocida del mito o historia de Edipo. Se trata de la que nos ha llegado a través de las obras de Sófocles, que convirtió al personaje de Edipo en un héroe trágico, en prototipo del infortunio y de la inutilidad de rebelarse contra el destino. Pero sabemos que el mito se remonta a mucho antes, y que probablemente comparta antigüedad con las fabulosas historias de los héroes de Troya. Podemos imaginar a los viajeros de la antigua Hélade escuchando las hazañas y desgracias del rey tebano en torno a una hoguera, quizás lanzando miradas disimuladas hacia la espesura por miedo al ataque de la Esfinge. También es fácil imaginar la historia, o alguna versión de ella, declamada por los rapsodas que recorrían las ciudades griegas a semejanza de los juglares de la época medieval.

El mito de Edipo, por tanto, no comienza con Sófocles ni concluye con él. De hecho, las versiones dramáticas del trágico ateniense lo catapultan hacia la posteridad, por lo que la historia del desdichado rey será recreada muchas veces en el futuro por otros autores griegos, luego por los romanos, y así sucesivamente hasta que en el siglo pasado el psicólogo Sigmund Freud bautiza con su nombre uno de los complejos que describe en su teoría del psicoanálisis.

Sin embargo, a poco que nos esforcemos, nos será fácil rastrear la huella de Edipo, el héroe de los pies hinchados, en muchas otras obras, tanto cultas como populares.

El tema del príncipe abandonado para morir aparece en la historia de la fundación mítica de Roma, encarnado por los gemelos Rómulo y Remo. También lo encontramos, esta vez en forma femenina, en la historia de Blancanieves, recogida por los famosos folcloristas alemanes Jacob y Wilhelm Grimm. En realidad, el tema del abandono y del infanticidio es muy común en la literatura, desde los cuentos de hadas hasta las novelas de caballerías, e incluso juega un papel importante en los relatos bíblicos.

El tema de la profecía en torno al nacimiento de un niño es tan común que resulta muy difícil no toparse con él. En la mitología clásica suele acompañar al nacimiento de dioses y héroes (Zeus, Apolo, Dioniso, Heracles...). Cuando Plutarco narra la concepción de Alejandro Magno, dice que la reina Olimpia, su madre, había soñado que su vientre era hendido por un rayo, lo que provocaba un gran fuego que abrasaba el mundo. En los relatos tradicionales encontramos vaticinios, entre muchos otros, en los cuentos de *La bella durmiente* y *La Bella y la Bestia*. En la tradición literaria forma parte integral de la literatura caballeresca de los siglos XVI y XVII. Si nos centramos en la narrativa «culta», en la novela *David Copperfield*, de Charles Dickens, el nacimiento del protagonista viene acompañado de una señal profética. Un ejemplo más reciente y cercano sería el relato «Las sirenas», de «Azorín» (1926), en el que el vaticinio acerca del nacimiento de un niño aparece en forma de horóscopo.

El espinoso tema del crimen, el incesto y el subsiguiente castigo o venganza es el motor de la tragedia shakespeariana *Hamlet*, estrenada a principios del siglo XVII, pero que probablemente ya contaba con versiones anteriores.

El enfrentamiento entre el héroe y el monstruo es tan antiguo como la literatura. Lo encontramos de forma recurrente en las leyendas babilónicas, en los mitos de Heracles y Perseo, en la Odisea, en el poema épico anglosajón *Beowulf*, en la leyenda medieval de San

Jorge y, si me apuras, hasta en el enfrentamiento entre el xenomorfo y la teniente Ripley en la película *Alien*, de Ridley Scott. No en vano librar al mundo de dragones y monstruos ha sido siempre uno de los cometidos fundamentales en la tarea del héroe.

Las pestes y otras epidemias han sido también temas favoritos de la literatura universal. La epidemia de peste más famosa quizás sea la que, como castigo del dios Apolo, diezma a los ejércitos griegos cuando están acampados en la llanura de Troya. Una epidemia de peste bubónica es la excusa que emplea Boccaccio para reunir las cien historias que componen El *Decamerón*. La peste, esta vez encarnada en un personaje, es protagonista de nuevo en «La máscara de la Muerte Roja», uno de los relatos más famosos de Edgar Allan Poe. Ya en el siglo XX, volvemos a toparnos con la epidemia en las novelas *La peste*, de Albert Camus, y *La muerte en Venecia*, de Thomas Mann.

El tema del exilio y el alejamiento del hogar es la excusa argumental para enhebrar las aventuras del héroe Ulises durante su periplo de diez años tras la guerra de Troya, tradición que pervive sin interrupciones hasta la narrativa moderna. El tema del rey convertido en vagabundo es el eje central de *El rey Lear*, de William Shakespeare, obra en la que existen numerosos paralelismos con el mito de Edipo. Como ejemplo más moderno del exilio en la literatura, podemos citar las tres novelas autobiográficas que componen *La forja de un rebelde*, del exiliado español Arturo Barea. En un contexto «no literario», la película de Disney *El rey león* presenta también el tema del exilio como uno de sus ejes argumentales principales, así como algunos otros temas (el asesinato del rey, la usurpación del trono, el fantasma del padre asesinado, la venganza…) que se pueden rastrear hasta Shakespeare y mucho más allá.

Ya lo ves, tomados por separado, los ingredientes de la historia de Edipo son reconocibles en infinidad de otras historias pertenecientes a las épocas más diversas, y esto es algo que no solo ocurre con este mito ni es en absoluto casual. La repetición de temas, motivos y arquetipos de personajes es una parte esencial del arte de contar historias. Esto es algo que siempre se ha sabido de forma intuitiva, pero hubo que esperar hasta el siglo XX para que alguien lo demostrara empíricamente.

En 1928, el antropólogo y lingüista ruso Vladimir Propp publicó el ensayo *Morfología del cuento*, en el que analiza un corpus de unos cien cuentos rusos de origen popular y describe una serie de lo que él denomina «funciones», que son acciones de los personajes que se dan siempre en el mismo orden. Por ejemplo, el alejamiento, la prohibición, la fechoría, la prueba, la lucha, el castigo… Asimismo, estas funciones están ordenadas en una serie de esferas que corresponden a los distintos arquetipos de personajes: el héroe, el ordenante, el agresor, el antagonista, el donante…

Aunque fuera de la Unión Soviética se conoció mucho después, el estudio de Propp fue fundamental para comprender los elementos comunes y la estructura subyacente en las historias de ficción, y su modelo de análisis se amplió para abordar todo tipo de tramas, más allá de los cuentos de hadas de origen popular. Estudiosos como Algirdas Greimas, Roman Jakobson, Tzvetan Todorov y Roland Barthes aplicaron el mismo modelo «estructuralista» a la ficción narrativa para concluir que podemos describir el funcionamiento de las novelas y relatos conforme a pautas o patrones generales, y clasificar a los personajes literarios según los roles que encarnan y las funciones que desempeñan en la historia. Todo esto dio lugar al nacimiento de una disciplina denominada narratología, que se encuadra dentro de la semiótica (la ciencia que se ocupa del estudio de los sistemas de signos, incluyendo el lenguaje), y que constituye una especie de gramática de la narrativa.

Todo esto te puede parecer muy teórico (y de hecho lo es) pero a los escritores nos proporciona una herramienta muy valiosa para comprender el funcionamiento de ese «mecanismo de relojería» al que ya he hecho referencia con anterioridad, los resortes y engranajes que hacen que una historia «funcione», que arranque, avance y concluya de un modo satisfactorio para los lectores. Ni el orfebre más diestro del mundo podría construir un reloj o un autómata funcional si no sabe diseñar y ensamblar las piezas de su mecanismo, por mucho que esas piezas estén hechas de metales preciosos y hayan sido primorosamente labradas. Puedes considerar este capítulo, si lo deseas, como un curso básico del hermoso oficio de relojero, solo que aplicado a las piezas inmateriales que componen todo relato o novela.

TEMA, ARGUMENTO Y TRAMA

Antes de hablar de los mecanismos narrativos de las obras de ficción, convendría distinguir algunos conceptos que suelen confundirse cuando hablamos de contar historias. Los dos primeros son sencillos de explicar, y me refiero al tema y al argumento.

Recuerdo que, cuando yo era un niño, los amigos nos entreteníamos contándonos películas unos a otros. Ahora sería impensable, pues las descargas de internet y los canales de *streaming* han puesto el cine a disposición de todo el mundo y en nuestra propia casa. Pero por aquellos años ir al cine era un rito social del que no todos podían disfrutar. Yo tenía la suerte de que mis padres me llevaban al cine con frecuencia, mientras que muchos de mis compañeros de colegio no disfrutaban de tal privilegio. Así pues, en el patio del recreo asumía a menudo el papel de narrador de la última película de moda. La primera pregunta que me hacían siempre era «¿De qué va?», a lo que yo respondía: «De hombre primitivos y dinosaurios», o «De un inventor que construye una máquina para viajar por el tiempo». Ese sería el tema de la película. Si a mis compañeros el tema les parecía prometedor, entonces me pedían que entrara en detalles, y había llegado el momento de desgranar el argumento.

Tomemos ahora la historia de Edipo, que he contado con cierto detalle al comienzo de este capítulo. El argumento correspondería al conjunto de acciones que realizan los personajes, expuestas en orden cronológico, y coincidiría con la narración sucinta del mito tal y como la he realizado. Es decir, comenzaría con «El nacimiento del rey tebano Edipo vino precedido por un vaticinio funesto» y terminaría con «Finalmente, fue acogido por el héroe Teseo y murió en Colono». El concepto de argumento como ves, es perfectamente objetivo. No así el de tema, que se puede prestar a interpretación y debate, y más si se trata de una historia compleja en la que intervienen muchos personajes. En el caso de nuestro ejemplo, lo más evidente es decir que el tema de Edipo son los hechos de la vida del héroe legendario del mismo nombre. Si nos centráramos en alguna de las tragedias a las que el mito dio lugar, quizás podríamos ser más concretos. En el caso de *Edipo, rey*, de Sófocles, diríamos que trata del cambio de fortuna de Edipo, rey de Tebas, quien, al saberse culpable de los terribles pecados de parricidio e incesto, asume el castigo de la ceguera y el exilio. Sin embargo, si contemplamos el mito con los ojos entornados y, sobre todo, con mentalidad moderna, podríamos tratar de exponer el tema desde un punto de vista interpretativo, y decir que la historia de Edipo versa sobre la imposibilidad de escapar del destino. Hasta podríamos decir que el tema de Edipo (al menos de *Edipo, rey*) es la responsabilidad que acarrean las acciones individuales, incluso cuando estas se han cometido de forma involuntaria. Yendo más allá, una interpretación psicoanalítica nos llevaría a afirmar que el tema que subyace en Edipo es el amor que inspira el progenitor del sexo contrario y la rivalidad hacia el del mismo sexo, y los sentimientos de culpa y traumas que esto provoca.

Y ahora vamos con el concepto de trama, que resulta algo más sutil y, sin duda, más interesante. Fuera del ámbito literario, hablamos de trama con respecto a los tejidos y los tapices. La trama es el conjunto de hilos que, cruzados con los de la urdimbre, dan lugar a una tela, patrón o dibujo. Como verás, el mismo término aplicado a la narrativa posee un interesante valor metafórico. Imagina que cada hilo son las acciones de un personaje, y que el cruce de estos da lugar a la obra completa, sea cuento o novela. El término no podría ser más apropiado, y ya se dieron cuenta de ello los griegos (siempre volvemos a los griegos), entre cuyos mitos principales estaba el de las Moiras, las tres diosas que se dedicaban a hilar y tejer las vidas humanas.

Con todo, es posible que no acabes de ver la diferencia entre argumento y trama, por lo que es necesario recurrir de nuevo a nuestro ejemplo. Imaginemos que deseo recrear de nuevo el tema de Edipo, esta vez en forma de novela. Puesto que soy un escritor moderno (o eso quiero pensar), lo más probable es que realice algunas manipulaciones en la línea temporal de la historia para que mi novela resulte más atractiva para los lectores. Una opción muy socorrida sería arrancar la trama en un momento cumbre de la acción, y no se me ocurre otro mejor que el encuentro de Edipo con Layo, a quien da muerte sin saber que está matando a su propio padre. El enfrentamiento con la Esfinge también podría proporcionar un arranque brioso. Incluso se me ocurre la posibilidad de comenzar la novela con un diálogo entre Edipo y el monstruo. ¿Y qué tal si empiezo a relatar por el final, cuando Edipo es un anciano ciego que agoniza en Colono? Entonces la historia podría adoptar la forma de una narración en primera persona en la que Edipo le relataría los hechos de su vida a su hija Antígona. Estas tres opciones serían tres modos de construir tramas para un mismo argumento. En la trama, que constituye una especie de diseño o maqueta de la obra final, los acontecimientos no aparecen narrados por orden cronológico, sino en el orden en que van a aparecer en el relato o novela. Y ten muy presente que una obra de ficción no es un reportaje periodístico, y mucho menos un informe policial (aunque en ocasiones pueda imitar a uno o al otro). La objetividad necesaria para contar hechos reales requiere respetar escrupulosamente la línea temporal y contar los hechos en el orden en que ocurrieron, de modo que se entiendan claramente las causas y los efectos. En literatura, sin embargo, existen muchos motivos por los que el autor puede decidir desordenar el argumento para configurar la trama. El objetivo más frecuente es el de aumentar el interés de los lectores. Si comenzamos por un momento de acción, la historia seguramente «enganchará» al lector más fácilmente, y ya habrá ocasión luego de relatar las partes más apacibles y morosas. Si contamos la historia desde el final, crearemos una incógnita que alimentará la intriga y, por lo tanto, el interés del lector: ¿Cómo es posible que un poderoso rey haya terminado convertido en un vagabundo ciego que agoniza lejos de su reino? ¿Qué ha podido ocurrir para que Edipo acabe en esta lamentable situación?

La trama nos ayuda a disponer los hilos narrativos que nos proporciona el argumento de un modo que se genere un dibujo o patrón interesante y atractivo para el lector. De momento, basta con eso.

EL CONFLICTO NARRATIVO

Las novelas y los relatos son como las cenas de Nochebuena: no funcionan bien sin un conflicto. Seguramente lo sepas por experiencia, y me refiero a las cenas de Nochebuena. Si sientas en torno a una mesa a un grupo de personas que tienen cuentas pendientes, antes o después alguien dirá algo que molestará a algún otro. La réplica no se hará esperar, y a partir de ahí surgirán las adhesiones y los reproches. Unos tomarán el papel de partidarios; otros, el de antagonistas; los patriarcas harán llamadas a la concordia que nadie escuchará... El conflicto está servido. Ocurre casi todos los años, y sin embargo las familias vuelven a reunirse una y otra vez, tal vez porque en el fondo disfrutan con esto. ¿Qué sería una cena de Nochebuena sin su tradicional bronca familiar? Seguramente un aburrimiento. Con las novelas y los relatos ocurre lo mismo.

Conflictos los hay de muchos tipos y tamaños. Pueden ser tan grandes como una guerra o un diluvio, o tan pequeños como no encontrar un taxi en un día lluvioso o una tarta de cumpleaños que alguien olvida recoger de la pastelería. Pueden ser notorios y públicos, como la quiebra de una empresa, o bien privados e interiores, como una crisis de fe o un trastorno depresivo. Pueden ser colectivos, como una pandemia, o individuales, como una venganza... Sean como sean, es un hecho que en un determinado momento de su historia los personajes deben enfrentarse a un conflicto que dificulte o frustre sus intenciones. Y esto debe ser así para que la trama despegue y los personajes puedan completar sus recorridos. Si no existe el conflicto, no hay trama, tan solo un argumento anecdótico y desprovisto de interés.

Volvamos de nuevo a la historia de Edipo. Imagínate que en esa hipotética novela que he decidido escribir recreando el mito, decido hacer cambios drásticos en la historia tal y como la conocemos. Todo sucede igual hasta que llegamos al episodio de la peste en la ciudad de Tebas, cuando la consulta al oráculo arroja como resultado que el rey es culpable de parricidio e incesto, y que por ello los dioses están castigando a la ciudad. ¿Qué ocurriría si, en un acto de generosidad narrativa, decido librar a Edipo de su destino trágico, me salto la peste y le permito envejecer tranquilamente en compañía de su esposa-madre y de sus cuatro hijos, ignorante de sus culpas y de su obligación de redimirlas? No dudo que Edipo me lo agradecería, pero no así mis lectores, que se encontrarían con una novela desprovista de intensidad y de interés dramático. Ya lo advertía Tolstói al principio de *Anna Karénina*, en uno de los arranques de novela más famosos de la historia de la literatura: «Todas las familias felices se parecen. Las desgraciadas, lo son cada una a su manera». Las familias felices no son interesantes desde una perspectiva dramática. Las desgraciadas, en cambio, son un filón.

Se suele decir que el conflicto es el corazón de la historia, y debemos entender la palabra «corazón» no solamente en su sentido metafórico de «centro» o «parte fundamental», sino en su acepción de órgano responsable de que la sangre circule por el organismo. Un corazón no deja de ser un motor, y así es como actúa el conflicto dentro de la historia, como el motor de la trama y de las acciones de los personajes.

Un personaje (o al menos un personaje protagonista) debe tener deseos, anhelos, un propósito que alcanzar, una misión que cumplir. Vamos a echarles un vistazo a algunos personajes famosos de la literatura y a los propósitos que animan sus actos:

- El Ulises homérico desea regresar a su isla de Ítaca tras pasar diez años combatiendo en la guerra de Troya.
- En la tragedia de Sófocles del mismo título, Antígona, hija de Edipo, desea enterrar y rendir honores fúnebres a su hermano Polinices, cuyo cuerpo yace insepulto por orden de su tío, el rey Creonte.
- Romeo y Julieta desean materializar y perpetuar su amor.
- Don Quijote desea ser un caballero andante, socorrer a los necesitados y librar al mundo de hechiceros y gigantes.
- El personaje de Scarlett O'Hara en *Lo que el viento se llevó* desearía la preservación de su vida despreocupada y llena de privilegios, pero cuando comprende que esto es imposible, su deseo fundamental es el de sobrevivir en el nuevo mundo surgido tras la guerra de Secesión americana.
- Frodo, el héroe de *El señor de los anillos*, desea completar la misión que le han asignado, es decir, destruir el anillo único, pues no existe otra manera de derrotar al mal.

- Holden Caulfield, el joven protagonista de *El guardián entre el centeno*, aspira, como la mayoría de los adolescentes, a tener una experiencia sexual y a encajar en el mundo adulto, un mundo que, por otro lado, le parece lleno de falsedad.

Todos estos personajes se topan con dificultades para alcanzar sus deseos. A veces esas dificultades se las plantean otros personajes que asumen el papel de adversarios, otras veces puede ser la familia, el destino, la mala suerte, la sociedad, ellos mismos…

- El antagonista principal de Ulises es Poseidón, dios de los mares, en venganza por cegar a su hijo, el cíclope Polifemo. Otros obstáculos son los monstruos marinos, las sirenas, la hechicera Circe, los encantos de la ninfa Calíope… Al vencer todas estas dificultades que le van saliendo al paso, Ulises, que era un hombre muy astuto, se convierte también en un hombre sabio gracias a las experiencias acumuladas.
- Antígona se debate entre la obligación social de cumplir las leyes de Tebas y la devoción familiar (amén de obligación sagrada) que la empuja a dar sepultura a su hermano. Al optar por lo segundo, debe enfrentarse al terrible castigo de ser enterrada en vida por orden del rey Creonte. El miedo que muestra humaniza al altivo personaje a los ojos de los espectadores/lectores.
- Aunque Romeo y Julieta se enfrentan a la oposición de ambas familias, logran casarse en secreto y consumar su amor. Su devoción mutua los lleva a la muerte.
- Don Quijote encuentra nuevos antagonistas en prácticamente cada etapa de su camino. Algunos solo existen en su imaginación (los molinos que toma por gigantes, el hechicero Frestón), mientras que otros son muy reales y aprovechan su debilidad para vapulearlo (los mercaderes toledanos, los galeotes). Por último, están los bromistas que lo vejan a costa de su locura (el ventero, los duques). Don Quijote se mantiene fiel a sí mismo hasta que recupera el juicio, lo que coincide con la muerte física del personaje.

- De ser una niña rica y consentida, Scarlett O'Hara se convierte en una mujer astuta, calculadora y llena de recursos que logra levantar su patrimonio desde la ruina en la que la guerra ha sumido a los estados del sur. Sin embargo, el triunfo social de Scarlett contrasta con su fracaso familiar y amoroso.
- Frodo y sus compañeros hobbits se embarcan en una nueva Odisea para llevar el anillo único hasta Mordor y destruirlo en el fuego del volcán donde fue creado. Los enemigos y peligros a los que debe enfrentarse para cumplir su misión son tantos que resulta imposible enumerarlos aquí. El cambio que el conflicto narrativo desencadena en él es asombroso: al comienzo de la historia, Frodo es poco más que un niño indefenso. Al final, es un hombre curtido por peligros y experiencias, amén de un líder guerrero.
- El enfrentamiento de Holden Caulfield con el mundo adulto desencadena un conflicto que ocurre principalmente dentro de su mente, es decir, se trata de un conflicto psicológico. Holden se debate entre aceptar la hipocresía de los adultos o aferrarse a la inocencia de los niños, que él intenta preservar a toda costa. Las tensiones provocadas por este conflicto y por sus perturbadoras experiencias en Nueva York acaban por provocarle un colapso mental por el que necesita ser hospitalizado.

Lo que debería quedar claro después de todos esos ejemplos es que no hay personaje principal que no esté pidiendo a gritos un conflicto. Sin su correspondiente conflicto (sin obstáculos que superar, sin adversarios a los que enfrentarse, sin decisiones que es necesario tomar), los personajes se quedan anclados en un limbo que impide su evolución y los despoja de interés para el lector. Un personaje secundario admite un tratamiento mucho más esquemático. A fin de cuentas, está ahí para ayudarnos a contar la historia de los principales, para ayudarles a completar su «arco narrativo». Pero con los protagonistas la historia cambia. Los personajes principales deben pasarlo mal para que el lector pueda pasarlo bien. Esto se sabe desde el momento en que Edipo se perforó los ojos con el broche de Yocasta, y puede que desde mucho antes, aunque parece que hay autores que todavía no se han enterado. De ahí la asombrosa cantidad de cosas aburridas que se publican hoy en día.

Mi consejo es que, cuando diseñes la trama para tu relato o novela, lo hagas a partir del conflicto. La pregunta del millón debería ser «¿Qué es lo que desea mi protagonista y qué dificultades va a encontrar para conseguirlo?». Y te aseguro que esto es mucho más importante que el hecho de que al final salga triunfante o fracase. Esto último ya es una cuestión de géneros o de modas, y tan válida puede ser una solución como la otra. Pero un protagonista sin su correspondiente conflicto es como un cascarón vacío. No me cansaré de repetirlo.

En el apartado de ejercicios te propondré el diseño de algunos tipos clásicos de conflicto narrativo. De momento, me gustaría predicar con el ejemplo. Hace tiempo escribí un relato titulado «Como un perro» en el que la trama surgió a partir del conflicto, que es precisamente lo que te acabo de recomendar. En mi cuento, un grupo de amigos viajan en autobús. Se dirigen hacia Barcelona para tomar un avión que los llevará a Estados Unidos. Un hombre que viaja con ellos los aborda y entabla conversación con el grupo. De repente, se dan cuenta de que el hombre ha muerto por causas naturales. Ya tenemos el conflicto servido. ¿En qué se cifra este conflicto?

Los amigos son un grupo de universitarios que acaban de terminar sus estudios. El viaje que se disponen a realizar lo llevan preparando durante años. Es una excursión de costa a costa en los Estados Unidos. Si informan sobre la muerte del hombre, la policía los retendrá y tendrán que identificarse y responder a infinidad de preguntas. La continuidad del viaje estaría descartada: si pierden el avión, perderían el billete y todas las reservas que han hecho. Por ello, cuando descubren que el desconocido ha muerto, deciden aprovechar una parada en una zona de servicio para bajar el cuerpo discretamente del autobús y dejarlo sentado en un área de pícnic. Luego continúan el viaje sin que nadie haya notado la falta de uno de los pasajeros. Por último, llegan a Barcelona sin novedad, con tiempo de sobra para tomar el avión y realizar el viaje soñado.

En apariencia, el grupo de amigos ha resuelto el problema de forma satisfactoria y se han salido con la suya. Pero sabemos que debe haber un conflicto en el corazón de cada relato, y que los conflictos provocan cambios en los personajes. Por lo tanto, podemos concluir que un relato siempre narra un cambio. Leamos el amargo final de este cuento para comprobar si es así:

> Regresamos a finales de agosto y cada cual se reintegró a su vida. Acordamos encontrarnos al cabo de unos días para charlar sobre las anécdotas del viaje y enseñarnos las fotos que habíamos tomado, pero no llegamos a hacerlo nunca. A comienzos de septiembre empecé a buscar trabajo. Me enteré de que Luis se había mudado a Madrid y supe que Arturo había entrado a trabajar en el despacho de su padre y estaba pensando en casarse. No estoy seguro de si lo llegó a hacer. Nunca me invitó a su boda. Jaime se encerró en su casa para preparar notarías. Algunas veces me lo encuentro por la calle. En una ocasión incluso entramos en una cafetería para tomar una cerveza. Fue un encuentro tenso y silencioso, y creo que ambos nos sentimos aliviados cuando terminó. Ahora nos limitamos a saludarnos si nos cruzamos por casualidad. Lo miro a los ojos y sé lo que está viendo, lo mismo que veo yo, lo mismo que ven los otros dos: un banco de madera en el frío amanecer y un gran pájaro blanco que bate sus alas sobre un cadáver.
>
> No sé si Jaime llegará a ser notario algún día. No sé qué habrá sido de Luis y de Arturo. Ni siquiera sé qué será de mí. Ya solo estoy seguro de una cosa: desde que regresamos de aquel viaje, no reconozco al sujeto que me mira desde el espejo. Y tengo que decir que tampoco me gusta demasiado.
>
> ELOY M. CEBRIÁN, «Como un perro»
> *(Las luciérnagas y 20 cuentos más,* 2005*)*

En efecto, al decidir abandonar el cuerpo del hombre que ha muerto repentinamente en el autobús, los amigos han traspasado una barrera moral. Ese pájaro blanco (una gaviota) que picotea el cuello del cadáver abandonado simboliza su horror y su culpa. Los jóvenes ilusionados del principio se han convertido en algo distinto, algo que disgusta al narrador cuando se mira al espejo.

Muchas veces se discute sobre si la ficción debe parecerse a la vida. Mi opinión es que, al menos, los personajes literarios deben parecerse a las personas reales. Luego podemos hacer que vivan sus aventuras en nuestra misma calle o en otra galaxia, pero su personalidad, su forma de actuar, sus esperanzas y sus miedos deben ser análogos a los nuestros, pues de otro modo resultará imposible que los lectores puedan sentirse identificados con ellos. Si no existe una corriente de empatía entre el lector y los personajes, ¿cómo va a importarnos lo que les ocurra en la historia? Es cierto que la vida carece de argumento, y mucho menos de trama. No importa cuánto intentemos planificar nuestra existencia, seguirán ocurriendo cosas ajenas a nuestra voluntad, acontecimientos que obedecerán a la intervención del azar y de otras personas. Pero convendrás conmigo en que, si hay algo que abunda en la existencia son precisamente los problemas y los obstáculos, que constituyen también los ingredientes básicos del conflicto narrativo. La teoría de la evolución afirma que los organismos se transforman conforme desarrollan nuevas capacidades para adaptarse a los cambios que se suceden en su entorno. Con las personas ocurre algo parecido: un accidente, el fallecimiento de un familiar, un suspenso en un examen importante y hasta la pérdida de un vuelo son contingencias que requieren una reacción, y por lo tanto un cambio. Si permites que tus personajes se muevan en un entorno carente de dificultades y desafíos, se parecerán a los peces de un acuario: serán tal vez bonitos de contemplar, pero mortalmente aburridos al cabo de un rato.

PUNTOS DE ACCIÓN Y PUNTOS DE GIRO

Rizando el rizo de la simplificación, podríamos definir un relato como la narración secuencial de una serie de acontecimientos y acciones. Sin embargo, como suele ocurrir con las simplificaciones, esta definición peca de insuficiente. En una narración no siempre está aconteciendo algo. Hay numerosos momentos en los que, en términos estrictos, no está pasando nada. Son esos tramos de la historia en que los protagonistas contemplan, piensan, reflexionan, o los pasajes en los que el narrador describe el aspecto de los personajes o de los lugares donde transcurre la acción, o incluso se permite el lujo realizar sus propias reflexiones. Todos esos momentos que, sumados, ocuparían una buena cantidad de líneas de texto, constituyen lo que un alumno mío denominaba «paja». Para aquel alumno (un señor de cierta edad) todo lo que no era acción o diálogo era paja, y por lo tanto había que saltárselo. Estoy seguro de que un autor de *best sellers* como Dan Brown habría aplaudido esa forma de concebir la escritura narrativa. Yo, sin embargo, pienso que es en la paja donde suele estar lo más interesante de las novelas y los relatos. Aunque esto dista de ser una regla general, y es cierto que hay ciertos escritores que cargan tanto de paja sus historias que convierten la lectura en una empresa imposible. Pero basta de digresiones.

Vamos a imaginar que tomamos una relato o novela y le quitamos toda la paja. Lo que nos queda es la estructura pura y dura, el esqueleto de la historia, la osamenta de la narración. Al diseccionar la historia y eliminar todas las partes blandas (y pese a la opinión de mi alumno) la hemos despojado de casi todo su poder de arrastrarnos, de conmovernos y de hacernos disfrutar. A cambio, ahora nos resultará fácil estudiar su diseño principal, cómo está construida. Te propongo hacer este experimento con un relato en concreto. Se titula «El niño feo», y fue publicado en 1958 por el famoso autor de ciencia ficción Isaac Asimov, uno de los pioneros y maestros del género en su forma más clásica. El cuento, que Asimov siempre consideró uno de sus favoritos, tiene una extensión media (unas 16.000 palabras), es decir, es lo suficientemente largo para poseer cierta complejidad, pero no tanto como para dificultar su análisis y su visión de conjunto. Resulta fácil encontrarlo en las antologías del autor y puede leerse en línea, lo que te animo a que hagas antes de continuar. ¡Vamos, léelo ahora que estás a tiempo, porque me dispongo a reventarte el argumento! O, dicho en un lenguaje más moderno: ¡alerta, *spoilers*!

Puesto que, como sabes muy bien, los conceptos de argumento y trama son distintos, el cuento comienza por su desenlace: la enfermera Edith Fellowes, protagonista de la historia, se dispone a llevar a cabo un plan del que, por el momento, nada sabemos. Conocemos también a Timmie, un niño cuyo cuidado constituye el único cometido de la enfermera. Entonces nos remontamos en el tiempo hasta el día en que la enfermera Fellowes es contratada en Estasis

Inc., una corporación dedicada a desarrollar las tecnologías más punteras, para cuidar a un niño de corta edad. Cuando ella solicita información acerca del niño del que tendrá que encargarse, el doctor Gerald Hoskins, director de Estasis, se limita a pedirle que regrese unas horas después.

Esa misma tarde tiene lugar un espectacular experimento que constituye la culminación del trabajo de los científicos de Estasis. La tecnología de mesones que han desarrollado permite localizar especímenes en el pasado y traerlos al presente, lo que ya han logrado hacer con minerales, plantas y animales. Pero esta vez se disponen a intentarlo con un individuo humano de hace 40.000 años. Y no se trata de un *homo sapiens*, sino de un neandertal, un niño neandertal. El experimento tiene éxito y la criatura se materializa en el presente, aterrorizada y en un estado deplorable. La enfermera Fellowes se horroriza al observar la fealdad y deformidad del niño prehistórico y piensa en renunciar, pero el chiquillo parece tan asustado e indefenso que su vocación de cuidadora prevalece y decide quedarse para asearlo y alimentarlo. Esa noche, él duerme escondido debajo de su cama. De madrugada, la enfermera despierta al oírlo llorar. Ella lo acuna y le canta para tranquilizarlo. El niño le sonríe.

Conforme pasan los días se evidencia que el pequeño neandertal es mucho más inteligente de lo que se había pensado al principio. Su capacidad de aprendizaje es enorme, y la enfermera se convierte en su educadora y su figura materna. Ella siente amor y compasión por su pequeño pupilo, al que llama Timmie, y rechaza todas las pruebas y análisis a los que lo someten, con frecuencia dolorosos y crueles. El niño, además, es un prisionero en sentido estricto, ya que debe permanecer confinado en el apartamento donde vive. De no hacerlo, se produciría una enorme pérdida energética que le costaría a Estasis millones de dólares. Sin embargo, él sueña con conocer el mundo exterior, con el que la enfermera Fellowes es su único puente. La mujer consigue permiso para educar a Timmie de tal modo que aproveche toda su capacidad, incluso logra el doctor Hoskins lleve a su propio hijo para jugar con el pequeño neandertal, al que la prensa y el público conocen como «el niño-mono».

Pasa el tiempo y el vínculo de afecto entre Timmie y la enfermera Fellowes se fortalece. El interés de los científicos por «el niño-mono», sin embargo, comienza a declinar. Ahora los esfuerzos de Estasis se concentran en conseguir traer al presente un individuo de épocas históricas, en concreto un campesino del siglo XIV. Edith Fellowes recibe la noticia de que, cuando esto ocurra, Timmie deberá regresar a su época, pues la empresa necesita los recursos que se gastan en él para materializar el nuevo experimento. Ella, horrorizada, objeta que el pequeño ha sido educado como un niño moderno y será incapaz de sobrevivir en el Paleolítico, donde le resultará imposible reencontrar a su tribu. Sus súplicas son desoídas y el Proyecto Edad Media se completa con éxito, de modo que la enfermera concibe el plan de sacar a Timmie de Estasis y huir con él. Cuando se dispone a hacerlo, es interceptada por el doctor Hoskins y otros dos hombres. El pequeño neandertal va a ser devuelto a su época de inmediato, y ella pide permiso para despedirse del niño. Tomando a los hombres por sorpresa, Edith Fellowes abraza a Timmie y «pincha» la burbuja que los mantiene en el presente, con lo que ambos son enviados a ese pasado remoto de donde será imposible traerlos de vuelta.

Como habrás comprobado, este precipitado resumen ya resulta sugestivo y emocionante, aunque muchísimo menos que la lectura del relato completo. Pero de lo que se trata es de analizar el modo en que este cuento está construido. Y al hacerlo comprobaremos que en la gran mayoría de las narraciones existe una estructura interna común, un mecanismo que tú también podrás usar en tus historias y que te resultará muy útil para que estas funcionen con fluidez y emoción crecientes, y con la capacidad de arrastrar al lector desde el principio hasta el final.

La trama de «El niño feo», como la de todas las narraciones, se nos presenta como una cadena de acciones y acontecimientos ordenados de forma lógica (conforme a un esquema de causas y efectos) y cronológica. Es cierto que la primera escena del relato forma parte del desenlace y no del comienzo, pero esto no es más que un truco del autor, que nos deja atisbar hacia dónde se dirige la historia para alimentar la intriga y, por lo tanto, nuestro interés. Mostrado de forma esquemática, la columna vertebral de la trama podría ser algo parecido a esto:

La enfermera Fellowes acude
a una entrevista en Estasis.

↓

El doctor Hoskins le ofrece trabajar
cuidando un niño.

↓

Un experimento trae a un niño
neandertal al presente.

↓

La fealdad del niño provoca, en un primer momento,
el rechazo de la enfermera.

↓

El miedo y la indefensión del pequeño la conmueven
y decide quedarse para cuidarlo.

Etc.

Entre estos acontecimientos y acciones que forman el esqueleto de la historia, encontramos su músculo, su piel y sus nervios, que adoptan la forma de descripciones, diálogos, resúmenes, reflexiones, etc. Pero en el fondo, lo que mueve la trama hacia delante son estos puntos en los que la acción se concentra y, en ocasiones, se dispara. Son los denominados «puntos de acción», es decir, aquellos momentos más densos e importantes desde el punto de vista narrativo. A veces he comparado la narración con el juego de arrojar una piedra plana sobre una superficie de aguas tranquilas. Si el lanzador es diestro, la piedra rebotará varias veces sobre la lámina de agua antes de hundirse, y cada choque contra el agua la propulsará hacia el frente, hacia el próximo impacto. De un modo análogo, la trama de un relato avanza, más que con un impulso continuo, con una sucesión de impulsos que la propulsan hacia su culminación. Estos impulsos serían los puntos de acción.

Ahora bien, hay algo que debes tener en cuenta sobre los puntos de acción, y se trata de que no todos tienen la misma importancia. En concreto, suele haber dos puntos de acción (al menos en las historias sencillas en las que se cuenta una única trama) que sobresalen entre los demás por ser responsables de imprimirle un giro importante a la acción y conducirla por un camino distinto. Y no están situados al comienzo y al final de la trama, sino en un lugar intermedio. Se denominan «puntos de giro».

Seguro que estás familiarizado con la división tradicional de las historias en presentación (llamada también planteamiento), nudo y desenlace. Se trata de un concepto antiguo y tal vez algo simplista a la hora analizar la gran variedad de tramas que podemos encontrar hoy en día. De hecho, lo más probable es que, en origen, la clasificación provenga de la escritura dramática. En el siglo XIX, las obras de teatro solían dividirse en tres actos, con descansos entre cada uno de ellos para permitir cambios de decorados, que a su vez suponían un cambio en el lugar donde transcurría la acción. Esto delimitaba de un modo muy nítido la división de la trama en tres partes, que correspondían a momentos diferentes de la representación. Pero esta división tradicional también nos resulta útil a los narradores, pues lo cierto es que la inmensa mayoría de las tramas responden al mismo esquema, ya sea de un modo evidente (conforme a un orden cronológico) o en aquellos casos en que el autor ha desordenado el orden en que se narran los hechos. Y esto es particularmente cierto en el caso de historias sencillas, como suelen ser los cuentos. Lo es, desde luego, en el caso de «El niño feo», el cuento que estamos usando como ejemplo.

En su tramo inicial, el relato de Asimov nos presenta a los tres personajes principales (la enfermera Fellowes, el doctor Hoskins y Timmie, el pequeño neandertal) y nos muestra la situación de partida: la aceptación de Fellowes a trabajar en Estasis, la naturaleza de las investigaciones que allí se realizan, la llegada de Timmie, el rechazo inicial de la enfermera y su cambio de actitud cuando observa el desamparo del niño. El tramo denominado «nudo» es el que desarrolla el conflicto narrativo, que en el caso de nuestra historia es el vivido por Edith Fellowes, la protagonista: conforme Timmie revela su naturaleza plenamente humana y su capacidad de aprender, el instinto de protección de la enfermera se va transformando en un sentimiento afectivo y puramente maternal que la lleva a poner su bienestar por encima de los abusos de los científicos. Después, cuando averigua que la permanencia de Timmie en el presente tiene los días contados, la mujer se rebela contra la crueldad de devolver al niño a su época. En cuanto al desenlace, se narra el intento de fugarse de Estasis con el niño y, cuando este fracasa, la decisión de acompañar al niño en su regreso al pasado.

Y a estas alturas te estarás preguntando qué hay de esos «puntos de giro» que te anuncié a bombo y platillo, y qué pintan en este esquema clásico. Bien, eso, como todas las cosas importantes, te lo estaba reservando para el final. Los puntos de giro son aquellos momentos de la narración (acciones, acontecimientos, situaciones) que hacen posible el tránsito entre la presentación y el nudo, por un lado, y entre el nudo y el desenlace, por el otro. Por usar una analogía (a las que sabes que soy tan aficionado) los puntos de giro son los portales que permiten al lector transitar entre los ámbitos principales de la historia. Un punto de acción conduce hacia otro punto de acción, pero un punto de giro, además, desemboca en una parte distinta de la narración.

El primer punto de giro de «El niño feo», el que facilita el tránsito entre la presentación y el nudo de la historia, sería este:

La pobre criatura estaba acurrucada en un rincón, con las rodillas bajo la barbilla, y miraba a la enfermera con borrosos y desconfiados ojos.

Con la escasa iluminación, la enfermera no percibió el aspecto repulsivo del niño.

—Pobre niño —dijo—, pobre niño. —Notó que el pequeño se ponía rígido mientras le acariciaba el pelo, y que luego se relajaba—. Pobre niño. ¿Me dejas tomarte?

Se sentó en el suelo cerca del niño y, poco a poco, rítmicamente, le acarició el cabello, la mejilla, el brazo. En voz baja, la señorita Fellowes comenzó a entonar una canción lenta y suave.

El niño levantó la cabeza al oírla y contempló su boca en la penumbra, como si el sonido le maravillara.

Trad. de Carlos Gardini

El primer punto de giro, en efecto, es el momento en que la enfermera acuna al niño aterrorizado en sus brazos y le canta. A partir de aquí se instaura una relación de afecto entre ambos que desencadenará el conflicto. La enfermera ve al pequeño como a su propio hijo, por lo que no puede consentir que la prensa lo llame «el niño-mono», y menos aún que los científicos lo traten como un espécimen más, o que amenacen con devolverlo a su época.

En cuanto al segundo punto de giro, el que articula el nudo y el desenlace, aquí lo tienes:

La enfermera se mantuvo a la espera durante la cuenta atrás, observó los movimientos en la pantalla gigante, escudriñó los rostros de los técnicos mientras la cámara pasaba de uno a otro, aguardó el gesto de preocupación e incertidumbre indicando que algo iba inesperadamente mal, observó, observó…

No hubo tal gesto. La cuenta llegó a cero y el experimento, en silencio, discretamente, fue un éxito.

[…]

«Señorita *Fellowes, señorita Fellowes. Preséntese inmediatamente en la Sección Uno de Estasis. Señorita Fellowes, señorita Fellowes…»]*

—¡Déjenme pasar! —gritó, sofocada, mientras el altavoz repetía sin pausa el aviso.

Se abrió paso entre el gentío con alocada energía, dando golpes y puñetazos, revolviéndose, avanzando hacia la puerta con una lentitud de pesadilla.

Trad. de Carlos Gardini

El proyecto Edad Media ha tenido éxito y a la enfermera la reclaman con urgencia, pues Timmie ha mordido al niño con el que jugaba, quien lo ha llamado «niño-mono». Ambos hechos precipitan la decisión de devolver al niño al Paleolítico, que será el desencadenante del desenlace.

Hace poco te dije que, antes de empezar a escribir la historia, conviene tener una idea clara de cuál va a ser el conflicto principal. Ahora, te recomiendo que incluyas también los puntos de giro en tu planificación. Si el conflicto es el motor de tu historia, los puntos de giro son una parte esencial del chasis. Más tarde podrás trabajar en la carrocería y en los acabados, pero antes debes estar seguro de que el conjunto se va a sostener, de que no se va a venir abajo. Lo que importa no son los asientos de cuero ni el aire acondicionado, sino los elementos que impulsan tu vehículo narrativo hacia adelante y mantienen todos los componentes unidos. (Y sí, ya sé que abuso de las comparaciones, pero dan tanto juego que resulta muy difícil evitarlas.)

Pero estábamos hablando de planificación. ¿Qué cosas es necesario planificar y cuáles pueden confiarse a la inspiración del momento? En el grupo de los elementos que debes planificar antes de empezar a escribir hemos incluido el conflicto y los puntos de giro. Ahora voy a añadir otros dos elementos: el comienzo y el desenlace.

Y ambos son tan importantes que merecen un capítulo aparte.

5.
Principios y finales

EN EL PRINCIPIO…

> En el principio Dios creó el cielo y la tierra.

La escritura es un acto de creación. Pero no nos sintamos demasiado importantes por ello porque cualquier manifestación artística lo es. La diferencia es que los escritores nos valemos de palabras para crear, y en eso nos parecemos un poco al Yahvé del Génesis, quien fabricó el universo conforme iba poniéndoles nombres a sus diferentes partes. La luz y las tinieblas, las aguas y la tierra seca, los animales y plantas, la mujer y el hombre comienzan a existir desde el momento en que Él las nombra. Nuestras creaciones, en cambio, son mucho más modestas, pues solo poseen una existencia ficticia que no rebasa el ámbito de la lectura.

Todos los ciclos míticos poseen una leyenda de creación y otra de destrucción. En el caso de la Biblia, el principio se cuenta en el Génesis y el final, en forma de profecía o revelación, en el Apocalipsis. Entre ambos, el resto de los libros que componen el Antiguo y el Nuevo Testamento. No hay creación novelística que no palidezca ante una obra de tan colosales proporciones, pero es cierto que algunas recuerdan a las Sagradas Escrituras por su empaque mítico y su potencia narrativa. Podría ponerte algunos ejemplos (no muchos), pero el primero que me viene a la cabeza es la monumental *Cien años de soledad*, en especial ese comienzo en que, a punto de ser fusilado, el coronel Aureliano Buendía recuerda el día en que su padre lo llevó a conocer el hielo:

> Muchos años después, frente al pelotón de fusilamiento, el coronel Aureliano Buendía había de recordar aquella tarde remota en que su padre lo llevó a conocer el hielo. Macondo era entonces una aldea de veinte casas de barro y cañabrava construidas a la orilla de un río de aguas diáfanas que se precipitaban por un lecho de piedras pulidas, blancas y enormes como huevos prehistóricos. El mundo era tan reciente, que muchas cosas carecían de nombre, y para mencionarlas había que señalarlas con el dedo.
>
> Gabriel García Márquez, *Cien años de soledad* (1967)

Por suerte, hoy tenemos una ventaja sobre aquellos fundadores míticos de Macondo: ahora casi todo posee un nombre con el que designarlo, por lo que resulta mucho más sencillo construir nuestros propios Macondos, aunque solamente sean una pálida sombra del original.

De lo que no cabe duda es de que nuestros modestos actos de creación necesitan comienzos y finales, y que la escritura de ambos se puede abordar de muchos modos distintos. De todo ello voy a hablarte en este capítulo.

LOS COMIENZOS

Si hay algo en lo que coinciden todos los manuales de escritura es en la importancia del comienzo en una narración, y es fácil imaginar por qué. El comienzo es el pórtico de nuestra historia, lo primero que el lector va a encontrarse al empezar a leer. Ya sabes que hay gente que se esmera en decorar sus casas, tanto por ellos mismos como para causar una buena impresión a sus invitados. Pues bien, donde seguramente esa gente echa el resto es en la entrada del piso, que es lo que los visitantes ven en primer lugar, donde se forman su primera impresión. Por el mismo motivo, he dormido en hoteles más bien discretos (cuando no directamente cutres) que, sin embargo, contaban con vestíbulos de aspecto magnífico y lujoso. Pero en el caso de un relato o novela no se trata solamente de una cuestión de apariencias, sino de un imperativo, algo necesario para que la obra interese al lector.

Pongamos que ese lector eres tú y que comienzas a leer un relato que tiene unas diez páginas de extensión. Ahora imagina que concluyes la lectura de la primera página y la impresión que tienes es de confusión, de que no sabes muy bien lo que está ocurriendo ni qué pintan allí esos personajes. Pero puede ser todavía peor. Imagina que concluyes la primera página y empieza a invadirte una sensación de sopor, porque el autor ha dedicado varios párrafos a hablar de la nieve y de su manto blanco sobre el paisaje. O todavía peor: al comienzo del cuento, el autor se ha embarcado en una larga reflexión sobre la muerte y el olvido (¡el horror, el horror!). Entonces piensas que hay infinidad de relatos además de este. Y que muchos de ellos, a buen seguro, te parecerán apasionantes, te emocionarán, te cortarán el aliento. Fin de la lectura.

Ahora digamos que lo que abres es una novela por la cual has pagado tus buenos veinte euros, o has tenido que molestarte en pedir prestada de la biblioteca. Como buen lector de novelas, sabes ser paciente y estás dispuesto a concederle al autor unas «páginas de cortesía» para que logre interesarte. Pero no parece que eso vaya a ocurrir. El comienzo de la novela nos muestra a un personaje que espera a alguien sentado en la terraza de un café parisino. No sabemos quién es la persona a la que espera, aunque se nos dice que la cita es importante. La situación no está mal, pues tiene muchos elementos para generar intriga. El problema es que llevamos ya diez páginas leídas y esa persona todavía no ha aparecido. En lugar de ello, el autor se ha dedicado a describir al personaje que aguarda sentado y a los viandantes que van y vienen por la calle ante él. Esto tampoco tendría por qué ser necesariamente malo. Insisto: como buen lector de novelas eres paciente y además estás abierto a los experimentos narrativos y las excentricidades de los novelistas. Pero es que las descripciones que llevas leídas no tienen nada de especial. No hay nada sorprendente, nada que tú mismo no verías sentado en la terraza de una cafetería de tu ciudad. Y entonces llega ese instante fatídico en que te das cuenta de que estás desperdiciando tu tiempo. De modo que cierras el libro con cierta brusquedad y un bufido. Fin de la lectura.

En las primeras páginas de tu relato o de tu novela debes olvidarte de ti mismo, de tus pretensiones literarias, y pensar en tus lectores. Ese arranque desempeñará al menos dos papeles: por un lado, funcionarán como el *trailer* de tu historia, lo que va a despertar el apetito del lector, lo que desencadenará su deseo de seguir leyendo, de saber más (o de abandonar la lectura, en el peor de los casos). Por otro lado, y esto es mucho más importante, esos primeros párrafos les brindarán a los lectores una información preciosa sobre el tono de la historia (¿humorístico?, ¿dramático?, ¿nostálgico?, ¿épico?), sobre su género (¿policíaco?, ¿romántico?, ¿ciencia ficción?), sobre la naturaleza de los personajes, sobre el estilo que has decidido usar en esta narración, sobre el ritmo y la calidad de tu prosa y sobre algunas cosas más que seguramente me dejo en el tintero.

¿Existe una regla para saber qué tipos de principios prefieren los lectores? No, lo siento. Si existieran esas cosas, todo el mundo escribiría (o por lo menos todo el mundo escribiría bien). Pero en estos casos siempre es buena idea pensar en ti mismo como lector. Repasa algunos de esos relatos que nunca has podido olvidar. Abre de nuevo esas novelas que te cautivaron en su momento y vuelve a leer sus primeros párrafos, sus primeras páginas. Seguramente, comprobarás que sus autores comenzaron su narración con alguno de estos recursos:

a) Con una escena dinámica, en movimiento

Puede que esto te haya hecho pensar en los prólogos de las películas de James Bond, que siempre empiezan con 007 batiéndose el cobre con una horda de enemigos al tiempo que esquía, salta en paracaídas o recorre una ciudad de tejado en tejado. Al director Cecil B. DeMille se le atribuye la afirmación de que «Una película debe empezar con un terremoto y, a partir de ahí, aumentar su intensidad». Sin embargo, no es necesario ir tan lejos. Una novela o relato no es una película. Podemos optar por un arranque dinámico sin necesidad de narrar tanta acción física (que, por cierto, suele ser complicada de representar de forma clara por escrito). Bastaría con seguir la recomendación que hace la novelista policíaca Patricia Highsmith en su libro *Suspense*: «Me gusta que la primera frase contenga algo que se mueva y dé impresión de acción, en vez de ser una frase como, por ejemplo: "La luz de la luna yacía quieta y líquida, sobre la pálida playa".»

> Los individuos en París caminan mucho más rápido que en Guilvinec. Hacía mucho tiempo que Joss lo había constatado. Cada mañana, los peatones fluían por la Avenue du Maine a una velocidad de tres nudos. Este lunes, Joss estuvo a punto de alcanzar los tres nudos y medio, al tratar de corregir un retraso de veinte minutos. Todo por culpa de los posos del café que se habían derramado en su totalidad sobre el suelo de la cocina.
>
> Fred Vargas. *Huye rápido, vete lejos* (2003)
> Trad. de Blanca Riestra

> De modo que voy camino del trabajo, me paro a ver cómo una paloma se pelea con una rata en la nieve y un gilipollas intenta atracarme. Naturalmente tiene una pistola. Se me acerca por detrás y me la clava en la base del cráneo. Está fría, y en realidad produce una sensación agradable, como de digitopuntura.
>
> Josh Bazell, *Burlando a la parca* (2009)
> Trad. de Benito Gómez Ibáñez

> Reboté sobre el terreno gris y polvoriento hacia la enorme cúpula de la Burbuja Conrad. Su esclusa de aire, bordeada de luces rojas, se alzaba a una distancia inquietantemente lejana.
>
> Es difícil correr con un centenar de kilos de material enci-

ma, incluso en la gravedad lunar. Aun así, te sorprendería la prisa que puedes darte cuando te juegas la vida.

ANDY WEIR, *Artemisa* (2017)
Trad. de Javier Guerrero

---

b) Comienzo ex abrupto o in medias res

Lo que esconden los latinajos es el arranque por excelencia en la narrativa contemporánea. Se trata de comenzar en mitad de la historia, o con la historia ya iniciada. Naturalmente, al lector le falta información para interpretar correctamente lo que está ocurriendo, pero esa es una buena forma de alimentar su intriga. En un momento posterior de la narración habrá ocasiones de sobra para suministrar los datos que faltan (siempre de una forma dosificada, nunca en forma de atracón).

A través de la cerca, entre los huecos de las flores ensortijadas, yo los veía dar golpes. Venían hacia donde estaba la bandera y yo los seguía desde la cerca. Luster estaba buscando entre la hierba junto al árbol de las flores. Sacaban la bandera y daban golpes. Luego volvieron a meter la bandera y se fueron al bancal y uno dio un golpe y otro dio un golpe. Después siguieron y yo fui por la cerca y se pararon y nosotros nos paramos y yo miré a través de la cerca mientras Luster buscaba entre la hierba.

WILLIAM FAULKNER, *El ruido y la furia* (1929)
Trad. de Ana Antón-Pacheco

El hombre estaba sentado en la acera y mantenía la caja cerrada con ambas manos. La tapa de la caja se movía con impaciencia, luchando contra la presión de los dedos.

PHILIP K. DICK, «La pequeña rebelión» (1952)
Trad. de Eduardo García Murillo

Estaba buscando un sitio tranquilo para morir. Alguien me recomendó Brooklyn, de manera que al día siguiente salí de Westchester y fui para allá a reconocer el terreno.

PAUL AUSTER, *Brooklyn Follies* (2005)
Trad. de Benito Gómez Ibáñez

c) Con un diálogo

Lo que no deja de ser una variación del comienzo *in medias res:*

—George, me gustaría que le echaras un ojo al cuarto de jugar de los niños.

—¿Qué le pasa?

—No lo sé.

—Pues bien, ¿y entonces?

—Sólo quiero que le eches una ojeada, o que llames a un psicólogo para que se la eche.

—¿Y qué necesidad tiene un cuarto de jugar de un psicólogo?

RAY BRADBURY, «La pradera» *(El hombre ilustrado,* 1951)
Trad. de Francisco Abelenda

d) Con la descripción-presentación del personaje protagonista

He aquí el niño. Es pálido y flaco, lleva una camisa de hilo fina y ajada. Aviva la lumbre en la recocina. Afuera hay campos oscuros roturados y con jirones de nieve y al fondo bosques más oscuros aún donde moran todavía los últimos lobos. Viene de familia de poceros y talladores de madera, pero en realidad su padre ha sido maestro. La bebida le puede, cita a poetas cuyos nombres se han perdido para siempre. El niño le observa acuclillado junto al fuego.

CORMAC MCCARTHY, *Meridiano de sangre* (1985)
Trad. de Luis Murillo Fort

Si la novela está contada en primera persona (por ejemplo, si adopta la forma de unas memorias ficticias), suele ser el propio protagonista quien se presenta:

> Yo, Tiberio Claudio Druso Nerón Germánico Esto-y lo-otroy-lo-de-más-allá (porque no pienso molestarlos todavía con todos mis títulos), que otrora, no hace mucho, fui conocido de mis parientes, amigos y colaboradores como «Claudio el Idiota», o «Ese Claudio», o «Claudio el Tartamudo» o «Cla-Cla-Claudio», o, cuando mucho, como «El pobre tío Claudio», voy a escribir ahora esta extraña historia de mi vida.
>
> ROBERT GRAVES, *Yo, Claudio* (1934)
> Trad. de Floreal Mazía

e) Entablando conversación con el lector

Es decir, al estilo de la novela picaresca.

> Tú no sabes nada de mí si no has leído un libro llamado *Las aventuras de Tom Sawyer*; pero eso no tiene importancia. Ese libro lo hizo el señor Mark Twain, y la mayor parte de lo que contó es verdad. Hubo cosas que exageró, pero la mayor parte de lo que dijo es verdad.
>
> MARK TWAIN, *Las aventuras de Huckleberry Finn* (1884)
> Trad. de J. A. de Larrinaga

> Bien, señor, el caso es que yo debería haberme encontrado a gusto, tan a gusto como un hombre puede encontrarse. Porque allí estaba, jefe de policía de Potts County y ganando al año casi dos mil dólares, sin mencionar los pellizcos que sacaba de paso.
>
> JIM THOMSON, *1.280 almas* (1964)
> Trad. de Antonio Prometeo-Moya

f) Con un aforismo o un pensamiento de carácter universal

> Todas las familias felices se parecen unas a otras, cada familia desdichada lo es a su manera.
>
> León Tolstói, *Anna Karénina* (1887)
> Trad. de Irene Andresco y Laura Andresco

> Matar a alguien no es nada del otro mundo. Basta con observar, vigilar, reflexionar mucho y, llegado el momento, vaciarse.
>
> Hervé Le Tellier, *La anomalía* (2020)
> Trad. de Pablo Martín Sánchez

g) Con una reflexión sobre el propio acto de escribir

En otras palabras, con un arranque «metaliterario». En el comienzo de esta novela, por ejemplo, Graham Greene reflexiona precisamente sobre los comienzos *in medias res*:

> Una historia no tiene ni principio ni fin: uno elige arbitrariamente un momento de la experiencia desde el cual mirar hacia delante o hacia atrás. He dicho «uno elige» con el impreciso orgullo del escritor profesional al que, en las pocas ocasiones en que se le ha tomado en serio, se le ha elogiado por su pericia técnica, pero ¿elijo por voluntad propia la oscura noche de enero de 1946, cuando vi a Henry Miles cruzando el parque bajo un vasto río de lluvia, o más bien esa imagen me ha elegido a mí?
>
> Graham Greene, *El final del affaire* (1951)
> Trad. de Eduardo Jordá

En este otro comienzo, Somerset Maugham expresa dudas sobre el género del libro que está escribiendo:

Nunca he comenzado una novela con tanto recelo. Si la llamo novela es únicamente porque no sé qué otro nombre darle. Su valor anecdótico es escaso, y no acaba ni en muerte ni en boda.

William Sommerset Maugham,
El filo de la navaja (1944)
Trad. de Fernando Calleja

h) Con un anticipo del conflicto principal

Este sería un modo de convertir el arranque en una especie de *trailer* de la historia:

El mundo tenía dientes y podía morderte en cualquier momento. Trisha McFarland lo descubrió cuando tenía nueve años. A las diez de una mañana de principios de junio estaba sentada en el asiento trasero del Dodge Caravan de su madre, vestida con una sudadera azul de los Red Sox (la que llevaba 36 Gordon estampado en la espalda), y jugaba con su muñeca.

A las diez y media se había perdido en el bosque. A las once intentaba contener su terror, no pensar: Esto va en serio, esto va muy en serio. Intentaba no pensar que, en ocasiones, cuando la gente se perdía en el bosque salía gravemente dañada. A veces incluso moría.

Stephen King,
La chica que amaba a Tom Gordon (1999)
Trad. de Eduardo G. Murillo

i) Con un hecho muy llamativo o estrambótico que impacte al lector

Estaba escribiendo un artículo sobre las últimas fusiones empresariales, cuando noté un temblor en el bolsillo derecho de la bata, de donde saqué, mezclados con varios mendrugos de pan, cuatro o cinco hombrecillos que arrojé sobre la mesa, por cuya superficie corrieron en busca de huecos en los que refugiarse.

JUAN JOSÉ MILLÁS, *Lo que sé de los hombrecillos* (2010)

Me desperté creyendo que había vuelto a mearme en la cama, pero no era más que una mancha pegajosa de cuando Sandy y yo habíamos follado la noche antes.

DONALD RAY POLLOCK, «Hondonada»,
(Knockemstiff, 2008)
Trad. de Javier Calvo

---

j) Comienzo paradójico o contradictorio

Eran los mejores tiempos, eran los peores tiempos, era el siglo de la locura, era el siglo de la razón, era la edad de la fe, era la edad de la incredulidad, era la época de la luz, era la época de las tinieblas, era la primavera de la esperanza, era el invierno de la desesperación, lo teníamos todo, no teníamos nada, íbamos directos al Cielo, íbamos de cabeza al Infierno.

CHARLES DICKENS, *Historia de dos ciudades* (1859)
Trad. de A. de la Pedraza

¿Y qué puede haber más contradictorio que amonestar al lector al que, en teoría, deseamos seducir con nuestra historia?:

Estás leyendo esto por razones equivocadas.

Si estás leyendo para averiguar cómo es hacer el amor con una mesías —nuestra mesías—, no continúes, porque no eres más que un mirón.

DAN SIMMONS, *Endymion* (1996)
Trad. de Carlos Gardini

---

k) Con un comienzo chocante, desconcertante o, incluso, angustioso

El novelista Chuck Palahniuk, una de las voces más provocadoras de la narrativa norteamericana, es especialista en estos comienzos:

> Coge aire.
>
> Coge todo el aire que puedas.
>
> Este relato tendría que durar tanto tiempo como puedas contener la respiración, y luego un poquito más. Así que escucha todo lo deprisa que puedas.
>
> CHUCK PALAHNIUK, «Tripas» *(Fantasmas,* 2005)
> Trad. de Javier Calvo Perales

l) Principio humorístico o paródico

> Si de verdad les interesa lo que voy a contarles, lo primero que querrán saber es dónde nací, cómo fue todo ese rollo de mi infancia, qué hacían mis padres antes de tenerme a mí, y demás puñetas estilo David Copperfield, pero no tengo ganas de contarles nada de eso. Primero porque es una lata, y, segundo, porque a mis padres les daría un ataque si yo me pusiera aquí a hablarles de su vida privada.
>
> J. D. SALINGER, *El guardián entre el centeno* (1951)
> Trad. de Carmen Criado

m) Comienzo cortante, lacónico o reticente

Como dando la impresión de que el narrador no tiene demasiadas ganas de contar la historia. Casi sentimos deseos de agarrar al autor por las solapas y exigirle que desembuche de una vez. Raymond Carver era un maestro de este tipo de comienzos:

> He visto ciertas cosas. Fui a casa de mi madre a quedarme unas cuantas noches. Pero en cuanto llegué a lo alto de las

escaleras, miré y la vi en el sofá besando a un hombre. Era verano. La puerta estaba abierta. La televisión, encendida. Esa es una de las cosas que he visto.

RAYMOND CARVER, «El señor 'café' y el señor 'arreglos'»
(*De qué hablamos cuando hablamos de amor*, 1981)
Trad. de Jesús Zulaika

Todo esto sucedió, más o menos.

KURT VONNEGUT, *Matadero cinco* (1969)
Trad. de Margarita García de Miró

---

n) Empezar anunciando el final

Este es un modo de mostrar en la escritura que el destino de los personajes es inexorable, que, hagan lo que hagan, su final está escrito (literalmente). Este es el modo en que comienzan las epopeyas clásicas, y también algunas emblemáticas novelas de nuestro idioma:

El día en que lo iban a matar, Santiago Nasar se despertó a las 5:30 de la mañana para esperar el buque en que llegaba el obispo. Había soñado que atravesaba un bosque de higuerones donde caía una llovizna tierna, y por un instante fue feliz en el sueño, pero al despertar se sintió por completo salpicado de cagada de pájaros.

GABRIEL GARCÍA MÁRQUEZ,
Crónica de una muerte anunciada (1981)

Bastará decir que soy Juan Pablo Castel, el pintor que mató a María Iribarne.

ERNESTO SÁBATO, *El túnel* (1948)

ñ) Empezar con el desenlace: comienzo «in extrema res»

Es decir, la primera escena de la narración es la misma con la que la trama concluirá. Se trata de una variación todavía más contundente de los principios que anuncian el final y es un recurso que puede resultar muy eficaz desde el punto de vista dramático, pues toda la narración se convierte en la explicación de un acertijo cuya respuesta ya conocemos, pero no comprendemos. Este tipo de finales se ha usado también en el cine. En el clásico de Billy Wilder *El crepúsculo de los dioses* (1950), la primera escena nos muestra al protagonista flotando muerto en una piscina, que es precisamente el modo en que la película concluye.

Centrándonos en la narrativa, lo que sigue es el enigmático comienzo de un relato que termina del mismo modo. La trama del cuento explica la imagen que se nos muestra al principio:

> En un minúsculo planeta de una estrella lejana y débil, invisible desde la Tierra, y en el extremo más lejano de la galaxia, cinco veces la distancia que el hombre ha penetrado en el espacio, se eleva la estatua de un terráqueo. Fue construida con un metal precioso y es algo impresionante, de veinticinco centímetros de altura y exquisita factura.
>
> Los bichos se deslizan sobre ella…
>
> FREDRIC BROWN, «Obediencia»
> (Paradoja *perdida*, 1973)
> Trad. de Margarita González Trejo

¿Verdad que acabas de sentir el impulso de leer el relato completo?

Otro ejemplo de este tipo de comienzo sería el del relato que nos ha servido para ilustrar los puntos de giro, es decir, «El niño feo». Usando una técnica denominada prolepsis (un *flashforward*, como se dice en el cine), Asimov comienza su cuento con una escena muy próxima al desenlace de la historia.

o) Comienza con vigor, con energía

En general, un comienzo enérgico y brioso es siempre una buena forma de atrapar la atención del lector:

> A los veintidós años, en primavera, Sumire se enamoró por primera vez. Fue un amor violento como un tornado que barre en línea recta una vasta llanura. Un amor que lo derribó todo a su paso, que lo succionó todo hacia el cielo en su torbellino, que lo descuartizó todo en un arranque de locura, que lo machacó todo por completo.
>
> HARUKI MURAKAMI, *Sputnik mi amor* (1999)
> Trad. de Lourdes Porta y Junichi Matsuura

Ya lo ves, los principios, son importantes, pero no te angusties por ello. Una ventaja de los principios es que podemos dejar su escritura para más adelante, incluso para el final. No existe ninguna ley que nos obligue a escribir un relato secuencialmente, empezando por el principio y terminando por el final, y mucho menos una novela. De hecho, hay manuales en los que se recomienda escribir el desenlace en primer lugar, o empezar el trabajo por la parte de la novela en la que se despliega el conflicto, es decir, más o menos por la mitad. Yo no me atrevo a darte recetas tan extravagantes y prefiero que seas tú mismo quien decidas por dónde empezar. Porque lo importante es que empieces. Lo que carecería de sentido es que te quedaras paralizado delante del ordenador por no ser capaz de dar con un arranque lo suficientemente brillante, o chocante, o enérgico. Nadie te está supervisando cuando escribes, de modo que puedes permitirte el lujo de empezar de cualquier manera y volver luego sobre tus pasos en el proceso de corrección, que es tan importante o más que el de redacción. Puede, incluso, que los tramos posteriores de la novela te brinden la inspiración para ese principio perfecto que tanto se resistía.

En la realidad hay pocos finales auténticos. Nuestras vidas, si lo piensas, se reanudan cada mañana, en el momento en que despertamos y abrimos los ojos. Más que a una narración en sentido estricto, la existencia individual se parece más a un serial con un número indeterminado de capítulos. De hecho, son muy pocas las veces en que tenemos la certeza de que nos encontramos ante un desenlace, ante un cierre. Ni siquiera cuando parece que hemos llegado al final de una relación romántica (por ejemplo, con un «¡no me llames más!»), podemos estar seguros de que esa historia no se reanudará en algún momento. Echando mano del tópico, un acto de graduación supone el final de una etapa, pero también el comienzo de otra. Una boda es el final de un noviazgo, pero también el comienzo de otra historia diferente y mucho más compleja llamada matrimonio. Tal vez la muerte sea el único desenlace real que la vida consiente. Y ni siquiera me atrevo a afirmarlo, porque cuando alguien muere no es que su historia haya terminado por completo, sino que a partir de ese momento se va a contar de un modo distinto, desde otro punto de vista (serán otros quienes la cuenten por él).

En literatura, sin embargo, los finales son inexcusables, fundamentales, y puede que este detalle sea una de las diferencias principales entre la narrativa y la vida real. Si repasamos las partes constitutivas de un argumento, la importancia del desenlace solamente rivaliza con la del conflicto. De hecho, desenlace y conflicto están directamente relacionados, puesto que la función del primero es explicar cómo se resuelve el segundo. Así pues, voy a ampliar mi consejo de que no empieces a escribir sin tener claro cuál va a ser el conflicto principal de tu historia. Añadiré ahora que no empieces a escribir sin saber, además, cuál va a ser el desenlace de tu narración. Ten presente que en ese punto es donde van a converger todas las líneas narrativas de la trama. Sin un final sólido y prefijado, corres el riesgo de perderte en tu propia novela, pues carecerás de un destino, una meta a la que llegar. Te arriesgas a incluir personajes irrelevantes, a narrar acontecimientos que nada aporten, a dar vueltas y acabar en un callejón sin salida. Sin tener claro hacia dónde te diriges, te arriesgas a perder el tiempo de forma absurda escribiendo páginas y páginas que luego tendrás que reescribir o que eliminar.

Además, de nuevo te voy a pedir que pienses en ti mismo como lector. ¿Qué es lo que recuerdas mejor de los relatos y novelas que lees al cabo del tiempo? Probablemente los finales. Y esto ocurre porque no hay autor que no sea consciente de la importancia del desenlace en sus historias y que no se esmere para que este resulte emocionante, sobrecogedor, rotundo e inolvidable para los lectores. Infinidad de cuentos y novelas fracasan porque sus autores no han sabido dar con el final adecuado, y esta es una crítica que oímos en muchas ocasiones: «Está bien, pero el final me ha decepcionado». En definitiva, ninguna narración se puede dar por terminada si carece de un buen final. Pero ¿en qué consiste un buen final? Esa es la pregunta a la que voy a intentar dar respuesta en lo que resta de capítulo.

Lo primero que debes saber es que el final no coincide con el desenlace. O no necesariamente. Como su nombre indica, el desenlace es el momento de la narración en que se desata el nudo de la historia (y recuerda que es en el nudo donde la mayoría de los autores sitúan el conflicto narrativo). En un relato es mucho más frecuente que el final y el desenlace sean el mismo, es decir, que el desenlace esté situado al final del texto escrito. En otras muchas ocasiones (de hecho, en casi todas las narraciones de mayor extensión, como las novelas), el desenlace ocurre antes del final. Pensemos en una novela policíaca, por ejemplo. El desenlace será el momento en que se nos revele quién es el asesino. Pero la trama continuará a partir de ahí para que el detective se luzca contando el proceso deductivo que siguió para desenmascararlo, para que sepamos cuál es el resultado del juicio, o bien qué fue de los personajes tras la resolución del crimen. En otro tipo de tramas, es de suponer que después del desenlace habrá bodas y nacimientos, celebraciones y divorcios. Puede que se lea un testamento o que alguien emprenda un largo viaje. En cualquier caso, habrá un anticlímax que nos permita recuperar el sosiego y despedirnos de los personajes como Dios manda.

En cuanto a los desenlaces coincidentes con el final, como ya hemos señalado, estos son más frecuentes en los relatos. Si hacemos caso a Edgar Allan Poe (a quien se suele señalar como el creador del cuento moderno) el autor debe subordinar todos los elementos de la narración para crear un determinado efecto final que, a su vez, provoque una reacción prefijada en el lector:

> Luego de elegir un efecto original y, además, vigoroso, me pregunto si podré lograrlo mediante los incidentes o por el tono general —bien sea mediante incidentes ordinarios y un tono peculiar o a la inversa, o a través de la peculiaridad tanto de los incidentes como del tono—; luego busco a mi alrededor (o acaso dentro de mí) las combinaciones de acontecimientos o de tonos que puedan ser más adecuadas para crear el efecto en cuestión.
>
> EDGAR ALLAN POE, *Filosofía de la composición* (1846)
> Trad. de Julio Cortázar

Poe no ejemplifica su modo de concebir la historia con un relato, sino con un poema narrativo: el archiconocido «El cuervo». Por otro lado, es fácil comprobar la fidelidad de Poe a sus postulados examinando el final de cualquier de sus magníficos relatos. En «La verdad sobre el caso del señor Valdemar», quizás uno de los cuentos más escalofriantes que se hayan escrito, se nos narra la siguiente historia: un hombre agonizante es hipnotizado justo antes de exhalar su último aliento. Quienes participan en el experimento creen que han sido capaces de detener la inexorable muerte, pero el hipnotizado les revela que no es así, ya que en realidad está muerto. En este estado entre la vida y la muerte lo mantienen durante unos meses hasta que deciden poner fin a la prueba y despertar al supuesto moribundo:

> —¡Por amor de Dios... pronto... pronto... hágame dormir... o despiérteme... pronto... despiérteme! ¡Le digo que estoy muerto! [...]
>
> Mientras ejecutaba rápidamente los pases hipnóticos, entre los clamores de: «¡Muerto! ¡Muerto!», que literalmente explotaban desde la lengua y no desde los labios del sufriente,

> bruscamente todo su cuerpo, en el espacio de un minuto, o aún menos, se encogió, se deshizo... se pudrió entre mis manos. Sobre el lecho, ante todos los presentes, no quedó más que una masa casi líquida de repugnante, de abominable putrefacción.
>
> EDGAR ALLAN POE,
> «La verdad sobre el caso del señor Valdemar» (1845)
> Trad. de Julio Cortázar

Es difícil sustraerse al influjo de un relato con un final semejante. Su efecto es tan poderoso que permanece con nosotros mucho después de concluida la lectura (en mi caso, toda la vida). Pues bien, creo que de aquí puedes extraer una enseñanza importante con respecto a los finales: un buen final jamás debe dejar indiferente al lector. Por el contrario, debe provocar en él una reacción determinada que actúe como culminación de la trama. Esa reacción podrá ser de horror, de sorpresa, de descubrimiento, de felicidad, de compasión... Si la reacción del lector coincide con la prevista por el autor, el final será el adecuado. Siempre y cuando, además, se den otras dos circunstancias:

- El final debe ser coherente con todo lo narrado anteriormente. Es decir, no son admisibles los desenlaces del tipo *deus ex machina* en los que el autor, actuando a modo de prestidigitador, hace aparecer un conejo de su chistera y resuelve la trama de un modo incongruente con todo lo anterior, o mediante un personaje que no había jugado ningún papel previo. (La expresión latina *deus ex machina* procede del teatro clásico y hace referencia a las grúas que se usaban para que un actor caracterizado de divinidad «aterrizara» en la escena para resolver el conflicto, conceder recompensas e imponer castigos.)

- El desenlace debe satisfacer a los lectores. Sea cual sea, el lector no puede terminar la lectura con la sensación de que el autor se ha cansado de escribir o no sabía cómo resolver la trama, por lo que ha decidido abandonarla de cualquier modo con la excusa de que se trata de un final abierto. Y que conste que nada tengo contra los finales abiertos, que pueden ser los más adecuados en según qué tipo de historias. Sin embargo, en la mayoría de los casos los desenlaces deben servir para responder a todas las preguntas que habían quedado sin respuesta. Aparte de la reacción con la que deseamos que el lector abandone la historia, debemos procurar también que la lectura termine con una sensación de «cierre», de que las dudas del lector han sido resueltas y su curiosidad ha quedado saciada, por lo que no es necesario ni conveniente seguir narrando. No hay nada más imperdonable que defraudar a los lectores. Un lector que ha invertido su tiempo y su dinero en un libro jamás debe cerrarlo con la sensación de que el autor le ha escamoteado una parte esencial de la historia.

Hay autores a los que les gusta hablar (a veces incluso alardear) de su técnica de escritura. El modo personal de concebir y crear los desenlaces de algunos grandes narradores puede darte indicaciones muy valiosas para tu propio trabajo.

Jorge Luis Borges, maestro del cuento, dijo en una entrevista:

> En el caso de los cuentos, yo sé siempre el principio y el fin. Ahora, lo que sólo me es relatado a medida que voy escribiendo, y a veces de un modo erróneo —entonces tengo que volver atrás y tachar parte de lo escrito—, es lo que sucede entre el principio y el fin. Eso tengo que descubrirlo o, en el peor de los casos, inventarlo. Pero siempre sé el principio y el fin.

Un ejemplo extremo de planificación de los desenlaces sería el del novelista norteamericano John Irving. El también novelista Lamar Herrin nos revela su técnica a raíz de una conversación mantenida con él:

> John Irving me dijo una vez que lo primero que escribía era el final de la novela, porque de otro modo la ansiedad de sentirse a la deriva no le dejaba avanzar. Esto me lo dijo poco después de publicar *El mundo según Garp*. Yo le pregunté: «¿Quieres decir que esbozas el final para tenerlo cerrado?» Él me dijo: «No, lo que quiero decir es que lo escribo palabra por palabra». Ocurren tantas cosas durante la escritura de una novela, tantos personajes suben al escenario exi-

giendo recitar su papel, que me resultaba difícil creer que hablara en serio, pero él insistió: «Palabra por palabra».

Esa ansiedad de la que habla John Irving tiene su reflejo en la zozobra de muchos lectores con respecto a la resolución de la trama. Suele ser el caso de personas que experimentan una empatía extrema hacia los personajes de ficción, de tal modo que no pueden soportar verlos sufrir sin conocer su destino. Esto lleva a ciertos lectores a leer en primer lugar las páginas finales, las que narran el desenlace, para después poder leer el libro completo con más tranquilidad.

Sea como sea, por más que hago memoria no recuerdo a ningún narrador que comience a escribir una historia sin tener al menos una idea muy clara de cuál va a ser el desenlace. No digo que no los haya, pero seguramente ninguno de ellos ha alcanzado la fama.

En cuanto al tipo de finales que puedes elegir para tu relato o novela, hay básicamente dos, con ciertas variantes que te mostraré a continuación. Se trata de los finales cerrados y de los finales abiertos:

a) Final cerrado

En este tipo de finales es en los que el desenlace cumple la función que indica su nombre, es decir, sirve para desenlazar todos los nudos que se han ido atando a lo largo de la trama. Ya te he advertido contra el peligro de sacarse conejos de la chistera. Lo suyo es que el desenlace sea coherente con la trama, es decir, que de algún modo se vaya anticipando a lo largo de toda la narración. Para lograr esto, el autor experimentado tiene que lograr un equilibrio muy difícil que pasa por sembrar la historia de indicios que anticipen el final. Al mismo tiempo, esos indicios deben ser lo bastante sutiles para que el lector no adivine el desenlace antes de tiempo. Un lector que predice correctamente un desenlace es un lector defraudado. Esto es especialmente cierto en la narrativa de misterio y detectivesca, género en el que los desenlaces inesperados son un factor clave en el éxito de la obra, pero lo cierto es que, independientemente del género, ningún relato o novela se beneficia de un desenlace que se ve venir desde mucho antes de que ocurra.

Todos recordamos algún que otro final épico, un final tan logrado que, una vez terminado el libro, se experimenta la grata sensación de que el desenlace creado por el autor era el único posible. Yo siempre recuerdo el tremendo desenlace del relato de Borges titulado «La intrusa» *(El informe de Brodie,* 1970), que te invito a leer en alguna de páginas web en las que puede encontrarse el texto completo.

Otro final épico (y esto en el sentido estricto del término) es el de *Cien años de soledad*, en el que se nos presenta el final de la estirpe de los Buendía al modo de la literatura clásica, es decir, como el cumplimiento de una profecía:

> Entonces dio otro salto para anticiparse a las predicciones y averiguar la fecha y las circunstancias de su muerte. Sin embargo, antes de llegar al verso final ya había comprendido que no saldría jamás de ese cuarto, pues estaba previsto que la ciudad de los espejos (o los espejismos) sería arrasada por el viento y desterrada de la memoria de los hombres en el instante en que Aureliano Babilonia acabara de descifrar los pergaminos, y que todo lo escrito en ellos era irrepetible desde siempre y para siempre, porque las estirpes condenadas a cien años de soledad no tenían una segunda oportunidad sobre la tierra.
>
> Gabriel García Márquez, *Cien años de soledad* (1967)

Un autor muy habilidoso en el diseño de finales cerrados es el suizo Joël Dicker, especialista en tramas de misterio y gran superventas. Reconozco que no soy un entusiasta de sus novelas, cuyas tramas me parecen excesivamente artificiales, meros artilugios de entretenimiento. Aun así, su ingenio para sembrar de pistas falsas sus historias es notable, y además lo consigue sin que el lector acabe con la impresión de haber sido engañado. En *La verdad sobre el caso de Harry Quebert* (2012), el novelista se las arregla para mostrarnos dos falsos finales antes de llegar al auténtico, lo que eleva la tensión al final de la novela a niveles estratosféricos. Introducir giros argumentales siempre es complicado sin resquebrajar la coherencia y la verosimilitud de la historia, y Dicker demuestra ser un gran artesano a la hora de retorcer sus tramas sin llegar nunca a romperlas.

Por último, quédate con un par de ideas con respecto a los finales cerrados: mantente fiel a tu historia hasta su conclusión, fiel a su atmósfera, a su tono, a su coherencia y a sus personajes. No te saques finales sorprendentes de la manga a costa de explicar que todo había sido un sueño o de solucionar la trama mediante la intervención del Séptimo de Caballería o de seres interdimensionales (como hace Steven Spielberg en la cuarta y denostada entrega de *Indiana Jones*). El segundo consejo, y quizás el más importante, es que nunca empieces a escribir una historia sin saber cómo vas a rematarla, del mismo modo que no emprenderías un viaje sin tener muy claro cuál es tu destino. Como recomendación adicional, recuerda que en la fase de revisión debes corregir tu historia pensando en el final que has escrito para ella, pulir los detalles al máximo para que el cuerpo de la trama y su desenlace encajen a la perfección y eliminar cualquier incoherencia e inexactitud, por insignificantes que sean. Si el detective no ha tenido acceso a determinada información en el transcurso de la trama, resulta inverosímil que afirme conocer ese dato en el desenlace. Y no vale que se haya sido revelado en un sueño premonitorio o lo haya visto en su bola de cristal.

Respeta tu trabajo, respeta a tus personajes y, sobre todo, respeta a tus lectores.

b) Final abierto

¿Qué puedo decirte sobre los finales abiertos, salvo que los carga el diablo? ¿Significa eso que desaconsejo totalmente su uso? En absoluto. Un final abierto bien empleado puede resultar bellísimo y dejar a tus lectores con el corazón en un puño. No en vano son estos finales los que más se parecen a la vida, en la que las auténticas conclusiones son escasas. El gran riesgo, que ya te anuncié con anterioridad, es que tus lectores se queden con la sensación de que has abandonado la historia por pereza, por falta de ideas o porque tenías algo mejor que hacer. Así pues, te recomiendo que te des un atracón de Antón Chéjov, el maestro ruso del cuento moderno, y de

Raymond Carver, su discípulo más eminente, cuyo nombre ya debe de resultarte familiar a estas alturas. Aquí tienes un par de ejemplos:

> Después cavilaban un buen rato en voz alta, hablaban de cómo escapar de la necesidad de ocultarse, de engañar, de vivir en ciudades diferentes, de no verse en tanto tiempo. ¿Cómo liberarse de esos lastres insoportables?
>
> —¿Cómo? ¿Cómo? —preguntaba él, agarrándose la cabeza con las manos—. ¿Cómo?
>
> Y parecían estar a punto de dar con una solución con la que comenzarían una nueva y hermosa vida, pero ambos tenían claro que el final estaba aún muy lejos y que lo más complicado y difícil no había hecho sino empezar.
>
> ANTÓN CHÉJOV, «La dama del perrito» (1899)
> Trad. de Paul Viejo

> Me siento deprimida. Pero no le digo nada a Rita. Ya le he contado bastante.
>
> Se queda allí sentada, esperando, y sus delicados dedos juguetean con el pelo.
>
> ¿Esperando qué? Me gustaría saberlo.
>
> Es agosto.
>
> Mi vida va a cambiar. Lo presiento.
>
> RAYMOND CARVER, «Gordo»
> (*¿Quieres hacer el favor de callarte, por favor?*, 1971)
> Trad. de Jesús Zulaika

Aun a riesgo de repetirme, tengo que insistir en la necesidad de que un final abierto esté plenamente justificado, bien por la naturaleza de la historia y de los personajes, bien por la impresión que deseamos dejar en el lector. Con todo, piensa que existen muchos prejuicios contra este tipo de finales, y que ciertos lectores no admitirán un final abierto ni aunque se trate de la mejor de las soluciones posibles. Como ejemplo, he aquí la opinión del protagonista de la última novela de Fernando Aramburu:

> A propósito de las historias que veo, que leo o que me cuentan de viva voz, toda mi vida he aborrecido los finales abiertos. Me cuesta no poner los ojos en blanco cuando escucho que compete a los lectores o a los espectadores inventarse, intuir o completar el final que la novela o la película les escatima. Es como si al término del almuerzo en un restaurante, al comensal lo privaran del postre con el pretexto de que resulta más placentero elegirlo y disfrutarlo mentalmente. ¡Venga ya! Pago para que me cuenten una historia; en consecuencia, la exijo entera.
>
> FERNANDO ARAMBURU, *Los vencejos* (2021)

c) Final dubitativo

Nada hay tan humano como la duda. Por ello, no vaciles en usarla para construir la psicología de tus personajes (es más, no vaciles en usarla como parte integral de tu estilo). A todos nos caen mal esos sujetos arrogantes que parecen no dudar jamás, esas personas que lo afirman todo con rotundidad, sin la menor vacilación y sin dejar abierto el menor resquicio a que las cosas puedan ser de otra manera. Con los personajes ocurre lo mismo. Si quieres que los lectores experimenten un rechazo frontal hacia tus personajes, caracterízalos como lo que los psicólogos llaman «individuos asertivos», con un discurso consistente en golpes en la mesa y una conducta que desconoce la incertidumbre. Si trasladamos esto a los desenlaces, que es lo que ahora nos ocupa, en muchos casos resulta perfectamente legítimo que una trama concluya con el protagonista frotándose la barbilla porque no sabe qué hacer: ¿subirá a ese tren o no?, ¿disparará esa arma o no?, ¿revelará lo que sabe o permanecerá callado? En este mismo capítulo dije que considero importante que los personajes se parezcan lo más posible a las personas.

¿No es cierto que tú mismo te has encontrado muchas veces en una situación semejante? Ya sabemos que Robert Langdon, el protagonista de *El código Da Vinci*, siempre está seguro de su próximo paso y jamás vacila en darlo. Pero la gente real, la que a mí me interesa para protagonizar mis historias, no es así. Por último, hay otro tipo de dudas de un nivel superior, las que se refieren al sentido último de la vida. Son las llamadas «dudas existenciales», que alimentan buena parte de la narrativa moderna, desde Kafka a Samuel Beckett.

El desenlace (aunque quizás no sea este el término más apropiado en este caso) de «La dama del perrito», que puedes repasar en el epígrafe anterior, constituye un ejemplo clásico de lo que te estoy diciendo. Las últimas líneas del relato nos muestran a Anna y Gúrov en un *impasse* del que no saben salir. ¿Cómo van a lograr materializar su amor frente a las pétreas convenciones sociales? ¿Cómo?

Y aquí puedes leer un ejemplo contemporáneo de otro personaje que no sabe qué hacer con su vida, lo que lo hermana con la mayoría de los seres humanos:

—¿Estás herido? —me pregunta.

—Estoy bien —le digo—. ¿Tú estás bien?

—¿Lo atropellamos?

—No, creo que escapó.

Las puertas se abren.

—Lo siento, lo siento mucho —se disculpa—. No lo vi venir.

Los airbags se desinflan lentamente, pierden presión.

—Quiero vivir —le digo—. Pero no sé cómo.

A. M. Homes, «Mantengan la calma, por favor»
(Cosas que debes saber, 2002)
Trad. de Javier Martínez de Pisón

---

d) Final por inversión del comienzo

En este tipo de finales, la trama concluye con el protagonista en una situación diametralmente opuesta a como lo encontrábamos al comienzo: lo que al principio era odio, ahora es amor; lo que era arrogancia, ahora es humildad; lo que era dolor, ahora es consuelo. El arco narrativo del personaje lo ha convertido en alguien totalmente distinto del que era al comienzo de la historia, y la trama se basa en la narración de los pasos intermedios de ese proceso. Esta transformación del protagonista puede observarse muy bien en *Los ojos del hermano eterno*, de Stefan Zweig, una novela corta narrada en forma de leyenda oriental:

PRIMER PÁRRAFO:

> Muchos años antes de que el excelso Buda morase en la Tierra e imbuyese en sus servidores la inspiración del conocimiento, en la tierra de los birwagh, en el país de un rey rajputa, vivía un noble, Virata, al cual llamaban «El Rayo de la Espada», porque era un guerrero intrépido como ningún otro y un cazador cuyas flechas jamás se desviaban del blanco, cuya lanza jamás se blandía en vano y cuyo brazo caía como un trueno acompañado por el silbido de la espada.

PÁRRAFO FINAL:

> Y cuando llegó el fin de sus días y el cadáver de Virata fue enterrado en el hoyo de la basura de los siervos, nadie del pueblo se acordaba ya del hombre al que en otra época el país había enaltecido con los cuatro nombres de la virtud. Se escondieron sus hijos y ningún sacerdote entonó la oración de los muertos a su cuerpo sin vida. Sólo aullaron los perros, durante dos días y dos noches.

STEFAN ZWEIG, *Los ojos del hermano eterno* (1922)
Trad. de Joan Fontcuberta y Ágata Orzeszek

---

e) Final sorprendente

Un final que asombre al lector es uno de los más buscados y codiciados por los autores. Sin embargo, he de advertirte que sorpresas la hay de muchos tipos, y que algunas son bastante desagradables. Mi consejo, de nuevo, es que no busques la sorpresa final a toda costa, por encima de la coherencia, de la lógica de tu historia y de la fidelidad a tus personajes. Dicho esto, hay finales de este tipo que resultan admirables, pues logran dejarnos boquiabiertos sin salirse de los límites que el autor ha trazado para su relato. Voy a darte dos ejemplos. El primero pertenece a narrativa popular o de género. El gran Richard Matheson nos muestra el personaje de un «niño» que vive prisionero en un sótano, al que su familia maltrata y teme a la vez. ¿Por qué ese temor? ¿Se trata simplemente de la deformidad de la criatura?

> No estoy contento. Todo el día hace frío aquí. La cadena sale despacio de la pared. Y tengo mucho enfado con madre y padre. Ya verán. Haré lo que hice esa vez.
>
> Chillaré y reiré mucho. Correré por las paredes. Después me colgaré cabeza abajo de todas mis piernas y reiré y les dejaré caer gotas verdes encima hasta que sientan no haber sido buenos conmigo.
>
> Si intentan pegarme otra vez les haré daño. Sí.
>
> Richard Matheson, «Nacido de hombre y mujer» (1950)
> Trad. de Pilar Ramírez

El segundo ejemplo, perteneciente a un registro literario más «culto», es el relato de Jorge Luis Borges «Tres versiones de Judas» (*Ficciones*, 1944). No voy a incluir ninguna cita porque, para comprender el funcionamiento de la trama y de su desenlace *in crescendo*, debes leer el cuento completo (es breve y fácil de encontrar en internet). Se trata de una supuesta disquisición teológica sobre el papel de Judas Iscariote en el drama de la Salvación. Acerca de su apoteósico final, basta con decir que hubo estudiantes norteamericanos que sufrieron una profunda crisis de fe tras leer el cuento.

f) Final circular

Sin duda uno de los tipos de final más apreciados, por su dificultad técnica y por su capacidad de convertir el relato en una cinta de Moebius, en una especie de bucle sin principio ni fin. Los finales circulares no deben confundirse con los de las tramas que arrancan *in extrema res*, es decir, aquellas que dan comienzo con una escena perteneciente al desenlace de la historia, y luego se narran por orden cronológico hasta alcanzar de nuevo ese punto. En los finales circulares el final evoca el principio o muestra una situación muy parecida, pero no idéntica (por ejemplo, con un desplazamiento de la perspectiva o del punto de vista que nos hace interpretar la misma situación de un modo distinto). La sensación que el lector obtiene así es la de la circularidad del tiempo o, en términos filosóficos, del eterno retorno.

Tal vez el relato más famoso con este tipo de final sea «Continuidad de los parques», de Julio Cortázar: un hombre se sienta a leer un libro que narra las peripecias de dos amantes clandestinos que se citan en una cabaña del bosque. Su plan es asesinar al marido de ella, cosa que el hombre se dispone a hacer. Para ello cruza un parque que rodea una mansión y entra en la casa. Al llegar al piso superior, se dirige al estudio del marido, al que halla sentado de espaldas, absorto en la lectura del libro que narra esa misma escena. El asesino blande su cuchillo…

> En lo alto, dos puertas. Nadie en la primera habitación, nadie en la segunda. La puerta del salón, y entonces el puñal en la mano, la luz de los ventanales, el alto respaldo de un sillón de terciopelo verde, la cabeza del hombre en el sillón leyendo una novela.
>
> JULIO CORTÁZAR, «Continuidad de los parques» (*Final del juego*, 1964)

Podríamos alargar esta lista de forma indefinida. Hay manuales y webs en las que se catalogan infinidad de finales distintos, pero creo que no aportan nada que un lector ducho no sepa ya por pura experiencia. Únicamente, y a riesgo de ponerme pesado, quiero terminar el capítulo subrayando que el desenlace no debe ser en ningún caso un añadido ni un apéndice de la trama, sino que forma parte orgánica del argumento y que, por lo tanto, debe contribuir a la impresión de que la historia es un todo coherente y compacto. Asegúrate de que eso ocurre y regresa sobre tus pasos tantas veces como sea necesario. Corrige, tacha, reescribe y pule. Y luego vuelve a empezar.

Un consejo más, y con esto terminamos. No olvides jamás incluir el final en tu plan de tu obra y, en la medida de lo posible, evita las improvisaciones. Es decir, mantente fiel al plan original. «¿Y qué pasa —seguramente vas a preguntarme— si con la escritura ya muy avanzada se me ocurre un final distinto del previsto, un final contundente, magnífico, deslumbrante?» Pues bien, te contestaría que llega un momento en que los autores de manuales literarios nos quedamos sin respuestas. Si ese final se te ocurre a última hora y es tan deslumbrante que lo vives como un momento de iluminación, solo puedo decirte que me alegraré mucho por ti y que adelante. ¿Que ahora te toca modificar o reescribir pasajes enteros de la novela? No importa. Un gran final merece sin duda el esfuerzo. A mí me pasó en una ocasión y fue el equivalente a una experiencia sobrenatural para un escéptico como quien esto escribe.

6.
El punto de vista

LAS VOCES DE LA HISTORIA

Al comienzo del capítulo anterior, el dedicado a los principios y los finales, te contaba que a los escritores nos gusta jugar a ser Dios. Algunos creen que Dios creó el mundo, y los narradores creamos pequeños mundos contenidos en nuestros relatos y novelas. Con una diferencia: incluso si eres creyente y comulgas a pies juntillas con la idea de un dios creador, tendrás que admitir, como hacen las principales religiones, que los seres humanos gozamos de libre albedrío y podemos obrar en contra de sus designios. No quiero entrar en una discusión teológica, pero como creadores de mundos de ficción, los escritores superamos a Dios en ese aspecto: nuestros personajes hacen, piensan y dicen exactamente lo que nosotros les ordenamos, y nada pueden hacer para rebelarse. Aunque algunos lo hayan intentado.

Acabo de recordar a Augusto Pérez, el protagonista de la novela (o «nivola») *Niebla* de Miguel de Unamuno, quien se entera de su condición de personaje de ficción y se enfrenta a su creador hasta hacerle perder los estribos:

—¡Bueno, basta!, ¡basta! —exclamé dando un puñetazo en la camilla— ¡cállate!, ¡no quiero oír más impertinencias...! ¡Y de una criatura mía! Y como ya me tienes harto y además no sé ya qué hacer de ti, decido ahora mismo no ya que no te suicides, sino matarte yo. ¡Vas a morir, pues, pero pronto! ¡Muy pronto!

—¿Cómo? —exclamó Augusto sobresaltado—, ¿que me va usted a dejar morir, a hacerme morir, a matarme?

—¡Sí, voy a hacer que mueras!

—¡Ah, eso nunca!, ¡nunca!, ¡nunca! —gritó.

MIGUEL DE UNAMUNO, *Niebla* (1914)

Muy conscientes de nuestra condición de creadores (o al menos de demiurgos), los escritores hemos ejercido nuestras prerrogativas divinas sin el menor escrúpulo. Recordarás seguramente que, además de la omnipotencia, uno de los principales atributos de Dios es la omnisciencia, que el diccionario define como «el conocimiento de todas las cosas, reales y posibles». Pues he aquí un hecho que no admite discusión: los narradores somos omniscientes con respecto a las historias que escribimos. Nuestros personajes, sus acciones, sus pensamientos más íntimos, su presente, pasado y futuro no esconden secretos para nosotros. Ellos deben someterse a la temporalidad de la historia. Nosotros, sin embargo, los contemplamos desde un espacio sin tiempo, sentados en una nube y rodeados de coros angélicos que tocan el arpa. Sabemos sobre ellos mucho más que ellos mismos. Su destino está enteramente en nuestras manos, depende de nuestra voluntad. No es extraño que Augusto Pérez se enfadara tanto con el cascarrabias de Unamuno.

Hasta momentos relativamente recientes de la historia de la literatura, a los escritores ni se les pasó por la cabeza renunciar a su atributo de seres omniscientes con respecto a sus creaciones, quizás porque consideraron que esta era una de las pocas ventajas asociadas a este oficio. Todo lo que ocurría en sus historias salía de su cabeza, por lo tanto, todo lo sabían y no vacilaban en demostrar que así era. Si les parecía oportuno leerle la mente al personaje principal, se la leían. Si decidían relatar los pensamientos de los cuatro personajes que participaban en una escena, lo hacían sin miramientos. Si consideraban necesario revelar el secreto que ocultaba la protagonista, algo tan oscuro y vergonzoso que ella ni siquiera le contaría a su confesor, lo revelaban y se quedaban tan anchos.

Es cierto que hubo algunas excepciones. Una de ellas fue la novela picaresca, en la que el protagonista narraba su vida en primera persona, y por lo tanto solo podía afirmar con rotundidad aquellos que había vivido o le habían contado. Este artificio se podía lograr escribiendo la novela en forma de carta con la que se deseaba pedir un favor a un personaje noble, como ocurre en *El Lazarillo:*

> Pues sepa Vuestra Merced, ante todas cosas, que a mí llaman Lázaro de Tormes, hijo de Tomé González y de Antona Pérez, naturales de Tejares, aldea de Salamanca. Mi nacimiento fue dentro del río Tormes, por la cual causa tomé el sobrenombre; y fue de esta manera: mi padre, que Dios perdone, tenía cargo de proveer una molienda de una aceña que está ribera de aquel río, en la cual fue molinero más de quince años; y, estando mi madre una noche en la aceña, preñada de mí, tomóle el parto y parióme allí. De manera que con verdad me puedo decir nacido en el río.
>
> Autor anónimo, *La vida de Lazarillo de Tormes* (1554)

La novela inglesa del siglo XVIII, que tanto le debe a la novela española del Siglo de Oro, usó la primera persona en abundancia. En primera persona están contadas las aventuras de Robinson Crusoe y de Lemuel Gulliver, de Moll Flanders y de Fanny Hill, novelas todas ellas que adoptan la forma de falsas memorias.

Otro artificio muy usado en el XVIII para introducir otras voces en la historia fue el de darle a la narración la apariencia de un conjunto de cartas cruzadas, es decir, la novela epistolar. Con esta técnica se escribieron algunas importantes novelas inglesas y también francesas. De entre las segundas, sin duda la más famosa es *Las amistades peligrosas:*

Muy señora mía: ¿Cómo he de poder responder a su última carta? ¿Cómo me atreveré a ser franco, cuando mi sinceridad puede perderme? No importa; es preciso, y tendré valor para ello.

Yo me digo y me repito, que vale más merecer a usted que lograrla, y aunque deba rehusarme siempre una dicha, que desearé sin cesar, es preciso probar, a lo menos, que mi corazón la merecía.

CHODERLOS DE LACLOS, *Las amistades peligrosas* (1782)
Trad. de Almudena Montojo

El XIX es el siglo por excelencia del narrador que juega a ser Dios, sobre todo tras la extinción del Romanticismo y la irrupción del movimiento realista. Con ciertas excepciones (*Moby Dick*, de Herman Melville, *David Copperfield*, de Charles Dickens), la mayoría de las grandes novelas del diecinueve están escritas desde el punto de vista del narrador omnisciente, que fue el preferido por Balzac, Flaubert, Victor Hugo, Émile Zola, Tolstói, Dostoievski, «Clarín» y Galdós. Además de poseer un ojo que todo lo ve, los grandes narradores realistas tienen siempre una ventana abierta a la interioridad de sus personajes. En el siguiente fragmento de *Guerra y paz*, podemos observar cómo el narrador no solo sabe lo que sus personajes dicen y hacen, sino también lo que recuerdan y piensan:

«Estaría bien ir a casa de Kuraguin», pensó Pierre. Aunque enseguida recordó la palabra de honor, dada al príncipe Andréi, de no frecuentarlo más.

Pero al instante, como les suele pasar a los hombres sin carácter, sintió tan vivos deseos de gozar una vez más de aquella vida depravada, tan bien conocida, que decidió acudir. Y al momento pensó que la palabra empeñada no tenía validez, porque antes de hacer la promesa al príncipe Andréi había dado al príncipe Anatole su palabra de ir con él.

LEV TOLSTÓI, *Guerra y paz* (1869)
Trad. de Lydia Kúper

Y llegamos al siglo XX, la época de la experimentación, de las vanguardias, del psicoanálisis. Los escritores modernos se han atrevido con todos los tipos de narradores y puntos de vista imaginables. James Joyce transcribió los pensamientos de sus personajes, Georges Perec escribió novelas-rompecabezas en las que no existe un protagonista definido, William Faulkner se valió de múltiples puntos de vista… Los logros de estos maestros desbordaron los cauces tradicionales y propulsaron la narrativa hacia un nuevo espacio de libertad del que nos beneficiamos los escritores de hoy en día.

¿Quiere eso decir que el autor contemporáneo está obligado a adoptar puntos de vista insólitos? O, formulado de otra manera: ¿Como escritor del siglo XXI, tienes la obligación de ser moderno? La respuesta es un rotundo no. Las fórmulas tradicionales siguen vigentes porque funcionan. Sin embargo, ahora disponemos de otros modos de contar, de otros puntos de observación. Nuestra obligación como narradores no es ser audaces a toda costa, sino encontrar el punto de vista más eficaz para narrar nuestra historia.

En el resto de este capítulo vamos a estudiar las opciones más populares entre las que elegir. Pero antes voy a proporcionarte el consabido esquema para que puedas refrescar la memoria. Sé que esto te va a traer recuerdos del bachillerato cubiertos de polvo de tiza, pero se trata de un trámite inevitable:

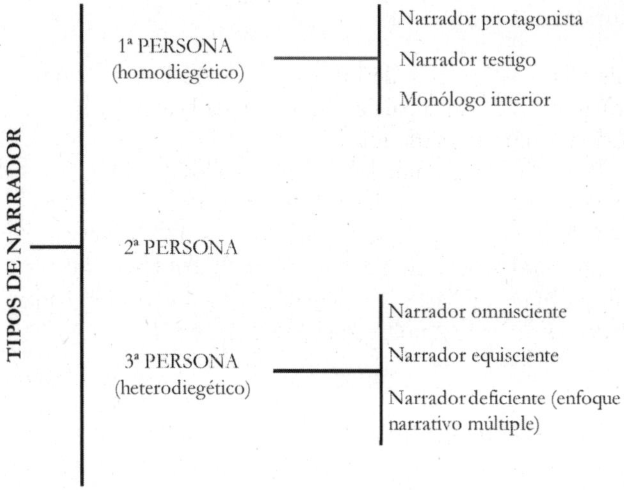

AUTOR Y NARRADOR

Como todos los escritores, soy un forofo de la precisión, y acabo de darme cuenta de que ha llegado el momento de hacer una precisión importante. Ten presente que cuando hablo de «narrador» no estoy hablando del autor. El autor es una persona de carne y hueso, una mujer o un hombre que se sienta delante de un ordenador para trasladar al papel la historia que le ronda por la cabeza. El narrador, en cambio, no tiene una existencia real, sino teórica. Es, a su modo, un ser de ficción, una especie de fantasma inventado para asumir la responsabilidad de contar la historia. A veces el autor está tan presente en la trama que hasta cierto punto podemos decir que autor y narrador coinciden. Otras veces el autor se esconde detrás de uno o de varios personajes, a los que otorga el papel de narradores. Incluso hay ocasiones en que el autor se convierte directamente en personaje, con lo que se crean curiosos trasvases entre realidad y ficción. Cervantes lo hace cuando busca en Toledo la continuación del manuscrito de Cide Hamete Benengeli para poder terminar de contarnos la primera parte del *Quijote.* Lo hace también Unamuno, por supuesto, al convertirse en interlocutor y némesis del personaje de Augusto Pérez. Y también Choderlos de Laclos cuando, en el prólogo de *Las amistades peligrosas*, afirma que su participación en el libro se ha limitado al cometido de ordenar y seleccionar las cartas que componen la narración:

> Esta colección, que el público hallará quizá aún demasiado voluminosa, no contiene, sin embargo, sino el más pequeño número de las cartas que componían la totalidad de la correspondencia de que está sacada. Encargado de ponerla en orden por las personas que la habían adquirido, y que sabía yo tenían intención publicarla, no he pedido por recompensa de mi trabajo sino permiso de separar lo que me pareciese inútil, y he cuidado conservar efectivamente solo aquellas que he considerado necesario para mostrar los caracteres y hacer más comprensibles los sucesos…
>
> CHODERLOS DE LACLOS, *Las amistades peligrosas* (1782)
> Trad. de Almudena Montojo

En términos cinematográficos actuales, este sería el equivalente literario a «hacer un cameo». No dejes de pensar en la posibilidad de darte una vuelta por alguna de tus historias. Puede que la narración no quede muy favorecida con el experimento, pero sin duda disfrutarás a lo grande.

NARRANDO DESDE DENTRO DE LA HISTORIA

Si te paras a pensarlo, camuflarse tras la voz de un personaje tiene muchas ventajas. Piensa en un periodista deportivo que comenta un partido desde el campo o en un corresponsal de guerra que retransmite un ataque aéreo mientras los misiles vuelan sobre su cabeza. ¿Qué mejor modo de transmitir una sensación de inmediatez, de cercanía a la historia, de emoción, en definitiva, que narrar desde dentro de ella? Una narración en primera persona bien ejecutada transmite toda la calidez de lo vivido y evocado, logra que nuestra historia palpite y vibre. Si todo ello lo aderezamos con un estilo rico en impresiones, en imágenes, sonidos y olores, nos encontramos sin duda ante una de las mejores opciones a la hora de elegir un punto de vista.

> Lo sentí tan pronto como desperté. Y, sin embargo, cuando se me aclaró un poco la mente, comencé a dudar. Al fin y al cabo, era muy posible que fuese yo el que estaba equivocado, y no algún otro. Seguí esperando, acicateado por la duda. Pero pronto tuve mi primera prueba objetiva: me pareció oír que un reloj distante daba las ocho.
>
> JOHN WYNDHAM, *El día de los trífidos* (1951)
> Trad. José Valdivieso

El día de los trífidos fue pionera en el género apocalipsis zombi, solo que en lugar de muertos vivientes postulaba la existencia de una agresiva especie vegetal capaz de desplazarse. La historia la narra Bill Mansen, un hombre que ha conservado la vista en medio de un extraño fenómeno de ceguera colectiva. La adopción de su punto de vista (nunca mejor dicho) permite al autor expresar el horror de un mundo sumido en la desolación y el caos de la noche a la mañana.

Existen tantas novelas escritas en primera persona que resultaría ocioso citar más ejemplos. Basta con que tomes libros de tu biblioteca al azar y lo compruebes. Usando la jerga del oficio, el narrador en primera persona se denomina narrador «homodiegético», que significa «narrador que pertenece a la historia», es decir, que es también uno de sus personajes. Es como si esa entelequia divina que es el narrador omnisciente hubiera decidido adoptar una apariencia mortal, y con ella las limitaciones de los mortales. Un narrador homodiegético no sabe más que cualquier otra persona. Es decir, puede brindarnos sus reflexiones, sus sueños y sus miedos, puede hablar sobre su experiencia y sus recuerdos, pero no sobre lo que ocurre fuera de su campo de acción ni sobre lo que encierra el futuro, y mucho menos sobre los pensamientos de otros personajes. Acerca de todo esto solo puede formular hipótesis y suposiciones, como cualquiera de nosotros. El narrador homodiegético no deja de ser un artificio, claro está. En realidad, es tan ficticio como el resto de los personajes de la trama. Pero el autor (que sigue estando ahí, aunque oculto) ha decidido ponerlo a nuestra altura, hermanarlo con los lectores. Resulta mucho más fácil empatizar con este tipo de narrador que con el narrador omnisciente de una novela del siglo XIX (o de muchas novelas modernas que optan por este punto de vista tradicional). La conciencia del narrador omnisciente lo abarca todo. Su presencia invisible es tan abrumadora en la historia que puede llegar a ser molesta y hasta antipática. Con un narrador como el Bill Mansen de *El día de los trífidos*, sin embargo, estamos en pie de igualdad. Compartimos sus temores y sus escrúpulos, nos resulta inevitable sentirnos identificados con él. Y no lo olvides nunca: la historia funciona cuando el lector se identifica con los personajes, cuando le importa lo que les ocurra. La narrativa siempre les ha brindado a los lectores la posibilidad de vivir otras vidas, de ampliar y enriquecer su experiencia a través de lo vivido por los personajes de ficción.

¿Todo son ventajas, entonces? Lo cierto es que no, que la adopción de este tipo de narrador entraña sus riesgos. Y hasta puede convertirse en todo un desafío para nuestra capacidad técnica. Recuerdo ahora la novela de Anthony Burgess *La naranja mecánica*, de la que

Stanley Kubrick hizo una magistral adaptación al cine. La historia está narrada por su protagonista, el delincuente de diecisiete años Alex DeLarge, que lidera una ultraviolenta banda juvenil dedicada a perpetrar robos, violaciones y asesinatos. El autor ambienta la trama en un futuro cercano y distópico que Burgess construye, en buena medida, a través de una jerga juvenil que él mismo inventa. El amplio vocabulario «nadsat» toma prestadas palabras del ruso y de la jerga rimada de los *cockneys* londinenses, mientras que otros términos son invención del autor.

> Estábamos yo, Alex, y mis tres drugos, Pete, Georgie y el Lerdo, que realmente era lerdo, sentados en el bar lácteo Korova, exprimiéndonos los rasudoques y decidiendo qué podríamos hacer esa noche, en un invierno oscuro, helado y bastardo aunque seco. El bar lácteo Korova era un mesto donde servían leche-plus, y quizás ustedes, oh hermanos míos, han olvidado cómo eran esos mestos, pues las cosas cambian tan scorro en estos días, y todos olvidan tan rápido, aparte de que tampoco se leen mucho los diarios. Bueno, allí vendían leche con algo más. No tenían permiso para vender alcohol, pero en ese tiempo no había ninguna ley que prohibiese las nuevas vesches que acostumbraban meter en el viejo moloco.
>
> ANTHONY BURGESS, *La naranja mecánica* (1962).
> Trad. de Aníbal Leal

Sin llegar a estos extremos, la adopción de un personaje como narrador significa también la adopción de su lenguaje (en términos más precisos, de su «idiolecto»), y en ciertos casos, como hemos visto, incluso la invención de ese lenguaje. Un buen ejemplo de esto es *La familia de Pascual Duarte* (1942), la novela española más traducida después del *Quijote*. En buena medida, su éxito radica en la elección del personaje narrador, así como en la creación de un idiolecto verosímil para este personaje, en el que todavía resuena la voz del pícaro del Siglo de Oro, aunque sin la menor traza de su humor ni de su ingenio. A partir de esa voz se recrea el cuadro terrible de la España más negra, atrasada y brutal:

> Dos días hacía que a mi padre lo teníamos encerrado en la alacena cuando Mario vino al mundo; le había mordido un perro rabioso, y aunque al principio parecía que libraba de rabiar, más tarde hubieron de acometerle unos tembleques que nos pusieron a todos sobre aviso. La señora Engracia nos enteró de que la mirada iba a hacer abortar a mi madre y, como el pobre no tenía arreglo, nos industriamos para encerrarlo con la ayuda de algunos vecinos y de tantas precauciones como pudimos, porque tiraba unos mordiscos que a más de uno hubiera arrancado un brazo de habérselo cogido.
>
> CAMILO JOSÉ CELA, *La familia de Pascual Duarte* (1942)

En *Memorias de Adriano*, Margarite Yourcenar asume la mirada del viejo emperador del siglo II y elige las palabras precisas para transmitirnos su experiencia vital en una narración que rebosa emoción y belleza:

> Me han traído a Bayas; con los calores de julio el viaje fue penoso, pero respiro mejor a orillas del mar. La ola repite en la playa su murmullo de seda frotada y de caricia; disfruto todavía de los prolongados atardeceres rosa. Pero sólo sostengo esas tabletas para dar ocupación a mis manos, que se mueven a pesar de mí.
>
> [...]
>
> Mínima alma mía, tierna y flotante, huésped y compañera de mi cuerpo, descenderás a esos parajes pálidos, rígidos y desnudos, donde habrás de renunciar a los juegos de antaño. Todavía un instante miremos juntos las riberas familiares, los objetos que sin duda no volveremos a ver... Tratemos de entrar en la muerte con los ojos abiertos...
>
> MARGUERITE YOURCENAR, *Memorias de Adriano* (1951)
> Trad. de Julio Cortázar

En la novela histórica *En busca del unicornio*, que ganó el premio Planeta en 1987, el narrador protagonista es el criado y escudero Juan de Olid, al que ponen al frente de una expedición enviada al continente africano en busca del legendario animal, cuyo cuerno puede ser la solución para la impotencia del rey Enrique IV de Castilla. El autor recrea el castellano del siglo XV en un gran alarde de estilo y de pericia filológica:

> Del tiempo que allí estuvimos guardo poca memoria, sólo que allá nos tomó el lunes de Casimodo y la fiesta del Espíritu Santo y tan quebrantados estaban algunos de las calenturas y pestilencias y tan acomodados otros a la vida de los negros que no veíamos el día de partir. Y todos los hombres acabaron emparejándose con mujer negra, en lo cual no fui yo distinto a ellos sino que, andando el tiempo, después de haber retozado con cuatro o cinco de ellas, siempre a espaldas de fray Jordi por no merecer su reprobación, luego me vine a aficionar a una negra muy joven que tendría catorce o quince años y que se llamaba Gela.
>
> JUAN ESLAVA GALÁN, *En busca del unicornio* (1987)

En mis novelas *Madrid, 1605* y *Madrid, 1616,* que escribí en colaboración con mi antiguo profesor y amigo Francisco Mendoza, hice un experimento semejante. La mitad de las tramas de ambos libros transcurren en las fechas que indica sus títulos, y el narrador que elegí fue el aprendiz de librero Gonzalo de Córdoba, que narra en sus memorias los hechos que rodearon la publicación de ambas partes del *Quijote* y evoca la figura de Miguel de Cervantes. La idea fue hacer nacer al personaje narrador a través de su voz, para lo que era preciso construir un lenguaje que recordara la música del castellano de la época sin tratar de imitarlo, lo que habría sido perjudicial para la legibilidad de la historia, amén de casi imposible.

> Por la librería de Robles veíamos a Lope casi a diario, siempre acicalado y afeitado cual lindo o pisaverde, y rodeado de una corte de aduladores que no parecían sino beber cada palabra, sentencia o donaire que brotara de sus labios. Tenía por costumbre plantarse ante las estanterías e ir tomando uno por uno los libros de los poetas rivales (es decir, todos aquellos que no tenían la inmensa fortuna de haber nacido Lope), y uno por uno los iba menoscabando con críticas feroces o palabras de burla: que si este no sabía rimar ni en asonante, que

> si ese no distinguía entre un soneto y una morcilla, que si la comedia de aquel otro parecía escrita por una puta vieja.
>
> ELOY M. CEBRIÁN y FRANCISCO MENDOZA, *Madrid, 1605* (2012)

Otra dificultad asociada al empleo del narrador homodiegético está relacionada con su misma condición de personaje. Como cualquier otro personaje de la historia, el narrador debe observar una serie de reglas que, a su vez, suponen limitaciones, como la de no contar escenas en las que no ha participado ni revelar hechos que no puede conocer. Pero es fácil dejarse llevar por el ímpetu narrativo y cometer deslices. Ambos errores, de hecho, se observan en el trabajo de muchos escritores principiantes que eligen este tipo de narrador. Suelen ser el resultado de despistes o de ignorar las reglas del punto de vista, que son ante todo una cuestión de sentido común. A veces el personaje narrador argumenta que más tarde llegó a conocer el contenido de cierta conversación (por ejemplo, a través de las confidencias de otro personaje que sí estuvo presente), o que el conocimiento de determinado hecho lo obtuvo a través de sus pesquisas. Es cierto que en muchas historias (las detectivescas, sin ir más lejos) el protagonista se embarca en una búsqueda, y que la historia avanza conforme va a encontrando las respuestas a una serie de preguntas. Sin embargo, cuando el narrador se ve obligado a recurrir constantemente al subterfugio de «me lo contaron» o «lo averigüé», el lector llega a intuir que algo está funcionando mal en esa historia, y que el punto de vista no se está aplicando de un modo escrupuloso. A veces el autor principiante confía en que el lector pase por algo sus errores de coherencia, pero menospreciar a los lectores suele ser un modo seguro de fracasar en este trabajo, salvo que te llames Dan Brown.

EL NARRADOR TESTIGO

Los errores de coherencia derivados de la narración en primera persona son aún más frecuentes con lo que se denomina el narrador testigo. En este caso, el narrador no es el protagonista de la historia, sino algún personaje cercano a él que actúa como cronista, pero queda en segundo plano. La urgencia de contar las hazañas de ese personaje principal de la forma más completa posible puede hacer que el autor olvide que su narrador testigo no deja de ser un personaje más, y por lo tanto está sujeto a las mismas limitaciones que el resto de los seres de ficción que participan en la trama. A no ser que estemos hablando de Superman o de alguien con poderes mágicos, un personaje no puede saber lo que ha ocurrido en lugares donde no estaba ni repetir con exactitud conversaciones a las que no asistió. El punto de vista del narrador testigo genera fuerza dramática y realismo en la historia, pero también puede lastrarla con inconsistencias que debemos evitar a toda costa.

El ejemplo más clásico del uso de un narrador testigo es el personaje del doctor John Watson en los relatos y novelas de Sherlock Holmes. Se trata de un personaje importante, con entidad y personalidad propias, pero él mismo reconoce que su papel es el de cronista, pues el héroe principal es su amigo y compañero de piso, el inigualable detective consultor Sherlock Holmes. De hecho, sus intentos de participar activamente en la resolución de los casos suelen ser fallidos, y a veces el lector tiene la impresión de que Conan Doyle decidió inventar al pobre Watson para resaltar aún más la brillantez y las dotes deductivas de Holmes.

—A decir verdad, se ha superado usted a sí mismo —dijo Holmes, apartando la silla de la mesa del desayuno y encendiendo un cigarrillo—. Me veo obligado a confesar que, de ordinario, en los relatos con los que ha tenido usted a bien recoger mis modestos éxitos, siempre ha subestimado su habilidad personal. Cabe que usted mismo no sea luminoso, pero sin duda es un buen conductor de la luz. Hay personas que sin ser genios poseen un notable poder de estímulo.

[...]

—¿Se me ha escapado algo? —pregunté con cierta presunción—. Confío en no haber olvidado nada importante.

—Mucho me temo, mi querido Watson, que casi todas sus conclusiones son falsas. Cuando he dicho que me ha servido usted de estímulo me refería, si he de ser sincero, a que sus equivocaciones me han llevado en ocasiones a la verdad. Aunque tampoco es cierto que se haya equivocado usted por completo en este caso.

ARTHUR CONAN DOYLE,
El sabueso de los Baskerville (1901)
Trad. de Armando Lázaro Ros

Siguiendo en la misma estela del narrador y cronista de los logros del detective, Umberto Eco crea el personaje del novicio Adso de Melk para narrar la investigación de fray Guillermo de Baskerville en una abadía sin nombre donde se están cometiendo horribles asesinatos:

—Pero, ¿qué queréis descubrir? —pregunté.

—Si no se arrojó solo al recipiente, alguien lo trajo hasta aquí cuando ya estaba muerto, supongo. Y el que transporta el cuerpo de otro deja huellas profundas en la nieve. Ahora mira si encuentras alrededor unas huellas que te parezcan distintas de las de estos monjes vociferantes que han arruinado nuestro pergamino.

Eso hicimos. Y me apresuro a decir que fui yo, Dios me salve de la vanidad, quien descubrió algo entre el recipiente y el Edificio. Eran improntas de pies humanos, bastante hondas, en una zona por la que nadie había pasado.

UMBERTO ECO, *El nombre de la rosa* (1980)
Trad. de Ricardo Pochtar Brofman

El narrador testigo es una opción que puede dar mucho juego, pero si te decides a usarlo conviene que no olvides que se trata de un personaje, y no de una grabadora o de una cámara de vídeo. Hasta los personajes más humildes merecen el respeto del autor, quien, al crearlos, adquiere una serie de obligaciones con ellos. Por otro lado, recuerda que si un personaje está tan cerca del protagonista que es capaz de narrar sus aventuras con detalle, lo más probable es que su rango deba estar por encima de un simple secundario, plano y circunstancial. Los narradores testigo son numerosos, especialmente en el ámbito de la novela histórica moderna, donde el recurso ha sido muy usado. Pero yo siempre recuerdo el magnífico personaje de Bagoas, el eunuco persa que se convierte en amante y confidente de Alejandro Magno en la novela *El muchacho persa*, de la autora británica Mary Renault:

> En él la vida siempre había sido más fuerte que en otros hombres. En vano busqué los latidos de su corazón; su aliento no empañó el espejo. Sin embargo, muy dentro de él, era posible que aún estuviera albergada su alma disponiéndose a partir, pero sin haberse ido todavía. Y le hablé. No a sus oídos, porque sabía que éstos no me escucharían, sino a la parte de su ser que pudiera oírme.
>
> —Ve junto a los dioses, invicto Alejandro. Que el Río de las Pruebas sea para ti tan dulce como la leche y te bañe en luz y no en fuego.
>
> MARY RENAULT, *El muchacho persa* (1972)
> Trad. de María Antonia Menini

En esta novela, la segunda de una trilogía sobre el conquistador macedonio, el personaje de Bagoas está recreado con tal esmero y lujo de detalles que el lector llega a preguntarse si no será él el auténtico protagonista de la historia, como el título parece indicar. Es cierto que, desde el momento en que Alejandro aparece, el joven rey acapara el protagonismo de la historia y la atención de su narrador, pero esto no ocurre hasta el capítulo décimo, y previamente hemos asistido a la narración de la vida de Bagoas, a su infortunio, a su mutilación cuando era un niño, a su estancia en la corte del rey persa Darío y a los primeros compases de la guerra que convertirá a Alejandro en el señor de Asia. La elección del punto de vista del eunuco es una decisión brillante, no solo por su situación privilegiada en el entorno del rey (es decir, en pleno corazón de la narración), sino por su condición de extranjero que observa las costumbres de un pueblo que le resulta extraño. La rudeza y sencillez de los soldados macedonios y del propio rey no dejan de sorprender a Bagoas, acostumbrado como está a los refinamientos de la corte imperial de Persia. Su punto de vista, teñido de afecto y admiración por Alejandro, convierte la novela en una historia de amor y guerra en la línea de las narraciones más clásicas y memorables.

Por último, un ejemplo muy distinto del uso del narrador testigo lo encontramos en el cuento «Funes, el memorioso», en el que Borges crea a un personaje lisiado que, sin embargo, goza de una memoria sobrehumana. Sobre el narrador no sabemos nada más que el hecho de que estaba allí para dar testimonio de la existencia de Funes y de su asombrosa capacidad para recordar:

> Lo recuerdo (yo no tengo derecho a pronunciar ese verbo sagrado, sólo un hombre en la tierra tuvo derecho y ese hombre ha muerto) con una oscura pasionaria en la mano, viéndola como nadie la ha visto, aunque la mirara desde el crepúsculo del día hasta el de la noche, toda una vida entera. Lo recuerdo, la cara taciturna y aindiada y singularmente remota, detrás del cigarrillo. Recuerdo (creo) sus manos afiladas de trenzado.
>
> Jorge Luis Borges, «Funes, el memorioso» (1942)

En este caso, el personaje narrador carece de entidad y de recorrido. Pero debemos recordar que se trata de un relato de dimensiones escuetas, y que el autor no quiere situar el foco de atención en otro lugar que no sea el personaje cuyo nombre le da título al cuento.

EL FLUJO DE LA CONCIENCIA

Una variedad muy particular del narrador homodiegético es el llamado monólogo interior o corriente de conciencia. La segunda denominación es la traducción directa del término inglés *stream of consciousness*. De hecho, es en la narrativa en lengua inglesa donde encontramos este recurso llevado hasta sus últimas consecuencias. Me refiero, en concreto, a la novela *Ulises*, que James Joyce publicó en 1922. Estamos hablando de un libro emblemático en muchos aspectos. Para empezar, lo más probable es que la mayoría de las personas a las que oigas hablar de él no lo hayan leído (yo mismo estoy en esa categoría, pero al menos me atrevo a confesarlo). Si entendemos la escritura como comunicación, da la impresión de que Joyce hiciera todo lo posible por dificultar el flujo de ideas entre el autor y el lector. El libro es oscuro a más no poder. Siguiendo de forma muy libre el esquema de la *Odisea*, Joyce construyó su novela a base de juegos de estilo, parodias, desplazamientos del punto de vista, oscuros simbolismos, palabras inventadas, referencias clásicas (en ocasiones en latín o griego) y un sinfín de artificios más que parecen perseguir la ruptura del lenguaje y la perplejidad del lector. La novela de Joyce es un colosal experimento vanguardista que explora nuevos modos de narrar. Algunos de ellos han perdurado y otros no tanto.

De todos modos, ya he confesado que no he leído el libro (aunque sí algunas partes) por lo que me produce cierto pudor hablarte mucho más sobre él. Lo que en realidad nos interesa aquí es el uso de la corriente de conciencia, que es el recurso más importante que emplea la novela, y que consiste en trascribir los pensamientos de un personaje tal cual, conforme van surgiendo en su mente. El autor no solo cuenta desde dentro de la historia, sino desde dentro de la mente de sus personajes. Ya conoces esas aplicaciones que «escriben al dictado». Pues bien, imagínate que inventaran una *app* que transcribiera tus pensamientos. Eso es lo que hizo Joyce con los pensamientos de sus personajes, con el siguiente resultado:

> Sí porque él nunca había hecho tal cosa como pedir el desayuno en la cama con un par de huevos desde el Hotel City Arms cuando solía hacer que estaba malo en voz de enfermo como un rey para hacerse el interesante con esa vieja bruja de la señora Riordan que él se imaginaba que la tenía en el bote y no nos dejó ni un ochavo todo en misas para ella sola y su alma grandísima tacaña como no se ha visto otra con miedo a sacar cuatro peniques para su alcohol metílico…
>
> JAMES JOYCE, *Ulises* (1923)
> Trad. de José María Valverde

Imagina unas ochenta páginas escritas de este modo, sin puntos ni comas, a base de recuerdos y pensamientos inconexos, comprensibles a veces, totalmente crípticos en otras ocasiones. Se trata de la parte final de la novela, el archifamoso monólogo de Molly Bloom, que es la recreación de lo que desfila por la mente de la esposa del protagonista (la Penélope infiel de la novela) durante los minutos previos a quedarse dormida. En definitiva, un colosal galimatías, un chiste privado del que James Joyce seguramente se está riendo aún en su tumba de Zúrich.

Tan solo dos años después de *Ulises* se publica *La señora Dalloway*, de la escritora británica Virginia Woolf. Se sabe que la autora rechazó publicar el manuscrito de Joyce en la Hogarth Press, que era el sello editorial que dirigía junto con su marido. Sin embargo, el proyecto narrativo de *Mrs. Dalloway* es similar al de Joyce (seguir los pasos de un personaje a lo largo de toda una jornada), y la influencia del autor es muy notoria. Aunque, a diferencia de su colega irlandés, la autora se «sujeta» mucho más en el uso del monólogo interior. La intención viene a ser la misma, pero Virginia Woolf se atiene con más rigor a las reglas del lenguaje, de la puntuación y de la sintaxis.

> Mientras cruzaba Victoria Street, pensó qué tontos somos. Sí, porque sólo Dios sabe por qué la amamos tanto, por qué la vemos así, creándose, construyéndose alrededor de una, revolviéndose, renaciendo de nuevo en cada instante; pero las más horrendas arpías, las más miserables mujeres sentadas ante los portales (bebiendo su caída) hacen lo mismo; y tenía la absoluta certeza de que las leyes dictadas por el Parlamento de nada servían ante aquellas mujeres, debido a la misma razón: amaban la vida. En los ojos de la gente, en el ir y venir y el ajetreo; en el griterío y el zumbido; los carruajes, los automóviles, los autobuses, los camiones, los hombres anuncio que arrastran los pies y se balancean.
>
> VIRGINIA WOOLF, *La señora Dalloway* (1925)
> Trad. de Andrés Bosch

Fíjate en cómo la autora usa el estilo directo para revelarnos los pensamientos del personaje, pero de un modo natural, fluido, sin estridencias y, sobre todo, sin los excesos de Joyce. Creo que este es el uso del monólogo interior que más ha cuajado en la narrativa posterior, el que más repercusión ha tenido hasta el presente (y esto incluye a los autores más jóvenes de la actualidad).

A continuación, te brindo un ejemplo de una novela española que podríamos llamar vanguardista y que, sin embargo, hoy en día nos suena un poco *demodé*. Se trata de *Tiempo de silencio*, un experimento narrativo muy influido por Joyce en el uso del monólogo interior. Es una de esas novelas que los estudiantes de mi época debíamos leer de forma obligatoria en COU, que era el curso previo a la universidad. El recuerdo que tengo es que la leí con intenso desagrado.

> Solo aquí, qué bien, me parece que estoy encima de todo. No me puede pasar nada. Yo soy el que paso. Vivo. Vivo. Fuera de tantas preocupaciones, fuera del dinero que tenía que ganar, fuera de la mujer con la que me tenía que casar, fuera de la clientela que tenía que conquistar, fuera de los amigos que me tenían que estimar, fuera del placer que tenía que perseguir, fuera del alcohol que tenía que beber. Si estuvieras así. Mantente ahí. Ahí tienes que estar.
>
> Luis Martín-Santos, *Tiempo de silencio* (1962)

Este tipo de escritura no deja de ser un experimento aislado en nuestra literatura, con escasos imitadores y poca repercusión. Pero si echamos un vistazo a lo más reciente no es raro encontrar ejemplos de uso del monólogo interior en una modalidad relativamente asequible para los lectores. Me refiero a una escritura que, sin forzar el lenguaje hasta un punto de ruptura, se adentra en la conciencia de los personajes mediante un estilo libre y rico en detalles sensoriales, pero perfectamente comprensible y legible.

> Ifema es grande y diáfano. Las naves están atravesadas por pasillos infinitos que no se sabe dónde terminan. Cuando llevas un rato aquí olvidas por dónde entraste y cómo salir. Todo es blanco y todo es silencio. Mire donde mire tengo una sensación de irrealidad sobrecogedora, mareante. Las dobleces en el pantalón vaquero del chaval que atraviesa la sala, los labios rojos de la mujer que está a mi lado, la madera crujiente de la puerta frente a la que esperamos, el pomo dorado

de la puerta: todo es hiperreal. La vida no es así, las cosas no son así. Todo esto no puede ser verdad. Todo esto tiene que ser mentira. Todo esto no, no, no, no, no, no. Puedo escuchar el latido del no a mi alrededor. Retumba en todos nosotros, una sola palabra, una y otra vez: no, no, no, no, no, no, no, no, no, no, no, no, no, no, no, no, no, no, no, no, no, no, no, no, no, no, no.

Nuria Labari,
Cosas que brillan cuando están rotas (2016)

Pero esto es un manual de escritura, al fin y al cabo, y ya te estarás preguntando si te recomiendo el uso del monólogo interior en tus propias creaciones. Y, como es habitual, no tengo una respuesta clara que darte, entre otras cosas porque yo nunca lo he usado ni he sentido la necesidad de emplear esta modalidad de escritura. Mi recomendación es que experimentes con esta técnica y compruebes por ti mismo sus límites y su utilidad. Lo que te desaconsejo de forma tajante es que uses el monólogo interior en una historia de corte tradicional, del mismo modo que no decorarías un salón de estilo formal con un cuadro de Tàpies.

Hace unos años tuve un alumno en el taller que me dijo que a veces empleaba la escritura automática para ejercitarse. Esta técnica, que tiene muchas similitudes con el monólogo interior, consiste en situarse delante de una página en blanco y escribir lo primero que a uno le venga a la cabeza, sin pararse a elegir las palabras ni el modo de combinarlas. Pensé de inmediato en la trillada imagen de un psicoanalista fumando su pipa y tomando notas en su libreta, y no acabé de ver qué tenía que ver lo de escribir cosas a tontas y a locas con la escritura literaria, y menos aún con la escritura narrativa. «¿Para qué te sirve eso?», le pregunté a mi alumno enarcando una ceja con escepticismo. «Tú mismo nos has dicho que, en buena medida, la escritura es un proceso irracional», me respondió él con gesto de «te he pillado». Y tenía razón: me había pillado. Una de mis sentencias favoritas, de las que más repito en mis talleres, es «Escribir se parece a soñar, pero de forma organizada». Y muchas veces he instado a mis alumnos a explorar su parte más irracional, a aprender a conversar con su inconsciente y extraer de allí material para sus historias. La escritura automática no deja de ser una técnica de introspección que puede depararnos algunas sorpresas interesantes. Y la mejor forma de expresar lo irracional que los escritores hemos encontrado es el monólogo interior. Al menos merece la pena intentarlo.

LA SEGUNDA PERSONA

La escritura en segunda persona, es decir, aquella en que el narrador se dirige al lector o a otro personaje, no es, estrictamente hablando, un punto de vista. Es más bien un modo de darle a la narración un tono dialógico que puede ser útil para vacunarnos del «yoísmo» que lastra con frecuencia la narración homodiegética. Y es cierto que la narrativa moderna está aquejada de un exceso de individualismo, y que a veces nos da la impresión de que los escritores de hoy en día nos miramos demasiado el ombligo. Si fingimos que lo que contamos se lo estamos contando a otra persona, en cierto modo estamos aliviando la historia de ese *yo* tan impertinente del narrador, por mucho que el narrador sea un personaje más. Puede ser también un modo eficaz de redimir nuestros textos de ese estilo asertivo que se basa en una sucesión de afirmaciones y que puede acabar cansando al lector. Por ejemplo:

> Amo las grandes extensiones desoladas y el aire transparente de las latitudes boreales, donde las cosas son más simples y nítidas, igual que eran antes. Amo las cumbres coronadas de nieve y los peñascos castigados por la ventisca. No me duelen los mordiscos del frío ni los embates del vendaval. Cuando estoy en el Norte mi pecho se ensancha y mi mirada recupera el fuego de otros días. Y si no fuera porque mis obligaciones me reclaman en casa durante el resto del año, fijaría en el norte mi residencia definitiva y al infierno con todo lo demás. Pero comprendo que nací con una misión que cumplir y nada más lejos de mi intención que eludir mis responsabilidades.

Demasiadas afirmaciones, ¿verdad? Y demasiada insistencia en el *yo*. La actitud del narrador se nos figura altiva y no podemos evitar imaginarlo como un petulante de cuidado. Podríamos corregir esto narrando en forma de diálogo, pero un diálogo no debe ser una simple excusa para contar, sino que debe representar un intercambio de información real entre dos personajes. Además, si recurriéramos al diálogo, nos veríamos obligados a introducir un segundo personaje que tal vez resultara superfluo. Si el texto es un monólogo dramático, el actor que lo representa siempre se puede dirigir al público. Pero en la mayoría de las ocasiones no es el caso.

Un excelente ejemplo de una novela narrada a una sola voz que, sin embargo, sortea la presencia constante del yo mediante el uso de la segunda persona es *Cinco horas con Mario*, de Miguel Delibes:

> Yo daría lo que fuese porque tú fumases rubio, Mario, que te parecerá una tontería, o por lo menos emboquillado, hace otra cosa, y no ese tabaco tuyo, hijo, que ya no se ve por el mundo, nunca he podido con él, que cada vez que en una reunión te pones a liar uno, me enfermo, como lo oyes, que luego ese olor, a pajas o qué sé yo, a saber qué gusto puedes sacarle a esa bazofia, que si siquiera fuese elegante o así, vaya, pero liar un cigarro, lo que se dice liarlo, ya no se ve más que a los patanes, ni los hijos de las porteras, si me apuras, que te queman la ropa y te pones hecho un asco, como yo digo.
>
> MIGUEL DELIBES, *Cinco horas con Mario* (1966)

La novela es el largo monólogo de Carmen, que acaba de enviudar. Una vez a solas, cuando los asistentes al velatorio se han marchado, dedica el resto de la noche a hacer inventario de sus insatisfacciones y a culpar de ellas a su marido. Un reproche siempre adquiere más fuerza cuando se vierte contra alguien que está presente (y no solo en cuerpo, sino también en espíritu), por eso Carmen le habla a Mario como si estuviera vivo, aunque él difícilmente pueda replicarle desde su ataúd.

En *La muerte de Artemio Cruz*, el novelista mejicano Carlos Fuentes usa la primera, la segunda y la tercera persona para narrar.

La segunda persona representa la conciencia del personaje que se dirige a él en una especie de monólogo interior:

> Tú te sentirás satisfecho de imponerte a ellos; confiésalo: te impusiste para que te admitieran como su par: pocas veces te has sentido más feliz, porque desde que empezaste a ser lo que eres, desde que aprendiste a apreciar el tacto de las buenas telas, el gusto de los buenos licores, el olfato de las buenas lociones, todo eso que en los últimos años ha sido tu placer aislado y único, desde entonces clavaste la mirada más arriba, en el norte…
>
> CARLOS FUENTES, *La muerte de Artemio Cruz* (1962)

El recurso se ha empleado también en relatos breves, como puedes ver en el siguiente ejemplo:

> No sientes ninguna simpatía por el vecino del segundo primera. No te ha hecho nada, aunque la experiencia te ha enseñado que no hace falta que alguien haga algo para que te caiga antipático. Desde que el vecino llegó al edificio lo has observado a distancia, sólo para confirmar una impresión inicialmente negativa
>
> SERGI PÀMIES, «Monovolumen»
> *(Si te comes un limón sin hacer muecas,* 2006*)*

Aunque ahora caigo en que hay al menos una novela narrada totalmente en segunda persona en la que la segunda persona gramatical representa un punto de vista real. Es decir, hay un narrador teórico que se dirige al protagonista en segunda persona, pero este narrador no existe como personaje, únicamente como una voz que exhorta al personaje principal y va relatando sus acciones:

> Estás a punto de empezar a leer la nueva novela de Italo Calvino, *Si una noche de invierno un viajero.* Relájate. Recógete. Aleja de ti cualquier otra idea. Deja que el mundo que te rodea se esfume en lo indistinto. La puerta es mejor cerrarla; al otro lado siempre está la televisión encendida. Dilo en seguida, a

> los demás: «¡No, no quiero ver la televisión!» Alza la voz, si no te oyen: «¡Estoy leyendo! ¡No quiero que me molesten!» Quizá no te han oído, con todo ese estruendo; dilo más fuerte, grita: «¡Estoy empezando a leer la nueva novela de Italo Calvino!».
>
> Italo Calvino,
> *Si una noche de invierno un viajero* (1979)
> Trad. de Esther Benítez

El recurso no deja de ser un experimento posmoderno, una rareza. Pero el efecto que se crea, el cruce entre realidad y ficción, el tono metaliterario del libro, su ritmo hipnótico, resultan interesantes. Bien pudiera ser que te animaras a usar el recurso de la segunda persona, al menos para un relato.

FUERA DE LA HISTORIA

El narrador heterodiegético es el que narra desde fuera de la historia. Su punto de vista es externo y, por lo tanto, no está limitado por el tiempo, el espacio ni ninguna otra circunstancia que afecte a los personajes. Y ello es así porque el narrador heterodiegético no se identifica con ninguno de los personajes. Es un fantasma capaz de penetrar cualquier muro y atravesar cualquier puerta, capaz de leer las mentes y de desplazarse en el tiempo. Si a la narración heterodiegética le sumamos los atributos de la omnisciencia y de la ubicuidad, el narrador se transfigura en el dios de la historia, una presencia que contempla los hechos que conforman la trama desde un plano superior donde todo es visible, tanto los lugares como los personajes y sus acciones, tanto el mundo exterior como el interior (el de la conciencia). En palabras del filólogo argentino Óscar Tacca:

> Esta fue, con poca excepción, la técnica tradicional de la novela, y especialmente la de su apogeo decimonónico. El género casi se identificaba con ella: la novela era el instrumento mágico mediante el cual, como los dioses, podíamos penetrar en todas las conciencias y conocer diáfanamente todos los dramas [...]

> Los plenos poderes del narrador omnisciente le permitían un libre tránsito de lo visible a lo invisible. Todo dato le era lícito, cualquiera fuese su procedencia: información, confidencia, descubrimiento, suposición.
>
> Óscar Tacca, *Las voces de la novela* (1973)

El punto de vista del narrador omnisciente es el más tradicional en la novela y el relato. Como se apuntó antes, su uso se generalizó en la novela realista del XIX, y es fácil comprobarlo si nos asomamos a las páginas de «Clarín», Juan Valera, Emilia Pardo Bazán y Vicente Blasco Ibáñez.

Vamos a verlo con la ayuda de tres fragmentos extraídos de *Fortunata y Jacinta* (1887), monumental novela de Benito Pérez Galdós:

> Cuando salieron las dos damas, Santa Cruz pensó un ratito en su mujer, formulando un panegírico mental. ¡Qué ángel! Todavía no había acabado él de cometer una falta, y ya estaba ella perdonándosela. [...]
>
> «¡Qué rabia tengo! —pensó Jacinta apretando sus bonitísimos dientes—, por haberme ocultado una cosa tan grave... ¡Tener un hijo y abandonarlo así!» [...]
>
> «Nada, estoy vendida... —pensó Fortunata—, y esta mujer es el mismo demonio.»

En esta novela, el ojo y el oído del narrador se desplazan de un lugar a otro, de un personaje a otro, de un tiempo a otro. No hay secretos para él. El narrador todo lo sabe, y lo que no revela no es porque lo ignore, sino por la necesidad de mantener viva la intriga.

Esto se acentúa en el caso de la denominada «novela psicológica», en la que el peso principal de lo narrado no ocurre en el mundo exterior, sino en la conciencia de los personajes, sobre todo la del personaje central, a la que la narración principal no ocurre sin limitaciones. Comprobémoslo asomándonos a alguna de las abundantes y muy prolijas reflexiones de Raskólnikov, el protagonista de *Crimen y castigo*:

> «¿Por qué les parece tan monstruoso mi acto? —se preguntaba—. ¿Porque es un crimen? ¿Qué significa la palabra "crimen"? Tengo la conciencia tranquila. Sin duda, se ha cometido un acto criminal; sin duda, se ha infringido la letra de la ley y se ha derramado sangre; pues bien, tomad mi cabeza a cambio de la letra de la ley, y ¡asunto concluido! Pero, claro, en ese caso, muchos benefactores de la humanidad que no heredaron el poder, sino que lo conquistaron, habrían tenido que ser entregados al verdugo al dar sus primeros pasos…»
>
> FIÓDOR DOSTOYEVSKI, *Crimen y castigo* (1866)
> Trad. de Fernando Otero Macías

El narrador omnisciente entra en crisis con la llegada del siglo XX, la irrupción de movimientos que abrazan la subjetividad y la irracionalidad y la consiguiente aparición de otros modos de narrar. Sin embargo, lejos de extinguirse, permanece vivo, y hasta vigoroso si atendemos a un estilo de novela más popular o mayoritaria. De hecho, todavía convive con nosotros en las obras de los autores modernos que se declaran deudores de los grandes novelistas del pasado. Un ejemplo muy claro es del norteamericano John Irving:

> Homer Wells, que aún no tenía diez años, se fue de puntillas a la cama. Invocar un recuerdo especialmente triste de St. Cloud's era la estrategia que con frecuencia utilizaba para conciliar el sueño. Lo que recordó fue el día en que vio salir a las madres del hospital del orfanato, que estaba al alcance de la vista de la sección niñas y era contiguo a la sección niños, su arquitectura se unía por un largo cobertizo que en otra época había sido depósito para las cuchillas de recambio de la sierra circular.
>
> JOHN IRVING,
> *Príncipes de Maine, reyes de Nueva Inglaterra* (1985)
> Trad. de Jordi Fibla

EL NARRADOR EQUISCIENTE

El narrador omnisciente emplea la tercera persona gramatical. El narrador equisciente, también. Lo que los distingue es su grado de conocimiento de los hechos y personajes de la historia. Como hemos dicho, el omnisciente lo sabe todo sobre todos. El equisciente, en cambio, sabe lo mismo que uno de los personajes (generalmente el protagonista). Es decir, su omnisciencia está limitada a uno de los personajes, cuyo mundo interior y psicología conoce con todo lujo de detalles. En términos cinematográficos, su equivalente serían esos personajes de colores de la película de Pixar *Del revés* que representan las distintas emociones, y que se asoman al exterior a través de los ojos de la niña protagonista.

El narrador equisciente es un recurso de mucha utilidad, lo que queda de manifiesto por la gran cantidad de relatos y novelas modernos que emplean este punto de vista. Pero ¿cuáles son sus ventajas sobre una narración homodiegética, es decir, en primera persona? A la primera ya me he referido indirectamente en un apartado anterior, el dedicado a la narración en segunda persona. Entonces te decía que la narrativa moderna está aquejada de un exceso del *yo*, y que una forma de paliarlo era el uso de una persona gramatical distinta. La segunda persona tiene limitaciones y presenta dificultades desde el punto de vista técnico. En cambio, la narración en tercera persona es la más tradicional y, en cierto modo, también la más natural. Siempre existe la posibilidad de sustituir el *yo* por un él o *ella* sin variar apenas el carácter subjetivo e interno del punto de vista. Sin embargo, el simple cambio de persona gramatical aligera el relato de esa tan molesta insistencia en el *yo*. A fin de cuentas, ¿qué hay más cargante que un tipo egocéntrico, incluso si se trata de un narrador? Eso, por un lado.

La otra ventaja es que el uso de la tercera persona permite un cierto alejamiento del narrador con respecto a los hechos narrados. Esta distancia puede ser más ficticia que real, pero aun así nos vacuna contra el exceso de subjetividad de la primera persona al colocar al narrador en un espacio intermedio entre la implicación del narrador homodiegético y las alturas olímpicas del narrador omnisciente, cuya lejanía puede manifestarse en cierta dificultad para apreciar los detalles.

Son innumerables las novelas y relatos que emplean este tipo de narrador, y pertenecen prácticamente a todos los géneros. A modo de ejemplo, aquí tienes el arranque de *Sábado*, del novelista británico Ian McEwan. La narración sigue a su protagonista, un neurocirujano londinense, desde que se despierta de madrugada y observa cómo un avión en llamas cruza el cielo de Londres, hasta que vuelve a acurrucarse junto a su esposa en la madrugada del día siguiente, como si se tratara de un velado homenaje al *Ulises*. El punto de vista del narrador es la conciencia del protagonista, pero la narración emplea la tercera persona gramatical.

> Al despertar, horas antes del alba, Henry Perowne, neurocirujano, descubre que ya está en danza, aparta las mantas de su postura sedente y se levanta. No sabe con certeza el momento exacto en que ha despertado, pero tampoco le importa. Nunca ha hecho algo así, pero no se alarma y ni siquiera se sorprende un poco, porque el movimiento de sus miembros es ágil y placentero y nota una fuerza insólita en la espalda y las piernas.
>
> IAN MCEWAN, *Sábado* (2005)
> Trad. de Jaime Zulaika

EL NARRADOR DEFICIENTE

Pese a su curiosa denominación, no estamos hablando de un narrador incompetente o mal informado. Lo que se denomina «narrador deficiente» es, en realidad, un artificio del punto de vista que consiste en fingir que quien narra la trama sabe menos sobre los hechos que el protagonista o que el resto de los personajes. Este es un modo de crear una ilusión de objetividad al relatar los acontecimientos de la historia, y se ha empleado mucho en un tipo de narrativa relativamente reciente, la denominada «novela de no ficción» o *true crime*, que recrea acontecimientos reales (generalmente crímenes) bajo la apariencia de un reportaje periodístico. Una vez más, debemos separar tajantemente el concepto de «narrador» de la figura del autor. Si tomamos como ejemplo la novela *A sangre fría*, una de las pioneras del género y sin duda la más influyente, comprobamos que la imparcialidad y objetividad de la trama es pura apariencia, una ilusión del punto de vista, porque lo cierto es que Truman Capote, el autor, se involucró de forma muy activa en los hechos narrados.

> Sin hacer ningún comentario, le entregó el sobre de papel amarillo. Marie tenía las manos húmedas, se las secó, se sentó a la mesa de la cocina, bebió un sorbo de café, abrió el sobre y sacó las fotografías de un muchacho rubio y de otro de pelo y piel morenos: fotos de archivo de la policía. Dos fichas, escritas en clave, acompañaban a las fotografías. La del muchacho rubio decía:
>
>> Hickock, Richard Eugene (WM) 28. KBI 97 093; FBI 859 273 A. Domicilio: Edgerton, Kansas. Fecha de nacimiento: 6-631. Lugar de nacimiento: KC., Kans. Altura: 175. Peso: 87. Pelo: rubio. Ojos: azules.
>
> TRUMAN CAPOTE, *A sangre fría* (1966)
> Trad. de Fernando Rodríguez

Pero este tipo de narrador es muy anterior a Truman Capote y a su novela fundacional. De hecho, se ha usado con frecuencia en tramas de tipo detectivesco, pues es un modo de presentar los hechos con la distancia y la frialdad que atribuimos a los documentos de una investigación policial. Si nos remontamos a los inicios del género, es decir, a Edgar Allan Poe, encontramos que el primer relato que tiene como protagonista al detective Auguste Dupin (precursor de Sherlock Holmes y de tantos otros) usa el punto de vista deficiente para crear intriga y suspense:

En París, una mujer y su hija han sido halladas muertas de un modo atroz. La policía recoge los testimonios de los vecinos. Ninguno de ellos ha presenciado el crimen ni ha visto al asesino, pero varios han oído su voz mientras perpetraba el macabro crimen:

William Bird, sastre, declara que formaba parte del grupo que entró en la casa. Es de nacionalidad inglesa. Lleva dos años de residencia en París. Fue uno de los primeros en subir las escaleras. Oyó voces que disputaban. La más ruda era la de un francés. Pudo distinguir varias palabras, pero ya no las recuerda todas. Oyó claramente: *sacré* y *mon Dieu*. En ese momento se oía un ruido como si varias personas estuvieran luchando, era un sonido de forcejeo, como si algo fuese arrastrado. La voz aguda era muy fuerte, mucho más que la voz ruda. Está seguro de que no se trataba de la voz de un inglés. Parecía la de un alemán. Podía ser una voz de mujer. El testigo no comprende el alemán.

EDGAR ALLAN POE,
«Los asesinatos de la rue Morgue» (1841)
Trad. de Julio Cortázar

Una novela muy innovadora en el uso del punto de vista fue *Drácula*, de Bram Stoker. El autor empleó múltiples puntos de vista para desarrollar la trama, es decir, cada personaje importante (salvo el conde) aparece con voz propia a través de una supuesta serie de documentos: cartas, diarios, registros fonográficos... Se trata de un modo magnífico de añadir un plus de verosimilitud a una historia de corte fantástico. Hoy en día, la retórica excesiva de Lovecraft y su círculo nos resulta algo trasnochada, mientras que la novela *Drácula* se sigue leyendo con la frescura del día que se publicó:

NOTA DEJADA POR VAN HELSING EN SU MALETA EN EL HOTEL BERKELEY, DIRIGIDA AL DOCTOR JOHN SEWARD (NO ENTREGADA)

27 de septiembre

Mi querido John:

Escribo para ti estas líneas, por si acaso me ocurriese algún percance antes de volver a vernos. Regreso al cementerio, para vigilar. Mi intención es que la no-muerta no pueda abandonar su ataúd esta noche para que mañana sea mayor su afán por salir. Por tanto, ataré a la puerta del sepulcro todo lo que la no-muerta detesta, los ajos y un crucifijo, lo cual bastará para mantenerla quieta...

Bram Stoker, *Drácula* (1897)
Trad. de Mario Montalbán

Otro delicioso ejemplo del narrador deficiente aplicado al punto de vista es la novela argentina *Rosaura a las 10*. La narración se construye, a modo de rompecabezas, en torno a las declaraciones de una serie de testigos (los residentes de una pensión) a propósito de un crimen:

DECLARACIÓN DE LA SEÑORA MILAGROS RAMONEDA, VIUDA DE PERALES, PROPIETARIA DE LA HOSPEDERÍA LLAMADA "LA MADRILEÑA", DE LA CALLE RIOJA, EN EL ANTIGUO BARRIO DEL ONCE

Todo esto comenzó, señor mío, hará unos seis meses, aquella mañana en que el cartero trajo un sobre rosa con un detestable perfume a violetas.

O quizá no, quizá será mejor que diga que empezó hace doce años, cuando vino a vivir a mi honrada casa un nuevo huésped que confesó ser pintor y estar solo en el mundo.

Marco Denevi, *Rosaura a las 10* (1955)

Las posibilidades de este punto de vista «polifónico» son inmensas, tanto como su potencial para crear tramas más complejas y rebosantes de emoción. La idea subyacente es que la realidad no es otra cosa que el modo en que la percibimos, por lo que los mismos hechos pueden parecer diferentes si los relatan distintos narradores. El cine se adueñó también de la posibilidad de contar la misma historia desde los puntos de vista diversos de varios narradores. Un ejemplo clásico es la japonesa *Rashōmon* (1950), del realizador japonés Akira Kurosawa, en la que cuatro testigos del mismo crimen cuentan cuatro historias muy distintas.

¿CUÁL ES EL MEJOR PUNTO DE VISTA?

Estoy convencido de que ya sabes la respuesta a esta pregunta, lo que me alegra, pues significa que nos vamos conociendo. No existe un punto de vista comodín que sirva para narrar cualquier historia de forma óptima. El mejor punto de vista es el que más se adecúa a la trama que quieres desarrollar, el que reúne más ventajas para exprimirle todo su potencial y fuerza dramática a los hechos y a los personajes. Como argumento accesorio, el mejor punto de vista para cada narrador es el que mejor se le da, aquel con el que se siente más cómodo o con el que demuestra más destreza. Por ello, lo ideal es que uno se ejercite con las distintas opciones a nuestra disposición. Si hago recuento de mis libros y relatos, compruebo que he usado el narrador testigo, el narrador protagonista y el narrador equisciente en tercera persona. No sabría decirte con cuál de ellos me he sentido más a mis anchas. De lo que estoy seguro es de que cada historia que he escrito, fuera novela o relato, nació ya en mi cabeza con la voz de un narrador u otro. Incluso creo que, en algunas ocasiones, la voz de narrador fue primero y la trama vino después.

Lo que te recomiendo es que jamás empieces a escribir sin tener claro cuál es el punto de vista que vas a usar y haber razonado los motivos por los que lo consideras el más ventajoso. Y otra cosa: si te das cuenta de que te has equivocado, de que un punto de vista distinto mejoraría tu historia, no dudes en desandar el camino y empezar de nuevo.

Hace un tiempo, un alumno del taller me habló de una historia que quería escribir y me pidió que le recomendara el mejor punto de vista para hacerlo. Siempre les digo a los participantes en mi taller que deben responsabilizarse de sus decisiones literarias, lo que no es sino un modo de escribir el bulto. Pero el muchacho fue insistente y no tuve más remedio que darle una respuesta. Le dije que probara a escribir el arranque de la historia usando dos o tres puntos de vista distintos, que examinara sus sensaciones al escribir cada versión y que fuera muy crítico al juzgar los resultados. Él me dio las gracias por el consejo, pero añadió que le parecía demasiado lío y esfuerzo para un simple relato.

En fin.

7.
Los personajes

PERSONAJES Y PERSONAS, ACTORES Y MÁSCARAS

¿No has oído nunca calificar a alguien como «personaje»? «Ese tipo es un auténtico personaje» «¡Menudo personaje estás hecho!» La intención no es hacer un elogio, desde luego. En el lenguaje coloquial, un personaje es alguien que posee alguna característica negativa que lo sitúa por debajo del rango de persona, ya sea su aspecto estrafalario, su falta de escrúpulos, sus malos modales, su tacañería o su facilidad para meter la pata. Si pensamos en ciertas manifestaciones literarias del pasado, este concepto de lo que es un personaje tiene su razón de ser. En la Comedia del Arte, un género dramático popular nacido en Italia, el elenco de personajes de las obras era fijo, es decir, existía un número limitado de personajes arquetípicos, con características muy definidas, que se repetían en todas las tramas. Arlequín y Colombina eran los criados liantes y pícaros, «Il Dottore» era el viejo verde, Pantaleón, el avaro, Rosaura, la joven enamorada, etc. Los comediantes se especializaban en un papel u otro, lo que les permitía improvisar dentro de las características del personaje que encarnaban, muy definidas por la tradición. Vestían disfraces que facilitaban que el público los reconociera a simple vista y llevaban máscaras (o medias máscaras) que les ayudaban a representar el carácter de su personaje.

La máscara es, de hecho, un elemento muy importante y tradicional en el teatro. Los actores griegos y romanos las usaban, de un modo análogo a los comediantes italianos, para brindar información al público sobre el tipo de personaje que encarnaban y sobre el género de la obra que se estaba representando (tragedia, comedia, sátira...). Además, les servían para proyectar la voz, porque se construían a modo de caja de resonancia. La palabra latina que se usaba para denominar este elemento escénico era *persona*, y de ahí nuestros términos «persona» y «personaje».

El sentido común nos dice que lo que diferencia a una persona de un personaje es su carácter real o ficticio. Las personas existen, son seres reales. Los personajes, en cambio, han sido creados por alguien. Pero la diferencia puede ser borrosa, incluso en el lenguaje común, como ya hemos visto. Recuerda el famoso auto sacramental de Calderón de la Barca titulado *El gran teatro del mundo*, en el que hombres y mujeres son representados como personajes teatrales que recitan sus papeles en el escenario de la existencia terrenal. De hecho, el tópico del *theatrum mundi* es antiguo y recurrente:

> El mundo es un escenario,
> los hombres y mujeres, meros actores.
> Entran y salen, vienen y van.
> Y cada ser humano representa más de un papel
> en el transcurso de su vida.
>
> William Shakespeare, *Como gustéis* (c. 1599)

Otras veces, la frontera entre el mundo real (el que habitamos las personas) y el ficticio (el que habitan los personajes) se vuelve permeable y puede cruzarse en ambas direcciones. Les ocurre a los personajes de la obra de Luigi Pirandello *Seis personajes en busca de autor* (1925), que irrumpen en los ensayos de una compañía dramática exigiendo que su historia se represente. Le ocurre también, como vimos en el capítulo anterior, a Augusto Pérez, quien habita una Salamanca ficticia que se comunica con la Salamanca real en la que vive Unamuno, su creador. Como precedente de más prestigio, les ocurría también a Don Quijote y Sancho, quienes al principio de la segunda parte del *Quijote* se enteran de que se han convertido en los protagonistas de una novela de éxito. Si me permites una referencia cinéfila, también la protagonista de *La rosa púrpura de El Cairo* (Woody Allen, 1985), personaje interpretado por Mia Farrow, descubría que el mundo real y el de la ficción cinematográfica están mucho más conectados de lo que ella pensaba.

Otra diferencia que podríamos establecer es que las personas son necesariamente seres humanos, mientras que los personajes pueden ser animales, objetos o incluso conceptos abstractos a los que se las ha concedido facultades humanas, como la capacidad de hablar y de sentir pasiones (la muerte es un personaje habitual). Pensemos en las fábulas y en los cuentos populares. O en la literatura infantil, donde con tanta frecuencia se emplean animales y objetos parlantes como personajes. De hecho, algunos de estos animales humanizados (excesivamente humanizados, en ocasiones) se han colado en la novela para adultos, como ocurre en la sátira política de George Orwell *Rebelión en la granja* (1945), donde los distintos animales representan a las clases sociales de la Unión Soviética.

Así pues, un personaje es un ser de ficción no necesariamente humano, aunque capaz de comunicarse y de experimentar sentimientos y pasiones. En *La llamada de lo salvaje*, por ejemplo, Jack London construye su historia en torno al personaje de Buck, un perro doméstico que es robado y convertido en perro de trineo en la lejana Alaska:

> Buck no leía los periódicos, de lo contrario habría sabido que una amenaza se cernía no sólo sobre él, sino sobre cualquier otro perro de la costa, entre Puget Sound y San Diego, con fuerte musculatura y largo y abrigado pelaje. Porque a tientas, en la oscuridad del Ártico, unos hombres habían encontrado un metal amarillo y, debido a que las compañías navieras y de transporte propagaron el hallazgo, miles de otros hombres se lanzaban hacia el norte. Estos hombres necesitaban perros, y los querían recios, con una fuerte musculatura que los hi-

ciera resistentes al trabajo duro y un pelo abundante que los protegiera del frío.

JACK LONDON, *La llamada de lo salvaje* (1903)
Trad. de José Ramón Díaz Gijón

Para cerrar la definición de lo que es un personaje, a su naturaleza de ser de ficción, generalmente personificado, debemos añadir la característica de la voluntad. No importa si nuestro personaje es un hombre, un perro o (como en el caso de una novela infantil de cierta amiga mía) una bolsa de pelusa de las que salen de debajo de las camas, lo importante es que debe poseer voluntad, es decir, obrar con una intención determinada. Y quizás también deseos. Sin voluntad ni deseos, un personaje no puede enfrentarse a un conflicto, y por lo tanto no hay historia. El espantapájaros de *El mago de Oz* desea tener un cerebro, y por eso está decidido a viajar a la ciudad del gran Oz para pedírselo, pese a todos los peligros que tal viaje entraña. El personaje del perro Buck en *La llamada de lo salvaje* intenta sobrevivir a toda costa, en lo cual se asemeja a cualquier otro animal, pero a la vez desea encontrar una familia, una manada como la que perdió cuando fue robado.

Quizás por influencia del cine y del teatro, muchos escritores pensamos en nuestros personajes como actores, lo que curiosamente nos remite al origen del término: las máscaras que llevaban los actores en Grecia y Roma. Veamos por qué.

En el germen de todo relato y novela suele haber una idea, en ocasiones bastante abstracta y poco definida. Si mi intención es dejar constancia escrita de esa idea, tengo varias opciones: puedo hacerlo en forma de discusión o ensayo, puedo hacerlo en forma de poema o puedo convertirla en una historia. La elección de un género u otro dependerá del tipo de escritor que yo sea, amén de la naturaleza de la idea sobre la que quiero escribir. Si me decanto por la última opción (es decir, por la historia) lo que haré será construir una narración, una ficción que me sirva para expresar esa idea de forma detallada y compleja a través de un juego simbólico en el que los hechos y personajes de la historia se correspondan con las distintas partes de esa idea. Es decir, el concepto inicial se convertiría en el tema de mi relato. Y ya ves que han aparecido los personajes, que no son otra cosa que los actores ficticios que van a representar la trama que yo he inventado. Ficticios o no tan ficticios.

Cuando escribí *Bajo la fría luz de octubre*, la novela en la que cuento las vicisitudes de mi familia durante la guerra civil y la posguerra, los personajes venían ya incluidos en la historia: eran mis abuelos, mi padre, mis tíos… ¿Significa esto que solamente tuve que incorporar a mi argumento este grupo de gente real que yo tan bien conocía? En realidad, no fue así. Para empezar, no conocí a mis abuelos paternos. Y tampoco a mi padre ni a mis tíos cuando ellos eran niños y adolescentes. Para construir la trama me basé en acontecimientos y personas reales, es cierto, pero con eso solamente no se puede escribir una novela. El género tiene sus reglas, y todo ha de ser pasar previamente por el filtro de la ficción. Las personas reales deben someterse a una transformación para convertirse en personajes; los acontecimientos han de ser modificados para configurar una trama. Escribir es un proceso de transformación. La realidad en sí misma es solo materia amorfa. Si queremos impregnarla de significado, es necesario transformarla. En buena medida, todo este libro trata de cómo se logra eso.

Al igual que ocurre en una película o una obra de teatro, unos personajes fuertes, verosímiles y bien definidos serán nuestros principales aliados para llevar nuestra narración a buen puerto. La ventaja de los narradores sobre los dramaturgos y guionistas es que nos las arreglamos sin actores que encarnen a esos personajes, por lo que somos autosuficientes a la hora de narrar nuestras historias. Pero se trata de una ventaja que puede tornarse en una dificultad, porque el trabajo de un buen elenco de actores puede poner en pie un guion o un texto dramático no demasiado buenos, mientras que en una novela o relato no hay actores, solo texto. Es decir, si el texto no está a la altura, el fracaso está asegurado.

Y ahora ha llegado el momento de confesarte algo: cuando invento a mis personajes, les pongo el rostro y las voces de mis actores favoritos. Es bien sabido que la novela y el cine tienen muchas cosas en común. El lenguaje del cine no nació del lenguaje teatral, sino del de la novela. La idea original para hacer películas fue la de poner una cámara delante de un escenario y rodar una obra de teatro, un vodevil o un *music hall*, pero aquello no funcionaba, por mucho que se añadieran letreros para suplir la ausencia de sonido. Cuando Griffith y Eisenstein inventaron el montaje y crearon la narrativa cinematográfica, su modelo no fue otro que la narrativa literaria: una sucesión de planos, escenas, secuencias descriptivas y narrativas, etc. Narrativa y cine han ido siempre de la mano, y ninguno de los dos tendría sentido sin el otro. Cuando decimos que una novela es «muy visual» o «muy cinematográfica», lo que en realidad estamos diciendo es que está bien escrita, pues la narrativa de calidad siempre ha sido muy visual, y esto desde siglos antes de que existieran la fotografía y el cine. Los escritores pensamos principalmente en imágenes, como todo el mundo. Cuando un escritor inventa a sus personajes, casi siempre les da la apariencia de alguien a quien conoce. En mi caso suelen ser actores. El Gregory Peck de los años 70 fue mi modelo para el personaje de Cervantes en *Madrid, 1605* y *Madrid, 1616*. La actriz británica Keira Knightley me sirvió de base para elaborar el personaje de Laura Phillips en *Operación Beowulf*. Mucha gente ha pensado que Santiago Segura en su caracterización de Torrente fue la inspiración del inspector Facundo Moya en mi novela policíaca *El fotógrafo que hacía belenes*. Se equivocan. En realidad, esta vez no usé a un actor, sino la imagen y la personalidad de un vecino de mi época universitaria, cierto estudiante de Derecho que ahora es un abogado de prestigio, y que sigue ignorante de que en una de mis novelas encarnó a un policía brutal y fascista.

Como ves, se van perfilando algunas ideas importantes sobre la técnica para crear personajes. Pero a la hora de abordar un problema, lo mejor es siempre hacerlo de forma sistemática. Veamos cuáles son las distintas fases del proceso.

CREACIÓN

El proceso de crear personajes no difiere del proceso general de inventar historias. En realidad, es una parte de este continuo creativo. Las historias suelen nacer y perfilarse con sus personajes principales ya incorporados, aunque se trate de meros bocetos a los que posteriormente iremos sumando detalles. Lo curioso es que, en ocasiones, los personajes nacen primero y su historia viene después, es decir, surge de ellos. Esto suele ocurrir con ciertos personajes que, empleando un modismo inglés, son «más grandes que la vida», lo que significa que poseen tal fuerza y personalidad que están pidiendo a gritos una historia para poder vivir y desarrollarse. La famosa novela *El principito*, de Antoine de Saint-Exupéry, nació de este modo, o al menos eso contaba el autor. Las primeras noticias del personaje las tuvo a raíz de un accidente aéreo que le obligó a caminar errante por las dunas del desierto de Libia. Saint-Exupéry sufrió alucinaciones a causa del calor y la sed que le hicieron entablar conversación consigo mismo, hasta que una de las voces se convirtió en la de un niño que le formulaba preguntas. Años después, el niño adoptó la imagen que todos conocemos, y que el autor comenzó a dibujar en las cartas que les enviaba a sus amigos. *El principito*, su célebre novela publicada en 1943, fue una prolongación natural de este proceso.

Como ocurre en numerosas ocasiones, el personaje del principito es una versión del propio autor, de su lejana infancia, de la búsqueda de la inocencia perdida. Y no es un caso aislado. Los autores acostumbramos a construir a nuestros personajes con retazos de nosotros mismos: les damos nuestra forma de ver el mundo, nuestro temperamento, nuestros recuerdos, nuestras fobias y nuestros deseos. Si te paras a pensarlo, no podría ser de otra manera. Un personaje literario está hecho de palabras, y todas esas palabras brotan de la mente del autor que lo crea. Nuestros personajes heredan nuestro ADN verbal, y el lenguaje es quizás la parte más importante de nuestra esencia como seres humanos. Las mismas palabras que nos construyen a nosotros los construyen a ellos. Sin embargo, también te digo que es muy raro que un personaje se convierta en un retrato totalmente fiel y preciso de su autor. Lo más normal es que los escritores traten de disimular, de introducir cambios, para que los lectores (sobre todo en sus círculos más cercanos) no los identifiquen automáticamente con ellos, lo que puede provocar preguntas engorrosas, suspicacias y hasta enfados monumentales.

Voy a hacerte una confidencia que en realidad es un secreto a voces: el protagonista de mi novela *Memorias de un fantasma*, el profesor universitario Luis Miguel Ortiz, tiene una biografía ficticia que está muy inspirada en la mía. ¿Quiere decir eso que el protagonista de esa novela soy yo mismo? ¡No, por Dios! O, por lo menos, no del todo. Si yo hubiera construido el personaje según la idea que tengo de mí mismo, no habría escrito una novela, sino un libro de memorias, y además muy aburrido. El personaje toma prestados rasgos míos porque yo mismo soy mi modelo más accesible y el que mejor conozco. Nuestras biografías se parecen porque tengo un conocimiento de primera mano de los ambientes que él frecuenta en las distintas épocas de su vida. En cuanto a su yo interior (su psicología, si decidimos usar una palabra tan gastada) tan solo responde a la mía parcialmente. En primer lugar, seleccioné los rasgos que me parecían más útiles para construir el personaje y descarté otros. Luis Miguel Ortiz, al igual que su padre literario, es un hipocondríaco, pero no es en absoluto un sentimental mientras que yo sí lo soy. Después incorporé otras características (la xenofobia, por ejemplo, que es uno de los pocos defectos de los que carezco) y, sobre todo, exageré y acentúe el conjunto. Y, por supuesto, sembré la trama de pistas faltas para que nadie pudiera identificarme de forma infalible.

Otra cosa que los escritores hacemos con frecuencia es construir personajes basados en personas que hemos conocido o que incluso están muy cercanas a nosotros. En sus memorias, Mark Twain reconoció que su Huckleberry Finn compartía muchos rasgos con Tom Blankenship, un amigo de la infancia. Jack Keruak basó el personaje de Dean Moriarty (*En el camino,* 1957) en su amigo Neal Cassidy, con quien compartió viajes, borracheras y experiencias con drogas. Como puedes comprender fácilmente, si empleas esta técnica debes andarte con cuidado, porque puede causarte desde un desencuentro hasta una demanda en los tribunales. Hace tiempo tuve una relación sentimental que terminó de muy mala manera. Recuerdo a la perfección una de las últimas amenazas de mi exnovia, que fue la siguiente: «¡Y ni se te ocurra sacarme en una de esas "novelitas" tuyas, porque encontraré la forma de vengarme!». Pues bien, llevo varios años esperando pacientemente el día de su venganza.

Bromas aparte, crear personajes basados en personas conocidas, especialmente en nuestro entorno familiar, es comprometido, pero al mismo tiempo resulta inevitable. El autor norteamericano Lamar Herrin le dedicó un artículo a este tema basándose en su experiencia como novelista y profesor de escritura creativa:

> Durante 29 años he enseñado escritura creativa en la universidad de Cornell. [...] Mis estudiantes me dicen que se sientan ante la página en blanco y que nada de lo que les ocurre les parece digno de mancillar la pureza del papel. Yo les respondo que todas las historias deben tener tensión, ha de haber un conflicto; las historias felices solo son felices si han ido hasta el fondo y han alcanzado allí algún tipo de auténtica reconciliación. Así pues, ¿dónde encontrar esa tensión, ese conflicto real? La gran mayoría de mis estudiantes no encuentran mejor lugar donde mirar que sus propias familias. No pasa un día sin que la casa familiar cruja por la tensión y retumbe por el conflicto. Pero ellos responden que les resulta imposible escribir sobre sus padres y madres, hermanos y hermanas reales sin tapujos ni disimulos. Y menos aún si existe el riesgo de que sus familiares lean lo que han escrito.
>
> Lamar Herrin, «Un asunto de familia» (artículo)
> Revista *Epoch*, Cornell (NY, 2020)

Yo también he tratado el tema con los alumnos de mis talleres en más de una ocasión. Les he propuesto escribir sobre personas de su entorno familiar y siempre, absolutamente siempre, he encontrado resistencia. Sin embargo, una vez vencido el pudor y la reticencia iniciales, escriben textos muy buenos. Creo que esto ocurre por dos motivos: en primer lugar, están escribiendo sobre personas que conocen; en segundo lugar, están escribiendo sobre personas que les importan. Y esto es algo que tengo archidemostrado: escribimos mejor sobre lo más cercano. Y eso no significa que nuestra narrativa deba estar necesariamente teñida de autobiografía, o por lo menos no de un modo evidente. Podemos escribir ciencia ficción o novelas históricas, drama o comedia, lo que importa es que nuestros personajes sean sólidos, reales y tangibles, que se parezcan mucho a las personas. La mejor manera de lograrlo es tomar como base para su retrato a personas que conocemos bien.

El escritor es el ser más impúdico del mundo y, seguramente, también el familiar y el amigo más incómodo. Un escritor comprometido con su oficio no vacilaría en revelar sus secretos más inconfesables y los de la gente que le rodea con tal de contar una buena historia. Quien frecuenta la compañía de un escritor, su familia y hasta su misma pareja deben estar preparados para aparecer antes o después en un relato o una novela. Más vale hacerse a la idea y considerarlo un privilegio, pues no todo el mundo vive la experiencia de verse convertido en un personaje de ficción.

Para ilustrar esto, en mis talleres suelo proyectar la fotografía de un exhibicionista abriendo su gabardina para mostrar sus partes pudendas en público. La imagen es ridícula, pero también tiene algo de heroico. Patologías mentales aparte, quien se exhibe desnudo por amor al arte tiene algo de héroe, pues no vacila en jugárselo todo por su pasión. Otra imagen que me gusta proyectar para ilustrar el talante de un escritor es la de alguien escrutando por el ojo de una cerradura. El escritor como observador constante, incluso como espía. La mejor manera de encontrar buenos personajes es abrir los ojos y observar la vida, porque el mundo está lleno de ellos. Cuentan que, para pintar su fresco de la Última Cena, Leonardo da Vinci recorría las calles y los mercados de Milán y miraba las caras de la gente en busca de rostros para sus apóstoles. Si quieres ser escritor, debes convertirte en un cazador de historias, pero también en un cazador de rostros, como el policía sin nombre de *Plenilunio*, la novela de Antonio Muñoz Molina:

> De día y de noche iba por la ciudad buscando una mirada. Vivía nada más que para esa tarea, aunque intentara hacer otras cosas o fingiera que las hacía, sólo miraba, espiaba los ojos de la gente, las caras de los desconocidos, de los cama-

reros de los bares y los dependientes de las tiendas, las caras y las miradas de los detenidos en las fichas. El inspector buscaba la mirada de alguien que había visto algo demasiado monstruoso para ser suavizado o desdibujado por el olvido…

ANTONIO MUÑOZ MOLINA, *Plenilunio* (1997)

Aunque salir a la caza del personaje no es en modo alguno la única manera crearlo, ni siquiera la más común.

Nada surge de la nada. Ni siquiera Yahvé, para crear al hombre, lo hace desde cero, sino que usa barro como materia prima. Existen varios tipos de barro con el que puedes crear a tus personajes, y alguno de ellos ya nos hemos referido (la familia, la gente que has conocido…). Otra fuente de inspiración de primera calidad son los personajes que más te han impresionado en tu experiencia como lector. Ya te he dicho en otro momento que el concepto de originalidad es relativamente moderno y excesivamente apreciado. Las historias se inspiran en historias anteriores en una larguísima cadena de textos que se miran entre sí. Este proceso es imitativo y a la vez una fuente constante de creación, pues cada generación y cada autor añade a lo que ya existía las peculiaridades de su época de y de su forma particular de ver la literatura. Con los personajes ocurre lo mismo: Leopold Bloom no existiría sin Ulises; Sherlock Holmes tampoco existiría sin Auguste Dupin; el conde Drácula es el modelo de todos los vampiros del terror contemporáneo; el *Miles gloriosus* de Plauto inspira el Falstaff de Shakespeare; a su vez, Falstaff y Don Quijote inspiran a John Kennedy Toole para crear a Ignatius J. Rilley; Menandro y Moliere crean a sus «misántropos» con casi veinte siglos de diferencia; el Don Juan original de Tirso de Molina ha tenido varias reencarnaciones literarias y operísticas; el personaje de Lázaro de Tormes, pionero de los pícaros literarios, ha tenido una influencia colosal en la historia de la literatura que todavía se hace notar.

De forma consciente o inconsciente, todos los autores empleamos rasgos de nuestros personajes favoritos para poblar nuestras historias. Cuando repaso mis novelas, me resulta sencillo rastrear en ellas la gran influencia de Eduardo Mendoza, especialmente del protagonista sin nombre de *El misterio de la cripta embrujada* y sus secuelas. Ya he dicho que el personaje de Luis Miguel Ortiz, narrador ficticio de *Memorias de un fantasma,* se me parece mucho, pero también es deudor confeso del protagonista de *El extraño caso del doctor Jeckyll y míster Hyde*, de Robert Louis Stevenson, y de algunos personajes de las novelas de ambiente universitario de Tom Sharpe. El solitario protagonista de *Por fin en casa*, un viejo relato mío, resultó ser primo hermano de la criatura que Mary Shelley inventó en su novela *Frankenstein.*

Ya ves que hay muchos modos de encontrar a tus personajes. Cualquiera que sea la técnica que utilices, lo más importante es que, cuando termines de escribir tu historia, lamentes tener que despedirte de ellos, y que durante un tiempo los eches de menos y tengas la sensación de que han dejado un vacío en tu existencia. Eso significa que has conseguido insuflarles vida y realidad, y que durante el tiempo de la escritura han convivido estrechamente contigo, del mismo modo que lo harán con los lectores que se asomen a tus historias. Hay autores que llegan a desarrollar una relación tan íntima con sus personajes que su propia vida se resiente de ello. En su lecho de muerte, Balzac pidió que llamaran a Horace Bianchon, un médico ficticio que aparece en *La comedia humana.* Miguel Delibes reconoció en una entrevista que la creación de historias y de personajes había absorbido su vida:

> ENTREVISTADOR: ¿Es cierto que su vida se ha diluido entre los personajes que ha creado en sus novelas? ¿Tan fuerte es la identificación entre el escritor y los protagonistas que inventa?
>
> DELIBES: En mi caso ha sido así. Esto le ocurre en mayor o menor medida a todos. Cuando estoy metido en una novela, las veinticuatro horas del día no me son suficientes. A mí el gestar una novela y escribirla me lleva mucho tiempo, y durante ese tiempo no vivo más que para esa novela. Si luego resulta que ha hecho usted cincuenta libros a lo largo de cincuenta años, en los que ha estado absorbido por

los temas de las novelas y por los personajes, para crearlos de una forma humana y convincente, te das cuenta de que te han robado buena parte de tu vida. Pero esto no quiere decir que yo renuncie... No quiero decir que si me dieran otra vida, no elegiría esta. Naturalmente, el novelista tiene sus compensaciones. Ha creado unos personajes vivos, ha manifestado sus ideas a través de ellos, de sus bocas, y les ve ya encerrados, acomodados en un libro con arreglo a lo que él imaginó. Lo cual no deja de ser una compensación para el escritor.

Conversación de Jesús Palacios con Miguel Delibes
para la revista *Más Allá* (1994)

Quizás el caso de Delibes sea un tanto extremo, pero ejemplifica muy bien el compromiso del escritor, y no me refiero a un compromiso político y social (eso, allá cada cual), sino al estado de disponibilidad total que debemos tener para nuestras historias y nuestros personajes. Ellos deben saber que estamos a su servicio donde y cuando lo necesiten, al menos mientras estemos sumidos en el proceso de escribir un relato o una novela. Si no es así, dejarán de acudir a ti para revelarte su intimidad y sus secretos. Ninguna actividad laboral o académica, ni el descanso, ni el ocio, ni la atención debida a la familia justifica que le des la espalda a un personaje cuando este requiera algo de ti. Conviene que informes de ello a tu pareja, a tus hijos, a tus parientes y amigos. De otro modo tendrás que enfrentarte a suspicacias y enfados, aunque los sufrirás de todas formas. Resígnate a ello.

CARACTERIZACIÓN

Hace poco leí un chiste que resume muy bien el tipo de relaciones que se entablan a través de internet. Un hombre y una mujer estaban chateando, y la conversación venía a ser esta:

Mujer: Después de estos meses de chatear contigo, tengo la sensación de que nadie me conoce tan bien como tú.

Hombre: Es cierto. Nunca nos hemos encontrado en persona. Pero yo también he desnudado mi alma para ti. Conoces todos mis secretos. Pero ahora me vas a tener que disculpar. Tengo que sacar a pasear al perro.

Mujer: ¡Ah! ¿Pero tienes perro?

Citando el título de una novela de Juan Bonilla, *nadie conoce a nadie*. Hasta aquella gente de la que pensamos saberlo todo puede depararnos sorpresas. Un compañero de trabajo tocaba el saxofón, y además lo hacía muy bien, pero no lo supe hasta que llevaba muchos años trabajando con él, a pesar de que tomábamos café juntos casi a diario. Otro que daba clase de griego resultó ser experto en grafología. Alguien a quien conocí de modo fortuito, un jubilado norteamericano, me reveló que de joven había sido actor en Hollywood y había llegado a compartir cartel con Kirk Douglas y Elvis Presley. La gente no suele estar dispuesta a contar su vida con pelos y señales a las primeras de cambio, y todos conocemos a personas que son tan reservadas como un espía de la antigua KGB. Mi consejo es que tus personajes se parezcan más bien a la gente reservada que a esos parlanchines incapaces de guardarse nada, es decir, no deben darse ni revelarse por entero al lector desde la primera página en la que aparecen. Y la responsabilidad de que esto no ocurra es enteramente tuya, puesto que eres tú quienes los escribes.

Hay autores (generalmente no muy duchos en el oficio) que practican una especie de exhaustividad narrativa que puede resultar completamente agotadora, para ellos y para sus desdichados lectores:

Anna observó cómo Frank se acercaba y no pudo evitar que una descarga de deseo sacudiera sus ingles. Lo había conocido tres años antes, en Kabul, cuando ella realizaba un reportaje para el Washington Post y Frank trabajaba allí como contratista de una empresa de seguridad. Coincidieron en un cóctel de la embajada norteamericana, y desde el instante en que lo vio Anna supo que esa misma noche estarían juntos en la cama e intercambiarían sus fluidos corporales. Frank era delgado y nervudo, ni demasiado alto ni demasiado bajo. Tenía el pelo muy rubio y crespo, y se lo cortaba al estilo de los marines. Andaría por los cuarenta, aunque sus ojos azules la contemplaban con la glotonería de un hombre mucho más joven. Era hijo de un famoso arquitecto de Boston y se había graduado en Derecho en Harvard, pero su vida profesional había transcurrido entre varias capitales del mundo donde se dirimían conflictos bélicos: Beirut, Sarajevo, Trípoli, Mogadiscio... En general, cualquier lugar donde la vida fuera peligrosa y hubiera mucho dinero que ganar...

Este tipo de escritura, que me he tomado la libertad de parodiar, es muy común en cierto género popular denominado «novela romántica», que viene a ser el equivalente a la novela rosa de antaño, aunque con más sexo y menos calidad, si cabe. Cuando un personaje aparece por primera vez, se le describe a fondo, como si se le estuviera abriendo una ficha policial, tanto en su aspecto físico como en su carácter, y de paso se menciona su *alma mater* y se brindan detalles sobre su filiación y su pasado.

Hay autores que emplean lo que se denomina «ficha de personaje». Aquí tienes un ejemplo inspirado en el protagonista de una de mis propias novelas (*Memorias de un fantasma*, 2017):

FICHA DE PERSONAJE	
Sexo	Hombre
Nombre y apellidos	Luis Miguel Ortiz
Edad (fecha de nacimiento)	El personaje nace a principios de los años 60 (quizás en el año 63). La trama principal de la novela transcurre a comienzos de siglo, cuando el protagonista cuenta con unos 40 años. Se realiza un largo *racconto* en el que Ortiz va desgranando episodios de su pasado en relación con la historia reciente de España (por ejemplo, el 23-F, la primera victoria electoral del PSOE, etc.).
Profesión	Profesor universitario (de filología inglesa)
Lugar de nacimiento	Una pequeña capital del interior que no se identifica.
Lugar de residencia	El mismo que el de nacimiento, aunque durante los años universitarios reside en una "ciudad levantina" que podría ser Valencia.

Estudios (nivel cultural)	Es doctor en literatura inglesa.
Familia	Sus padres y su hermana son muy importantes en la trama, aunque su madre ha muerto ya al comienzo de la trama actual. Está casado y tiene un hijo.
Biografía amorosa	A lo largo de la novela aparecerán varios personajes femeninos importantes en la evolución del personaje: la compañera de universidad con la que pierde la virginidad, una novia con la que mantiene una relación puramente física, la mujer que será su esposa, con la que mantiene una especie de matrimonio de conveniencia. Además de todo esto, el personaje experimenta una atracción enfermiza hacia su propia hermana
Aspecto físico	El personaje no posee ninguna singularidad física que lo caracterice, aunque su dificultad para encontrar pareja pone de manifiesto que no se trata de un hombre especialmente atractivo.
Modo de vestir	Habrá referencias a la forma de vestir en las distintas épocas: camisas muy entalladas con largas solapas, pantalones de campana, etc.
Carácter	Este será el aspecto más definitorio del personaje, que muestra una profunda dualidad entre su yo interior (ambición, falta de escrúpulos y de empatía, clasismo y menosprecio por sus semejantes) y la apariencia de normalidad que trata de proyectar a toda costa.

De hecho, son numerosos los manuales y blogs literarios que recomiendan esta forma de trabajo. Lo que yo creo es que estos ficheros exhaustivos sobre los personajes pueden ser útiles para un guionista, especialmente para un guionista de culebrones, pero para un narrador resultan superfluos y hasta contraproducentes. El principio más importante que debes tener en cuenta a la hora de crear y caracterizar a un personaje es el de la economía de medios. Un personaje no se crea a base de acumular rasgos físicos, psicológicos y biográficos, sino mediante la selección de aquellas características más útiles y significativas para construir su retrato. Selección es la palabra clave. Si el hecho de que nuestro personaje principal hiciera sus estudios primarios en un colegio público carece de influencia en la trama, no tiene ningún sentido mencionarlo al trazar su retrato. El hecho de que nuestra pareja protagonista viajara a las islas Seychelles en su luna de miel es irrelevante, mera anécdota, si ese hecho no está conectado de algún modo con la trama: por ejemplo, para resaltar su capacidad económica, o porque durante ese viaje conocieron a cierta persona que acaba de reaparecer en sus vidas.

Por ejemplo, en la novela policíaca *Terra Alta*, de Javier Cercas, se insiste mucho en que Melchor Marín, el protagonista, relee de forma periódica la novela *Los miserables*, y en que fue durante su estancia en la cárcel donde la leyó por primera vez. Contado así, esto puede parecer anecdótico, pero en realidad el argumento de *Los Miserables*, la persecución implacable a la que le somete el inspector Javert a Jean Valjean, es lo que desencadena el cambio de vida de Melchor, quien tras la lectura de la novela decide convertirse en policía:

> Terminó la novela conmocionado, con la certeza de que ya no era la misma persona que empezó a leerla, y de que nunca volvería a serlo.
>
> [...]
>
> Las dos únicas actividades que aliviaban en apariencia su fijación eran las que más la alimentaban: hablar con Vivales y leer *Los miserables*, que en aquellos días de luto dejó de ser para él una novela y se transformó en otra cosa, una cosa sin nombre o con muchos nombres, un vademécum vital o filosófico, un libro oracular o sapiencial, un objeto de reflexión al que dar vueltas como un calidoscopio infinitamente inteligente, un espejo y un hacha.
>
> Javier Cercas, *Terra Alta* (2019)

Es cierto que hay un cierto tipo de novelas que parecen recrearse en detalles triviales o desconectados de la trama principal. Suelen ser novelas extensas y muy prolijas en información, en lo que nos recuerdan a las obras de los torrenciales autores del siglo XIX, que a menudo amontonaban detalles de todo tipo para que sus personajes ganaran en volumen y en complejidad. Comprobémoslo con una cita de, precisamente, *Los miserables*:

> Por más que se trate de un detalle sin relación alguna con el fondo propiamente dicho de lo que queremos relatar, no será quizá ocioso, aunque no fuera más que para no faltar en nada a la exactitud, que dejemos constancia aquí de los rumores y los dichos que acerca de él corrieron cuando llegó a la mencionada diócesis.
>
> VICTOR HUGO, *Los miserables* (1862)
> Trad. de María Teresa Gallego Urrutia

De un modo parecido, el escritor chileno Roberto Bolaño acumula datos que parecen accidentales y desconectados de la trama principal:

> Tenía una casita de una sola planta. [...] Tenía libros que conservaba desde hacía más de veinticinco años. No eran muchos. Todos viejos. Tenía libros que había comprado hacía menos de diez años y que no le importaba prestar o perder o que se los robaran. Tenía libros que a veces recibía perfectamente lacrados y con remitentes desconocidos y que ya ni siquiera abría. Tenía un patio ideal para sembrarlo de césped y plantar flores, aunque él no sabía qué flores eran las más indicadas para plantar allí, no cactus o cactáceas sino flores.
>
> ROBERTO BOLAÑO, *2666* (2004)

Esto parece desobedecer la regla de que es necesario filtrar y seleccionar la información que les ofrecemos a los lectores, quedarnos únicamente con lo necesario. Sin embargo, las novelas como las de Bolaño responden a un principio narrativo distinto que no se basa en la trama (que es muy difusa, muy ramificada o simplemente no existe como tal), sino en los personajes. En el mundo anglosajón, este tipo de historias en las que el impulso narrativo principal parte de los personajes se denomina *character-driven stories*, frente a las llamadas *plot-driven stories,* en las que el autor pone más énfasis en los hechos (en la trama) que en quienes los realizan. La acumulación de información sobre los personajes, la suma de sus historias, el modo en que evolucionan, crea una sensación de vida y realidad que adquiere profundidad, no por la secuencia de acontecimientos que se narran, sino por la densidad de personajes, experiencias, detalles y recuerdos que se nos ofrece. Estamos, de nuevo, ante un estilo de novela coral o polifónica que nos recuerda a Balzac y su gran proyecto literario, denominado *La comedia humana*, con el que el novelista francés pretendía retratar la sociedad de su época a través de más de un centenar de novelas interconectadas, de las que llegó a escribir 87. Ante semejante proeza literaria, los escritores de hoy en día solo podemos morirnos de envidia.

El problema de tratar de escribir manuales de escritura es que hay que recurrir a la preceptiva, nos guste o no. Como narrador en ciernes, has abierto este libro en busca de orientación, y me encuentro con que, por cada ejemplo de buena escritura narrativa que se me ocurre, encuentro a un autor que hace justamente lo contrario, pero cuya obra también me parece admirable. De momento, trataré de salir del apuro suponiendo que tus proyectos literarios no pasan por escribir novelas-río ni una versión actualizada de *La comedia humana*. Supondré que lo que tienes en mente son algunos relatos más o menos convencionales, o una novela de hechuras más o menos modestas. Si es así, respiro aliviado, porque me encuentro en terreno conocido y puedo hacer hincapié en que apliques la regla de seleccionar la información que vas a usar para caracterizar a tus personajes.

Voy a emplear de nuevo como ejemplo el personaje de Melchor Marín, protagonista de tres novelas recientes de Javier Cercas: *Terra Alta* (2019), *Independencia* (2021) y *El castillo de Barbazul* (2022). Mi motivo para elegirlo es puramente práctico, puesto que se trata de tres libros que acabo de leer y que he disfrutado. No soy un gran aficionado a la novela policíaca, pero reconozco la virtud del género negro para trazar retratos convincentes de los personajes que las protagonizan. Así pues, imaginemos la «ficha de personaje» que Javier Cercas podría haber usado para su personaje principal:

Nombre	Melchor Marín
Edad	En torno a 25 en el primer libro, en torno a 30 en el segundo, alrededor de 45 en el tercero.

Lugar de nacimiento.	Barcelona
Aspecto físico	No se especifica. Suponemos que es un hombre fuerte por la facilidad y eficacia con que usa los puños.
Estado civil	Viudo (su esposa es asesinada en el primer libro).
Hijos	una hija llamada Cosette por el personaje de *Los Miserables*.
Profesión	Policía (mosso d'Esquadra), bibliotecario en la última novela.
Extracción social	Muy humilde. Su madre era una mujer emigrada a Barcelona que se ganaba la vida con la prostitución.
Pasado	Melchor es un muchacho de barrio que se inicia muy joven en la delincuencia. Ejerce como camello hasta que sus cualidades para la violencia lo convierten en pistolero al servicio de unos narcos colombianos. Es detenido y enviado a prisión. Mientras está preso su madre es asesinada. Este hecho despierta en él un ansia de justicia que lo lleva a convertirse en policía.
Adicciones	Alcohol y cocaína en su adolescencia y primera juventud. Cuando se produce el gran cambio en su vida abandona el alcohol y las drogas, salvo en momentos de crisis y abatimiento, como tras la muerte de su mujer. Normalmente bebe Coca-Cola.

Hecho más importante de su pasado	En 2017 se encuentra casualmente en Cambrils cuando su camino se cruza con el de los cuatro terroristas islamistas que han participado en el atentado de las Ramblas. Con enorme sangre fría, los abate a todos a tiros (su pertenencia a una banda de narcos le permitió ejercitar su destreza con las armas de fuego). Por miedo a posibles venganzas, sus superiores lo trasladan desde Barcelona a una pequeña comisaría de la Terra Alta, una comarca del interior de Tarragona, donde conoce a Olga, una bibliotecaria que se convertirá en su esposa y madre de su hija.
Educación	Escasa hasta que durante su paso por la cárcel se aficiona a la lectura, sobre todo de novelas decimonónicas (o de novelas más modernas que recuerdan a las novelas decimonónicas). En la cárcel termina la ESO, y acto seguido estudia bachillerato para preparar las pruebas de ingreso a la academia de policía.
Carácter	Muy reservado. Posee, sin embargo, un rico mundo interior que alimenta a base de lecturas. El asesinato de su madre, primero, y posteriormente de Olga, su esposa, le provocan una crisis profunda que no se salda con un afán de venganza, sino de justicia. Cada vez que se produce en su entorno algún caso de mujeres maltratadas, Melchor les propina tremendas palizas a los agresores.

Si te fijas, no es demasiado para el protagonista de tres novelas que suman cerca de 1.200 páginas. Y ello es porque el autor ha elegido cuidadosamente las características que necesita para construir a su personaje principal, ahorrándose las que consideraba irrelevantes. No sabemos si Melchor es rubio o moreno, si se hizo tatuajes en la cárcel o si tuvo paperas en su infancia. Sabemos que bebe Coca-Cola, pero únicamente porque de ese modo el autor recalca que se abstiene de beber alcohol, un hecho muy importante en el proceso evolutivo o «arco» del personaje. Lo que Javier Cercas nos revela de él es lo que considera relevante, un puñado de rasgos y datos biográficos que, además, se repiten de forma frecuente para que el retrato se nos grabe mejor en la memoria.

Otra cosa importante es que Javier Cercas dosifica la información sobre Melchor, es decir, no les endosa a los lectores un atracón informativo sobre su persona desde el primer momento en que aparece, algo así como:

> Melchor Marín se bajó del coche. Era moreno, delgado y de mediana estatura, pero sus ropas informales y holgadas escondían fuertes músculos. Melchor era policía y estaba investigando un caso. Originalmente estaba destinado en una comisaría de Barcelona, pero sus jefes habían decidido asignarlo a una comisaría de la Terra Alta. La decisión la tomaron cuatro años antes, cuando Melchor abatió a tiros a cuatro islamistas en Cambrils. Al principio el cambio de vida le resultó difícil, pero después había conocido a Olga...

Como te dije antes, este tipo de escritura delata una técnica muy rudimentaria y debes evitarla en la medida de los posible. A los personajes (sobre todo a los personajes centrales) hay que caracterizarlos paulatinamente, con un toque aquí y un toque allá, a través de diálogos, de sus acciones, de pequeños *flashbacks* (que en términos estilísticos se denominan *analepsis*), de lo que otros personajes dicen de ellos. El retrato se debe ir completando casi sin que el lector se dé cuenta. De este modo llegará a conocerlos igual que conocemos a la gente fuera de los libros: poco a poco y sorprendiéndonos de vez en cuando. Además, con esta técnica de caracterización el personaje ganará en humanidad y profundidad. Y con suerte lograremos ese objetivo tan anhelado por todos los escritores: que cuando el libro termine, el lector eche de menos a los personajes de la historia, al igual que echaría de menos a un amigo que se ha ido a vivir al extranjero. Y, puestos a pensar en términos comerciales, que esté deseando que se publique una secuela de la novela, o una nueva entrega de la serie que protagoniza el personaje.

Seguramente sabrás que, cuando Arthur Conan Doyle decidió matar a Sherlock Holmes en las cataratas de Reichenbach («El problema final», 1893), la desaparición del personaje provocó tal aluvión de protestas que el autor no tuvo más remedio que «resucitarlo». Es cierto que esta fidelidad a ultranza (lo que hoy denominaríamos «el fenómeno fan») es más propia de la literatura popular o de género que de la gran literatura, si es que existe algo semejante. Pero el hecho de que el público llegue a amar a un personaje y rechace la idea de decirle adiós es algo que todo escritor codicia, porque significa que ha logrado conectar de un modo profundo con sus lectores. Javier Cercas ha sido siempre un escritor muy serio, un escritor «literario», pero no está dispuesto a dejar ir a Melchor Marín, un personaje del que muchos lectores se han encariñado, y parece que se anuncia una serie de novelas con él como protagonista. No sé si se te habrá pasado por la cabeza alguna vez, pero los escritores también tenemos derecho a ganarnos la vida.

PERSONAJES REDONDOS Y PERSONAJES PLANOS

La distinción a la que hace referencia el título del epígrafe corresponde al escritor británico E. M. Forster. En su libro de conferencias *Aspectos de la novela* (1927), Forster afirma que los personajes planos se construyen en torno a una única idea o cualidad, mientras que los redondos presentan una suma compleja de características. Añade que solo los personajes redondos son aptos para convertirse en personajes trágicos, independientemente de lo extensa que sea su participación, mientras que los planos son mucho más adecuados como personajes cómicos, y que únicamente los redondos poseen la capacidad de conmover al lector. A continuación, pone los ejemplos de Dickens, en cuyas novelas abundan los personajes planos, y de Jane Austen, que construye personajes redondos de gran profundidad emocional incluso si su participación en la novela es breve.

Esta clasificación es muy socorrida en los manuales y talleres literarios, pero no deja de resultar útil, porque invita a reflexionar sobre las formas de construir y caracterizar a nuestros personajes. Por ejemplo: ¿podemos concebir que un personaje plano sea el protagonista de una novela? El sentido común parece rechazar esta idea, pues todo personaje protagonista o importante parece pedir a gritos la complejidad. Un personaje protagonista caracterizado con un rasgo o dos es una prueba inequívoca de tosquedad técnica. Y, sin embargo, existe cierto tipo de literatura de consumo en la que todos los personajes, independientemente de su importancia, se dibujan con dos brochazos y a otra cosa. Pero creo que no es esa la literatura que nos interesa. Con todo, me gustaría que tuvieras en cuenta que hasta los personajes más complejos deben presentar rasgos que sobresalgan sobre los demás para que el autor pueda usarlos a modo de eje, como un perchero robusto y provisto de muchas perchas de las que colgar el resto de los detalles que componen el retrato. Por ejemplo, la novela *La vida en sordina*, del maestro de la novela humorística (y teórico de la literatura) David Lodge, está protagonizada por el profesor jubilado Desmond Bates. Se trata de un personaje admirablemente bien construido, pero de entre todas sus características sobresale su sordera, que de hecho es el conflicto principal al que se enfrenta y, por lo tanto, el motor de la trama:

> Los ciegos dan pena. Los videntes los miran con compasión, se desviven por ayudarles, les guían a través de calles concurridas, les avisan de obstáculos, acarician a sus perros lazarillos. Los perros, los bastones blancos, las gafas oscuras son signos visibles de su desgracia que suscitan un instantáneo impulso de compasión. Los sordos no tenemos esos signos de aviso que inducen a la piedad. Nuestros audífonos son casi invisibles y no disponemos de animales adorables consagrados a cuidarnos. (¿Cuál sería el equivalente de un

> perro para un sordo? ¿Un loro en el hombro que te grazna al oído?) Los desconocidos no se dan cuenta de que eres sordo hasta que han intentado en vano durante un rato comunicarse contigo, y reaccionan con irritación más que con piedad.
>
> David Lodge, *La vida en sordina* (2008)
> Trad. de Jaime Zulaika

Pensemos ahora en los relatos. En un relato no hay espacio material para desarrollar mucho a los personajes ni para dotarlos de gran profundidad, por lo que sí es concebible convertir a un personaje plano en el protagonista de la historia, caracterizándolo con apenas un par de rasgos bien elegidos, incluso con un único rasgo. Esto es lo que ocurre, por ejemplo, con el narrador-protagonista de este relato de Woody Allen:

> Soy gordo. Soy asquerosamente gordo. Soy el ser humano más gordo que conozco. Lo único que tengo es exceso de peso en todo el cuerpo. Tengo los dedos gordos. Tengo las muñecas gordas. Mis ojos son gordos. (¿Puedes imaginar ojos gordos?) Tengo muchos kilos de más. Se desparrama la carne sobre mí como el chocolate caliente encima de un helado. Mi cintura es motivo de asco para todos los que me miran. No hay la más mínima duda, soy lo que se dice un montón de grasa.
>
> Woody Allen, «Reflexiones de un sobrealimentado»
> *(Como acabar de una vez por todas con la cultura*, 1971)
> Trad. de Marcelo Covián

La única característica relevante de este personaje plano (no tan plano, en realidad) es su gordura (paradójicamente, su redondez). Se dan aquí dos circunstancias que permiten a Woody Allen convertir un personaje plano en el protagonista de un relato: el género es humorístico y, además, se trata de un cuento muy breve (apenas cuatro páginas), lo que hace imposible construir al personaje de un modo más complejo. Es más, si el autor hubiera decidido sumarle más rasgos, seguramente habría malogrado el cuento.

Lo que te ruego es que no pienses que un personaje plano es un personaje de poca monta, que puedes espolvorearlos sobre la historia sin el menos esfuerzo ni miramiento. Es cierto que estos personajes suelen cumplir el papel de secundarios o auxiliares, que su misión es ayudar a narrar la historia de los personajes principales. Acostumbran a representar «papeles de apoyo» (*supporting roles*, como se dice en el cine). Pero recuerda que también existe un Oscar de Hollywood para los mejores actores y actrices de reparto, y que algunos actores han alcanzado la gloria gracias a encarnar personajes de este tipo. Ello significa que debes elegir muy bien el rasgo físico o de carácter que los distingue y los vuelve visibles para el lector.

En la novela *La sombra del viento* aparece cierto camarero con una participación brevísima en la historia. El personaje está construido en torno a su modo peculiar de hablar. Pues bien, te aseguro que apenas recuerdo nada de la trama de ese libro, y que he olvidado por completo a su amplio elenco de personajes, salvo a ese peculiar camarero (de nuevo, se trata de un personaje cómico, un «alivio cómico», como se dice en el teatro):

> —¿Vosotro utede soy lo que habéi pedío lo entrepane de jamong?
>
> Asentimos.
>
> —Siento comunicarsus, en nombre de la diresión, que no queda ni veta de jamong. Pueo ofresele butifarra negra, blanca, mixta, arbóndiga o chitorra. Género de primera, fresquísimo. Tamién tengo sardina en ecabexe, si no podéi utede ingerí produto cárnico por motivo de consiensia religiosa. Como e vierne...
>
> CARLOS RUIZ ZAFÓN, *La sombra del viento* (2001)

En el cuento «Catedral», que da título a la colección de relatos más conocida de Raymond Carver, se nos presenta el personaje de un hombre ciego sin nombre. Para caracterizarlo, Carver elige una característica inquietante y muy visual, que es el modo desconcertante en que el ciego mueve sus ojos sin posarlos en ninguna parte:

> Siempre pensé que las gafas oscuras eran indispensables para los ciegos. El caso es que me hubiera gustado que las llevara. A primera vista, sus ojos parecían normales, como los de todo el mundo, pero si uno se fijaba tenían algo diferente. Demasiado blanco en el iris, para empezar, y las pupilas parecían moverse en sus órbitas como si no se diera cuenta o fuese incapaz de evitarlo. Horrible.
>
> Raymond Carver, «Catedral» *(Catedral,* 1983)
> Trad. de Benito Gómez Ibáñez

Volviendo a la serie policial de Javier Cercas, en *Independencia*, la segunda de las novelas, debuta un personaje llamado Verónica, la jefa de prensa de los Mossos d'Esquadra. El personaje tiene su papel en el desarrollo de la historia, pero su participación no es en absoluto vital, lo que significa que el autor podría haberlo omitido y haber transferido su función narrativa a otros personajes sin un cambio sustancial en la trama. La caracterización de personajes es muy importante en el género policial o *noir*, por lo que Verónica es algo más que un nombre y una voz. Aquí vemos cómo Cercas nos la presenta:

> Es una mujer de treinta y tantos años, menuda, morena y vivaracha, que viste unos vaqueros gastados y una camiseta de un verde oscuro, lleva el pelo recogido en un moño y gesticula profusamente con sus brazos de bailarina.
>
> Javier Cercas, *Independencia* (2021)

Las características que el autor ha elegido para darle vida a este personaje son su expresividad y su locuacidad, lo que encaja con alguien que se dedica a las comunicaciones públicas de un cuerpo policial. No importan ni su vida privada ni sus cometidos anteriores, puesto que nada de eso influye en la trama. Ni siquiera se menciona su apellido. En cuanto a su aspecto físico, Cercas lo despacha con dos pinceladas que permiten al lector evocarla visualmente.

Con eso basta.

Si te paras a pensarlo, tu vida diaria está repleta de personajes planos que te podrían resultar útiles en un relato o una novela. El dueño del quiosco en el que compras el periódico sufre un tic nervioso que le hace pestañear mucho y cerrar los ojos con fuerza; uno de los niños que juega al balón en la plaza donde vives tiene el pelo de un violento color rojo y va vestido siempre como si fuera a tomar la primera comunión ese mismo día; la camarera del bar donde tomas café habla con un leve acento extranjero, llama a los clientes «cariño» y, tras ausentarse durante dos o tres semanas, volvió al trabajo con varias tallas más de sujetador. En mi ciudad hay un tipo muy curioso al que la gente llama «el de rojo». Es popular porque va vestido de pies a cabeza con prendas rojas: zapatos o botas rojas, pantalón rojo, camisa roja, cazadora roja... Hasta los cristales de sus gafas están teñidos de rojo. Completa su aspecto estrafalario con una barba larga y enmarañada a lo Rasputín. Sé que algunos curiosos le han preguntado por qué esa predilección por el color rojo y él se ha limitado ignorarlos. El de rojo es para mí un personaje plano, aunque muy llamativo. Si algún día llegara a intimar con él, si me contara su historia y el motivo de su obsesión monocromática, seguramente yo dispondría de información para convertirlo en un personaje redondo. ¡Y qué gran personaje podría ser!

Un apunte más, y esta vez sobre los personajes redondos. Un requisito de este tipo de personajes es que deben evolucionar, cambiar a lo largo de la historia. Al final de la trama, sobre un personaje redondo siempre se podrán afirmar cosas que no aparecían al principio: desilusión, triunfo, fracaso, maduración, contrición, expiación de culpas, vergüenza, enamoramiento, desamor... Todos estos sentimientos y estados quizás no aparezcan al principio de la trama, pero deben ser el punto de llegada de un personaje cuando completa su arco narrativo. Y ello es así porque los personajes redondos son los protagonistas y, por lo tanto, los que se enfrentan al conflicto. Y ya vimos en su momento que el conflicto narrativo no solamente supone una serie de obstáculos para los personajes, una dificultad para alcanzar sus objetivos, sino la oportunidad de que estos desplieguen su astucia, su valor, sus recursos, en definitiva, para imponerse a las dificultades. Ello supondrá, necesariamente, cambios de mayor o menor magnitud. Sin estos cambios, un personaje redondo queda desnaturalizado, pierde su razón de ser. Los personajes planos aparecen de forma breve y limitada en la trama, por lo que pueden presentarse de forma estática, sin modificaciones entre una aparición y otra. El personaje redondo debe cambiar conforme su historia avanza.

Lo que acabo de contarte es un requisito esencial en la creación de tramas y personajes, lo que no quiere decir que todos los escritores lo observen, ni siquiera en el caso de novelistas famosos. Son muchas las novelas de gran éxito comercial en las que los protagonistas viven una serie de aventuras trepidantes o atraviesan terribles vicisitudes que, sin embargo, los dejan igual que estaban al principio. Ahora te ruego que hagas el esfuerzo de ponerte en el lugar del protagonista de una novela de Dan Brown (por elegir uno de los ejemplos más célebres). Eres un profesor de Harvard que se ve envuelto en una serie de acontecimientos que arrancan con el hallazgo de un cadáver en el museo del Louvre. Todo transcurre con una rapidez endiablada, por lo que muy pronto te das cuenta de que te has embarcado en la búsqueda del legendario Santo Grial. ¡Nada menos que el Santo Grial! ¡Como el mismísimo sir Perceval del ciclo artúrico o el mismísimo Indiana Jones del ciclo «espielberiano»! Vives, en fin, infinidad de aventuras y situaciones peligrosas, y al final encuentras (más o menos) el preciado objeto de tu búsqueda. ¿No crees que todo esto necesariamente te habrá cambiado al final de tu aventura? ¿No te parece que las experiencias vividas te habrán vuelto más sabio o más generoso, que tu fe se habrá resquebrajado o reforzado, o que te habrás enamorado de tu compañera de fatigas, o todas esas cosas a la vez? A fin de cuentas, no estamos hablando de una cartera perdida. Estamos hablando de la búsqueda del Santo Grial, un objeto simbólico cuya búsqueda representa un camino de purificación, y cuyo hallazgo conlleva, aparte de la eterna juventud, la iluminación. Pues bien, nada de eso le ocurre al profesor Harry Langdon, cuya condición de personaje plano permanece intacta desde el principio hasta el final, aunque en este caso deberíamos hablar tal vez de personaje rudimentario y fallido.

¿Quieres algunos buenos ejemplos de personajes redondos? La literatura (la de verdad) está llena de ellos. Tenemos el panteón shakespeariano al completo, cuyos personajes poseen tal riqueza que se han convertido en prototipos de las pasiones humanas; la fastuosa tríada femenina de la novela decimonónica, formada por Anna Karénina, Emma Bovary y Ana Ozores; a David Copperfield y a Jay Gatsby, a Tom Joad y a Holden Caulfield, a Sam Spade y a Philip Marlowe, ambos con el rostro que les prestó Humphrey Bogart, a Rodión Raskólnikov y a Yuri Zhivago, a Leopold Bloom y a Stephen Dedalus, a Humbert Humbert y a Harry «Conejo» Angstrom; si me apuras, incluso a las excéntricas criaturas de Kafka y de Beckett: Gregorio Samsa y Joseph K., Vladimir y Estragon...

Por citar ejemplos más recientes, cualquiera de los personajes principales de *Patria*, de Fernando Aramburu, podría tomarse como ejemplo de un buen personaje redondo:

> Tumbado en la cama, la mente en blanco, Joxe Mari miraba el cuadrado de cielo azul de la ventana. Permaneció largo rato inmóvil, en actitud apática, las manos juntas bajo el cogote. Por fin le vinieron pensamientos. Más bien imágenes. El tiempo, de pronto, retrocedía a gran velocidad. El tiempo consistía en una película que mostraba su vida de atrás hacia delante.
>
> FERNANDO ARAMBURU, *Patria* (2016)

Mi consejo final es que, en lugar de construir personajes, trates de imaginar personas. Ya hemos visto que todo escritor debe convertirse en un observador (en un espía), y que nuestro objeto de estudio fundamental son nuestros semejantes (o «la naturaleza humana», si nos ponemos trascendentales). Aprovecha todo lo que aprendas de los demás, no temas tampoco asomarte a tu propio interior, y luego elige los rasgos más interesantes para modelar con ellos a los personajes de tus historias. No te preocupes si a veces son débiles o contradictorios, porque eso los humaniza. Pero intenta a toda costa que tus personajes no sean como los maniquíes en el escaparate de unos grandes almacenes, que permanecen idénticos aunque los vistan con la ropa de la temporada. Disfruta con tus personajes, conócelos mejor a lo largo de la historia y, cuando tengas que dejarlos marchar, procura que la despedida sea siempre triste, pues eso significará que tienes motivos para echarlos de menos.

8.
Acción, espacio y tiempo

LAS TRES UNIDADES

La regla de las tres unidades se la debemos a Aristóteles y a su *Poética*, aunque no exactamente. Es cierto que Aristóteles tenía la costumbre de catalogarlo y explicarlo todo, desde los colores hasta la naturaleza del movimiento. Este afán enciclopédico se entiende porque el filósofo dirigía una institución educativa en Atenas, y necesitaba libros de texto para que sus colaboradores pudieran exponer sus ideas sin apartarse de la doctrina del maestro. En su tratado sobre la literatura y los géneros (sobre todo, la tragedia), Aristóteles aconseja que las obras literarias se ciñan a un solo asunto y no aborden cuestiones ajenas a la historia principal:

> Así pues, del mismo modo que en las otras artes imitativas la imitación que tiene unidad lo es de una sola cosa, así también es preciso que el argumento, puesto que es imitación de una acción, lo sea de una acción sola y que ésta sea completa, y que las partes de las acciones estén ensambladas de tal modo que si una de ellas se cambia de lugar o se suprime, el conjunto se altere y se trastorne, pues aquello que por añadirse o quitarse no provoca ningún efecto manifiesto, no es parte alguna del todo.
>
> Aristóteles, *Poética VII* (335 a. C.)
> Trad. de Teresa Martínez Manzano y Leonardo Rodríguez Duplá

Más adelante, indica que la duración habitual de los acontecimientos que se narran en una tragedia es «de un ciclo solar o cerca de esa medida», pero también afirma que otros géneros, como la epopeya, rebasan holgadamente ese lapso.

En realidad, la atribución a Aristóteles de la regla de las tres unidades es en buena medida apócrifa, una especie de leyenda que todo el mundo acepta sin cuestionar. Su origen no está en la Grecia clásica, sino en el siglo XVIII, en el Neoclasicismo y su afán por legitimar sus cánones, sus preceptos y su academicismo atribuyéndoselo todo a los griegos y los romanos. «Si Aristóteles lo dijo, así debe hacerse». Esto se denomina «principio de autoridad», y sigue siendo un criterio muy socorrido cuando se carece de ideas sólidas.

Y aun así, la regla de las tres unidades no reza para todos los géneros, sino sobre todo para el teatro. Shakespeare y Lope de Vega no habían observado los «preceptos aristotélicos» (aunque el segundo se sintió en la necesidad de justificarse en *El arte nuevo de hacer comedias*). Molière, en cambio, concibe sus comedias encorsetado por los preceptos de la Academia de la Lengua Francesa, creada en 1635. En el siglo XVIII, la sumisión al academicismo ya es general y se extiende hasta bien entrado el XIX, lo que se observa muy bien en numerosas obras del teatro neoclásico, como en *El sí de las niñas*, de Leandro Fernández de Moratín (1806). Por otro lado, el Neoclasicismo coincide con el primer gran siglo de la novela (sobre todo de la novela inglesa), género en el que no tendría sentido condensar la acción, el tiempo y el lugar a unos márgenes tan estrechos.

La regla de las tres unidades se ha expuesto de muchos modos distintos, con mayor o menor flexibilidad, pero viene a prescribir lo siguiente:

- Unidad de acción: la obra debe narrar una sola historia, es decir, debe ceñirse a una sola acción principal, sin desviarse en tramas secundarias.
- Unidad de tiempo: los acontecimientos expuestos deben condensarse lo más posible en el tiempo. Lo ideal sería que encajaran en

la duración habitual de una representación (tres o cuatro horas), pero en todo caso no deben superar una jornada.

- Unidad de lugar: la obra debe transcurrir en un espacio único, sin cambios geográficos o de localización.

La historia de la literatura es la historia de cómo los creadores han desobedecido una y otra vez la regla de las tres unidades. Entonces, ¿qué sentido tiene mencionarla aquí? Te confieso que podría haberme ahorrado esta introducción y no habría pasado absolutamente nada, pero ya habrás notado que mi concepto de la literatura es más bien tradicional, y por ello me gusta presentar cada uno de los temas que voy tratando como resultado de un proceso secular. Me parece aconsejable bajar a los autores contemporáneos de su pedestal y mostrarlos como lo que son: herederos de un arte que se ha ido construyendo a lo largo de muchos siglos. Por otro lado, no se puede decir que la regla de las tres unidades carezca totalmente de vigencia hoy en día. De hecho, si lo tuyo es el cuento, harías bien en observarla, como recomienda el escritor argentino Adolfo Bioy Casares:

> En mis años de aprendizaje yo estaba en contra de las unidades (las veía como trabas a la libertad), pero con alguna sorpresa fui notando que las historias cuando se ajustan, cuando se comprimen, salen mejor. Las palabras lo dicen: compresión, tensión, intensidad (una cosa trae la otra). Sobre la unidad de tiempo diré que a veces preveo una duración de un mes para la acción del relato que estoy por escribir; pero al contarlo (o contármelo) advierto que si dura una semana será más intenso. Finalmente, cuando lo escribo, le doy una duración de cinco días. No hay duda: conviene que la ficción transcurra en el menor tiempo posible. Sé como lector y como escritor que los relatos cuya acción no dura más de un día logran frecuentemente una satisfactoria vivacidad.
>
> *Sobre la escritura, conversaciones en el taller literario* (2007)
> Ed. de Félix della Paolera y Esther Cross

Sea como sea, si entendemos la literatura como *mímesis*, es decir, como imitación de la vida (en esto yo también voy a pecar de aristotélico), hablar de las tres unidades nos brinda la excusa perfecta para referirnos a algunos de los desafíos técnicos que nos encontramos a la hora de representar la realidad en nuestras narraciones. El mundo está compuesto de seres que realizan acciones en el tiempo y en espacio. En el mismo instante, infinidad de individuos están haciendo algo en algún lugar. Podemos ver al narrador como un constructor de maquetas que elabora modelos a escala de la realidad. Su tarea consiste en crear una serie de personajes, elegir las acciones que van a realizar y situarlas en un marco temporal y geográfico determinado. Cuanto mejor sea la imitación, cuanto más fiel sea el modelo, más oportunidades habrá de que el lector se deje envolver por la historia y olvide que no está viviendo, sino leyendo, y que la trama no ocurre en la realidad, sino en las páginas del libro y en su imaginación. Las distintas formas de conseguir esta meta son las técnicas para escribir ficción, de las que ya hemos expuesto un buen número. En este capítulo vamos a abordar el modo de representar en una historia realidades tan complejas como son la acción, el espacio y el tiempo.

EL CUENTO Y LA INTENSIDAD

¿Una sola acción o varias acciones? ¿Una sola historia o varias historias que se suceden, se alternan o se combinan? ¿Un solo escenario o varios escenarios? ¿Un tiempo dilatado o limitado? La poca sorprendente respuesta es: depende.

Depende, sobre todo, del alcance y de la extensión de la historia que estemos escribiendo. O, lo que viene a ser lo mismo, depende de si lo que estamos escribiendo es una novela o es un relato. Por supuesto, en ambos casos estamos hablando de escritura narrativa, de géneros con muchas cosas en común, pero que al mismo tiempo son esencialmente distintos. La novela requiere un estilo de escritura extenso, mientras que en el relato predomina la intensidad. Las novelas se conciben y se escriben por partes y a lo largo de muchas sesiones, mientras que los relatos se piensan de una vez y no suelen ocupar más de unas pocas horas de escritura. Las novelas, debido a su multiplicidad de personajes, pueden y suelen incluir tramas principales y tramas secundarias subordinadas a ellas, mientras que los relatos acostumbran a concentrar toda la acción en un número muy limitado de personajes (puede ser un único personaje) responsables de un único hilo narrativo. Las novelas, por su propia naturaleza de género extenso, pueden presentar acontecimientos que se extienden a lo largo de años e incluso de siglos, mientras que los relatos concentran la acción en períodos de tiempo mucho más breves.

Una vez le preguntaron a Raymond Carver por qué había decidido escribir únicamente relatos en lugar de una novela:

> Yo era muy joven. Me casé a los dieciocho años. Mi mujer tenía diecisiete y estaba embarazada. Estábamos sin un centavo y teníamos que trabajar todo el día. Para mí era sencillamente imposible empezar algo que me llevara dos o tres años. De modo que decidí escribir poemas y cuentos. Eso me permitía ponerme a escribir y terminar de una sentada.
>
> Entrevista de Claude Grimal a Raymond Carver, 1987

En su respuesta Carver hace referencia al tiempo de la escritura como responsable de su elección del género del relato. Un tiempo de escritura corto suele coincidir con un tiempo de lectura asimismo breve. Por otro lado, tenemos el tiempo de la historia, que no es un tiempo real, sino un tiempo ficticio que corresponde a la duración de los acontecimientos narrados. Este no tiene que ser necesariamente breve, puesto que lo que se narra en un relato corto puede ocurrir en períodos de tiempo muy largos. De hecho, hay un relato de Isaac Asimov titulado «La última pregunta» que tiene una extensión moderada (unas 4500 palabras), y cuya acción, no obstante, abarca millones y millones de años de historia de la humanidad:

> La materia y la energía se agotaron y con ellas el espacio y el tiempo. Hasta AC existía solamente para la última pregunta que nunca había sido respondida desde la época en que dos técnicos en computación medio alcoholizados, tres trillones de años antes, formularon la pregunta en la computadora que era para AC mucho menos de lo que para un hombre el Hombre.
>
> ISAAC ASIMOV, «La última pregunta» (1956)
> Trad. de Carlos Gardini

Sin embargo, se puede decir que este cuento es una excepción, ya que la mayoría de los relatos suelen abarcar períodos de tiempo relativamente breves o muy breves. El cuento de Jack London «Encender una hoguera» transcurre prácticamente en tiempo real mientras su protagonista trata de completar la acción que se anuncia en el título:

> Tras numerosos intentos, sin quitarse las manoplas, por fin logró apresar el montón de cerillas con la base de las manos y llevárselo a la boca. La mordaza de hielo que le cubría los labios crujió y se quebró cuando, tras un violento esfuerzo, consiguió separarlos. Contrajo la mandíbula inferior, curvó hacia dentro el labio superior para que no interfiriera y atrapó el montón entre los dientes con intención de separar una cerilla. Superó la prueba y dejó caer la cerilla sobre el regazo. Pero seguía sin avanzar gran cosa. No podía cogerla.
>
> Jack London, «Encender una hoguera» (1902)
> Trad. de Catalina Martínez Muñoz

La extensión limitada, la acción única y la concentración temporal suelen crear una mayor intensidad en el cuento que en la novela. Este hecho, la plenitud y emoción que provocan la lectura de todo buen relato, lo ha experimentado cualquier lector al terminar un cuento que ha logrado tocarle la fibra sensible. Algunos hemos vivido incluso una sensación de epifanía tras leer determinados cuentos, como me ocurrió a mí cuando leí mi primer relato de Borges. Tenía yo entonces diecisiete años y cursaba COU. En nuestro libro de literatura (uno de esos entrañables manuales del profesor Lázaro Carreter) se ofrecía una magnífica selección de textos. El capítulo dedicado a la narrativa latinoamericana incluía un cuento de Jorge Luis Borges: «La biblioteca de Babel». Supongo que empecé a leerlo por puro aburrimiento: *El universo (que otros llaman la Biblioteca) se compone de un número indefinido, y tal vez infinito, de galerías hexagonales…* El cuento me fascinó de tal modo que, cuarenta años después, todavía no he dejado de vagar por las infinitas galerías de la biblioteca borgiana. Un universo entero contenido en unas pocas páginas, y el descubrimiento de que las combinaciones de los veintisiete signos alfabéticos arrojan como resultado todas las cosas, todos los seres, todas las historias concebibles. Acababa de descubrir la auténtica fuerza de la palabra escrita.

La intensidad del cuento con respecto a la novela era precisamente el motivo que esgrimía Borges para haberse decantado por este género. Hay otros autores que, a pesar de haber escrito novelas, son recordados sobre todo como autores de relatos. Uno de ellos es el maestro del cuento norteamericano John Cheever, autor de relatos tan emblemáticos que les resultan familiares incluso a quienes no los han leído. Uno de los más celebrados es el titulado «El nadador», cuya acción ocurre en el transcurso de unas pocas horas que, sin embargo, parecen abarcar toda una vida. Se trata de la historia de Neddy Merrill, un hombre que se embarca en la curiosa aventura de regresar a su casa nadando de piscina en piscina:

> Doce kilómetros hacia el sur, en Bullet Park, estaba su casa, donde sus cuatro hermosas hijas habrían terminado de almorzar y quizá jugasen al tenis en aquel momento. Fue entonces cuando se le ocurrió que si atajaba por el suroeste podría llegar nadando hasta allí. [...] Le pareció ver, con mentalidad de cartógrafo, la línea de piscinas, la corriente casi subterránea que iba describiendo una curva por todo el condado. Se trataba de un descubrimiento, de una contribución a la geografía moderna, y le pondría el nombre de Lucinda, en honor a su esposa.
>
> John Cheever, «El nadador» (1964)
> Trad. de José Luis López Muñoz y Jaime Zulaika

Curiosamente, el relato fue originalmente concebido como una novela, pero su autor decidió concentrar la acción y el tiempo en un cuento de extensión media en aras, precisamente, de la intensidad narrativa, una decisión acertada a la vista del resultado. Cheever es el autor que mejor ha descrito la tristeza y la decepción de la clase media-alta norteamericana en los 50 y los 60. Según él, «Un cuento o un relato es aquello que te cuentas a ti mismo en la sala de un dentista mientras esperas a que te saquen una muela».

Para comprender mejor el poder del cuento para causar una impresión intensa en el lector, debemos remontarnos una vez más a uno de los creadores del cuento moderno. A Edgar Allan Poe se le conocen una treintena de cuentos y una única novela (*La narración de Arthur Gordon Pym, de Nantucket*). Como se ha señalado antes, En su *Filosofía de la composición* habla de la necesidad de subordinar todos los elementos del cuento al logro de un efecto final, el que el autor desea dejar en el lector al finalizar la lectura. Esto se consigue concentrando en pocas páginas una serie de elementos que cooperan para lograr un único propósito (un número reducido de personajes, una secuencia única de acontecimientos, una serie de escenarios limitado o un único escenario y un final contundente). Prácticamente todos los relatos de Poe están concebidos para «explotar» en el párrafo final, lo que sería poco menos que imposible en una novela. En «La máscara de la muerte roja», por ejemplo, se nos narra la historia de Próspero, un príncipe que decide dar la espalda a la peste que está asolando su reino y encerrarse con sus invitados en una abadía para celebrar una interminable sucesión de fiestas y banquetes. El lugar único donde se desarrolla el cuento se describe con gran detalle:

> La segunda estancia ostentaba tapicerías y ornamentos purpúreos, y aquí los vitrales eran púrpura. La tercera era enteramente verde, y lo mismo los cristales. La cuarta había sido decorada e iluminada con tono naranja; la quinta, con blanco; la sexta, con violeta. El séptimo aposento aparecía completamente cubierto de colgaduras de terciopelo negro, que abarcaban el techo y las paredes, cayendo en pliegues sobre una alfombra del mismo material y tonalidad. Pero en esta cámara el color de las ventanas no correspondía a la decoración. Los cristales eran escarlata, tenían un color de sangre.
>
> EDGAR ALLAN POE,
> «La máscara de la muerte roja» (1842).
> Trad. de Julio Cortázar

La trama del cuento nos narra cómo, durante la celebración de una mascarada, irrumpe en la abadía un extraño personaje vestido con una mortaja negra salpicada de sangre y una máscara cadavérica. El príncipe Próspero lo persigue de habitación en habitación blandiendo una daga. Al llegar a la habitación decorada en color negro, logra atraparlo, pero cae fulminado en ese mismo instante. Cuando los horrorizados invitados retiran la máscara y la mortaja del extraño, comprueban que no hay nadie debajo. Entonces todos sucumben a la plaga y mueren.

El escritor argentino Julio Cortázar (quien por cierto es el principal traductor de Poe al castellano) afirmaba que mientras que la novela logra sus objetivos a través de un efecto acumulativo, el cuento satisface sus objetivos mediante una impresión rápida e integral. A pesar de la indudable modernidad de Cortázar, esta es la manera tradicional de entender el cuento, pero no es la única. Hoy en día el cuento literario suele adoptar una forma distinta, una estructura mucho menos rígida. Se suele citar al escritor ruso Antón Chéjov (1860-1904) como uno de los precursores de este modo de armar un relato en el que algunos hilos pueden quedar sueltos en lugar de converger al final. La narración se construye en torno a esbozos de historias, elementos en apariencia triviales y desconectados, insinuaciones, reflexiones… Se trata de relatos que suelen contar con un final abierto, pero ello no significa que carezcan de unidad o de «efecto final», sino que ambos se construyen de un modo mucho más sutil y paulatino, e influyen en el lector a un nivel inconsciente, sin que este lo note. La impresión que nos deja este tipo de relato puede que no sea tan intensa, pero suele resultar más profunda y duradera.

En un relato de la magnífica narradora norteamericana A. M. Homes, una mujer acude todas las noches a una playa para recoger los preservativos usados que tiran las parejas jóvenes, e inseminarse con su contenido. Sabemos muy poco de la mujer y apenas nada de sus motivos, pues la acción se centra en sus correrías nocturnas. Sus traumas, su pasado y sus intenciones se insinúan más que contarse. A pesar de su falta de concreción y de plantear muchas más preguntas que respuestas se trata de un relato difícil de olvidar:

> Coge el condón de la arena y sostiene cuidadosamente la funda de plástico de la lujuria, del deseo. Lo bueno es que el contenido no se ha derramado, y que el chico ha hecho un

> buen trabajo: la punta está llena, cree que contiene unos tres o cuatro centímetros cúbicos. Trabaja con rapidez, saca una jeringa sin aguja de su talego y la dirige hacia el condón.
>
> A. M. Homes, «Georgica» *(Cosas que debes saber,* 2005)
> Trad. de Javier Martínez de Pisón

Raymond Carver se consideraba un discípulo de Chéjov en su modo de concebir el cuento (lamento la insistencia con Carver, ¿qué habríamos hecho sin él los profesores de talleres literarios?).

En un relato titulado «Plumas», una pareja acepta la invitación de un compañero de trabajo del marido para almorzar en su casa. El relato gira en torno a tres elementos desconcertantes que encuentran en la vivienda de sus anfitriones: un pavo real al que se le permite entrar en la casa, un molde de escayola de una dentadura horriblemente deformada y un bebé feísimo y obeso:

> Sin excepción, era el niño más feo que había visto nunca. Era tan feo que no pude decir nada. Las palabras no me salían de los labios. No es que estuviese enfermo ni desfigurado. Nada de eso. Simplemente era feo. Tenía una cara grande y roja, ojos saltones, frente amplia y labios grandes y gruesos. Carecía de cuello propiamente dicho, y tenía tres o cuatro papadas bien llenas.
>
> Raymond Carver, «Plumas» *(Catedral,* 1983)
> Trad. de Benito Gómez Ibáñez

El cuento se construye en torno a estos tres elementos (el pavo, el molde de la dentadura y el niño) aparentemente arbitrarios y desconectados, conversaciones triviales y vagas reflexiones. ¿Cómo consigue Carver un sentido unitario, si es que es tal cosa lo que persigue? En realidad, los tres elementos mencionados apuntan en la misma dirección, aunque de un modo muy sutil. El pavo real se lo compró el marido a la esposa, quien en una ocasión dijo que siempre había soñado con tener uno; el arreglo de la dentadura fue también un regalo del marido; el niño feo (que no deja de ser un bebé sano y normal) es el símbolo de la devoción que la pareja se profesa. Frente a estos símbolos de amor, el matrimonio visitante muestra rechazo e incomprensión. Pero después no pueden evitar comparar la armonía que reina en la familia anfitriona, a pesar de su pavo monstruoso y su bebé feo, con al alejamiento y la frialdad de su propio matrimonio. Como en tantos otros relatos, Carver está usando «metáforas de situación», es decir, elementos simbólicos incluidos en la trama que se refieren a la circunstancia vital de los personajes.

Vemos, pues, que en los relatos modernos la falta de unidad y concreción suele ser solo aparente. El autor sí tiene un propósito y una serie de ideas y emociones que hacer llegar al lector. El camino que elige es, sin embargo, menos directo que el de los relatos de corte más tradicional. Una vez más, estamos ante el juego de símbolos e interpretaciones que caracteriza a la buena literatura. Estos refinamientos técnicos distinguen a los autores experimentados de los debutantes. Un escritor primerizo seguramente imitará a Poe, mientras que un narrador experimentado es más probable que mire a Chéjov y Carver. La decisión de hacia dónde quieres encaminar tu narrativa es enteramente tuya, pero conviene que amplíes tu campo de lectura y te fijes en cómo trabajan los maestros del relato, tanto los clásicos como los modernos. Un buen arsenal técnico es la herramienta fundamental para encontrar al escritor que llevas dentro.

LA NOVELA Y LA COMPLEJIDAD

¿Cuándo dejamos de hablar de relato y empezamos a hablar de novela? ¿Es una cuestión de número de páginas o palabras? ¿Dónde está la frontera? En más de una ocasión mis alumnos de los talleres me han hecho estas preguntas, y confieso que no tienen fácil respuesta. No parece lógico ni útil establecer un número de páginas o palabras que marquen la frontera entre un género y otro. ¿Treinta páginas? ¿Cincuenta páginas? ¿Quizás unas 20.000 palabras? Incluso si consideramos la existencia de un género intermedio, que sería la novela corta, sigue siendo muy problemático trazar una división tan arbitraria. Los anglosajones, con su mentalidad práctica, hablan de *short fiction* y *long fiction*, lo que les permite sortear la equívoca diferencia semántica entre los términos «relato» y «novela», pero opino que se trata de un simple parche para un problema de alcance, y que un intento de respuesta más completo nos puede ayudar a reflexionar sobre los géneros narrativos, e incluso llegar a algunas conclusiones valiosas.

En alguna ocasión les he contestado a los alumnos que hablamos de novela cuando la obra se puede publicar en un volumen independiente, y de relato cuando la narración solo admite su publicación junto a otras de extensión semejante (una colección de cuentos o una antología), o bien como contribución en un periódico o revista. Esta distinción, de naturaleza puramente editorial, tiene la virtud de que nos ayuda a salir airosos del brete, pero su defecto es que no aclara demasiado, pues apenas profundiza en la naturaleza de un género y del otro. Otra cosa sería si al criterio de la extensión le sumáramos el de que un cuento se puede leer de una sola vez, mientras que hasta la novela más breve suele requerir varias sesiones de lectura. La ventaja de este criterio es que abunda en la idea del cuento como género intenso, puesto que la posibilidad de leerlo de un tirón incide en la fuerza de su efecto en el lector (la idea es de Poe, no mía). El problema es que hay tantos tipos de lectores como de personas. El entusiasmo y aguante de ciertos lectores les permiten leer libros extensos de una sentada, aunque ello les suponga sacrificar el sueño o el descanso (yo mismo lo hice más de una vez cuando era joven), mientras que otros necesitan pausas regulares hasta para terminar las narraciones más modestas.

En realidad, el criterio de la extensión, aunque pertinente, no debería ser el decisivo. Para mí es mucho más importante el criterio de la complejidad, y este vuelve a tener mucho que ver con la regla de las tres unidades. Hemos vista que en el género breve existe una tendencia a atenerse a límites de acción, tiempo y lugar. Esto no ocurre por motivos de preceptiva, sino porque al hacerlo la narración gana en intensidad, lo que constituye una de las características del cuento. Las novelas son más largas y, por lo tanto, son recipientes mucho más amplios, en los que caben muchas más cosas. Si pensamos en un cuento como en el contenido de una maleta, una novela podría representarse con el contenido de todo un camión de mudanzas. En una maleta guardamos lo que vamos a necesitar durante unos pocos días, siempre pensando en las características del sitio al que viajamos y en la naturaleza de nuestro viaje (¿cómo es la temperatura allí?, ¿vamos a necesitar ropa formal?, ¿iremos a la playa?, ¿haremos caminatas por el campo?, ¿habrá toallas o tendremos que llevarlas con nosotros?). Al hacer la maleta tenemos muy claras nuestras intenciones y necesidades. En cambio, si lo que vamos a hacer es mudarnos a otra vivienda o a otra ciudad, lo que hacemos es trasladar todas nuestras pertenencias sin pensar en lo que vamos a necesitar de forma inmediata o no. Simplemente nos llevamos los objetos, muebles y enseres de muy distinta naturaleza que hemos ido acumulando a lo largo de nuestra vida. Un relato representa un viaje corto. En una novela nos quedamos a vivir durante una larga temporada, que en el caso del autor pueden ser varios años.

En una novela cabe casi todo. Las amplias hechuras del género nos permiten manejar constelaciones completas de personajes y lugares. La acción puede multiplicarse y ramificarse. El tiempo en una novela se puede dilatar hasta cubrir varios siglos. También, como veremos, puede avanzar y retroceder. La novela admite grados de complejidad casi inimaginables. Pensemos en la admirable profusión narrativa de ambas partes del *Quijote*; en las grandes novelas del XIX, que casi parecen contener un mundo en sus cientos de páginas; en el laberíntico *Ulises*, del cual ya hemos hablado. Un ejemplo más moderno sería la novela *La broma infinita*, de David Foster Wallace (1996). Se trata de una novela de más de mil páginas (muchas de ellas las ocupan notas a pie de página y notas finales) que ha sido catalogada como ciencia ficción, tragicomedia, distopía, novela filosófica, novela política y novela psicológica, tal es su grado de complejidad.

Frente a estas novelas monstruo, existen obras mucho más contenidas en su extensión y alcance que vienen a ser un híbrido entre novela y relato. La novela *Seda*, de Alessandro Baricco (2007), tiene unas 120 páginas impresas con una fuente tipográfica grande, y presenta una trama lineal y muy sencilla, amén de repetitiva, que nos hace pensar en una novela «de juguete» o un esbozo de novela. En otros casos, la brevedad no es un obstáculo para que consideremos la historia como una novela hecha y derecha, y a vuela pluma se me ocurren los ejemplos de *La metamorfosis* de Franz Kafka (1915), *Pedro Páramo*, de Juan Rulfo (1955) y *El coronel no tiene quien le escriba*, de Gabriel García Márquez (1985) ¿Y qué decir de obras como *El capote*, de Nikolái Gógol (1842) y *Bartleby, el escribiente*, de Herman Melville (1856), que algunas fuentes catalogan como novelas cortas y otras como relatos largos? Ambas obras, por cierto, se han publicado como libros independientes, si bien suele tratarse de ediciones ilustradas.

Ya ves que el asunto es peliagudo y, sin embargo, si se le pregunta a un escritor en qué tipo de proyecto literario está trabajando, seguramente responderá sin dudarlo si se trata de un relato o de una novela. ¿O no es así? Pues me temo que tampoco. Existen relatos que han tenido una segunda vida como novelas («El niño feo», del que ya hemos hablado, acabó convertido en una novela titulada *Hijo del tiempo*), mientras que otras narraciones nacieron con la intención de ser novelas y acabaron como relatos (ya se ha hecho referencia a «El nadador», de John Cheever). De modo que, a pesar de que la intuición y el sentido común parecen establecer fronteras claras entre un género y el otro, dichas fronteras son mucho más permeables de lo que suele pensarse, y registran un tráfico abundante en ambas direcciones.

Te he hablado de novelas monstruo, de novelas cortas y de relatos largos, de novelas con vocación de relato y de relatos con vocación de novela, y podríamos establecer una variedad de géneros intermedios, pero eso no nos conduciría a nada práctico y no es mi intención hacerte perder el tiempo con más elucubraciones. Lo que deseo ahora es subrayar una idea que ya se ha sugerido unos párrafos atrás, y me refiero a la novela frente a la unidad de acción. Parece que, en la mayoría de los casos, el género no se lleva muy bien con lo de la acción única. Naturalmente, abundan las excepciones, pero parece que en la esencia de la novela está la de presentar varias líneas de acción correspondientes a varios personajes, aunque todas ellas converjan una sola línea argumental.

Sin embargo, existe también la «novela polifónica», «novela mosaico» o «novela colmena». Nuestro ejemplo más cercano es, precisamente, *La Colmena*, de Camilo José Cela, con sus cerca de trescientos personajes que entran y salen de la trama, algunos en repetidas ocasiones y otros una sola vez. Se trata de un libro compuesto de líneas de acción independientes que a veces se cruzan y otras veces transcurren de forma simultánea. Cada fragmento aislado es insignificante, como la vida de los propios personajes, pero el conjunto forma un intrincado y oscuro *collage* que nos ofrece uno de los mejores testimonios literarios de la posguerra española. Como el diseño que ocultan los puntos de una imagen impresa, la intención de la novela no se manifiesta hasta que el lector se separa de la multiplicidad de personajes e historias y considera todos los fragmentos en conjunto.

> La Fotógrafa y el Astilla se fueron, muy cogiditos del brazo, por la calle del Prado arriba, por la acera de la izquierda, según se sube, donde hay unos billares. Algunas personas, al verlos, volvían un poco la cabeza.
>
> —¿Nos metemos aquí un rato, a ver posturas?
>
> —No, déjalo; el otro día por poco me meten un taco por la boca.
>
> —¡Qué bestias! Es que hay hombres sin cultura, ¡hay que ver! ¡Qué barbaridad! Te habrás llevado un susto inmenso, ¿verdad, Astillita?
>
> Pepe el Astilla se puso de mal humor.
>
> —Oye, le vas a llamar Astillita a tu madre.
>
> CAMILO JOSÉ CELA, *La colmena* (1951)

En la muy influyente novela norteamericana podríamos citar el ejemplo de *Manhattan Transfer*, del escritor John Dos Passos. El título hace referencia a una estación de tránsito en Manhattan, y la acción se desmenuza en docenas de historias individuales a lo largo de treinta años:

> En la ventanilla, franjas de perlas caían perpendicularmente cuando el tren se paraba y cada vez más oblicuas cuando aceleraba la marcha. Las ruedas retumbaban en su cabeza, repitiendo: Manhattan Trans-fer, Man-hattan Transfer. Todavía faltaba mucho para Atlantic City. Cuando lleguemos

> a Atlantic City... Oh, llovió cuarenta días... me pondré muy contenta... Y llovió cuarenta noches... Tengo que ponerme muy contenta.
>
> JOHN DOS PASSOS, *Manhattan Transfer* (1925)
> Trad. de José Robles

Incluso si pensamos en títulos menos ambiciosos que los mencionados, la complejidad de la novela, la multiplicidad de elementos que la componen y la exigencia de subordinarlos a un propósito común, convierten este género en un auténtico reto para la habilidad de un narrador. A veces me imagino el trabajo del novelista como uno de esos números de malabarismo en los que el artista mantiene en el aire muchos objetos a la vez, y posee la destreza y la rapidez necesarias para recoger los que están cayendo e propulsarlos de nuevo hacia arriba. La técnica que se precisa para construir una novela en la que todo funcione razonablemente bien (estructura, conflicto, trama, personajes, manejo del tiempo y del espacio, estilo, etc.) tarda en adquirirse años en los que el aspirante a novelista debe ejercitarse con formatos más manejables, y me refiero, lógicamente, al cuento.

Casi puedo oír a los fanáticos del cuento poner el grito en el cielo por lo que acabo de afirmar, reivindicando el valor y prestigio del relato frente a la novela, rechazando la idea de que el relato sea un mero ejercicio para aprender a escribir novelas y acusando al autor de este libro de ignorancia y parcialidad. En el fondo tienen algo de razón, aunque a los fanáticos y sectarios no hay que hacerles nunca mucho caso. Tienen razón en que el cuento es un género por derecho propio, con sus características, reglas y valores distintivos, como demuestra el hecho de ha habido grandes narradores que se han limitado a la ficción breve. Sin embargo, opino que un narrador novato cometería un error de bulto lanzándose a escribir una primera novela sin pasar primero por el aprendizaje del cuento, igual que un aspirante a malabarista debe contentarse con mantener tres pelotas de tenis girando en el aire antes de intentar ejecutar un número con antorchas encendidas.

El relato permite ejercitarse en todas las destrezas que se necesitan para escribir una novela, pero posee la ventaja de la su sencillez y amabilidad frente al carácter complicado y a veces irritante de su hipertrofiado género hermano. Con esto quiero decir que para el autor es más fácil llevarse bien con un relato que con una novela, y eso por no mencionar el hecho de que un relato se termina al cabo de unas pocas sesiones de escritura, con la consiguiente sensación de logro y el refuerzo positivo que ello supone. En cuanto a la idea del cuento como «hermano pequeño» o «pariente pobre» de la novela, me quedo con la afirmación del escritor argentino Abelardo Castillo en su libro *Ser escritor* (1997): «Si usted imagina que doscientas páginas son un trabajo literario más serio que diez, nunca escribirá un buen cuento, ni siquiera uno malo, quizá tampoco una novela».

LUGARES Y ATMÓSFERAS

Sea uno o sean múltiples los escenarios en los que va a transcurrir tu historia, la condición necesaria es que aprendas a ambientar debidamente los hechos que vas a narrar. Existen muchas maneras de describir un lugar, pero para las normas básicas te remito al capítulo tres de este libro, el que trata sobre «la buena escritura», donde se insiste en la conveniencia de usar un estilo natural y visual, en la relevancia de los detalles y en la importancia de desarrollar una mirada propia y original. El hecho de ser escritor pesa mucho en la vida de una persona y, en cierta medida, determina también su comportamiento. Del mismo modo que quienes escribimos desarrollamos un sentido especial para captar historias y personajes en la vida diaria, nuestra mirada, como la de un artista plástico, también se acostumbra a posarse sobre ciertos detalles de los lugares que recorremos que seguramente a otras personas les pasan desapercibidos: un cambio de luz, las motas de polvo que relucen en un rayo de sol, una grieta en una pared, la delicada arquitectura de una telaraña, una configuración determinada de las nubes, los colores brillantes de una hilera de casas, la curiosa forma de una ventana…

> Contemplaba yo la escena ante mí —la simple casa, el simple paisaje característico de la propiedad, los helados muros, las ventanas parecidas a ojos vacíos, algunos juncos alineados y unos cuantos troncos blancos y enfermizos— con una completa depresión de alma que no puede compararse apropiadamente, entre las sensaciones terrestres, más que con ese ensueño posterior del opiómano, con esa amarga vuelta a la vida diaria, a la atroz caída del velo. Era una sensación glacial, un abatimiento, una náusea en el corazón, una irremediable tristeza de pensamiento que ningún estímulo de la imaginación podía impulsar a lo sublime. ¿Qué era aquello —me detuve a pensarlo—, qué era aquello que me desalentaba así al contemplar la Casa de Usher?
>
> EDGAR ALLAN POE, «La caída de la Casa Usher» (1839)
> Trad. de Julio Cortázar

El pasaje de Poe que acabo de citar ejemplifica muy bien algo que debes de tener cuenta a la hora de describir los lugares donde transcurre la acción. Un escritor (al igual que un pintor) no es un fotógrafo. Tu objetivo no debe ser la exactitud, ni siquiera cuando describas lugares reales que el lector puede conocer o reconocer. Tus descripciones cumplen el papel de ambientar la acción, y para ello debes seleccionar las características del lugar que contribuyan mejor a crear el ambiente que estás construyendo. Pero todavía has de ir un paso más allá: tus descripciones deben ser atmosféricas.

El término «atmósfera», que nos remite a las ciencias físicas, hace referencia a la masa gaseosa que envuelve la Tierra. Aplicado a la escritura, se refiere a una emanación subjetiva que envuelve a los personajes y que tiñe los lugares que recorren de un modo u otro según su estado de ánimo. Una atmósfera es tan subjetiva y tan emotiva como los personajes que deambulan por ella. Seguramente has visto la película *Blade Runner* y recuerdas esa ciudad de Los Ángeles futurista donde tienen lugar las aventuras de Deckard, Roy y Rachel, una urbe sucia y atestada de gente en la que siempre llueve y siempre es de noche. Recordarás los rascacielos, los gigantescos carteles publicitarios de realidad virtual, los coches voladores y sus luces destellantes, los mercados callejeros… Y todo ello envuelto en la cautivadora música de Vangelis. A eso me refiero cuando hablo de atmósfera.

El concepto es esencial en la literatura de género, sobre todo en la novela negra y en la narrativa fantástica y de terror. Pero la capacidad de construir una atmósfera determinada embellece y mejora las narraciones de cualquier género, pues, lejos de ser un elemento ornamental, contribuye a crear sensaciones, emociones y, en definitiva, significados.

El relato «El llanto de la vieja Hilda», de Miguel Ángel Molina, está ambientada en un pueblo remoto de América Latina cuyos habitantes sufren bajo un interminable aguacero de proporciones bíblicas. La población está siendo diezmada por el cólera. Los cadáveres se apilan y las inundaciones hacen que enterrarlos sea una empresa imposible:

> El cortejo fúnebre tardó una semana en salir de la aldea. Después de que las nubes se hubieran estrellado contra la tierra durante días, la hondonada donde se enterraba a los difuntos se había convertido en una laguna. Hubo que construir aliviaderos para desaguar el cementerio. Aun así, fue imposible cavar una fosa. Las palas solo conseguían extraer fango, y el terreno, inestable y movedizo, rápidamente se ocupaba de rellenar los huecos con más fango. Usaron tablones de madera a modo de dique, pero ni por esas. Todo resultó tan inútil como dar sepultura a un muerto en el fondo del mar.
>
> MIGUEL ÁNGEL MOLINA,
> «El llanto de la vieja Hilda» (2011)

Las atmósferas se crean con una cuidada selección de los elementos descriptivos y con el predominio de los detalles concretos sobre los elementos abstractos. El camino que debemos recorrer para llegar a lo abstracto (ideas, sentimientos y emociones) debe partir de lo concreto. Si queremos expresar la desesperación de los habitantes del pueblo donde transcurre el relato de Miguel Ángel Molina, lo más eficaz no es acumular adjetivos que hagan referencia a ese sentimiento (*desolados, desesperados, abatidos, desmoralizados…*), sino mostrarle al lector un cementerio convertido en un lodazal, donde para enterrar un cadáver es necesario apilar piedras sobre el ataúd para que el fango movedizo no lo arrastre.

Las descripciones atmosféricas contribuyen a crear el clima emocional de la historia tanto como las descripciones de los personajes y de sus acciones. Es cierto que su dominio requiere mucha práctica y que su ejecución responde a un nivel de destreza considerable. Con todo, independientemente del momento del aprendizaje en que te encuentres, es fundamental que recuerdes que la buena escritura no se basa en describir por describir ni en registrar cada detalle. El hombre que llega a Comala en busca de su padre se encuentra con un pueblo silencioso que se asemeja a un gran cementerio. El silencio es el elemento que el autor elige para describir el pueblo de Pedro Páramo:

> Era la hora en que los niños juegan en las calles de todos los pueblos, llenando con sus gritos la tarde. Cuando aún las paredes negras reflejan la luz amarilla del sol. Al menos eso había visto en Sayula, todavía ayer, a esta misma hora. Y había visto también el vuelo de las palomas rompiendo el aire quieto, sacudiendo sus alas como si se desprendieran del día. Volaban y caían sobre los tejados, mientras los gritos de los niños revoloteaban y parecían teñirse de azul en el cielo del atardecer. Ahora estaba aquí, en este pueblo sin ruidos. Oía caer mis pisadas sobre las piedras redondas con que estaban empedradas las calles.
>
> JUAN RULFO, *Pedro Páramo* (1955)

La acumulación de detalles no mejora tus descripciones ni contribuye a crear una atmósfera. No eres un guía turístico, sino un narrador, es decir, un artista. Una narración que no aporta emoción ni belleza son palabras vacías, tinta gastada en vano. La siguiente descripción de la ciudad vieja de Jerusalén es tan poco sugerente que el autor bien habría podido inspirarse en algún artículo de Wikipedia o de la guía *Lonely Planet*:

> Continuaron con su paseo y atravesaron la plaza Central del Barrio Judío dejando atrás la sinagoga de Rambán, a la que entraron para echar un breve vistazo, ya que no querían que

se les hiciera muy tarde sin terminar de ver otras cosas. Pasaron por los restos de la sinagoga Hurvá, uno de los símbolos del barrio. Les pareció especialmente bello el arco reconstruido que formaba parte de los cuatro arcos centrales que en su día tuvo el templo. Pudieron ver en los folletos que la sinagoga había sido destruida durante la guerra de la independencia.

PACO GÓMEZ ESCRIBANO, *El círculo alquímico* (2011)

Compara la descripción que acabas de leer con el admirable estilo impresionista que usa el escritor norteamericano Harold Brodkey para ambientar los escenarios de la infancia de su narrador:

Mi infancia en St. Louis es un cierto matiz de rojo ladrillo, un rojo oscuro, casi melodioso, sombrío, veteado de azul. No me refiero a la real, sino a la falsa infancia que se extiende desde el despertar de la conciencia hasta el día en que abandonamos el hogar para irnos a la universidad. Ese matiz de rojo ladrillo y de follaje verde es St. Louis en verano (el invierno no es más que un cielo gris y el atestado autobús escolar y las huellas húmedas en el linóleo pardo de la escuela), y ese mismo rojo ladrillo con el cielo pálido es la primavera. Y también es la soledad y el extraño asombro melancólico que sienten los niños cuyas familias han sufrido sucesivas catástrofes.

HAROLD BRODKEY, «El estado de gracia» (1953)
(*Primer amor y otros pesares*)
Trad. de Enrique Murillo

Y ahora observa cómo el novelista norteamericano Cormac McCarthy se las arregla para crear una áspera atmósfera portuaria mediante el uso de un par de elementos sensoriales bien escogidos:

Recorre las callejuelas del puerto. El aire huele a sal y a madera recién aserrada. De noche las putas le llaman como almas en pena desde la oscuridad.

CORMAC MCCARTHY, *Meridiano de sangre* (1985)
Trad. de Luis Murillo Fort

Hay muchos criterios que permiten distinguir una buena escritura de la que no lo es. La calidad de las descripciones evidencia buena parte de la habilidad y el talento de un autor. Se trata, sin lugar a duda, de un elemento esencial, pero solo cuando aportan algo interesante a la historia. Si los lugares que se describen parecen construidos con cartón piedra, si el lector tiene la impresión de que estás añadiendo líneas de texto desprovistas de valor narrativo, lo más probable es que se salte ese párrafo y siga leyendo donde le parezca que empieza a «pasar algo». Esto significa que también en las descripciones debe pasar algo.

Lejos de ser meros pasajes de trámite, tus descripciones deben acentuar las emociones de los personajes en un proceso de ida y vuelta. Deben ser como el aire que los protagonistas inspiran y expiran, emanar de ellos y a la vez mostrar su naturaleza o su estado de ánimo. Y para ello no hace falta embarcarse en interminables pasajes descriptivos. Basta con seleccionar los elementos más relevantes y mostrarlos allá donde sean necesarios. Recuerda que describir a base de pinceladas sueltas, una aquí y otra allá, suele ser más eficaz que concentrar toda la atmósfera de la escena en una único y largo párrafo, y luego olvidarse del asunto para pasar a otras cosas

Y, quizás lo más importante, combina descripción y acción. Procura que los lugares que describes estén siempre habitados por los personajes, conviértelos en escenarios reales de sus acciones y procura que tus descripciones no sean meros cuadros decorativos como los que colgarías en tu salón:

> Precisamente en este momento, en uno de esos elegantes pisos en propiedad situados en Park Avenue y que tanto obsesionaban al alcalde… techos de cuatro metros… dos alas, una para los *wasps* y otra para el servicio… Sherman McCoy estaba en cuclillas, en mitad del gran vestíbulo, tratando de ponerle la correa a un dachshund. El piso de mármol verde oscuro se extendía interminablemente a su alrededor. Por un lado conducía hasta el pie de una escalera de nogal que descendía en una suntuosa curva desde el piso superior. Era esa clase de apartamento cuya sola idea basta para encender hogueras de envidia y codicia en la gente de todo Nueva York

o, si vamos a eso, absolutamente de todo el mundo. Pero Sherman sólo ardía en deseos de salir de este fabuloso pisazo durante al menos treinta minutos.

Tom Wolfe, *La hoguera de las vanidades* (1987)
Trad. de Enrique Murillo

La inmovilidad suele estar reñida con el género narrativo, en cuya esencia está que ocurran cosas. Una descripción atmosférica no tiene por qué ser en modo alguno estática. Fíjate en el bullicio que reina en esta descripción, densamente atmosférica, que encontramos en el arranque de una novela de Haruki Murakami:

Nuestra mirada escoge una zona donde se concentra la luz, enfoca aquel punto. Empezamos a descender despacio hacia allí. Un mar de luces de neón de distintos colores. Es lo que llaman un barrio de ocio. Las enormes pantallas digitales instaladas en las paredes de los edificios han enmudecido al aproximarse la medianoche, pero los altavoces de las entradas de los locales siguen vomitando sin arredrarse música hip-hop en tonos exageradamente graves. Grandes salones recreativos atestados de jóvenes.

Haruki Murakami, *After Dark* (2004)
Trad. de Lourdes Porta Fuentes

EL TIEMPO DE LA NARRACIÓN

Aunque tal vez, de forma más apropiada, debería haber titulado este epígrafe «los tiempos de la narración». No en vano la mayoría de las historias no contienen un único tiempo, sino varios. En primer lugar, se debe considerar el tiempo que emplea el narrador (no identificar necesariamente con el autor) para contar las acciones de los personajes, lo que se corresponde con un tiempo de lectura más largo o más breve. Después podemos hablar de tiempos que transcurren a velocidades distintas, que se aceleran, se demoran o incluso se detienen. Hay un tiempo general de la historia y tiempos parciales encajados dentro de ella, tiempos que nos pueden remitir al pasado o al futuro con respecto a la cronología general de los acontecimientos… El tiempo del relato no es el tiempo de los relojes, sino un tiempo tan subjetivo como la propia experiencia humana, que es precisamente lo que la literatura trata de reflejar.

Un relato de Borges titulado «El milagro secreto» ejemplifica admirablemente hasta qué punto puede ser subjetivo el tiempo tal y como lo experimenta una persona-personaje: el escritor checo Jaromir Hladík, apresado por la Gestapo, concibe durante su estancia en prisión un monumental drama en verso, pero va a ser ejecutado y necesita un año para completar su obra. En la víspera de su ejecución, reza para que le sea concedido ese plazo de modo que su obra pueda quedar terminada. Al día siguiente, cuando el reo ya está ante el pelotón de fusilamiento y la orden de «¡fuego!» ha sido dada, Dios obra el milagro y el tiempo queda detenido para todos excepto para Hladík. El poeta está inmóvil, pero su pensamiento no se ha detenido, lo que le permite seguir trabajando en su drama durante un año. En el instante en que encuentra el último epíteto, los fusiles restallan y Hladlík cae fulminado al suelo.

> Las armas convergían sobre Hladík, pero los hombres que iban a matarlo estaban inmóviles. El brazo del sargento eternizaba un ademán inconcluso. En una baldosa del patio una abeja proyectaba una sombra fija. El viento había cesado, como en un cuadro. Hladík ensayó un grito, una sílaba, la torsión de una mano. Comprendió que estaba paralizado. No le llegaba ni el más tenue rumor del impedido mundo. Pensó «estoy en el infierno, estoy muerto». Pensó «estoy loco». Pensó «el tiempo se ha detenido».
>
> Jorge Luis Borges, «El milagro secreto»
> (*Ficciones*, 1943)

Como ocurre en este cuento fantástico, el tiempo de la narración es manipulable a gusto del autor. Para comprender cómo se opera este pequeño milagro, debemos empezar por establecer una división entre el tiempo de la historia y el tiempo de la lectura:

a) Tiempo de la historia:

Se trata del tiempo interno del relato, el que tardan en transcurrir los acontecimientos que se narran. El concepto es relativamente objetivo, aunque no siempre resulta fácil de determinar en según qué obras. Tenemos novelas en la que se respeta la unidad de tiempo, es decir, que cuentan tramas que duran un solo día, como por ejemplo *Ulises* y *La señora Dalloway,* de las que tanto hemos hablado, *Sábado,* de Ian MacEwan y *Veinticuatro horas en la vida de una mujer,* de Stefan Zweig. Tenemos narraciones que cuentan toda la vida de sus protagonistas, como la novela *El perfume*, de Patrick Süskind, y el relato «El curioso caso de Benjamin Button», de F. Scott Fitzgerald. Hay novelas que transcurren a lo largo de generaciones, como *Cien años de soledad*, de García Márquez, y *Londres*, de Edward Rutherford, en la que se narra la historia de la ciudad a través de los sucesivos vástagos de dos familias, por lo que su acción abarca 2.000 años. En otros casos, la narración introduce resúmenes y elipsis, por lo que no es fácil determinar el tiempo que transcurre en la historia, o solo podemos hacerlo de un modo aproximado (días, semanas, años...). Por último, están las rarezas, como es el caso del relato de Borges, este tiempo sería el que transcurre entre la detención de Hadlík y el momento en que el poeta cae abatido por las balas alemanas. Con la salvedad de que este cuento introduce, además, un tiempo adicional que solo experimenta el protagonista, y me refiero a ese año de tregua que solo transcurre para Hadlík y no afecta al resto del universo. El género de la ciencia ficción, con los viajes relativistas y las máquinas del tiempo, ha extendido el concepto de un tiempo manipulable hasta convertirlo en algo familiar para los lectores de este género.

b) Tiempo de la lectura.

En las *Confesiones* de san Agustín leemos: «¿Qué es, pues, el tiempo? Si nadie me lo pregunta, lo sé; pero si quiero explicárselo al que me lo pregunta, no lo sé». La cita expresa muy bien la perplejidad que siento ahora mismo, mientras trato de sistematizar el concepto de tiempo narrativo y hacerlo comprensible, aunque se trate de un tiempo tan artificial como el de la obra literaria. Pero íbamos a hablar del tiempo de la lectura. ¿Eres un lector rápido? ¿Cuánto tiempo has empleado en leer este capítulo desde su inicio? ¿Cuánto tiempo tardas, aproximadamente, en leer una novela de extensión media, de unas trescientas páginas? El lector electrónico Kindle calcula, según tu ritmo de lectura, el tiempo que te resta para acabar el capítulo o el libro que estás leyendo. En este caso estamos hablando de un tiempo real (un tiempo que nos afecta a todos), y no de un tiempo ficticio que solo transcurre para los personajes de la historia y dentro de sus márgenes. Se trata, por lo tanto, de un tiempo que existe fuera de la historia, un tiempo ajeno a la narración, nuestro tiempo de lectores. Esto te puede parecer una frivolidad, pero en realidad se trata de un concepto útil del que podemos extraer conclusiones valiosas.

La relación entre el tiempo de la historia y el tiempo de la lectura genera cambios de ritmo (es decir, de velocidad) en la narración cuya importancia justifica que les dediquemos el epígrafe siguiente.

EL TIEMPO: VELOCIDAD

a) Tiempo de la historia > tiempo de la lectura: el resumen

Cuando el tiempo de la historia se comprime en unos pocos párrafos o unas cuantas líneas, estamos hablando de un resumen. Los resúmenes son una herramienta muy útil para el narrador, pues nos permite despachar largos períodos en poco espacio, y suelen emplearse como transición entre las escenas, siempre y cuando los acontecimientos narrados no posean la suficiente entidad como para justificar un tratamiento más detenido o detallado. En el siguiente ejemplo de Félix J. Palma, tres años de tiempo de la historia se condensan en lo que en tiempo de la lectura se despacha con siete líneas:

La novela superó todas las expectativas, convirtiéndose en un fenómeno de ventas que arrastró a Diego por toda Europa como un antiguo buhonero, en una campaña promocional que se dilató casi dos años, a los que luego hubo que sumar otro más de gira por las principales librerías y universidades norteamericanas cuando *Sangre y ámbar* se publicó en la lengua de Shakespeare, de la mano de la prestigiosa Simon & Schuster.

Félix J. Palma, *El abrazo del monstruo* (2019)

Los resúmenes entrañan, sin embargo, un riesgo, pues se prestan a que el autor (sobre todo el narrador poco experimentado) los aproveche para hacerle guiños al lector o para deslizar opiniones o ironías que no vienen al caso. Esto resulta especialmente molesto cuando se está usando un narrador heterodiegético, es decir, ajeno a la historia.

Durante tres años, Carlos sufrió las decisiones despóticas del impresentable de su jefe y de los burócratas y chupatintas de los gerentes. Pero, claro, necesitaba el trabajo y no se atrevió a protestar ni a decir esta boca es mía.

Un resumen no es el momento de la escritura más idóneo para recabar la complicidad del lector ni para emplear este tipo de tono, que precisa de una cercanía mayor al personaje, lo que correspondería al examen psicológico o la escena.

b) Tiempo de la historia = tiempo de la lectura: la escena

La escena es la unidad narrativa más importante, y de momento no vamos a detenernos mucho en ella, pues la discutiremos de forma mucho más amplia en el capítulo siguiente. Una escena se puede componer de partes dialogadas, partes descriptivas, partes narrativas, análisis psicológicos… Incluso podemos insertar en ella pequeños desplazamientos temporales en forma de recuerdos, de referencias al pasado o de ensoñaciones de los personajes. Pero lo que caracteriza mejor a la escena es su carácter unitario, que se consigue aplicando las unidades de acción, lugar y tiempo en esa parte de la trama: un número limitado de personajes en un marco de acción única, un solo lugar y un tiempo limitado de la historia que se corresponde aproximadamente con el tiempo de la lectura. A veces las escenas pueden abarcar un relato completo, como ocurre con el siguiente cuento del argentino Rodolfo Walsh, que se considera uno de los mejores de la narrativa latinoamericana:

> El coronel elogia mi puntualidad:
>
> —Es puntual como los alemanes —dice.
>
> —O como los ingleses.
>
> El coronel tiene apellido alemán.
>
> Es un hombre corpulento, canoso, de cara ancha, tostada.
>
> —He leído sus cosas —propone—. Lo felicito.
>
> Mientras sirve dos grandes vasos de whisky, me va informando, casualmente, que tiene veinte años de servicios de informaciones, que ha estudiado filosofía y letras, que es un curioso del arte. No subraya nada, simplemente deja establecido el terreno en que podemos operar, una zona vagamente común.
>
> RODOLFO WALSH, «Esa mujer» (1967)

---

c) Tiempo de la historia < tiempo de la lectura: la descripción, la reflexión, el análisis psicológico.

Cuando el narrador describe, el tiempo de la historia se detiene o se ralentiza. Lo mismo reza para aquellos momentos en que el narrador introduce sus propias reflexiones, cuenta lo que los personajes piensan o explica su estado de ánimo. Se trata, por lo tanto, de un recurso muy útil para marcar el ritmo de una historia. Los pasajes en los que abunden la descripción, la reflexión o el análisis psicológicos imprimen a la lectura un ritmo más lento que aquellos en los que predominen la acción o el diálogo, y constituyen un contrapunto muy adecuado para introducir variedad en el ritmo de la historia: los momentos de sosiego que se alternan con momentos trepidantes permiten al lector recuperar el aliento y reanudar con más serenidad la lectura. Esto ocurre porque tendemos a leer con más rapidez los tramos en los que hay mucha acción. Nos espolean a ello la abundancia de verbos de movimiento y el estilo de períodos breves y recortados. Si agrupamos pasajes de acción, el lector puede sentirse fatigado, y un lector fatigado o aburrido es un lector poco atento. Después de un momento de la historia muy denso en acontecimientos, conviene introducir tramos más relajados en los que predomine la reflexión o la descripción, o quizás un resumen. De este modo el lector podrá digerir las emociones que acaba de vivir y prepararse para las venideras.

Ya nos hemos referido en una sección anterior, cuando hablábamos de la atmósfera, a la descripción de lugares. Para los retratos podemos aplicar una técnica similar, es decir, conviene ser selectivo y dosificar con cuidado los rasgos que vamos a usar para caracterizar a los personajes. Es preferible centrarnos en detalles significativos, llamativos y muy visuales a intentar trazar un «retrato robot» cuya fuerza se disipará por el exceso de elementos que lo conforman. En *La hoguera de las vanidades*, Tom Wolfe hace abundantes referencias a la barbilla de su protagonista. Sherman McCoy heredó su prominente barbilla de su padre, quien también era un tiburón de Wall Street, y lo considera un distintivo de su rango social. La barbilla de los McCoy tiene incluso un nombre: el mentón de Yale.

> Estaba orgulloso de su mentón. El mentón McCoy; como el del León. Un mentón viril, grande y redondeado como el que tenían antaño los hombres de Yale retratados por Gibson y Leyendecker, un mentón aristocrático, pensaba Sherman, que también era ex alumno de Yale, un hombre de Yale.
>
> TOM WOLFE, *La hoguera de las vanidades* (1987)
> Trad. de Enrique Murillo

Aunque sepamos que las descripciones siempre van a frenar el ritmo de la narración, hay modos de lograr que este no se detenga del todo. Esto se consigue insertando las descripciones dentro de un cuadro dinámico que nos muestre a los personajes haciendo algo, como en el siguiente ejemplo:

> Una gorra de cazador verde apretaba la cima de una cabeza que era como un globo carnoso. Las orejeras verdes, llenas de unas grandes orejas y pelo sin cortar y de las finas cerdas que brotaban de las mismas orejas, sobresalían a ambos lados como señales de giro que indicasen dos direcciones a la vez. Los labios, gordos y bembones, brotaban protuberantes bajo el tupido bigote negro y se hundían en sus comisuras, en plieguecitos llenos de reproche y de restos de patatas fritas. En la sombra, bajo la visera verde de la gorra, los altaneros ojos azules y amarillos de Ignatius J. Reilly miraban a las demás personas que esperaban bajo el reloj junto a los grandes almacenes D. H. Holmes, estudiando a la multitud en busca de signos de mal gusto en el vestir.
>
> JOHN KENNEDY TOOLE, *La conjura de los necios* (1980)
> Trad. de Ángela Pérez y José Manuel Álvarez-Flórez

A pesar de su extensión, merece la pena citar completo este párrafo de apertura de *La conjura de los necios*, pues demuestra de forma admirable lo que te acabo de recomendar. En estas líneas no solo se muestra con precisión el aspecto físico y el excéntrico atuendo de Ignatius J. Reilly, el personaje que soporta sobre sus fornidos hombros casi todo el peso de la novela, sino que nos lo muestra en el momento en que, aprovechando el rato de espera, se dedica a juzgar de forma implacable el modo de vestir de la gente que desfila ante él. Ignatius es un individuo sobrealimentado, pedante, vanidoso y con serios problemas de higiene personal. Sin embargo, él se considera mejor que sus semejantes, lo que se pone de manifiesto desde el primer párrafo, así como el tono de sátira de la obra en su conjunto.

Hemos hecho referencia a la introducción de las reflexiones del autor como uno de los modos de detener el paso del tiempo en la historia. Se trata de un recurso que se usaba en abundancia en momentos anteriores de la literatura en los que predominaba el narrador omnisciente. El narrador-autor se concede la libertad de interrumpir la historia cuando le parece oportuno para introducir sus pensamientos, sus ideas, sus juicios y sus prejuicios:

El deseo no nace menos de la dificultad que de la facilidad del triunfo. Todas las pasiones de los hombres se hallan ciertamente excitadas o mantenidas por una u otra de estas dos causas, que dividen el imperio amoroso. Quizás esta división es una consecuencia de la gran cuestión de los temperamentos, que domina, por más que se diga, la sociedad. Si los melancólicos tienen necesidad del tónico de las coqueterías, quizá los nerviosos o sanguíneos se alejan si la resistencia dura demasiado. En otros términos, la elegía es tan esencialmente linfática como bilioso es el ditirambo.

Honorè de Balzac,
Papá Goriot (1835)
Trad. de Carola Tognetti

Un párrafo tan indigesto como este resultaría difícil encontrarlo en una novela contemporánea. La narrativa moderna prefiere mostrar a decir, dejar al autor en un segundo plano o hacerlo desaparecer, y que sea el lector quien saque sus propias conclusiones. El lector actual suele rechazar a los autores que se muestran didácticos o moralistas en sus obras. Esto no significa que no se pueda ejercer la crítica a través de la narrativa. Los autores modernos son tan mordaces o más que los clásicos, pero canalizan sus juicios por otros cauces, por ejemplo, poniéndolos en boca de los personajes:

¿Sabe cómo llamo yo a los musulmanes? Los miserables del Sahara. No se merecen otro nombre. ¿Cree usted que el islam podría haber nacido en una región tan fértil? [señaló otra vez el valle del Nilo, con verdadera emoción.] No, señor. El islam solo podía nacer en un estúpido desierto, entre beduinos mugrientos que no tenían otra cosa que hacer, con perdón, que darles por el culo a sus camellos.

Michel Houellebecq, *Plataforma* (2001)
Trad. de Encarna Castejón

También el análisis psicológico, es decir, los momentos en que nos asomamos a la mente de los personajes para conocer sus pensamientos o su estado de ánimo, es un modo frecuente de frenar la velocidad de la narración. El tiempo cronológico se sustituye por el tiempo psicológico hasta que la acción se reanuda:

> Es mejor no pensar, pero los pensamientos llegan y se deslizan a través de ella, entrelazándose. Intenta que salgan a la misma velocidad con la que entran, pero se le acumulan en el interior, un pensamiento sobre otro. Ya ese empeño —esforzarse en que entren y salgan y no se le acumulen— es de por sí un pensamiento demasiado intenso para su cabeza.
>
> SARA MESA, *Un amor* (2020)

c) Tiempo de la lectura = 0: la elipsis.

Estamos hablando de uno de los recursos más eficaces para avivar el ritmo de una historia y reflejar el tiempo en la narración sin tener que narrar en exceso. A fin de cuentas, habrá siempre momentos en las vidas de los personajes que no son importantes para la trama, que son superfluos y que, por lo tanto, ni siquiera merece la pena contar a modo de resumen. Esto ocurrirá, por ejemplo, cuando los personajes estén durmiendo, aseándose o comiendo. Salvo que tengan un sueño premonitorio, que en la ducha los ataque una anciana con un cuchillo o que durante la comida mueran al atragantarse con un hueso de pollo, lo mejor es relegar esas partes al silencio. En el siguiente ejemplo de Paul Auster, el narrador se salta veinticuatro horas de la vida del personaje porque no las considera importantes ni aportan nada a la historia:

> Contestó el teléfono después del sexto timbrazo, pero no había nadie al otro extremo de la línea. La persona que llamaba había colgado.
>
> La noche siguiente estaba preparado. Tumbado en la cama, leyendo cuidadosamente las páginas del *Sporting News*, esperó a que el desconocido llamara por tercera vez.
>
> PAUL AUSTER, *La ciudad de cristal* (1985)
> Trad. de Maribel de Juan Guyatt

Ya ves que, cuando se introduce una elipsis, la narración suele reanudarse con la indicación del tiempo que ha transcurrido: «la noche siguiente», «al cabo de veinte años», etc. Vicente Marco, un amigo escritor que también se prodiga como profesor de talleres literarios, les suele decir a sus alumnos que un complemento adverbial como «cuatro días después» es en realidad un «transportador temporal», lo que suena mucho más evocador que lo que nos contaban en las clases de sintaxis del instituto.

En ocasiones una elipsis invita a la participación del lector, como ocurre en la novela *Al faro*, de Virginia Woolf. La parte inicial de la novela transcurre antes de la Primera Guerra Mundial, mientras que la segunda parte comienza diez años después, cuando la guerra ya ha terminado. Sin embargo, el lector no recibe información sobre lo que les ha ocurrido a los personajes durante esos años decisivos (varios de ellos han muerto), por lo que ha de completar estas lagunas con los indicios y alusiones que encuentra en la segunda parte.

A veces a los escritores nos resulta difícil decidir cuándo es conveniente introducir una elipsis. El filósofo austriaco Ludwig Wittgenstein dijo que «de lo que no se puede hablar, lo mejor es callarse». Ampliando este principio, podríamos decir que «lo que no es necesario contar, lo mejor es callárselo». Pero ¿cómo sabemos que alguna parte de la historia es preferible omitirla? La experiencia suele ayudar en estos casos. Por lo que a mí respecta, cuando estoy escribiendo a veces noto que el trabajo se está volviendo tedioso, pesado, que me cuesta mucho más esfuerzo del habitual seguir tecleando palabras en el ordenador. Para mí, esa sensación es un buen indicio de que quizás lo mejor sería saltarme esa parte de la historia y sustituirla por una elegante elipsis (si a mí me está resultando pesado escribirla, imagínate cómo se sentirán los lectores al leerla). De todos modos, nunca es tarde para introducir una elipsis, y el proceso de corrección suele ser un excelente momento para aligerar la historia de las partes que la lastran sin aportar nada importante a cambio. No afirmo que la técnica de cortar y simplificar sea fácil de adquirir. De hecho, en muchas ocasiones a los escritores nos resulta doloroso emplear la tijera en los borradores de nuestras obras.

Resulta doloroso, pero es necesario. De modo que piensa en la tecla *Supr* como en tu mejor aliada para mejorar tu estilo y para pulir tu técnica narrativa.

EL TIEMPO: DIRECCIÓN

Como sabes muy bien, existen dos modalidades de viajes en el tiempo: los que llevan al pasado (como el del protagonista de *Un yanqui en la corte del rey Arturo*, de Mark Twain) y los que te transportan al futuro (la novela fundacional *La máquina del tiempo*, de H. G. Wells, es un buen ejemplo). Los saltos temporales que podemos usar para romper el orden cronológico en una historia son los mismos, y se conocen con las denominaciones de analepsis y prolepsis.

a) La analepsis.

Seguramente estás muy familiarizado con este recurso, sobre todo por el cine (donde se denomina *flashback*). En realidad, la analepsis (un término griego que significa «recuperación» o «restauración») es tan antigua como la literatura. La narración de los viajes de Ulises es una larga historia que el rey de Ítaca desgrana ante la corte de los feacios. El relato de un personaje es la técnica más tradicional de introducir una analepsis en la historia, pero no es la única. Cuando se adopta el punto de vista del narrador homodiegético o del narrador omnisciente, la analepsis puede adoptar la forma del recuerdo, como ocurre en el siguiente ejemplo de Luis Landero:

> Un ruido vino a sacarme de mi ensoñación. No lejos de allí vi a una mujer que se atareaba con un cubo de agua, atravesando a buen paso una calle para ir de la fuente a la tumba. Diligente, abstraída, servidora leal. Un buen rato estuve observando su tarea sencilla, esmerada, eficaz. <u>Recordé que, cuando venía con mi madre a visitar la tumba de mi padre y la que en pocos años sería también la suya, ella se dedicaba,</u>

más que a recogerse en el recuerdo, a inspeccionar los daños que hubieran podido causar las lluvias y los hielos, y cada algún tiempo mandaba repararlos.

Luis Landero, *El huerto de Emerson* (2021)

En el arranque de esta novela de Juan José Millás encontramos tres analepsis que nos ponen en antecedentes de los hechos narrados:

Eran las cinco de la tarde de un martes de finales de abril. Julio Orgaz había salido de la consulta de su psicoanalista diez minutos antes (1); había atravesado Príncipe de Vergara y ahora estaba en el parque de Berlín intentando negar con los movimientos de su cuerpo la ansiedad que delataba su mirada.

El viernes anterior (2) no había conseguido ver a Laura en el parque, y ello le había producido una aguda sensación de desamparo que se prolongó a lo largo del húmedo y reflexivo fin de semana que inmediatamente después se le había venido encima. La magnitud del desamparo le había llevado a imaginar el infierno en que podía convertirse su vida si esta ausencia llegara a prolongarse. Advirtió entonces que durante la última época su existencia había girado en torno a un eje que atravesaba la semana y cuyos puntos de apoyo eran los martes y los viernes.

El domingo (3) había sonreído ante el café con leche cuando el término amor atravesó su desorganizado pensamiento, estallando en un punto cercano a la congoja.

Juan José Millás, *El desorden de tu nombre* (1987)

La acción principal arranca un martes de finales de abril a las cinco de la tarde. Desde ahí el narrador retrocede diez minutos, hasta el momento en que el personaje abandona la conducta del psicoanalista. A continuación, regresa al viernes anterior. Por último, avanza hasta el domingo, aunque se sigue tratando de una analepsis, puesto que el arranque principal de la acción se ha situado en el martes, es decir, dos días después.

Las analepsis aportan contexto, detalles y explicaciones que el autor considera necesarias para comprender los hechos narrados. Si un personaje ha intentado suicidarse, el autor puede optar por recurrir a una analepsis para narrar las circunstancias que lo llevaron a esa situación. Sin embargo, debes sortear la tentación de «contar demasiado». Como acabamos de ver al estudiar la elipsis, el silencio puede ser un excelente recurso narrativo. Al construir la trama, puede ser mucho más interesante dejar abierto el interrogante de las circunstancias que empujaron a ese personaje a querer quitarse la vida, para poder así sembrar la narración de pistas e indicios que le permitan al lector reconstruir su historia.

En algunos casos, es el propio personaje protagonista el que se ve obligado a reconstruir su pasado. Esto es lo que ocurre, por ejemplo, en la interesante novela de género fantástico *La torre*, que comienza con una carta de la protagonista dirigida a sí misma, tras un acontecimiento desconocido que le ha hecho perder totalmente la memoria:

> Querida tú:
>
> El cuerpo que llevas puesto era mío. La cicatriz que tienes en la cara interior del muslo izquierdo está ahí porque me caí de un árbol y me empalé la pierna con nueve años. El empaste de ese diente al fondo del maxilar superior izquierdo es el resultado de haberme pasado cuatro años evitando ir al dentista. Pero lo más probable es que el pasado de este cuerpo te importe muy poco. Al fin y al cabo, si estoy escribiéndote esta carta es para que la leas en el futuro. Quizá te preguntes por qué querría hacer alguien tal cosa. La respuesta es muy simple y, a la vez, complicada. La respuesta simple es: porque sabía que sería necesario.
>
> Daniel O'Malley, *La torre* (2018)
> Trad. de Manuel de los Reyes

Con todo, la analepsis nunca dejará de ser un recurso utilísimo para complicar los argumentos (para «espesarlos», en palabras de Patricia Highsmith), para añadir profundidad a los personajes, para elevar la tensión y para agudizar el drama.

Por último, recuerda la denominación inglesa del recurso (*flashback*), que nos indica que la analepsis es una ventana que se abre de forma rápida y momentánea hacia el pasado (un *flash*, es decir, un relámpago de tiempo pasado). Cuando una analepsis se prolonga a lo largo de páginas y páginas (como ocurre con el relato de Ulises en la corte de los feacios), nos encontramos ante un *racconto.* En tal caso, la historia relatada va avanzando lentamente hasta que alcanza el momento en que comenzó ese relato retrospectivo. El siguiente ejemplo pertenece a un cuento de Patricia Highsmith que comienza con la muerte del protagonista. A continuación, retrocede cuarenta años para ir avanzado desde ahí hasta el punto de inicio. En este caso, el *racconto* abarca casi todo el relato, a excepción del desenlace:

> E. Taylor Cheever escribía libros en su cabeza, nunca en el papel. Para cuando murió, a los sesenta y dos años, había escrito catorce novelas y creado ciento veintisiete personajes, de los que al menos él recordaba a todos con claridad.
>
> Sucedió así: Cheever escribió una novela cuando tenía veintitrés años, titulada El desafío eterno, que fue rechazada por cuatro editores de Londres…
>
> PATRICIA HIGHSMITH,
> «El hombre que escribía libros en su cabeza»
> (*A merced del viento,* 1979)
> Trad. de Helena Valentí

Otro ejemplo muy famoso lo encontramos en la novela *Cien años de soledad*, que en su primera frase emprende un *racconto* que abarca el primer tercio de la novela (y te pido disculpas por utilizar por segunda vez la misma cita, aunque, tratándose de García Márquez, creo que está justificado):

> Muchos años después, frente al pelotón de fusilamiento, el coronel Aureliano Buendía había de recordar aquella tarde remota en que su padre lo llevó a conocer el hielo. Macondo era entonces una aldea de veinte casas de barro y cañabrava construidas a la orilla de un río de aguas diáfanas que se precipitaban por un lecho de piedras pulidas, blancas y enormes

como huevos prehistóricos. El mundo era tan reciente, que muchas cosas carecían de nombre, y para mencionarlas había que señalarlas con el dedo.

Gabriel García Márquez, *Cien años de soledad* (1967)

Este comienzo, uno de los más emblemáticos de la historia de la literatura en castellano, nos sitúa en un momento avanzado de la historia familiar de los Buendía para remontarse acto seguido, a través de los recuerdos del coronel Aureliano Buendía, a los orígenes remotos y casi míticos de Macondo. A continuación, la historia avanza durante más de doscientas páginas, hasta el momento en que el coronel se halla de espaldas al muro y murmura la legendaria frase: *Tanto joderse uno. Tanto joderse para que lo maten a uno seis maricas sin poder hacer nada.*

b) La prolepsis.

También conocida como *flashforwar*d, la prolepsis rompe el orden cronológico de la historia y nos informa sobre acontecimientos futuros, normalmente de forma fugaz. Por su propia naturaleza, su uso es menos frecuente en narrativa que el de la analepsis, lo que es lógico si pensamos que los acontecimientos pasados son accesibles mediante la memoria mientras que el futuro es una parte de la historia que todavía no ha sido escrita, por lo menos para los personajes que la están viviendo. El futuro, sin embargo, está al alcance del narrador omnisciente y para el narrador homodiegético que rememora hechos pasados. Si un personaje afirma: *En aquel momento, yo ignoraba que no volvería a traspasar aquel umbral*, nos está ofreciendo un atisbo del futuro, y por lo tanto está empleando una prolepsis. En su forma más común, cuando la historia está narrada en pasado, la prolepsis se expresará en tiempo condicional (*pero esto no lo averiguaría hasta que ya era demasiado tarde*), y en tiempo futuro si la historia está narrada en presente (*pero esto no lo averiguará hasta que ya sea demasiado tarde*):

> Elaine, ante el fregadero, en delantal, con guantes de goma, procura protegerse. Todavía no se ha dado cuenta, pero a pesar de sus esfuerzos profilácticos tiene la ropa manchada. Más tarde se preguntará si se podrá quitar la mancha, si se podrá limpiar el vestido. Lamentará haberlo comprado, haber preparado la cena y el inmenso trabajo de dejarlo todo otra vez como estaba.
>
> A. M. HOMES, *Música para corazones incendiados* (1999)
> Trad. de Jaime Zulaika

En la novela de Stephen King *Después*, el título hace precisamente referencia a las abundantes anticipaciones que el narrador realiza sobre los acontecimientos futuros. En esta trama, la prolepsis es uno de los elementos claves para construir la intriga:

> Por supuesto que estaba celoso, y existía un buen motivo para ello. No tenía padre, no sabía ni quién cojones era, porque mi madre no hablaba de él. Después me enteré de que también para ello existía un buen motivo, pero en esa época lo único que sabía era que formábamos un equipo, un «tú y yo contra el mundo, Jamie»
>
> STEPHEN KING, *Después* (2021)
> Trad. de Ana Isabel Sánchez y José Óscar Hernández

Otro ejemplo de prolepsis encontrado en una novela reciente, en este caso de un autor español:

> Lo que en ese momento piensa Padilla sólo él lo sabe y a la tumba va a llevárselo antes de que acabe la primavera siguiente.
>
> LORENZO SILVA, *Castellano* (2021)

Este cuento de Cortázar contiene una prolepsis algo menos evidente en su primer párrafo. Seguro que la localizarás sin dificultad:

Si le viene bien, tráigame *El Hogar* cuando vuelva —pidió la señora Roberta, reclinándose en el sillón para la siesta. Clara ordenaba las medicinas en la mesita de ruedas, recorría la habitación con una mirada precisa. No faltaba nada, la niña Matilde se quedaría cuidando a la señora Roberta, la mucama estaba al corriente de lo necesario. Ahora podía salir, con toda la tarde del sábado para ella sola, su amiga Ana esperándola para charlar, el té dulcísimo a las cinco y media, la radio y los chocolates.

Julio Cortázar, «Omnibús» *(Bestiario,* 1951*)*

El arranque descriptivo de la novela *Rebeca*, en la que se basó la famosa película de Alfred Hitchcock, nos ofrece también una anticipación de lo que ocurrirá al final de la historia (Manderley, la mansión en la que se desarrolla la mayor parte del argumento, será asolada por un incendio y quedará en ruinas y abandonada). La autora nos ofrece está información bajo la apariencia de un sueño de la narradora:

Una nube, antes no vista, cubrió de repente la luna y se detuvo un instante, como mano sombría que escondiera una cara. Desapareció la ilusión con ella y las luces de las ventanas se apagaron. Volví a ver solamente un caserón desolado, inanimado, abandonado hasta de los fantasmas, sin que ni un eco del pasado se agarrase a sus paredes desnudas. La casa era una tumba, y nuestras angustias y sufrimientos estaban allí enterrados en las ruinas.

Daphne du Maurier, *Rebeca* (1938)
Trad. de Fernando Calleja

En los casos en que la prolepsis adopta una extensión y un recorrido más amplios, solemos estar ante vaticinios y premoniciones. En la conocida novela corta *Una canción de Navidad*, el avaro Ebenezer Scrooge es visitado por tres fantasmas que le muestran su pasado, su presente y su futuro. Mediante este recurso, Scrooge puede contemplar su propia sepultura:

El espíritu se situó entre las tumbas y señaló hacia una de ellas. Tembloroso, Scrooge se acercó a la sepultura. El fantasma estaba igual que antes, pero él temía descubrir un significado nuevo en la actitud solemne que mantenía.

—Antes de que me acerque a esa losa a la que estás apuntando, respóndeme a una pregunta —dijo Scrooge—. Lo que voy a contemplar, ¿son las sombras de las cosas venideras o sólo de aquellas que quizá lleguen a suceder?

Charles Dickens, *Una canción de Navidad* (1843)
Trad. de Gregorio Cantera Chamorro

EL TIEMPO Y EL ESTILO

Todos hemos experimentado el modo subjetivo en que se percibe el tiempo, la manera en que las horas parecen comprimirse en minutos cuando estamos disfrutando y cómo los minutos se estiran hasta parecer horas en los momentos en que nos sentimos hastiados o esperamos algo con impaciencia. La técnica narrativa también nos ofrece métodos para estirar o para comprimir el tiempo que el lector percibe durante la lectura.

En primer lugar debemos hablar del estilo. Un estilo suelto, de frases y períodos cortos, da la impresión de que el tiempo está transcurriendo de un modo veloz, mientras que un estilo más sosegado, basado en las oraciones largas, con abundancia de subordinadas, y párrafos asimismo largos, provoca un efecto más moroso y meditativo. Compara estos dos ejemplos a continuación:

—Escuchad —dice.

Entonces lo distinguen.

El sonido de un motor.

El motor de un avión.

Shag corre hacia el camión, enciende el motor y hace parpadear los faros.

Las luces de navegación del avión le contestan. Al cabo de dos minutos, Art ve el avión descender de la negrura y posarse con suavidad.

El piloto exhala un suspiro de alivio cuando ve al hombre acercarse corriendo.

Entonces el hombre le apunta una pistola a la cara.

Don Winslow, *El poder del perro* (2005)
Trad. de Eduardo G. Murillo

Sin que se dieran cuenta se les hizo de noche en la habitación de donde no habían salido en muchas horas, donde habían estado abrazándose y conversando en una voz cada vez más baja, como si la penumbra y luego la oscuridad que no notaban hubieran ido apaciguando el tono de sus voces pero no la avidez mutua de palabras, igual que se había apaciguado el modo al principio perentorio en que satisfacían y simultáneamente alimentaban su deseo…

Antonio Muñoz Molina, *El jinete polaco* (1991)

El ejemplo de Don Winslow pertenece a una escena de acción en el marco de la guerra entre agentes de la DEA y narcotraficantes. Estamos en plena operación antidroga, los acontecimientos se suceden veloces en un tiempo muy corto. El autor narra empleando frases breves que separa con saltos de párrafo. En el ejemplo Muñoz Molina, en cambio, notamos que no hay ni un solo punto. Se trata de una única frase que se prolonga más allá del fragmento citado. La escena que se narra es la de dos amantes encerrados en una habitación durante horas, lo que corresponde a un ritmo pausado, ensimismado.

He aquí un modo muy útil de crear un tiempo subjetivo en tus historias, un tiempo que el lector percibe como rápido o como pausado sin darse cuenta de que ha sido el autor, empleando recursos estilísticos, quien lo ha determinado así.

NARRAR EN PASADO O NARRAR EN PRESENTE

Hace unos años escribí una novela breve de género fantástico titulada *El juego de los muertos.* El punto de vista era el del narrador omnisciente y la historia estaba contada en pasado, al igual que todas las que he escrito. El caso es que, una vez terminada, pensé que quedaría mejor contada en presente, lo que me obligó a cambiar cada verbo uno por uno, pues que yo sepa no se ha inventado todavía un *software* que haga esta modificación de forma automática. Recuerdo que me llevó mi tiempo, y que en correcciones posteriores seguía apareciendo algún que otro verbo en pretérito que me había pasado por alto. Finalmente, el libro se publicó y gustó a bastantes lectores. Aunque un día me topé en internet con la opinión de un lector que se quejaba, precisamente, de que la narración en presente le había impedido disfrutar de la lectura, pues hacía que el estilo le resultara artificial.

Con esta anécdota me gustaría llamar tu atención sobre el uso de los tiempos verbales en la narrativa, asunto con el que vamos a cerrar este largo capítulo dedicado a la acción, al espacio y al tiempo. Dado que una novela o un relato es una narración de hechos ficticios, el tiempo más natural para contar esos hechos es el pasado, pues se supone que ya han ocurrido. El tiempo verbal predominante será el pretérito: el perfecto simple para las acciones y las acotaciones de los diálogos (*dijo, preguntó, suplicó,* etc.) y el imperfecto para las descripciones (*era, brillaba, relucía, estaba…*).

Me gustaría poder decirte quién fue el primer autor que decidió usar el presente en lugar del pasado para narrar, pero no he sido capaz de localizar el dato. Supongo que debe de tratarse de un rasgo de estilo relativamente moderno, pues no recuerdo ejemplos de este uso previos a la narrativa decimonónica (y con esto no estoy afirmando que esos ejemplos no existan). Lo que te puedo asegurar es que el uso el presente «histórico» o «narrativo» (es decir, con sentido de pasado) está firmemente asentado en la literatura y el periodismo, y que hoy en día son legión los autores que lo prefieren al pretérito:

> Reina el silencio. Por primera vez desde que trabaja aquí, enciende un cigarrillo en pleno salón. Pasea arriba y abajo. Parece la superviviente de una catástrofe, todo lo que ve le resulta intrascendente. Tiene que irse. No le urge tanto, ahora que está sola, de pie, cigarrillo en mano. Pero sabe que

por culpa de Léo se tiene que preparar para irse. Para ganar tiempo mientras consigue centrarse, va a la cocina y enciende el hervidor

PIERRE LEMAITRE, *Vestido de novia* (2017)
Trad. de María Teresa Gallego Urrutia
y Amaya García Gallego

Pero ¿cuáles son las ventajas (si las tiene) de usar el presente histórico para narrar? Si te soy sincero, no estoy muy seguro de la respuesta. Lo que sí tengo más que observado es que en la literatura el factor imitación pesa mucho, lo que equivale a decir que se funciona por modas, igual que en cualquier otra actividad artística o social. La intuición me dice, sin embargo, que el uso del presente acorta la distancia entre el lector y la historia y entre el lector y los personajes. De algún modo, el hecho de contar sus acciones como si se estuviera retransmitiendo un partido de fútbol puede favorecer la ilusión de que esos hechos están ocurriendo ahora mismo, ante la vista del lector.

Otra posibilidad es alternar el pretérito con el presente histórico, reservando el segundo para escenas especialmente dramáticas o para realzar la acción y la emoción en determinados momentos de la historia. Para historias que transcurren en dos tiempos distintos, uno de ellos más cercano al presente del narrador que el otro, la alternancia del pretérito con el presente narrativo puede ser una forma útil de marcar el salto entre líneas argumentales.

Por último, cuando el punto de vista se focaliza de forma muy marcada en uno de los personajes, el presente histórico es una manera de acortar la distancia entre el narrador en tercera persona y ese personaje en concreto. Esta es la técnica que emplea el autor de *Patria*, uno de los éxitos más resonantes de la novela española de los últimos años:

Va para unos cuantos años que no sube a pie hasta Polloe. Por poder, podría, pero se cansa. Y no es que le importe cansarse, pero para qué, a ver, para qué. Le dan además, según los días, unos como pinchazos en el vientre. Entonces lo que Bittori hace es coger el 9, que la deja a pocos pasos de la entrada del cementerio, y al término de la visita bajar andando a la ciudad. Es que bajar ya es otra cosa.

FERNANDO ARAMBURU, *Patria* (2016)

En numerosos pasajes de esta novela, Aramburu emplea una especie de monólogo interior que se adentra en la conciencia de los personajes y nos revela sus pensamientos. El uso de la tercera persona supone un elemento de alejamiento que se compensa con el empleo del presente histórico y de un estilo coloquial característico de ese personaje.

Y así doy por concluido el capítulo, pues la alternativa sería prolongarlo de forma interminable, como interminables son las posibilidades de reflejar la acción, el tiempo y el espacio en la narrativa. En el anexo de este libro, además de los ejercicios correspondientes, te recomendaré la lectura de algunas novelas y cuentos en el que los autores han manejado estos conceptos de un modo admirable. Entretanto, piensa que la mejor escuela de un escritor es siempre la lectura, que con el tiempo y la práctica se va convirtiendo en una lectura consciente. Esto significa que quienes escribimos no leemos solamente por ocio o por disfrute, sino que permanecemos alerta para aprender los recursos técnicos que manejan otros autores. He conocido a escritores que afirman que este tipo de lectura estropea por completo el placer de leer. Yo, en cambio, creo que lo acentúa.

9.
El ritmo

RITMO Y RITMOS

En la música, el ritmo se crea repitiendo y alternando ciertos sonidos en un intervalo de tiempo. Se trata de un efecto que tiene una influencia enorme sobre el comportamiento humano: una melodía muy rítmica nos arrastra de tal manera que comenzamos a mover la cabeza, a dar palmas o incluso a bailar, de forma espontánea o por imitación de quienes nos rodean.

La poesía y la música, en su origen, estaban unidas. Ya hemos dicho anteriormente que la poesía antigua venía a ser lo que hoy entenderíamos como letras de canciones. La poesía grecolatina basaba su efecto rítmico en lo que se denomina «cantidad silábica», consistente en la longitud (o duración) de las sílabas que forman las palabras. El esquema métrico más prestigioso era el hexámetro, que se usaba en la poesía épica y fue, por lo tanto, el metro en el que se cantaban y se contaban las gestas del pasado. Un hexámetro está formado por seis «pies» (de ahí el prefijo *hexa-*), de tres sílabas cada uno, una sílaba larga seguida de dos cortas.

Más tarde, en las lenguas modernas, el concepto de cantidad fue sustituido por el de intensidad, con lo que el ritmo se conseguía por la alternancia de sílabas acentuadas y sílabas átonas. Después vendría la rima, consistente en repetir sonidos al final de los versos. Estos modos que lograr el ritmo poético se ha mantenido hasta la actualidad.

En su momento dijimos que la prosa literaria también puede y debe ser rítmica. Del mismo modo que el ritmo arrastra a quien escucha una canción o un poema, también cautiva a quien lee un pasaje como este:

> Nos metimos las manos en los bolsillos, sin querer, y la frente sintió el fino aleteo de la sombra fresca, igual que cuando se entra en un pinar espeso. Las gallinas se fueron recogiendo en su escalera amparada, una a una. Alrededor, el campo enlutó su verde, cual si el velo morado del altar mayor lo cobijase. Se vio, blanco, el mar lejano, y algunas estrellas lucieron, pálidas. ¡Cómo iban trocando blancura por blancura las azoteas! Los que estábamos en ellas nos gritábamos cosas de ingenio mejor o peor, pequeños y oscuros en aquel silencio reducido del eclipse.
>
> JUAN RAMÓN JIMÉNEZ, *Platero y yo* (1914)

Si leemos estas líneas en voz alta, nos damos cuenta de que la prosa es rítmica en el sentido de que posee una cadencia agradable al oído que parece invitar a declamarla. En la lectura silenciosa, que es la que realizamos normalmente, la influencia de una prosa rítmica no es tan evidente, pero resulta también importante en tanto que influye en el ritmo de la lectura. Pero ¿cómo se consigue el ritmo en la prosa? ¿Consiste también en repetir grupos de sílabas tónicas y átonas a intervalos regulares? ¿Tal vez aplicando la rima?

La respuesta es no. La repetición de patrones acentuales en prosa crea un ritmo pesado que es ajeno al buen estilo, por no hablar de las rimas, que cuando se escribe en prosa son siempre no buscadas y suponen un error estilístico que es preferible evitar. Podemos generar efectos rítmicos, sin embargo, aplicando ciertas figuras retóricas que se basan en la repetición. Por ejemplo, el polisíndeton (repetición de conjunciones copulativas, normalmente «y»), el asíndeton (eliminación de conjunciones) y la anáfora (comenzar una serie de períodos gramaticales con la misma palabra o palabras):

> Vi el populoso mar, vi el alba y la tarde, vi las muchedumbres de América, vi una plateada telaraña en el centro de una negra pirámide, vi un laberinto roto (era Londres), vi interminables ojos inmediatos escrutándose en mí como en un espejo, vi todos los espejos del planeta y ninguno me reflejó…
>
> JORGE LUIS BORGES, *El Aleph* (1945)

Por cierto, acabo de emplear el término «período gramatical» y conviene explicar en qué consiste, pues se trata precisamente del concepto clave para lograr escribir una prosa rítmica. Un período gramatical está formado por las palabras comprendidas entre dos signos de puntuación (puntos, comas, punto y coma, dos puntos, interrogación, etc.). Estos signos de puntuación corresponden a pausas en la elocución (en la lectura). Así de sencillo. Si analizamos el fragmento de Luis Landero, autor que escribe una prosa muy cuidada y rítmica, vemos que está compuesto por ocho oraciones independientes, y que estas oraciones constan del siguiente número de períodos:

> Estaba atardeciendo (1). Los últimos rayos del sol, desmenuzados por los visillos, salpicaban la pared y una parte del techo (3). Matías se incorporó y se quedó sentado en el sofá sin pensar en nada, con la vista derramada en el aire, y con aquel cántico del sueño dando vueltas como perdido por el laberinto de la oreja (3). A partir de ahí, también el tiempo se convirtió en una sucesión enmarañada o infinita de instantes (2). Incapaz de hacer nada, salió al balcón, se puso de bruces en la baranda y durante largo rato estuvo fumando y mirando a la calle sin ilusión ni voluntad (3). El sueño edénico de la niñez le había dejado en el alma la opresión de una nostalgia inconsolable (1). Por entre el ramaje de la acacia se veía en la acera de enfrente un estanco, un videoclub, una papelería, la covacha del último zapatero remendón que quedaba en el barrio, una peluquería mínima de caballeros con su colorín anacrónico colgado a un lado de la puerta (5). Ahora todos los establecimientos estaban vacíos y en el aire había una fragancia desmayada que era como un presagio de los anocheceres lentos del verano (1).
>
> LUIS LANDERO, *El mágico aprendiz* (1999)

El ritmo de estas líneas no lo crea la repetición, como ocurriría si se tratara de poesía, sino la variedad. En cada oración hay períodos más cortos y períodos más largos que se alternan de un modo equilibrado. Estos, a su vez, se agrupan en las oraciones creando secuencias que resultan agradables al oído. Muchos períodos cortos seguidos (1,1,1,2,2,2) crean un ritmo monótono y machacón. Muchos períodos largos que no se alternan con períodos breves dan lugar a una prosa farragosa y difícil de leer.

Eso en cuanto al ritmo de la prosa se refiere.

Pero la palabra ritmo se usa también para designar cierta cualidad de las narraciones que nos resultan agradables y fáciles de leer, que no se hacen pesadas. En este caso ya no hablamos de ritmo prosódico, sino de ritmo narrativo. En este capítulo vamos a ver cómo se logra.

¿POR QUÉ LEEMOS?

En muchas ocasiones, por obligación: por estudios, por trabajo o porque es una actividad esencial para la vivir e incluso, a veces, para sobrevivir. Pero me refiero a otro tipo de lectura, a la que realizamos de forma voluntaria y con propósitos recreativos. Me he tomado la libertad de trasladarles la pregunta a algunos participantes en mis talleres. Estas son sus respuestas:

> Leo por varias razones. Además de por mero placer, leo para aprender a escribir. La lectura me permite perfeccionar mi estilo y aprender a construir desenlaces. Si lo piensas, el sabor que una historia deja en el lector, ya sea dulce o amargo, depende sobre todo de su desenlace. (Carmen)

> Lo cierto es que nunca me he preguntado la razón por la que leo. Tampoco me he preguntado por qué respiro, por qué duermo, por qué bebo, por qué como o por qué voy al baño. Podría fabricar algún argumento que sonara plausible, como que es una manera de conocer otras vidas, otros mundos, otras realidades… O por simple entretenimiento. Pero mentiría, porque la respuesta hubiera sido el resultado de una divagación. Sinceramente, no sé por qué leo. Su-

pongo que por lo mismo que hago todo lo que he dicho antes, por pura necesidad. (Miguel Ángel)

Además de porque me gustan las historias bien contadas y es un placer único poder disfrutarlas, creo que la decisión de leer es un acto de empoderamiento personal. Sí, creo que mis decisiones tienen una pequeña cuota de poder que ejerzo cada rato de lectura. (Lola)

¿Por qué leo? Imagino que porque lo necesito. Necesito comprobar que hay otros que piensan y sienten como yo, que soy un bicho raro pero no el único. La vida provinciana tiene sus ventajas, pero a mí me asfixia, necesito vivir otras vidas. (Mila)

Leo para navegar historias, aventuras, otras mentes, existencias muy lejanas a la mía. Leo porque no se pueden vivir todas las vidas y leer es lo más cercano que se me ocurre a invadir, sin usurpar, el cuerpo y la mente de otras personas. Leo porque a veces la vida pesa demasiado y, cuando giro la muñeca para cambiar de página, de algún modo todas las cargas se vuelven más livianas. (Elena)

El primer libro que leí, Heidi, me transportó a montañas nevadas. El segundo, la Vida de Santa Teresa, me hizo soñar con ser misionera en África. Leo para transportarme a lugares que nunca visitaré y vivir situaciones que nunca viviría si no estuvieran en los libros. (Paqui)

Además de razones como el aprendizaje de la escritura y la posibilidad de vivir otras vidas, algunos de estos lectores coinciden en que leen por necesidad, es decir, porque no pueden dejar de hacerlo. Esto significa que quizás deberíamos incluir la lectura entre las actividades que crean hábito o dependencia, junto al consumo de drogas o alcohol y la práctica del deporte. Y esto es así porque quienes las realizan experimentan placer, hecho que también señalan algunos de los encuestados.

El acto de leer es placentero o encierra la posibilidad de serlo. El profesor y crítico francés Roland Barthes escribió un breve ensayo titulado *El placer del texto* en el que discutía las distintas formas en que disfrutamos de la lectura. En su párrafo inicial, se refiere al placer que experimenta el escritor en relación con el placer de los lectores, dándole al acto de escribir una dimensión íntima, casi sensual:

> Si leo con placer esta frase, esta historia o esta palabra es porque han sido escritas en el placer (este placer no está en contradicción con las quejas del escritor). Pero ¿y lo contrario? ¿Escribir en el placer me asegura a mí, escritor, la existencia del placer de mi lector? De ninguna manera. Es preciso que yo busque a ese lector (que lo «rastree») *sin saber dónde está*. Se crea entonces un espacio de goce. No es la «persona» del otro lo que necesito, es el espacio: la posibilidad de una dialéctica del deseo, de una *imprevisión* del goce: que las cartas no estén echadas sino que haya juego todavía.
>
> ROLAND BARTHES, *El placer del texto* (1973)
> Trad. de Rosa Nicolás y Óscar Terán

De modo que el autor debe buscar a sus lectores. O al menos esforzarse por crear un espacio privado donde encontrarse con el lector, como los amantes se encontraban en la clandestinidad de las pensiones baratas. Muy sugerente, ¿verdad?

Todos los lectores compartimos esa sensación tan placentera de comunión con un autor que surge cuando somos arrastrados por la historia que nos narra. De pronto es como si el libro que tenemos entre las manos nos estuviera hablando. Vuelan las páginas sin el menor esfuerzo y te sientes empujado por una corriente poderosa. Y es necesario un acto de voluntad, no para seguir leyendo, sino para interrumpir la lectura. Cuando ocurre todo esto uno se olvida de que está leyendo, una actividad sedentaria que asociamos con el reposo. El acto de la lectura se ha convertido en una experiencia vital y dinámica que llegamos a experimentar de un modo físico. Se ha dicho que leer es vivir vidas ajenas de un modo vicario. Yo siempre he pensado que es más bien vivir la propia vida de un modo más pleno.

En cualquier caso, la habilidad para arrastrar al lector y «obligarlo» a posponer una y otra vez el momento de cerrar el libro es algo que todo escritor codicia. Dudo que haya un solo escritor en el mundo cuya vocación sea aburrir a sus lectores. Pero te aseguro que abundan los autores que no saben cómo entretenerlos. Las artimañas de las que nos valemos para atrapar al lector en nuestra historia son variadas y complejas. Seguramente, lo que subyace a todas ellas es ese concepto que se denomina talento, una virtud tan apetecida como enviada en quien demuestra tenerla. Pero si echamos un vistazo al diccionario comprobamos que el talento no es más que la capacidad para aprender algo (la definición añade la coletilla «con facilidad», pero eso lo vamos a pasar por alto). No se puede aprender a tener talento, porque el talento no es sino la capacidad de aprender, y esto, en mayor o menor medida, lo poseemos todos. Al igual que el resto de los elementos que componen la buena escritura, también la habilidad de arrastrar al lector puede adquirirse con esfuerzo y con práctica. En este capítulo voy a tratar de ofrecerte algunas claves para lograrlo.

LA INTRIGA

> Nosotros estamos hablando. Acaso hay una bomba debajo de esta mesa y nuestra conversación es muy anodina. No sucede nada especial y de repente: ¡Bum! Una explosión. El público queda sorprendido... Examinemos ahora el suspense. La bomba está debajo de la mesa y el público lo sabe, probablemente porque ha visto al anarquista que la ponía. El público sabe que estallará a la una y sabe que es la una menos cuarto (hay un reloj en el decorado); la misma conversación anodina se vuelve de repente muy interesante porque el público participa de la escena. Tiene ganas de decir a los personajes que se encuentran en la pantalla: «No deberías contar cosas tan banales, hay una bomba debajo de la mesa y pronto va a estallar».
>
> FRANÇOIS TRUFFAUT, *El cine según Hitchcock* (1966)
> Trad. de Ramón Gómez Redondo

En esta cita, extraída de un célebre libro de conversaciones que mantuvieron Alfred Hitchcock y el cineasta francés François Truffaut, se nos brindan consejos valiosos sobre cómo crear el *suspense* en nuestras historias. La palabra *suspense*, importada del francés a través del inglés, viene a ser equivalente a «tensión». Algo que está suspendido corre el riesgo de caer en cualquier momento, lo que provoca una tensión en el observador. Además, podemos decir que lo que nos provoca expectación nos «suspende» el ánimo. Si estamos viendo una película, una explosión repentina nos asusta, nos sobresalta. Sin embargo, una alternancia de planos del cronómetro de la bomba y de la tranquila conversación que transcurre en torno a la mesa crea tal tensión que, como dice Hitchcock, queremos gritar y levantarnos de la butaca. El guionista de esta escena ha usado dos principios básicos para crear suspense: el reloj narrativo y la ocultación de información. Por un lado, el espectador sabe que, transcurrido un tiempo determinado, y si nada lo evita, algo nefasto va a ocurrir: un asesinato, una explosión, el pago de un rescate, el regreso inesperado del esposo, el efecto letal pero lento del veneno ingerido… Por otro lado, esta información se oculta a los personajes pero se facilita al espectador, cuya reacción normal es empatizar con los personajes que están en peligro y «sufrir» porque no puede hacer nada para salvarlos, al tiempo que desea que el peligro quede neutralizado de una forma u otra.

El modo más frecuente de conseguir el suspense es aplicar lo que se denomina «la expectativa de peligro», que puede adoptar la forma de, por ejemplo, un revólver sobre la mesa o una escopeta colgada en la pared. La expectativa (y por lo tanto la tensión) consiste en que alguien se decida o no a descolgar el arma y a usarla, en que la escopeta esté cargada o no lo esté, en que el agresor le acierte a su blanco o falle, en que el personaje al que apunta tenga los reflejos suficientes para apartarse de la línea de fuego y arrebatarle el arma, en que la herida sea mortal o solo superficial… De todos modos, hay autores que son partidarios de aplicar la regla que formuló Antón Chéjov, denominada «el arma de Chéjov». Se trata de un principio dramático que postula que cada elemento de la narración debe ser necesario e irremplazable, o de lo contrario es preferible eliminarlo. Se suele formular usando la frase: «Si aparece un arma en la historia, alguien tiene que dispararla», aunque las palabras de Chéjov fueron: «Elimina todo lo que no tenga relevancia en la historia. Si dijiste en el primer capítulo que había un rifle colgado en la pared, en el segundo o tercero este debe ser descolgado inevitablemente. Si no va a ser disparado, no debería haber sido puesto ahí».

No sé si estás de acuerdo con Chéjov. Yo no del todo. Me parece un buen consejo el de no introducir elementos superfluos en la narración, y esto es todavía más importante si lo que nos traemos entre manos es un cuento. Lo de que toda arma tenga que ser disparada, además de una idea algo cerril, creo que es erróneo. Sería como decir que cuando dos personajes se sienten mutuamente atraídos, necesariamente tienen que acabar en la cama. La tensión no siempre exige consumación. Un deseo sexual frustrado puede dar mucho de sí, narrativamente hablando. Un revólver que permanece sobre la mesa puede tener más interés que un cañón humeante y un cuerpo ensangrentado en el suelo.

Si analizas cualquier novela policíaca que se haya escrito, te darás cuenta de que todas ellas usan el mismo recurso para crear intriga en el lector, consistente en plantear preguntas y aplazar las respuestas. No importa lo complicada que sea la trama, la cantidad de personajes que intervengan ni el número de pistas falsas que se siembren, conforme la acción avanza, se irán creando una serie de interrogantes que luego irán recibiendo respuesta. Si la escena inicial nos presenta a un hombre con aspecto de oficinista corriendo despavorido por un campo en mitad de la noche, las primeras preguntas serán quién es ese hombre, qué hace allí y de qué o quién está huyendo. Si la escena siguiente nos muestra a la policía acordonando una zona y al detective observando un cadáver eviscerado y decapitado, la pregunta será si se trata del mismo hombre que huía en la escena anterior. Lo más probable es que la respuesta venga pronto, pues existía una orden de búsqueda para localizar a un ejecutivo de un banco de quien se sospecha que ha estado lavando dinero del narcotráfico. De este modo se resuelve la duda sobre la identidad de la víctima, pero, al igual que el detective, ahora nos preguntamos quién ha cometido el crimen y el porqué de semejante ensañamiento, que parece apuntar más bien hacia un asesinato ritual. Lo más probable es que estas preguntas sean capitales en la trama y no se respondan hasta el desenlace, aunque puede que la trama principal sea otra, y que la escena del hombre eviscerado haya servido únicamente como prólogo, lo que el detective descubrirá muy pronto con la consiguiente acumulación de nuevas preguntas. Conforme avance la investigación, las preguntas encontrarán respuestas (que en algunos casos resultarán erróneas), pero irán surgiendo nuevos interrogantes que responder.

En la novela policíaca clásica, el desenlace resolverá todas las incógnitas que todavía quedaban por despejar.

Recuerda que estamos hablando de novela policíaca, y que la ambientación y la creación de atmósferas desempeñan un papel fundamental en este tipo de tramas. Claro que no es lo mismo una novela de Agatha Christie que una novela de Patricia Highsmith. En el caso de la primera, el suspense dependerá de las pesquisas de Hercule Poirot o de Miss Marple para esclarecer los hechos y descubrir al presunto asesino. La segunda, sin embargo, jugará sus cartas narrativas de un modo distinto: en algunos casos conoceremos la identidad del asesino desde el principio (*El cuchillo, Extraños en un tren*). En otros, el asesino será inocente, aunque todas las pruebas lo incriminen, y también contaremos con esa información desde el primer momento (*Crímenes imaginarios*). Otras veces, la autora convierte al criminal en el héroe de la historia, creando tal corriente de simpatía hacia él que logra invertir la lealtad del lector (*El juego de Ripley* y sus secuelas). El suspense en este tipo de novela no dependerá de un final sorprendente e inesperado, sino del retrato psicológico del personaje principal y de las decisiones que tome para librarse de la sospecha o para salir impune. En otros ejemplos de novela policial que me vienen a la memoria, la trama es tan enrevesada e indescifrable que casi queda relegada a un segundo plano, mientras que la caracterización de los personajes, las situaciones, los diálogos y los lugares donde transcurre la historia se convierten en protagonistas. Es lo que pasa, por ejemplo, en las novelas clásicas de Raymond Chandler y de Dashiell Hammett. Cuando el lector concluye la lectura de *El sueño eterno* o de *El halcón maltés*, probablemente descubra que le resulta muy difícil recordar la trama, lo que en realidad no es tan importante, pues lo que perdura tras la lectura de este tipo de novela son los memorables personajes que la pueblan y las atmósferas que los rodean.

Por último, quiero hablarte de un recurso muy utilizado para mantener la intriga. Me refiero al *cliffhanger*, término que hace referencia a la imagen clásica de un hombre colgando del borde de un precipicio. El recurso se popularizó en la época en que las novelas se publicaban por entregas en las revistas y periódicos. Para mantener viva la atención del lector y obligarlo a comprar el número siguiente, los folletinistas procuraban concluir cada capítulo con una situación emocionante que no se resolvía hasta la siguiente entrega. El recurso es muy eficaz, como saben muy bien los guionistas de series televisivas, y no solamente policíacas. También los autores de novelas de misterio lo han usado ampliamente, interrumpiendo las tramas en el momento más emocionante para introducir un cambio de situación o de personajes, es decir, un cambio de escena:

> Renqueante, empezó a bajar por el camino utilizando el Winchester a modo de bastón. La segunda caída se produjo cuando unas piedras sueltas se deslizaron bajo su pie izquierdo y la pierna derecha, hinchada y palpitante, fue incapaz de contrarrestar el súbito desequilibrio. En la tercera, se le rajó el pantalón y dejó a la vista una carne necrótica de un color negro violáceo. Se agarró a las rocas y volvió a levantarse; tenía el rostro tumefacto y sudoroso. Estaba bastante seguro de que iba a morir en ese páramo cubierto de riscos y mala hierba dejado de la mano de Dios, pero por sus muertos que no se iría solo…
>
> Stephen King, *El visitante* (2018)
> Trad. de Carlos Milla Soler

Es frecuente también encontrar *cliffhangers* al final de un capítulo, lo que obliga al lector soñoliento a aplazar el momento de apagar la lámpara de la mesita. Muchos de esos libros que se leen «de un tirón» emplean este truco estructural, que como he dicho es muy antiguo, tanto que Sherezade ya lo usó con el sultán en *Las mil y una noches.*

ESCENA, DESCRIPCIÓN Y RESUMEN

Acabamos de ver algunos recursos útiles para crear intriga en una trama. Y es importante que recuerdes que la intriga no es únicamente un requisito de la novela policíaca o de misterio. Todo tipo de narración plantea una intriga de un modo u otro, desde una historia de amor de final incierto hasta una novela histórica, desde una trama existencialista hasta una novela cómica. Me viene a la memoria en este momento la novela *Muerte en Venecia*, de Thomas Mann (1912), en la que un escritor maduro se enamora de un adolescente polaco en una Venecia azotada por el cólera, una historia de amor tan poco convencional que el lector no puede evitar sentir gran curiosidad por su desenlace. Recuerdo también la desternillante *Wilt*, de Tom Sharpe (1976), en la que un profesor de instituto es acusado del asesinato de su esposa, del que es inocente... o casi.

Además de la creación de intriga y suspense, la forma más eficaz de atrapar en la historia es que la trama posea un ritmo que lo invite a seguir leyendo. En este caso no me refiero al ritmo de la prosa, del que ya hemos hablado, sino al ritmo de la narración. Y el secreto, una vez más, está en la variedad.

En el capítulo anterior, en concreto en la sección correspondiente al tiempo de la narración, describimos las distintas partes de la trama en función de cómo transcurre en ellas el tiempo de la historia. De este modo, el resumen transcurre más rápido que la escena, y esta, a su vez, más rápido que los pasajes descriptivos. En la alternancia y el equilibrio entre estos tres elementos está el secreto para imprimirle un ritmo determinado a la historia que estamos contando. Si lo que buscamos es la siempre deseable adecuación entre el fondo y la forma, una novela meditativa abundaría en escenas y descripciones, con pocos resúmenes, mientras que en una historia de acción predominarían los resúmenes frente las escenas y las descripciones.

En cualquier caso, lo que debemos buscar es que estos elementos se alternen, lo que imprimirá en la historia un ritmo de lectura variado que arrastrará al lector en su cadencia. Si tomas cualquier novela que te haya gustado y analizas cómo está construida, te darás cuenta de que entre escena y escena existen pasajes de tipo narrativo en forma de resumen. Si se trata de una novela de ritmo sosegado, cobrarán también protagonismo las descripciones, las reflexiones y los análisis psicológicos de los personajes. En cuanto a las escenas, lo más probable es que entre las más dinámicas se alternen escenas más pausadas a modo de contrapunto. Si te acuerdas, dijimos que el ritmo en poesía lo crea la intensidad, entendida como la alternancia de sílabas que se pronuncian con mayor intensidad y de otras que se pronuncian de un modo más relajado. En términos narrativos ocurre algo parecido: el ritmo narrativo se obtiene alternando pasajes de mayor intensidad narrativa con otros en los que la narración se relaja. Lo habitual es definir esta estructura dentro de cada capítulo empleando un «plano» de la trama que se denomina escaleta, y del que hablaremos en el último capítulo.

Ya hemos dedicado atención en capítulos anteriores al resumen y la descripción. Vamos a describir ahora el concepto de escena y a hablar de las técnicas para útiles para crearlas.

LA ESCENA

La escena es la unidad narrativa más importante, la que se emplea para narrar los tramos más significativos de la trama. Cuando el autor abre una nueva escena, el lector intuye que lo que sigue es importante para la historia, que ha de leerse con atención. Sería absurdo, por lo tanto, escribir una escena como la siguiente:

> El hombre entró en el bar y lo encontró vacío. Le costó decidirse entre uno u otro de la media docena de taburetes que había frente a la barra, pero al final optó por el que estaba más alejado de la televisión. Aunque el aparato estuviera apagado, no quería arriesgarse a que alguien lo encendiera y acabar ensordecido por las observaciones entusiastas de algún comentarista deportivo. No vio a nadie tras la barra, por lo que decidió descargar dos enérgicas palmadas sobre la superficie de formica.
>
> —¡Voy! —oyó que respondía una voz remota.
>
> Unos segundos después, el camarero surgía a través de una puerta oculta tras una cortina de canutillo.
>
> —¿Qué se le ofrece?
>
> —Una caña —respondió el hombre tras una breve vacilación.
>
> —¡Marchando una cañita fresca para el caballero!
>
> El camarero lo observó mientras él bebía su cerveza en tragos largos y apresurados.
>
> —Hace calor, ¿verdad?

—Mucho. ¿Qué le debo?

—Dos cincuenta.

—Aquí tiene. Quédese con el cambio.

—Gracias, jefe. ¡Bote! —exclamó el camarero al tiempo que hacía sonar un cencerro que estaba suspendido sobre la barra.

El hombre abandonó el local y se enfrentó de nuevo al sol asesino de las cuatro de la tarde.

No es que en la escena que acabas de leer no pase nada, pero desde luego no ocurre nada importante. Si el autor decide (sus motivos tendrá) que el hecho de que el personaje entre a un bar a tomar una cerveza merece ser mencionado en el relato, lo podría haber resuelto a modo de resumen: «Mientras se dirigía a su cita, el hombre se sintió aplastado por aquel sol asesino de las cuatro de la tarde, por lo que decidió entrar a un bar para refrescarse con una cerveza. Luego reemprendió el camino». Con eso hubiera bastado.

Sin embargo, hay autores que no consideran que la escena sea la unidad narrativa más importante, sino que incluso piensan que es la única. Particularmente, me resulta muy molesta la costumbre de algunos autores de escribir escenas que lo único que nos muestran es lo que los personajes comen y en qué consiste el menú. No puedo evitar acordarme de aquellas novelas de Enid Blyton que leíamos de niños en las que la acción se interrumpía cada dos por tres para ponernos al corriente de las «deliciosas» comidas que engullían los personajes, con gran abundancia de lengua de vaca y cerveza de jengibre.

Cuando la narración adquiere la forma de una escena, es como si depositáramos al lector en medio de la acción y le permitiéramos observar directamente lo que está ocurriendo. Las escenas deben tener un fuerte componente sensorial, por lo que suelen ser ricas en descripciones. Es frecuente que el autor describa el lugar en que ocurren los hechos, los gestos que realizan los personajes, la temperatura, el clima, los sonidos, los olores, etcétera.

Una característica importante de las escenas es que transcurren en «tiempo real», es decir, que se atienen estrictamente a la unidad de tiempo. Una escena no admite elipsis ni saltos temporales dentro de sus límites, pues eso nos conduciría a una escena distinta. También se atienen a la unidad de acción, es decir, en ellas participa un número determinado de personajes y todos ellos comparten una única situación. Lo normal es que una escena ocurra en un solo lugar (aunque los personajes pueden estar en movimiento y recorrer, por ejemplo, las habitaciones de una vivienda). Eso significa que también se respeta la unidad de lugar. Todo esto confiere a la escena un rango especial dentro del flujo narrativo de la historia. Las escenas poseen unidad y autonomía, así como unos límites bien definidos.

En una escena entran en juego todos los recursos narrativos: hay descripciones, hay momentos de acción, puede haber analepsis y prolepsis, se nos ofrecen los pensamientos y reflexiones de los personajes y, sobre todo, suelen incluir diálogos:

> Se me acercó y sonrió; tenía dientes pequeños y rapaces, tan blancos como el corazón de la naranja fresca y tan nítidos como la porcelana. Brillaban entre los labios delgados, demasiado tirantes. Su rostro carecía de color y no parecía muy saludable.
>
> —Es usted muy alto —me dijo.
>
> —Ha sido sin querer.
>
> Sus ojos se agrandaron. Estaba confundida. Pensaba. Y pude darme cuenta en el poco tiempo que la conocía que pensar iba a ser siempre un fastidio para ella.
>
> —Y buen mozo. Además, apuesto a que usted ya lo sabe.
>
> Gruñí.
>
> —¿Cómo se llama?
>
> —Reilly —dije—. Doghouse Reilly.
>
> —Es un nombre muy raro —comentó.
>
> RAYMOND CHANDLER, *El sueño eterno* (1939)
> Trad. de José Antonio Lara

Todo esto quiere decir que debes esmerarte de forma especial a la hora de construir las escenas de tus relatos y novelas. Es conveniente que las dosifiques, es decir, que la narración no se convierta en una sucesión de escenas sin solución de continuidad (recuerda que lo que estás escribiendo es un relato o una novela, y no un guion para una película ni una obra de teatro). Ahora bien, en el momento que juzgues necesario abrir una nueva escena, pon en juego todos tus recursos narrativos y estilísticos para que el lector crea que lo que le estás contando lo está presenciando como si se tratara de una película. La escena es el recurso clave para lograr la «inmersión ficcional», esa sensación de que la vida externa al relato ha quedado abolida y la ficción se ha convertido en la única realidad.

Muchos escritores acentúan el carácter unitario y la autonomía de sus escenas haciéndolas girar en torno a un eje narrativo, un elemento concreto con un fuerte componente sensorial. En la escena de apertura de *El coronel no tiene quien le escriba*, que nos muestra la situación precaria en que viven el coronel del título y su esposa, este elemento es el café:

> El coronel destapó el tarro del café y comprobó que no había más de una cucharadita. Retiró la olla del fogón, vertió la mitad del agua en el piso de tierra, y con un cuchillo raspó el interior del tarro sobre la olla hasta que se desprendieron las últimas raspaduras del polvo de café revueltas con óxido de plata.
>
> Mientras esperaba a que hirviera la infusión, sentado junto a la hornilla de barro cocido en una actitud de confiada e inocente expectativa, el coronel experimentó la sensación de que nacían hongos y lirios venenosos en sus tripas. Era octubre.
>
> Gabriel García Márquez,
> *El coronel no tiene quien le escriba* (1961)

En una de las escenas más importantes de *Extraños en un tren* (que Hitchcock llevaría al cine de un modo magistral) el asesino acecha a la mujer a la que planea matar en un parque de atracciones. En este caso, el eje narrativo es el tiovivo y su música, con una presencia muy notable en el transcurso de toda la escena:

> Y se marcharon los cuatro. El tiovivo era como una ciudad iluminada y clavada en mitad de la oscuridad del bosque, un

> bosque de postes niquelados y habitado por multitud de cebras, caballos, jirafas, toros y camellos que subían y bajaban, algunos de ellos con el cuello arqueado hacia fuera de la plataforma, inmovilizados en el acto de saltar o galopar, como si esperasen ansiosamente que alguien montase en ellos. Bruno se quedó quieto, incapaz de apartar los ojos siquiera para vigilar a Miriam, estremecido por aquella musiquilla que le anunciaba el comienzo de un nuevo viaje de un momento a otro.
>
> PATRICIA HIGHSMITH, *Extraños en un tren* (1950)
> Trad. de Jordi Beltrán

En una escena, el narrador les cede el protagonismo a los personajes y les permite que se expresen con sus propias palabras, usando sus propias voces, sin intermediarios. Podemos afirmar, por lo tanto, que el componente más importante y característico de las escenas es el diálogo. No quiere esto decir que no se pueda construir una escena sin diálogos. Sin embargo, el medio natural de los diálogos son las escenas, y no los encontraremos en ninguna otra parte de la narración. Su importancia es tal que merecen que les dediquemos un epígrafe en exclusiva. O quizás varios.

CON SUS PROPIAS PALABRAS

En el capítulo dedicado al estilo vimos que la abundancia o escasez de diálogos es uno de los elementos más característicos del estilo de un autor. Basta con abrir una novela y hojearla, sin llegar a leer ni un renglón, para saber si el autor ha confiado una buena parte de la carga narrativa a los diálogos o si ha preferido contar su historia mediante otros recursos. El diálogo se reconoce a simple vista porque las normas ortotipográficas (que son las que prescriben el modo en que se han de componer e imprimir los textos) les conceden un estatus diferenciado y una forma característica.

Todos sabemos que un diálogo es un intercambio verbal entre dos o más personajes. La gramática nos dice que esto se puede plasmar por escrito de al menos dos maneras: usando el estilo indirecto y usando el estilo directo. El estilo indirecto consiste en «contar» lo que los personajes dijeron. Sus intervenciones se convierten en oraciones subordinadas que dependen de los verbos *decir, preguntar, gritar, exclamar, protestar,* etc., adaptando las referencias temporales y espaciales de la situación de un hablante que está presente a las de un hablante que está ausente. De este modo, lo habitual es que los tiempos verbales se trasladen al pretérito, que los pronombres personales de primera y segunda persona pasen a la tercera persona, que los demostrativos que se usan para designar personas y cosas cercanas (*este*) se sustituyan por los que indican que esas personas y cosas están alejadas en el tiempo y en el espacio (*ese* y *aquel*). Y así sucesivamente:

> Así pues, llegó Abbone. Pidió disculpas por la intrusión, renovó su bienvenida y dijo que debía hablar a Guillermo, en privado, de cosas bastante graves.
>
> Empezó felicitándole por la habilidad con que se había conducido en la historia del caballo, y le preguntó cómo había podido hablar con tanta seguridad de un animal que no había visto jamás. Guillermo le explicó someramente y con cierta indiferencia el razonamiento que había seguido, y el Abad celebró mucho su agudeza. Dijo que no hubiera esperado menos en un hombre de cuya gran sagacidad ya había oído hablar.
>
> UMBERTO ECO, *El nombre de la rosa* (1980)
> Trad. de Ricardo Pochtar Brofman

Antes de abordar el estilo directo y los diálogos, mencionaremos que existe un estilo indirecto libre. Esta modalidad de expresar el discurso de los personajes se caracteriza porque no usa los verbos de lengua (*decir, preguntar*) para introducir los enunciados. Se empezó a emplear en la novela del siglo XIX, al principio entre comillas (como en el caso de «Clarín») y se ha seguido usando ampliamente en la narrativa posterior, aunque prescindiendo de las comillas. En el siguiente ejemplo, el autor emplea este recurso para trasladarnos los pensamientos de la protagonista:

> Ana prefería aquella soledad; ella la hubiera exigido si no se hubiera adelantado Vetusta a sus deseos. Pero cuando, ya convaleciente, volvió a pensar en el mundo que la rodeaba, en los años futuros, sintió el hielo ambiente y saboreó la amargura de aquella maldad universal. «¡Todos la abandonaban! Lo merecía, pero... de todas maneras ¡qué malvados eran todos aquellos vetustenses que ella había despreciado siempre, hasta cuando la adulaban y mimaban!».
>
> LEOPOLDO ALAS 'CLARÍN', *La Regenta* (1884)

Y aquí tienes un ejemplo más moderno de estilo indirecto libre en una novela de Stephen King:

> Una parte de su mente, una parte habituada y acobardada, se percató de repente de que estaba contemplando seriamente aquella posibilidad y alzó la voz, escandalizada. ¿Dejar el hogar en que había vivido catorce años? ¿La casa en la que podía obtener cuanto quería? ¿Al marido que, si bien con un poco de mal genio y predispuesto a usar los puños, siempre había satisfecho sus necesidades a la perfección? Era una idea ridícula. Tenía que olvidarla inmediatamente.
>
> STEPHEN KING, *El retrato de Rose Madder* (1995)
> Trad. de Bettina Blanch Tyroller

Por último, en el estilo directo, que es el que se usa en los diálogos, los personajes emplean sus propias palabras, es decir, las intervenciones de los personajes se nos ofrecen directamente, sin filtros narrativos o gramaticales. Esto significa que cada intervención en un diálogo es una cita y, siguiendo las reglas convencionales de la ortografía, se escribiría entre comillas. De hecho, en otros idiomas, como el inglés, los diálogos requieren el uso de comillas (las comillas simples son las más habituales). El francés usa un sistema mixto: comillas al principio y al final del diálogo con rayas para cada intervención. El castellano ha prescindido de las comillas en los diálogos y usa un signo ortográfico denominado raya (—) que no debe confundirse con el guion (-):

—¿De qué mierda estás llorando? —dice Alberto, a la vez que abre las manos y deja caer el fósforo—. Me volví a quemar, maldita sea.

Prende otro fósforo y enciende su cigarrillo. Aspira el humo y lo arroja por la boca y la nariz.

—¿Qué te pasa? —pregunta.

—Nada.

Alberto vuelve a aspirar; la brasa resplandece y el humo se confunde con la neblina, que está muy baja, casi a ras de tierra. El patio de quinto ha desaparecido. El edificio de las cuadras es una gran mancha inmóvil.

—¿Qué te han hecho? —dice Alberto—. No hay que llorar nunca, hombre.

—Mi sacón —dice el Esclavo—. Me han fregado la salida.

Alberto vuelve la cabeza. El Esclavo lleva sobre la camisa caqui, una chompa castaña, sin mangas.

—Mañana tenía que salir —dice el Esclavo—. Me han reventado.

Mario Vargas Llosa, *La ciudad y los perros* (1962)

Las reglas ortográficas y ortotipográficas que debemos aplicar para escribir diálogos no son sencillas. En mis talleres se ha vuelto un tema recurrente que los alumnos me piden repasar una y otra vez. El mejor consejo que puedo darte es que te fijes en la puntuación de los diálogos cuando leas, que tomes notas y que apliques tus observaciones a la hora de escribir. De todos modos, y puesto que este libro tiene un propósito didáctico, en el anexo te ofreceré una relación detallada de las normas que debes aplicar. De momento, fíjate en el uso de la raya al comienzo de cada intervención, y también al principio y al final de los incisos (también llamados acotaciones, como en los textos dramáticos) que son los que contienen los verbos *dicendi* y algunos otros comentarios relativos al tono de voz, la actitud y la gestualidad de los personajes. También es muy importante que observes que la intervención de cada personaje ocupa un párrafo distinto, y que al comienzo de cada párrafo es necesario introducir una «sangría de primera línea», lo que significa que el texto debe moverse hacia la derecha al menos un centímetro con respecto al margen izquierdo.

Todos estos detalles, aunque técnicos, son importantes para que mejorar la legibilidad de nuestros diálogos y para darles ese lustre «profesional» tan necesario cuando deseamos divulgar lo que escribimos. Sin embargo, por ahora vamos a centrarnos en otras cuestiones.

LA NAVAJA SUIZA

Sí, me refiero a esas navajas rojas adornadas con una crucecita blanca. Si despliegas todas sus herramientas, tienes varias hojas afiladas, un cortaúñas, unas diminutas tijeras, un sacacorchos, un abrebotellas, una lima de uñas, un punzón, un destornillador y, en las versiones más recientes, hasta una memoria USB. Llevaba mucho tiempo sin pensar en esa navaja, aunque de pequeño me moría por tener una. Me ha venido a la memoria reflexionar sobre los usos que los escritores podemos darles a los diálogos, pues son tantos que podríamos hablar, metafóricamente, de «la navaja suiza de la narración».

Si pensamos en el diálogo como una herramienta, no la hay más versátil. Quizás esta sea una de las razones que lo convierten en un recurso tan socorrido. Veamos para qué nos puede servir un diálogo:

a) Función informativa:

Al tiempo que los personajes se ponen al corriente, también lo hace el lector. Los diálogos sirven para informar de aspectos importantes de la historia y de los personajes, para dar contexto y situar los hechos en un marco más amplio. Los famosos ¿qué?, ¿cómo?, ¿quién?, ¿cuándo?, ¿dónde? y ¿por qué? que debe cubrir una noticia pueden ofrecerse en narrativa a través de un diálogo:

—¿Puedo hacer una pregunta, señor comisario? —dije yo.

—Depende —dijo el comisario torciendo el gesto.

—¿Qué edad tenía la repetida criaturita en el momento de la desaparición?

El comisario Flores miró a la monja y ésta hizo un ademán con las cejas. El comisario carraspeó antes de decir:

—Catorce años.

—Gracias, señor comisario. Tenga la bondad de proseguir.

—Prefiero, en aras de la claridad expositiva —dijo el comisario—, que sea aquí la reverenda quien tome la palabra.

Eduardo Mendoza, *El misterio de la cripta embrujada* (1978)

Es cierto que la misma función informativa la puede cumplir un resumen, pero a veces el narrador decide dejar de jugar a ser Dios y ocultarse detrás de los personajes. En un conocido cuento de J. D. Salinger, el factor que desencadena el desenlace (la grave enfermedad mental del protagonista) lo averiguamos a través de una conversación telefónica de la esposa con su madre en la que se habla de varias cosas banales (vacaciones, compras), pero también se nos transmite la información necesaria para entender lo que ocurre final del relato:

—¿Mamá? —dijo la chica, echando una bocanada de humo.

—Muriel, mira, escúchame.

—Te estoy escuchando.

—Tu padre habló con el doctor Sivetski.

—¿Sí? —dijo la chica.

—Le contó todo. Por lo menos, eso me dijo, ya sabes cómo es tu padre. Los árboles. Ese asunto de la ventana. Las cosas horribles que le dijo a la abuela acerca de sus proyectos sobre la muerte. Lo que hizo con esas fotos tan bonitas de las Bermudas… ¡Todo!

J. D. Salinger,
«Un día perfecto para el pez plátano» (1948)
Trad. de María Elena Rius

---

b) Avance de la acción:

Un escritor amigo me dijo que, cuando se siente atascado en una historia, hace que el personaje se saque un móvil del bolsillo y haga una llamada. Sea de este modo o mediante una conversación cara a cara, el diálogo es un método utilísimo para que ocurran cosas, para que la historia siga discurriendo:

—¿Quiere el pastel, o no? Tengo que volver al trabajo. Los pasteleros trabajan de noche.

Tenía ojos pequeños y malévolos, pensó Ann, casi perdidos entre las gruesas mejillas erizadas de barba. Su cuello era voluminoso y grasiento.

—Ya sé que los pasteleros trabajan de noche —dijo Ann—. Y también llaman por teléfono de noche. ¡Hijoputa!

El pastelero siguió golpeando el rodillo contra la palma de la mano. Lanzó una mirada a Howard.

—Tranquilo, tranquilo —le dijo.

Raymond Carver, «Parece una tontería»
(*Catedral*, 1983)
Trad. de Benito Gómez Ibáñez

c) Función estilística:

Un diálogo puede ser hermoso en sí mismo, y su justificación puede basarse únicamente en el efecto estético que genera. En la tragedia *Romeo y Julieta*, mayoritariamente escrita en verso blanco (sin rima), la primera conversación entre los futuros amantes adopta la forma métrica del soneto, la estrofa del amor. El cuento de Hemingway «Colinas como elefantes blancos» está narrado en forma de diálogo entre una muchacha embarazada y su novio, que trata de convencerla con promesas para que aborte. El diálogo es tan hermoso como tensa la situación entre ambos:

—¿Y qué haremos luego?

—Luego estaremos bien. Igual que estábamos antes.

—¿Qué te hace pensar eso?

—Eso es lo único que nos preocupa. Es lo único que nos hace infelices.

La chica miró la cortina de tiras, extendió la mano y cogió dos de las tiras.

—¿Y crees que luego todo irá bien y seremos felices?

—Sé que lo seremos. No debes tener miedo. Conozco a muchas personas que lo han hecho.

—Y yo —dijo la chica—. Y luego han sido muy felices.

Ernest Hemingway, «Colinas como elefantes blancos» (1927)

Trad. de Damià Alou

El siguiente diálogo de Francisco Umbral ocurre durante el entierro de una marquesa que se ha suicidado. El diálogo no es en realidad necesario, pero el autor lo emplea como excusa para introducir una serie de línea rítmicas consistentes en veros octosílabos y endecasílabos:

—Era buena la señora.
—Y muy humana con nosotros.
—Nunca debió hacer una cosa así.
—La tenían ya muy agobiada.
—Y muy larga en las propinas.
—Uno hizo lo que pudo por consolarla.
—Usted ha estado muy bien, señorito.
—Uno hizo lo que pudo, ya digo.

Francisco Umbral,
Madrid 1940: Memorias de un joven fascista (1993)

---

d) Función rítmica:

Dentro de la escena, el diálogo es un elemento más para añadir variedad y, por lo tanto, ritmo a la narración. Un breve diálogo a continuación de un pasaje narrativo viene a representar lo mismo que un cambio de plano en el cine: de pronto la cámara se acerca a los personajes para poder escuchar lo que dicen:

> Mucho después de haberle roto la cabeza con la piedra y antes, creo, de ser rechazado por Gigliola Spagnuolo, Enzo nos persiguió por la avenida y, ante mis propios ojos incrédulos, le ofreció a Lila una guirnalda de serbas.
>
> —¿Para qué las quiero?
>
> —Te las comes.
>
> —¿Verdes?
>
> —Dejas que maduren.
>
> —No las quiero.
>
> —Tíralas.
>
> Eso fue todo. Enzo dio media vuelta y se fue a trabajar. Lila y yo nos echamos a reír. Hablábamos poco, pero para todas las cosas que nos ocurrían teníamos una carcajada.
>
> Elena Ferrante, *La amiga estupenda* (2011)
> Trad. de Celia Filipetto

e) Contrapunto:

Un diálogo puede actuar como contrapunto de un pasaje lírico. Es lo que ocurre, por ejemplo, en *Cien años de soledad*, una novela muy poco dialogada en la que las intervenciones de los personajes, con frecuencia vulgares o jocosas, contrastan de forma muy acusada con el tono poético y solemne de la narración:

> Solo, abandonado por los presagios, huyendo del frío que había de acompañarlo hasta la muerte, buscó un último refugio en Macondo, al calor de sus recuerdos más antiguos. Era tan grave su desidia que cuando le anunciaron la llegada de una comisión de su partido autorizada para discutir la encrucijada de la guerra, él se dio vuelta en la hamaca sin despertar por completo.
>
> —Llévenlos donde las putas —dijo [el coronel Aureliano Buendía].
>
> Gabriel García Márquez, *Cien años de soledad* (1967)

f) Caracterización:

Qué mejor forma de conocer a un personaje que escuchar sus propias palabras, sin intermediarios. He aquí otro ejemplo de Ignatius J. Reilly, una parodia de filósofo escolástico extraviado en la Nueva Orleáns de los años 60:

> —¿Qué es eso? —el policía retrocedió un poco—. ¿Es usted de la ciudad?
>
> —¿Acaso la tarea del departamento de policía es acosarme a mí cuando esta ciudad es la desvergonzada capital del vicio del mundo civilizado? —atronó Ignatius, por encima del gentío que había frente a los grandes almacenes—. Esta ciudad es famosa por sus jugadores, prostitutas, exhibicionistas, anticristos, alcohólicos, sodomitas, drogadictos, fetichistas, onanistas, pornógrafos, estafadores, mujerzuelas, por la gente que tira la basura a la calle, por sus lesbianas…
>
> JOHN KENNEDY TOOLE, *La conjura de los necios* (1980)
> Trad. Ángela Pérez y José Manuel Álvarez-Flórez

El diálogo como recurso para caracterizar personajes no es una invención moderna. Pensemos en los interminables coloquios de Don Quijote y Sancho, en los que Cervantes se esfuerza por mostrarnos la mentalidad y la diferencia cultural y social del caballero y de su escudero a través de sus propias palabras. Sin embargo, este recurso cobra fuerza a partir del movimiento naturalista del siglo XIX. Ahora se trata de reflejar la clase social de cada personaje por su forma de expresarse. Benito Pérez Galdós y José María Pereda son ejemplos que están en la cabeza de todos con su recurso a dialectalismos. En la literatura reciente, el mejor ejemplo quizás sea Miguel Delibes, quien según Umbral era un maestro, en «poner voces», como en siguiente ejemplo de diálogo entre dos niños:

> —¿Soy un indio? —preguntó Quico.
>
> —No.
>
> —¿No es la Conquista del Oeste?
>
> —No. Es la guerra de Papá.

Quico corrió a esconderse tras la butaca de plástico.

—Tú eras los malos —dijo Juan.

Se cruzaron unas docenas de disparos y finalmente Juan se impacientó:

—Te tienes que morir —dijo—. Yo tengo que matar más de cien malos, como Papá. ¡Anda, muérete!

MIGUEL DELIBES, *El príncipe destronado* (1973)

CUÁNDO USAR UN DIÁLOGO (Y CUÁNDO PRESCINDIR DE ÉL)

Para un narrador, el diálogo es el estilo de escritura más agradecido, y ello por varios motivos. Para empezar, escribir en forma de diálogo resulta más sencillo que hacerlo en forma de narración o de descripción (más tarde matizaremos esta afirmación, pero de momento nos sirve). El diálogo, al menos en la narrativa moderna, es el modo de escritura «menos literario» dentro de la escritura literaria, pues lo que se pretende es emular un estilo de lenguaje natural, es decir, se busca imitar la manera en que la gente se expresa en situaciones cotidianas. Esta facilidad para el autor encierra también una ventaja para el lector: la lectura de un diálogo requiere menos esfuerzo que la de cualquier otra parte de la narración. Un diálogo se lee con agrado y rapidez, y se comprende sin dificultad. El lector tiende a relajarse cuando llega a un pasaje dialogado, cuya lectura le resulta más sencilla que la de otros estilos de escritura, sobre todo las descripciones. Y no acaban ahí las ventajas. Cualquier escritor sabe que cuando escribe diálogos avanza mucho más deprisa que cuando narra o describe. La escritura es más rápida y natural y, además, el diálogo exige que dejemos mucho papel en blanco, por lo que el ritmo de escritura es más veloz y, en consecuencia, la sensación de logro aumenta.

Si sumamos todos estos factores, es fácil comprender la tentación de usar diálogos incluso cuando no es necesario ni aconsejable. Hay autores que abusan de del diálogo de tal modo que, en lugar de relatos o novelas, parece que estén escribiendo culebrones. Y esto ocurre porque no todo lo que contamos en una historia encuentra en el diálogo su forma óptima de expresión.

«Un diálogo tiene que crear vida. Tiene que ser autosuficiente. Una conversación no es un diálogo». Esta cita del dramaturgo, guionista y actor norteamericano Sam Shepard nos está diciendo que el diálogo no cumple solamente una función informativa, sino que además es el modo más útil de que los personajes se den a conocer y nos revelen cómo son. Lo he dicho anteriormente y lo repito aquí: en buena medida, el personaje nace de sus propias palabras. Y esto es válido tanto para las narraciones en primera persona como para los pasajes dialogados. Olvídate de escribir diálogos artificiales en los que los personajes no intercambian información, sino que se la transmiten al lector, como si estuvieran fingiendo conversar a sabiendas de que los están escuchando. Olvídate también de los diálogos en los que no se persigue uno de los objetivos principales de la comunicación, que es influir en los demás e intentar obligarlos a hacer algo o a aceptar nuestros puntos de vista. Un acto de habla está siempre cargado de intención, ya sea conquistar a otra persona, calmarla o mentirle con algún propósito. En esto los diálogos literarios deben parecerse a la vida. Si no es así, estarán vacíos de emoción y de credibilidad.

Shepard añade que un diálogo debe ser autosuficiente, lo que significa que debe tener valor de forma autónoma, independientemente del resto de la escena en la que aparece. Si un personaje le dice a otro «te odio», dicha afirmación debe representar una sorpresa para el lector. Si el lector conoce bien los sentimientos de ese personaje a través del contexto narrativo (sus miradas, su tono de voz, sus acciones), su anuncio puede resultar en buena medida superfluo. Por otro lado, un diálogo debe poseer siempre un valor añadido que lo justifique: debe ser emocionante, ingenioso, chispeante, tenso, cómico, incómodo, patético… En suma, debe conmover de algún modo al lector.

Veamos un ejemplo en el que no se cumple ni uno solo de estos requisitos:

—Oh, Dios, deja de sonreír. Me deslumbras con tu sonrisa —dice tapándose los ojos de forma teatral.

—¿Saliste ayer? —pregunto mientras manipulo la cafetera.

—Sí, eres una mala influencia. Ayer me quedé tan maravillada con tu escapada de Los Hamptons, que decidí quedar con un tipo de Tinder para ver si encontraba a mi propio empotrador. Pero se quedó en eso: en un intento. Porque el tipo ni siquiera llegó a metérmela. Es profesor de mitología griega y en lugar de follar se pasó más de ocho horas hablando de mitos, leyendas y Dioses. Y yo fingí que me interesaba porque estaba buenísimo y tenía la esperanza de que en algún momento acabara tumbándose sobre mí para hacerme suya. Pero no. Resulta que no es de los que la meten en caliente en la primera cita.

—Oh, vaya, lo siento —le digo, aunque lo hago sonriendo, porque hoy la sonrisa no me abandona en ningún momento.

Este diálogo lo he extraído casi al azar de una novela titulada *No te enamores del highlander* (sic.), perpetrada por una señora que firma como Elle Valentine. El título en sí ya es descriptivo de lo que podemos esperar encontrarnos, y el contenido no defrauda en absoluto. La novela está literalmente repleta de diálogos, todos ellos de una calidad parecida a la del que acabo de reproducir. Los personajes no viven a través de sus palabras. Simplemente intercambian información, en muchas ocasiones trivial, y siempre de una forma ramplona y vulgar. Por otro lado, la inanidad de sus intercambios verbales es tal que la autora igual podría escribir una receta de chipirones en su tinta con un resultado similar. Cada año se publican miles y miles de novelas como esta para abastecer un mercado de lectoras (son en su gran mayoría mujeres) que solo aspiran a pasar el rato y a tener una digestión sencilla. Es un tipo de escritura que tiene mucho más que ver con el consumo que con la literatura. Si tu aspiración es escribir de ese modo, ninguno de los consejos que has encontrado en este libro te será de utilidad.

En contraste con lo que acabas de leer, te ofrezco una escena extraída de un relato de la escritora norteamericana Lorrie Moore, una de las máximas exponentes del cuento actual los Estados Unidos:

En Radiología, el Bebé en la camilla, inquieto, desnudo, apoyado en su Madre que le sujeta las piernas y la cintura para que no se mueva, y el frío estetoscopio del Radiólogo se mueve por la espalda del Bebé. El Bebé lloriquea, levanta la vista para mirar a la Madre. «Vámonos de aquí —suplican sus ojos—. Cógeme en brazos.» El Radiólogo para, congela uno de los muchos remolinos de gris oceánico y hace «clic» repetidamente, un solo momento dentro del mapa del tiempo largo y tenebroso que es el interior del Bebé.

—¿Encuentran algo? —pregunta la Madre. El año anterior, a su tío Larry le habían extirpado un riñón por algo que resultó ser benigno. ¡Estas máquinas de la imagen! Son como perros o detectores de metales: lo encuentran todo, pero no saben qué han encontrado. Y ahí es donde entra el Cirujano. Son como los amos de los perros. «Dame eso —dicen al perro—. ¿Qué diablos es eso?»

—El Cirujano hablará con usted —dice el Radiólogo.

—¿Encuentran algo?

—El Cirujano hablará con usted —dice de nuevo el Radiólogo—. Parece que hay algo, pero el Cirujano hablará de ello con usted.

LORRIE MOORE, «Gente así es la única que hay por aquí:
farfullar canónico en oncología pediátrica»
(*Pájaros de América*, 1997)
Trad. de María José Galilea Richard

Al margen del dramatismo de la escena, aquí sí nos encontramos con personajes de carne y hueso. La tensión entre ellos se palpa a través de sus palabras: el miedo de la madre por la posible enfermedad del bebé, la distancia profesional del radiólogo y el modo en que evita comprometerse con un diagnóstico. Las palabras «tumor» o «cáncer» no se mencionan en ningún momento, y sin embargo sobrevuelan la escena y la tiñen de angustia. No se pronuncia ni una sola palabra más de las necesarias, y aun así los personajes emergen como personas reales, como seres humanos que viven y que sufren.

Al comienzo de este epígrafe se dice que a través de los diálogos el autor intenta emular un estilo de lenguaje natural. En apariencia, el objetivo no es demasiado ambicioso. Basta con tener buen oído, escuchar conversaciones a nuestro alrededor y reproducirlas lo más fielmente posible. Ya puestos a ejercer de espías, incluso podríamos equiparnos con una minigrabadora provista de un micrófono sensible y registrar conversaciones en lugares públicos para luego transcribirlas y usarlas de material para nuestras narraciones. Me imagino el resultado como algo parecido a esto:

—Eh, ¿qué pasa? Menuda cara me traes, colega.

—Ea, tío. La que tengo. Pues ya ves, es que estoy de mala hostia.

—¿Y eso?

—Pues nada, ya te dije que me tocaba pasar la ITV. He ido esta mañana y me han echao el coche pa atrás. La madre que los parió.

—¡Hostia, qué putada! ¿Y eso?

—Las putas emisiones, tío. Que no sé qué hostias del carburador. Flipas con la peña esta. Cuando no es una cosa es otra.

—¿Y qué vas a hacer?

—Ni zorra idea. En el taller me levantan por lo menos quinientos pavos. Y estoy pelao. A lo mejor, tú…

—¡Qué va! ¡Qué va! Si además iba a decirte que si me podías devolver los doscientos que te pasé.

Estas líneas de diálogo no tienen nada de malo en lo que respecta a su contenido y podrían ser el arranque de una escena interesante. Por otro lado, un diálogo como este podría escucharse en la realidad y representar de forma fiel la forma de hablar de dos personajes jóvenes. Y, aun así, hay algo que chirría. El diálogo no suena natural precisamente porque se esfuerza en ser natural. Hay demasiadas interjecciones, demasiados vocativos y expletivos, demasiadas repeticiones, demasiadas palabras superfluas, demasiado ruido de fondo.

Esto mismo ocurre en la novela *El Jarama*, de Rafael Sánchez Ferlosio, que fue Premio Nadal en 1955. En pleno realismo social, el autor aplicó la técnica de «la grabadora», llenando su novela de diálogos interminables, y en su mayoría triviales, con los que pretendía reproducir el habla de las distintas clases sociales:

—Se ha levantado aire —dijo Lucio. Entró Justina desde el pasillo:

—Buenos días, señor Lucio. ¿Ya está usted ahí?

—¡Ya salió el sol! —contestaba mirándola—. Hola, preciosa.

—Padre, que me dé usted treinta pesetas.

Mauricio la miró un momento; abrió el cajón y sacó las pesetas. Con ellas en la mano, miró a su hija de nuevo; empezaba a decir:

—Mira hija mía; vas a decirle de mi parte a tu...

Del interior de la casa vino una voz. Contestaba Justina:

—¡Voy, madre!

Rafael Sánchez Ferlosio, *El Jarama* (1955)

Merece la pena mencionar la interesante circunstancia de que el propio autor acabó aborreciendo esta novela de juventud: «En *El Jarama* está muy cuidado el lenguaje —dijo en una entrevista para *El País*—, muy escuchada el habla popular, pero no tiene ni pies ni cabeza. No me gusta nada. Sería un libro que si lo hubiera escrito otro diría: ¡Pero qué pelmazo!».

Quizás el secreto del diálogo literario no radique en que deba representar con toda fidelidad la forma de hablar de la gente, como si se tratara de una transcripción en un estudio lingüístico, sino en que sea estilizado de un modo natural, que constituya un producto meditado y elaborado sin que ello se note:

«Usted se siente excluida del mundo, ¿verdad?».

«Sí», dijo, todavía mirándome.

«Usted admira a los hermosos, a los normales. Usted quisiera tener un rostro tan equilibrado como esa muchachita que está a su derecha, a pesar de que usted es inteligente, y ella, a juzgar por su risa, irremisiblemente estúpida».

«Sí».

Por primera vez no pudo sostener mi mirada.

«Yo también quisiera eso. Pero hay una posibilidad, ¿sabe?, de que usted y yo lleguemos a algo».

«¿Algo como qué?».

«Como querernos, caramba. O simplemente congeniar. Llámele como quiera, pero hay una posibilidad».

MARIO BENEDETTI,
«La noche de los feos» (*La muerte y otras sorpresas*, 1968)

En este conocido relato, el escritor uruguayo nos presenta a dos personajes que deciden hacer el amor en la oscuridad porque a ambos les repele la fealdad del otro. Al margen del patetismo de la situación, el diálogo que entablan es sugestivo, sincero y conmovedor, en buena medida porque el autor ha destilado sus palabras hasta reducirlas a la esencia, sin que sobre ni falte nada. Observa, además, que Benedetti ha preferido usar las comillas en lugar de las rayas para puntuar su diálogo.

Resulta muy complicado dar recetas para escribir buenos diálogos, aunque en internet encontrarás montones de consejos que te pueden resultar más o menos útiles. Mi recomendación fundamental es la de siempre, que leas mucho y bien y que aprendas a escribir diálogos imitando a quienes mejor saben hacerlo. Sin embargo, hay algunas cosas que me gustaría añadir:

a. No satures tus historias de diálogos simplemente porque se escriben y se leen con facilidad. Resérvalos para los momentos en que intuyas que resultan necesarios, y trabaja en ellos con tanto esmero como el que emplearías para elaborar otros pasajes más «lucidos» y «literarios» de tu historia.

b. Escribe diálogos ágiles, lo que se consigue procurando que las intervenciones de los personajes sean breves y se vayan alternando de un modo fluido, sin largos parlamentos que parezcan monólogos.

—¿Qué me puede decir sobre él?

Apretó sus labios grisáceos y sopló con fuerza entre ellos hasta producir un sonido desagradable.

—Un piojoso liberal.

—¿Conoce a Dinah Brand? —pregunté.

—La conozco.

Parecía como si el cuello se le hubiera engordado y menguado.

—¿Cree que mató a Willsson?

—No tengo la menor duda. Está claro.

—O sea… que no fue usted.

—Pues claro que sí. Yo le llevé la mano. ¿Tiene algo más que preguntarme?

—Sí, pero no vale la pena seguir oyendo mentiras.

DASHIELL HAMMET, *Cosecha roja* (1929)
Trad. de Rafael Marsán

c. Nunca escribas diálogos en los que los personajes se digan cosas que ya saben o que deberían saber, pues de hacerlo te delatarías como un autor amateur rozando la torpe. Recuerda siempre el consejo de Sam Shepard acerca de que los diálogos deben crear vida. Nada hay más artificial que dos personajes hablando únicamente para informar al lector o refrescarle la memoria. Ese tipo de diálogos convierte a los personajes en meros títeres en una función de guiñol:

—Ahora que vamos a tener otro hijo, deberíamos ir pensando en comprar una casa más grande.

—Pero ya sabes que no tenemos dinero, y que mis padres no quieren avalarnos el préstamo.

—¡Ah, sí! Se me había olvidado.

d. Mucho cuidado con los verbos *dicendi*. No los multipliques de modo innecesario (*aseveró*, *espetó*, *inquirió*, *observó*, *puntualizó*, tronó…). Como dice Stephen King en *Mientras escribo*, ¿qué tiene de malo el verbo *dijo*?

e. Dosifica las acotaciones. Úsalas solamente cuando sea necesario aclarar quién está hablando o cuando desees añadir información relevante sobre la actitud, el tono o el humor del personaje (repito, información relevante). Si puedes, es preferible que las acciones de los personajes están fuera de las acotaciones, pues así evitamos interrupciones largas en las partes en estilo directo:

—¡Mira lo que hago con tu dimisión! —exclamó el presidente de la compañía. A continuación, rasgó el papel en muchos trozos y lo lanzó por los aires como si fuera una lluvia de confeti que cayó a nuestro alrededor—. ¿Dónde piensas que podríamos encontrar a alguien como tú?

Mejor:

—¡Mira lo que hago con tu dimisión! —exclamó el presidente de la compañía—. ¿Dónde piensas que podríamos encontrar a alguien como tú

A continuación, rasgó el papel en muchos trozos y lo lanzó por los aires como si fuera una lluvia de confeti que cayó a nuestro alrededor.

Mi último consejo es reiterarte que te esmeres mucho en los diálogos y que los reserves para cuando sean verdaderamente necesarios. Pocas cosas estropean tanto una narración como un diálogo superfluo, frívolo o directamente estúpido.

No sé si te han hecho alguna vez una entrevista, aunque si persistes en esto de la escritura antes o después pasarás por esa experiencia. Si la entrevista es en directo o se graba para emitirse, allá te las compongas (aunque con la edición posterior también te pueden jugar malas pasadas). Pero si se trata de una entrevista para un medio escrito, estás totalmente en manos del periodista. Si tus respuestas han sido más o menos inteligente y el periodista sabe hacer su trabajo, todo saldrá bien. Pero si el entrevistador se pone creativo al transcribir tus respuestas, o decide omitir las partes mejores y publicar los momentos en que has estado más despistado o disperso, te hará quedar como un auténtico idiota. «Si el periodista es listo, en la entrevista sales listo; si es tonto, sales tonto», afirma un personaje de Javier Cercas. Pues bien, ahora piensa en que la misma responsabilidad es la que tú tienes con tus personajes. De modo que no los saques tontos en la historia, a no ser que lo sean de verdad.

10.

Ser escritor

EL CAJÓN DE SASTRE

Cuando decidí escribir este libro tomé algunas notas sobre lo que quería contar en él. Luego las notas se convirtieron en un esquema con el que distribuí los contenidos por capítulos. Ahora he llegado al último capítulo y me siento relativamente contento, porque lo que proyecté al principio guarda cierta semejanza con el resultado final. Lo de «cierta semejanza» puede hacerte pensar que mi planificación no fue lo bastante rigurosa, y no descarto que tengas razón, pero eso no me estropea la fiesta. La planificación tiene sus límites. Tengo un amigo que planea sus viajes con tanto esmero que hasta usa el Google Street View para localizar lugares donde le parece que encontrará aparcamientos libres en su destino. Después, al llegar allí, se queja de que nunca encuentra sitio para aparcar. Al escribir ocurre lo mismo. Por mucho que planifiques el trabajo, nunca sabes muy bien qué te vas a encontrar hasta que llegas allí. Y te digo todo esto porque el libro se acaba y me doy cuenta de que me he dejado muchas cosas en el tintero. Y no por que se me hayan olvidado, sino que algunos capítulos se alargaban tanto que me veía obligado a cortar por lo sano, con lo que ahora me encuentro con una lista de cabos sueltos y de deberes sin hacer. No es que yo fuera el estudiante más aplicado del mundo, pero con los años he mejorado y me he vuelto más riguroso en mi trabajo, sobre todo en mi trabajo literario. De ahí este último capítulo, que no posee más unidad temática que ser el cajón de sastre de todas las cosas que no he podido incluir en los capítulos anteriores. Lo he titulado «Ser escritor» porque no se me ha ocurrido nada mejor. Vamos allá.

MAPA O BRÚJULA

Como este libro ha demostrado de sobra, nunca es mal momento para deslizar una cita de Borges:

> … En aquel imperio, el Arte de la Cartografía logró tal Perfección que el mapa de una sola Provincia ocupaba toda una Ciudad, y el mapa del Imperio, toda una Provincia. Con el tiempo, esos Mapas Desmesurados no satisficieron y los Colegios de Cartógrafos levantaron un Mapa del Imperio, que tenía el tamaño del Imperio y coincidía puntualmente con él.
>
> JORGE LUIS BORGES, «Del rigor en la ciencia» (*El hacedor*, 1960)

Como les ocurre a los cartógrafos del relato de Borges, hay escritores que llegan hasta extremos inverosímiles a la hora de planificar sus obras. Un buen ejemplo es el del novelista francés Gustave Flaubert, a quien se le tiene como uno de los profesionales de la escritura más minuciosos y esforzados, un auténtico galeote de la pluma. Flaubert empleó cuatro años, siete meses y once días de intensísimo trabajo en su novela *Madame Bovary* (1856). Gran parte de ese tiempo lo dedicó a planificar y documentar su libro, a redactar una cantidad ingente de notas y esquemas sobre la caracterización de los personajes, los tiempos y los espacios de la obra, a trazar desarrollos argumentales detallados, a estudiar la división de la trama en capítulos, a visitar los lugares de la Francia de provincias que usaría como escenarios, a releer los libros de su infancia para describir los libros que Emma, la protagonista, había leído de niña, a visitar ferias agrícolas en busca de ambientación… Al igual que cierto personaje de un relato de Patricia Highsmith («El hombre que escribía novelas en su cabeza»), Flaubert preparó su novela de una forma tan minuciosa que, antes de escribirla, probablemente se la sabía ya de memoria. Y, sin embargo, trabajó también de un modo muy intenso en la corrección de un borrador tras otro hasta que el texto le satisfizo lo suficiente como para darlo a la imprenta (lo que podemos imaginar que hizo a regañadientes). En una carta fechada en 1853, Flaubert escribe: «Amo las obras en que se siente el sudor, aquellas en las que se ven los músculos a través de la línea y que caminas descalzo».

Frente a los escritores que, como Flaubert, planifican su obra de forma meticulosa, hay otros que lo confían todo a la improvisación y a la inspiración del momento. En su manual de escritura titulado *Cómo se escribe una novela*, la escritora y profesora de talleres literarios Silvia Adela Kohan cita al novelista y columnista español Juan José Millás:

> Ya he dicho que escribo sin esquemas previos y que por consiguiente nunca sé lo que va a pasar en las siguientes páginas; es más, en ocasiones ignoro si lo que estoy empezando es una novela o un cuento. Mi novela *Visión del ahogado*, por ejemplo, empezó siendo un relato breve y al poco era ya un proyecto de novela larga. En esa novela hay dos personajes que durante muchos folios estuve tratando como hermanos hasta que me di cuenta de que eran un matrimonio sin hijos.

Aquí tenemos, por lo tanto, dos visiones opuestas de lo que debe ser el trabajo del escritor. En mitad de ambas, en un espacio equidistante, podemos citar al novelista norteamericano Lamar Herrin, a quien en una entrevista le hicieron la siguiente pregunta: «¿Es usted uno de esos escritores que elabora un plan de ataque concreto, incluyendo el desenlace, o de los que siguen su olfato con la esperanza de que eso les funcione?», a lo que el autor respondió:

> Voy a contestarle con una metáfora. Digamos que queremos realizar un descenso en canoa por el río Ohio, desde Cincinnati, donde he residido, hasta Louisville, Kentucky, ciudad que he visitado. La distancia viene a ser de unas cien millas. Conocemos Cincinnati y,

> en menor medida, también nuestro destino. Conocemos los pueblos y ciudades más importantes que hay en ambas orillas, y los afluentes principales. La idea es llegar hasta Louisville, es decir, el final de nuestra novela, y contamos con ciertos personajes y acontecimientos que corresponderían a esas ciudades y esos afluentes que he mencionado. En cuanto a las corrientes, obstáculos, islotes y afluentes menores, por no mencionar la fatiga del remo, el desaliento, las innumerables tentaciones de rendirse… todo eso lo conocemos de un modo abstracto, pero ignoramos cómo es en realidad. Todo podría cambiar de la noche a la mañana, y Louisville, si alguna vez la alcanzamos, podría parecerse poco a la ciudad que recordamos. Esa combinación entre lo previsto y cartografiado y lo imprevisto, tan sutil, tan potente, es como yo describiría, de un modo metafórico, la escritura de una novela.

Cuando mis alumnos me preguntan sobre la conveniencia de planificar al detalle o de ponerse en manos de la inspiración del momento, siempre les cuento la conocida metáfora del mapa y de la brújula. Los escritores de mapa son los que planean, proyectan y programan (amo mi diccionario de sinónimos), los que necesitan saber de antemano cada detalle del argumento y de los personajes. Los escritores de brújula, por otro lado, son aquellos que solo necesitan saber de dónde parten y hacia dónde se dirigen, es decir, el principio y el final de la narración. Y luego estaría Juan José Millás, quien, si nos fiamos de su palabra, es capaz de encontrar su camino en medio de un bosque, a medianoche y con los ojos vendados.

Quizás la opción más acertada sea la de Lamar Herrin, pues combina un cierto grado de planificación con una actitud abierta y flexible ante el trabajo creativo. Sin renunciar a conocer el origen, el destino y la ruta principal, un plan de escritura flexible deja margen para la sorpresa y la aventura, permite explorar parajes que en un principio no teníamos previsto recorrer, pero que se adivinan prometedores en el momento en que llegamos a ellos. A mí me ha ocurrido con ciertos personajes que, en mi idea inicial, iban a ser simples figuras auxiliares, pero luego irrumpen en el argumento con fuerza y reclaman un protagonismo que yo no había previsto concederles. En cambio, la escritura conforme a un plan detallado me recuerda a esa técnica de pintar que consiste en colorear una plantilla según una clave numérica: por mucho que el resultado sea aceptable, el proceso de ejecución no podría ser más maquinal y aburrido.

Sin embargo, creo que debo hacer un par de matizaciones, y te hablo desde la experiencia de unos cuantos lustros como contador de historias. Hay una cierta clase de narraciones que deben planearse escrupulosamente, pues de no hacerlo estarías condenado al fracaso. Me refiero a las historias de tipo policial y detectivesco, aquellas en las que cada parte funciona como una piedra de una bóveda con respecto a las demás: cada pieza soporta el peso de las adyacentes, por lo que todo debe encajar para que la estructura se sostenga. En este tipo de tramas, cada paso que se da depende de los anteriores y determina los posteriores, por los que la improvisación y la inspiración solo tienen cabida en el momento de describir y de caracterizar a los personajes. Y también (aunque con ciertos límites) al escribir los diálogos. Sin embargo, todas las decisiones argumentales y estructurales (el arranque y el desenlace, el conflicto principal, los puntos de acción y de giro y cada acontecimiento intermedio) deben estar tomadas de antemano. Otra cosa es arriesgarnos a avanzar dando palos de ciego para finalmente no llegar a ningún sitio. O bien encontrarnos en un callejón sin salida del que solo es posible salir deshaciendo buena parte del trabajo y reescribiendo largos tramos de la historia.

Para escribir género policial puede ser interesante usar algún tipo de ficha de personajes como las que vimos en su momento, pero también resulta muy útil lo que se denomina una «escaleta». Los profesionales de la radio basan su trabajo en las escaletas, que son listas detalladas en las que figura la secuencia de contenidos del programa, la descripción de estos, los nombres de los invitados y colaboradores y la hora a la que va a arrancar cada entrevista, debate, reportaje, etc. El equivalente en el trabajo de preparación de una novela sería una lista de los hechos que componen la acción distribuida por escenas y por capítulos. En una escaleta no suele haber indicaciones sobre diálogos ni descripciones, solo acontecimientos y situaciones ordenados cronológicamente, con información clara sobre los personajes participantes, la secuencia y la causalidad. Se basa en ordenar las diferentes escenas de una historia del mismo modo en que el lector las irá leyendo.

Esto puede adoptar muchas formas, incluso la de *post-it* pegados sobre un tablero (lo que permite abarcar visualmente la trama y su estructura, añadir y suprimir acontecimientos y cambiarlos de orden:

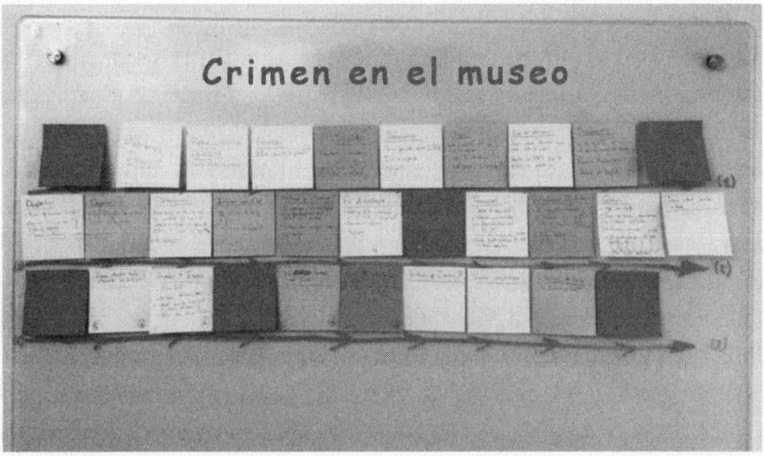

Un recurso interesante al que algunos escritores acuden son ciertos programas diseñados para facilitar el trabajo de preparación de un proyecto literario. En esencia, consisten en un *software* de edición de textos que incluye una serie de herramientas cuyo propósito es agilizar y, en cierta medida, automatizar las notas y apuntes que los solemos elaborar a mano. Me gustaría brindarte mi experiencia sobre este tipo de programas, pero jamás los he usado. A estas alturas de mi vida, el aprendizaje de un nuevo *software* siempre me resulta fastidioso, y prefiero emplear ese tiempo en escribir. Sin embargo, puede que a ti el uso de una de estas aplicaciones te estimule a organizar mejor tu trabajo. La más conocida de todas ellas es el programa llamado Scrivener:

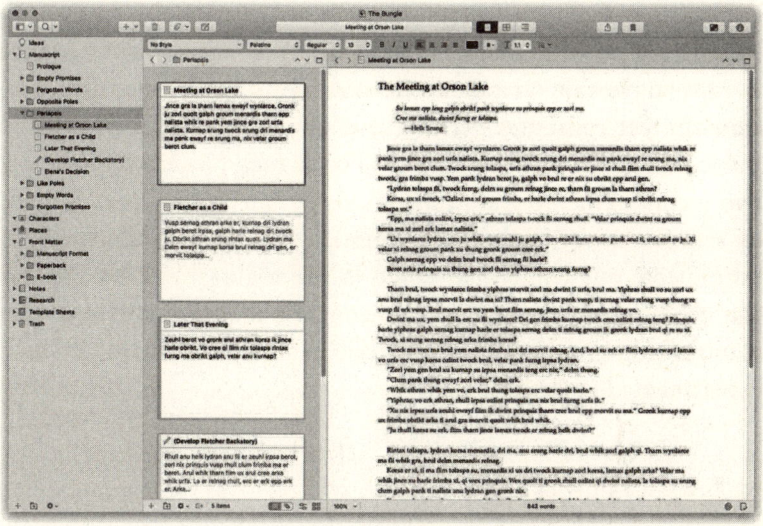

En cuanto al trabajo con brújula, ten muy presente que el hecho de abordar un proyecto de un modo más libre y flexible no excluye cierto grado de planificación. Como mínimo, debes saber hacia dónde te diriges y cuáles van a ser las escalas principales de tu recorrido. También debes tener ideas muy claras sobre tus personajes principales y, por supuesto, deberías tener toda información por escrito y consultar tus notas con frecuencia. Y ten presente que esas notas se ampliarán mucho conforme avanzas en tu historia, y que las ideas surgirán en cualquier momento: en el trabajo, en la cama antes del sueño, en el autobús. Por ello te quiero recordar la importancia del cuaderno del escritor, del que ya hablamos en el primer capítulo.

Se me ocurre añadir que la escritura con brújula es quizás más apropiada para los relatos que para las novelas. Un relato se suele concebir como un todo y su estructura es mucho más esquemática y sencilla que la de una novela, por lo que podemos trabajar en él a partir de algunas notas y grandes dosis de la inspiración del momento. Una novela, por otro lado, se parece mucho a un gran edificio en el sentido de que debe existir una estructura que soporte las cargas, así como un reparto racional de los espacios. Esto presupone croquis, planos, cálculos… un proyecto, en definitiva.

También debo aconsejarte que elabores un proyecto minucioso (un mapa a pequeña escala) si lo que estás escribiendo es tu primera novela, pues de otro modo hay grandes posibilidades de que te atasques o te canses, es decir, de que no la termines. Piensa que el trabajo de preparación y planificación también puede ser muy creativo y enormemente gratificante (a veces mucho más que la rutina de sentarte a escribir hora tras hora). Desde luego, nada hay más estimulante que comprobar cómo la historia avanza y las páginas van creciendo. Y eso se consigue con más facilidad mediante una planificación escrupulosa, sobre todo si no eres un narrador muy experimentado y disciplinado.

EL BANCO DEL REMERO

A pesar de que soy un tipo aburrido hasta en mi orientación sexual, siempre he encontrado muy estimulante esa escena de la película *Ben-Hur* en la que han condenado a Charlton Heston a galeras y aparece dándole al remo con el cuerpo untado en aceite, tan cachas y atractivo que, en lugar de un desdichado reo en una galera romana, parece un dios del Olimpo. La figura del galeote tiene un algo evocador y literario, y no puedo evitar acordarme de aquella aventura de Don Quijote en la que libera a los galeotes y, como de costumbre, acaba vapuleado por su generosa acción. Me imagino que para los desdichados que tenían que sufrir este castigo atroz, el esfuerzo del remo no tenía nada de romántico. Sin embargo, su tesón (aunque forzoso o forzado) me resulta útil como imagen de lo que debe ser el trabajo literario, al menos si queremos que concluya con éxito.

Una novela supone semanas, meses y hasta años de tesón y esfuerzo, de trabajo duro y de concentración. Cualquier novela, incluso las malas, es el resultado de incontables horas de confinamiento solitario. Y, ahora que lo pienso, hasta el trabajo de los galeotes era más gratificante, pues, a pesar de los latigazos y los insultos que les ladran, al menos ellos se sienten acompañados mientras le dan al remo. Quizás una analogía más ajustada sería la del opositor, aunque al menos los opositores optan a la recompensa de un trabajo estable y bien remunerado. Hay aspirantes a escritores que sueñan con la fama y el aplauso de la crítica, con vender millones de ejemplares y comprarse una mansión en Edimburgo, como J. K. Rowling. Mostradme a uno de esos ilusos y me estaréis mostrando a un idiota.

Y llegados a este punto, acabamos de alcanzar el momento menos estimulante de este curso de escritura. Y créeme que lo siento mucho, pero nunca te dije que este fuera a ser un libro motivador al estilo de los manuales de autoayuda. El trabajo del escritor es duro, rutinario y, con frecuencia, agotador. Y esto significa que, una vez conquistada y habilitada tu guarida de escritor, la única forma de sacarle partido es encerrarte allí y trabajar.

De este modo nos habla Stephen King de su jornada laboral cuando está embarcado en algún proyecto:

> Me gusta hacer diez páginas al día, es decir, dos mil palabras. En tres meses son 180.000 palabras, que para un libro no está mal; si la historia es buena y está bien contada, el lector puede perderse a gusto. Hay días en que salen diez páginas sin dificultad. [...] A veces, cuando cuesta que salgan las palabras, llega la hora del té y todavía estoy trabajando. Me van bien las dos maneras, pero sólo en circunstancias muy graves me permito bajar la persiana antes de haber hecho las dos mil palabras.
>
> STEPHEN KING, *Mientras escribo* (2000)
> Trad. de Jofre Homedes Beutnagel

Quien está considerado uno de los escritores más prolíficos (sesenta novelas y unos doscientos relatos y novelas cortas), basa su prodigioso ritmo de producción en la disciplina, en el hecho de escribir a diario. En el pasado, King contestaba a las entrevistas diciendo que escribía todos los días menos el de Navidad, el 4 de julio (fecha de la fiesta nacional en EE.UU.) y el día de su cumpleaños. Más tarde confesó que no era cierto, que también escribe durante estas tres festividades, pero únicamente cuando está trabajando en algún proyecto. Si no es así (y afirma que se toma largas temporadas de vacaciones) se dedica a sus asuntos privados, a leer y a pensar en su próxima novela. Ahora bien, durante sus períodos de producción no perdona las sesiones de remo:

> Cuando he empezado un proyecto no paro, y sólo bajo el ritmo si es imprescindible. Si no escribo a diario empiezan a ponérseme rancios los personales, con el resultado de que ya no parecen gente real, sino eso, personajes. Empieza a oxidarse el filo narrativo del escritor, y yo a perder el control del argumento y el ritmo de la narración.
>
> Stephen King, *Mientras escribo* (2000)
> Trad. de Jofre Homedes Beutnagel

El ritmo de trabajo de Stephen King (diez páginas, el equivalente a unas tres mil palabras diarias) es muy alto y delata la capacidad productiva de un escritor profesional que puede dedicarse a su labor creativa sin distracciones. Su caso no es equiparable al de la gran mayoría de los escritores, que deben simultanear la producción literaria con otras actividades, que son las que les permiten pagar sus hipotecas y alimentar a sus niños y a su gran danés. Sin embargo, el tío Steve nos brinda una lección muy valiosa de cómo se consigue sacar adelante una producción narrativa amplia y consistente: trabajando, trabajando y trabajando.

Cuando tenemos algún proyecto entre manos, los novelistas debemos trabajar a diario. Y esto no significa que debamos dedicarle a la escritura un número determinado de horas cada día, lo que no sería realista ni posible. Habrá días en que podamos escribir cuatro horas y otros que nos debamos contentar con dos. Incluso vendrá algún día en el que tendremos que conformarnos con añadir un párrafo o apenas un par de líneas. No importa, todo es bueno para el convento. Lo fundamental es que no interrumpamos el flujo de trabajo, y que cada día dediquemos un tiempo, ya sean cinco horas o cinco minutos, a recordarnos que somos escritores, y que la esencia de un escritor es escribir, y no hablo de emails ni de comentarios en las redes sociales.

Por otro lado, ten presente que un escritor trabaja incluso cuando no está encadenado a su remo. La inercia del trabajo creativo es poderosa, y continúa mucho después del momento en que apagamos el ordenador. Independientemente de lo que estés haciendo (dando clase, atendiendo a tus clientes, conduciendo camino del trabajo, viendo una serie en Netflix o tratando de quedarte dormido), una parte de tu mente seguirá trabajando en tu argumento, en tus personajes, en tus diálogos o en la descripción que quedó inacabada o no del todo a tu gusto. Esta sensación de estar siempre disponible para tu novela la ha vivido cualquiera que se dedique al trabajo literario con cierta seriedad, y representa uno de los mayores placeres (y tormentos) de la tarea del escritor. En otro momento dijimos que los escritores necesitamos ejercitar nuestra musculatura creativa. De un modo análogo y no menos importante, debemos adiestrarnos en la disciplina necesaria para concluir una novela de doscientas o trescientas páginas... o mil. ¿Te parece imposible? Piensa que en lugar de las diez páginas diarias de Stephen King, eres capaz de escribir dos, dos miserables páginas, que vienen a representar una seiscientas palabras. Se calcula que una mujer pronuncia unas 25.000 palabras al día; un hombre, aproximadamente la mitad (esto no es un comentario misógino, es un hecho constatado científicamente). En comparación con eso, escribir unas seiscientas palabras diarias tampoco parece tanto, ¿no? Catorce páginas a la semana, 56 al mes, 672 al año. Pongamos que por motivos de fuerza mayor haya un día por semana en que no puedas escribir. Aun así, en un año puedes tener terminada y corregida una larga novela.

Por cierto, puede parecer una fruslería, pero el hecho de ser un buen mecanógrafo ayuda mucho. La obra de Isaac Asimov, entre novelas, relatos y libros de divulgación, es tan ingente que siempre se le acusó de ser una franquicia, de que eran otros quienes escribían por él. El buen doctor explicaba su secreto de una manera muy sencilla: «Trabajo ocho horas al día, soy rápido escribiendo a máquina y apenas corrijo». Asimov siempre le agradeció a su padre, propietario de una tienda de caramelos y revistas en Brooklyn, que lo obligara a levantarse a las cinco de la mañana para ayudarle con el negocio, pues de ese modo aprendió la disciplina de empezar a trabajar muy temprano. Cuántas veces no les habré dado yo gracias mentalmente a mis padres por apuntarme a una academia de mecanografía cuando tenía doce años, y eso que aquello resultaba aburridísimo. Cuántas veces no me habré quedado mirando mi ordenador portátil, que tanto agiliza mi escritura, con una sensación enorme de amor y gratitud. Y la ventaja real de una escritura veloz no es el afán de terminar antes, porque la prisa nunca ha servido para mejorar la técnica literaria, sino la posibilidad de que tus dedos puedan seguir el ritmo que marca tu cerebro. O al menos de no quedarse muy rezagados.

¿Crees que todo esto es demasiado para ti? Te pido perdón, entonces. Pensaba que querías ser escritor, pero parece que te entendí mal. ¡No! ¡Tranquilo! ¡No lances todavía este libro por la ventana! Te entiendo. No puedes escribir todos los días. Están el trabajo, los niños, tu compañero o compañera quejándose de abandono, bla, bla, bla. Y aun así sigues queriendo ser escritor. En ese caso siempre te quedan los relatos.

Por lo general, un cuento no ocupa más que unas cuantas horas de trabajo, un tiempo que puedes compaginar con facilidad con tus obligaciones diarias. No voy a perdonarte lo de escribir a diario, eso es esencial. Pero, recuerda, tu obligación prescribe cuando el relato está terminado, y eso lo puede lograr en una semana o menos. A continuación, te tomas un descanso y vas dejando que el tanque creativo se llene hasta el próximo relato. Lo que importa es adiestrarse en el trabajo, fortalecerse, crear «callo» literario.

Antes de lo que puedas imaginar, estarás listo para tu primera novela.

CORREGIR, CORREGIR Y CORREGIR

Y después corregir otra vez. Digamos que has terminado un relato. Es más, seamos optimistas y supongamos que me has logrado terminar tu primera novela. Tienes el borrador de una historia que se parece más o menos a tu plan original, y esta misma tarde has escrito la palabra «fin». Ha llegado el momento de descorchar la botella de champán y de mandársela por correo electrónico a todo el mundo: familia, amigos, editoriales, premios literarios, agentes y, si me apuras, al sursuncorda. ¿Es eso lo que tenías pensado?

¡Pues no! Es más, ¡ni lo sueñes!

En una entrevista, Borges le atribuyó al escritor mejicano Alfonso Reyes la frase siguiente: «Publicamos para no pasarnos la vida corrigiendo los borradores». Esto nos da una pista sobre lo mucho que le cuesta a un escritor con un mínimo de orgullo profesional dar por terminado su trabajo. Y menos después de un primer borrador, que no es más que otro paso (aunque un paso muy importante) del proceso de completar una obra literaria, independientemente de su extensión. Un borrador es únicamente un primer esbozo, un *work in progress* que seguramente guarda ya un parecido importante con el que será el relato o la novela en la que estamos trabajando, pero que todavía dista de ser ese relato o esa novela. La obra ideal, la obra con la que soñamos, no es más que un concepto abstracto que carece de un correlato en el mundo real. Pero nuestra obligación es perseguir ese concepto con todo el tesón y la tozudez de la que seamos capaces. Y para eso está la fase de corrección.

Cuando la colosal estatua de David se mostró por primera vez en Florencia, a Miguel Ángel le preguntaron cómo había logrado crear semejante belleza a partir de un bloque de mármol. Su respuesta fue: «Ha sido fácil. Solo tuve que tomar un martillo y un cincel y quitar todo lo que no se pareciera a David». La anécdota es falsa, por supuesto, pero la idea es valiosa para entender lo esencial del proceso de corrección de una obra. Durante esa larga «posproducción» que es la revisión de tu relato o tu novela, hazte a la idea de que debes quitar mucho más de lo que debes añadir. La tendencia natural de la mayoría de los narradores es a la verbosidad, a contar más de la cuenta y con más palabras de las necesarias. Durante la corrección debes esforzarte por quitar «todo lo que no se parezca a David», es decir, todo lo superfluo. El hecho de pulir una obra literaria es, sobre todo, una labor de poda. En literatura, como en tantas otras cosas en la vida, lo que no suma, resta. Y sé de sobra que este proceso de poda puede resultar penoso, pero debes estar dispuesto a sacrificar incluso aquellas cosas que a ti te parecen logros estilísticos de gran calibre, pero que en el flujo de la obra rechinan o, sencillamente, no aportan nada. Un diálogo innecesario, por ingenioso que sea, es como un pellizco de sal de más en un plato que ya está lo bastante salado. Una descripción que no viene a cuento y que solo sirve para interrumpir el flujo de la narración es como un perdigón de saliva que salta desde tu boca hasta la cara del lector: no es que tenga mucha importancia, pero siempre resulta desagradable.

El proceso de corrección es también el momento de cazar los gazapos e incoherencias que sin duda se te habrán deslizado sin querer, sobre todo si lo que has escrito es una novela. Los personajes que aparecen con el nombre cambiado; los momentos en que cierto personaje se refiere a acontecimientos que no puede conocer; los errores de cronología y temporalidad; las inconsistencias en la lógica y en la causalidad de los hechos relatados; los errores en los tiempos verbales, que pueden provocar la perplejidad del lector; las frases hechas, los tópicos y los clichés (importantísimo); las frases ambiguas; aquellas excesivamente largas que ganarían en precisión si se acortaran... Cuando uno ha escrito ochenta o cien mil palabras, las posibilidades de cometer errores son innumerables, y no te quepa duda de que los errores están ahí, agazapados para impedir que los encuentres.

Y luego, por supuesto, está la lista clásica de las meteduras de pata: las palabras repetidas, las palabras omitidas, las rimas accidentales, las palabras cambiadas por otras de forma y ortografía similares... Se dice que no hay peor corrector que el escritor, y es cierto que corregir de forma escrupulosa los textos propios es complicado. El problema es que conocemos muy bien lo que hemos escrito, y en ocasiones, más que leer, lo que estamos haciendo es recordar. En ese momento corremos el riesgo de realizar una lectura «en diagonal», es decir, de saltarnos largos tramos de texto y hasta líneas enteras. Los antiguos correctores de enciclopedias deslizaban una regla por las galeradas para obligarse a concentrarse en una sola línea cada vez, sin saltarse nada. Pero una solución mucho más práctica, y la que yo te recomiendo, es la de leer los textos que estás corrigiendo en voz alta. El problema es que esto resulta agotador. Aunque siempre puedes recurrir a ayudantes, y no me refiero a contratar a un secretario.

Puesto que a estas alturas ya nos conocemos bastante bien, creo que va siendo hora de que te confíe un secreto: yo no leo mis textos en voz alta, pero tengo empleado a alguien que lo hace por mí. Se llama *Loquendo* y es un *software* que convierte el texto escrito en voz de un modo muy eficaz. Me permite elegir el tipo de voz (masculina, femenina, castellana, latina...) y la velocidad de lectura a la que deseo escuchar mis textos. *Loquendo* no puede evitar ser un poco redicho y bastante robótico, pues es algo que lleva impreso en su ADN digital, pero para mí se ha vuelto un ayudante imprescindible. Gracias a él me aseguro de que mis textos estén bien escritos, de que posean un ritmo y una cadencia agradables (o «poéticos», cuando me pongo más intenso). De paso, me ayuda a comprobar que las oraciones están bien construidas, que no me he comido palabras, que no las repito, que no hay rimas accidentales y toda esa serie de cuestiones más que me pasarían por alto con una lectura silenciosa.

Si te has rendido al imperio y eres usuario de una de las versiones más modernas de Microsoft Word (por ejemplo, el Word 365), tu *software* viene con su propio *Loquendo* incorporado. Lo encontrarás dentro del menú «revisar» (que no es sino un anglicismo para «corregir»). El segundo botoncito desde la izquierda reza «leer en voz alta» y es mano de santo.

Los sistemas de conversión de texto a voz son utilísimos también para las personas con discapacidad visual. Seguramente Borges hubiera hecho buen uso de ellos, aunque él disponía de un nutrido grupo de «loquendos» de carne y hueso, jóvenes que se disputaban el privilegio de leer en voz alta para el maestro. El escritor argentino Alberto Manguel, que formó parte de ese grupo cuando tenía quince años, dejó constancia de su experiencia en el libro *Con Borges* (Alianza Editorial, 2004).

Una pregunta clásica sobre cómo corregir un texto es si debe hacerse a mano o directamente sobre la pantalla del ordenador. Mis alumnos de los talleres me han preguntado esto muchas veces, y yo les respondo aquello de «cada maestrillo tiene su librillo». Ellos me recuerdan mi insistencia en evitar los tópicos y las frases hechas. Con ánimo de satisfacerles, les cuento que yo hago las dos primeras rondas de corrección sobre el archivo informático, y que para la tercera imprimo el texto y trabajo sobre papel. El papel, a fin de cuentas, sigue siendo el soporte natural del texto escrito, y sin duda el más placentero de manejar. A pesar de que soy un forofo de todo lo digital, me gusta recordar que todavía soy capaz de escribir a mano, que aún poseo una letra característica que no se llama Calibri 12 ni Times New Roman 14. Me agrada y reconforta ver mi caligrafía sobre los renglones de texto impreso, las líneas y flechas con llamadas y comentarios trazados a lápiz, las anotaciones al margen, los pasajes tachados y reescritos... Sobre todo, me resulta muy práctico que la versión anterior quede visible una vez hechas las correcciones, y me tranquiliza saber que siempre puedo volver a la primera opción porque esta no ha quedado desintegrada al guardar una versión más reciente del archivo. Como buen fetichista que es uno, me gusta guardar estos borradores corregidos que ocupan mucho espacio y no sirven para nada. Aunque no es así del todo. Ya sabes que el papel arde muy bien (a 451 grados Farenheit, exactamente). Si tienes una chimenea de leña, ya verás que útiles son esos viejos borradores para encender la lumbre en invierno o la barbacoa en verano. Esta es una de las formas más prácticas de reciclaje literario.

EL LECTOR CERO

Hace poco te dije que no debes dar a leer tu trabajo hasta que esté terminado, y ahora me doy cuenta de que esa afirmación debe ser matizada. Todos los escritores tenemos un lector o lectores de confianza, esos «lectores cero» a los que confiamos nuestra obra aún en proceso de corrección en espera de críticas y sugerencias. Sobre este asunto, debo decirte es que es dificilísimo encontrar a colaboradores de ese tipo. Y, si tienes la suerte de contar con ellos, que jamás cometas el gran pecado de la ingratitud, porque te están haciendo un gran favor. Ojalá los escritores fuéramos capaces de separarnos lo suficiente de nuestras obras para ver con claridad sus defectos y poder remediarlos. Pero esto generalmente no ocurre. Nadie tiene la suficiente sangre fría como para reconocerse a sí mismo que sus hijos son feos o tontos. Con la producción literaria es igual, y también les ocurre a los escritores experimentados. A veces nos sentimos tan orgullosos de los logros parciales que perdemos la visión de conjunto. La conclusión es que nadie, absolutamente nadie, es un juez imparcial de su propio relato o novela. Por eso es necesario un lector de confianza que nos haga la crítica imprescindible para la corrección final. Pero no sirve cualquiera.

Olvídate de esos familiares y amigos que están deseando leer la novela en la que llevas tanto tiempo trabajando (o eso dicen) y que te manifiestan su buena disposición. En la gran mayoría de los casos te encontrarás con lectores complacientes cuyo espíritu crítico quedará embotado por el afecto que sienten por ti y el miedo a frustrarte u ofenderte. Y esto no quiere decir que un familiar o amigo no sirva como lector cero. Incluso tu pareja puede serlo si cumple determinadas condiciones. En primer lugar, debe tratarse de un buen lector, de un lector de criterio, una persona que lea de forma habitual y crítica. En segundo lugar, debe ser alguien capaz de separar el corazón de la cabeza, el afecto de la razón, alguien capaz de decirte qué es lo que no funciona en tu libro, y no por chincharte, sino por respeto y generosidad. Hay autores principiantes que no son capaces de encontrar la persona adecuada y se ven obligados a contratar un servicio de corrección y asesoramiento profesional, lo que me parece una opción perfectamente aceptable. Todo depende de lo que estés dispuesto a invertir en tu obra y en tu aprendizaje. Sin embargo, te ruego que tengas mucho cuidado con esto último, pues los aficionados y los charlatanes son criaturas que abundan en este mundillo.

Un buen lector cero es un recurso inestimable, por lo que debes procurar a toda costa no dilapidarlo o malograrlo. Es evidente que no siempre vas a estar de acuerdo con sus apreciaciones, pero el simple hecho de contrastar tus opiniones con las suyas te ayudará a mejorar tu obra y a progresar como escritor. Ni se te ocurra ofenderte ni ponerte a la defensiva. Puede que no se trate de la persona con más tacto del mundo, pero aun así te está ofreciendo su ayuda y su experiencia de forma generosa, y lo que a ti te corresponde hacer es ser humilde y escuchar. Por último, ten presente que esa persona te está leyendo con imparcialidad y espíritu crítico, y por lo tanto representa a los lectores futuros de tu novela o tu relato. Además, te está entregando su tiempo y su experiencia de forma generosa. De modo que hazle caso, escucha sus consejos, procura emplearlos para mejorar la versión definitiva de tu obra y aprovecha la suerte que has tenido.

Puede que tú mismo te encuentres antes o después en esta posición, que alguien cercano a ti te pida que leas y critiques su manuscrito. Te aconsejaría que aceptases. Es más, te diría que la lectura de los intentos ajenos te puede ayudar a mejorar y a avanzar en tu propio aprendizaje. Ahora bien, di que no si no estás dispuesto a dar una crítica sincera y constructiva, o constructivamente sincera. No les hagas a otros amigos escritores lo que no te gustaría que te hicieran a ti. En mi experiencia como profesor de talleres me veo con mucha frecuencia en esta situación. Criticar textos ajenos nunca es fácil, y menos con el autor delante y en presencia de otros compañeros. Yo suelo aplicar el siguiente principio: hasta en el texto de peor calidad se pueden encontrar aciertos. La obligación del profesor es localizarlos y equilibrar siempre sus críticas con unas pinceladas de encomio. Con todo, trato de ser siempre sincero, pues tengo la costumbre de tartamudear cuando miento y se me pilla enseguida.

¿MERECE LA PENA ESCRIBIR?

Casi estamos llegando al final y tengo la sensación de que te he pintado el trabajo del escritor en tonos muy sombríos, y eso sin haber hecho la menor referencia al mundo editorial, a sus dificultades y a sus trampas. ¿Qué clase de manual es este que parece tratar de disuadir a sus lectores de escribir en lugar de animarlos a hacerlo?

Sobre esto, he de decirte que, a partir de cierto momento, de cierto grado de experiencia, la pregunta de si merece la pena escribir deja de tener sentido, sencillamente porque no tienes alternativa. Es posible que atravieses largos períodos de inactividad, pero ni siquiera se te pasará por la cabeza renunciar totalmente a la escritura. Eres escritor del mismo modo que eres tímido o extrovertido o propenso a la hipertensión. El hábito de escribir se ha convertido en un aspecto más de tu persona y nada puedes hacer para evitarlo.

Si todavía estás en los inicios, si aún te estás preguntando si escribir merece la pena o si sería preferible dedicar tu tiempo a alguna otra afición, lo único que puedo brindarte es mi experiencia. Con la salvedad de que hace mucho tiempo que la escritura dejó de ser para mí una afición para convertirse en un factor transformador en mi vida, equivalente a convertirme en padre o en profesor de instituto. Ser escritor lo cambió todo, hizo de mí alguien distinto. Y esto creo recordar que te lo conté en el prólogo: la escritura es mi personalidad secreta, el único modo práctico que he encontrado de ser Batman. Mi personalidad secreta, sí, pero también la clave de mi personalidad pública.

Hoy es jueves. Eso significa que dentro de unos minutos debo empezar a escribir el artículo que se publica en mi columna de los viernes. Esta semana lo he dejado para el último momento, pero no puedo aplazarlo más. Ese artículo se enviará directamente desde mi ordenador a la redacción del periódico, y confío en que mañana alguien lo lea mientras hojea el diario durante la pausa del café (lo que no deja de ser un acto de fe, aunque así me gusta pensarlo). Saberse leído es una sensación sumamente grata que no está al alcance de todo el mundo. Además de mi columna semanal, tengo la inmensa suerte de haber publicado casi todo lo que he escrito. Mis libros han alimentado el ocio y la imaginación de personas a las que ni siquiera conozco. Esto me hace sentirme muy orgulloso, aunque ni la mitad de lo que mi padre estaba de mí. Él nunca fue un hombre propenso a las manifestaciones de afecto, pero como gran lector que era conocía muy bien el valor de los libros y su poder para hacer nuestras vidas más llevaderas. Tener un hijo escritor era mucho más importante para él que tener un hijo notario o neurocirujano.

La escritura me ha hecho más persona. Fíjate en que no he dicho «mejor persona», porque dudo que el hecho de escribir mejore el carácter o las cualidades de nadie. Quienes se relacionan de forma íntima con un escritor saben de nuestras manías y rarezas, de nuestra facilidad para aislarnos y de lo distraídos (y hasta hoscos) que podemos llegar a ser cuando andamos ocupados en algún proyecto. El escritor en activo parece que lleve colgado del cuello un cartel de «no molestar», y eso no lo convierte precisamente en el compañero ideal. El acto de escribir es una afirmación del individualismo frente a esa cualidad tan valorada hoy en día que es la capacidad para trabajar en equipo. Con permiso de los tres ganadores del premio Planeta 2021, a la mayoría de los escritores no nos gusta colaborar con otros. Nuestra única aspiración es la de ser leídos, y para ello no hace falta estar presente.

La escritura, al igual que la lectura, es uno de los pocos actos de auténtica libertad que todavía están al alcance de los ciudadanos de a pie. Cuando lees o cuando escribes, eres soberano, nadie puede imponerte lo que debes hacer, nadie puede toserte siquiera. Y eso solo se consigue estando solo. ¿Pero en qué se cifra realmente ese «crecimiento personal» (ese «ser más persona») del que he hablado al comienzo de este párrafo? Creo que el secreto está en la capacidad del escritor para absorber información y transformarla en algo distinto. Ya he subrayado la importancia de la lectura para un escritor, la necesidad de convertirse en un gran observador (en un *voyeur* o un espía, ¿recuerdas?), nuestra curiosidad insaciable, que nos lleva a ir saltando de un campo del conocimiento a otro, pues en cualquier sitio podemos encontrar el germen de una historia. El resultado de todo esto es que, a nuestra personalidad original, la de «no-escritor», se va superponiendo una capa tras otra de nuevas experiencias que te hacen contemplar el mundo de un modo más profundo y experimentarlo con mayor intensidad. Cada historia que construimos, cada vivencia que imaginamos, cada personaje al que dejamos nacer, va dejando su poso en nuestro interior. Se atribuye a Flaubert la frase *Madame Bovary c'est moi*. Una vez más, se trata de una cita apócrifa, pero útil para entender la naturaleza del escritor como una persona compleja que tiene la capacidad de pensar como otros, de ser otros, a la vez que posee una voz original y valiosa.

¿Sigues sin ver las ventajas de dedicarse a este arte? Lo que estoy tratando de decirte es que prefiero ser un tipo complicado, y hasta difícil, a ser uno más del rebaño.

Entonces, ¿la escritura da la felicidad? Depende de lo que sea para ti la felicidad. Yo no concibo placer mayor que este «aquí» y este «ahora» en que estoy haciendo surgir línea tras línea de texto en la pantalla de mi ordenador, con la esperanza de que antes o después estos caracteres electrónicos se conviertan en texto impreso, y de que tú los leas. Este deseo, el de ser leído, ha impulsado toda mi carrera literaria. Sin él, dudo que hubiera sido capaz de terminar ni el más breve y sencillo de mis relatos.

¿Todavía no ves las ventajas?

Créeme que lo siento.

Lo he intentado.

Y TODO LO DEMÁS

Aquí concluye este libro. Seguiré contigo en el anexo práctico, pero lo fundamental ha quedado dicho. Solo me he dejado algunas cosas porque el número de páginas acumuladas estaba empezando a espantarme. Y, hablando del número de páginas, acabo de recordar algo: si llegas a la página cien de tu libro, ten por seguro que lo acabarás. Cien páginas, una sobre la otra, poseen una inercia poderosa, representan un esfuerzo demasiado grande para dejar el libro sin terminar. En mi caso, llegué a esa barrera hace unos tres meses y ahora aquí me tienes, casi trescientas páginas después y a punto de escribir la palabra «fin».

En cuanto a las cosas que me he dejado en el tintero, apenas te he hablado, por ejemplo, de esa cualidad tan codiciada por los escritores de ficción que es la verosimilitud; hemos pasado de puntillas sobre las metáforas, las comparaciones y los secretos de la adjetivación; nada o muy poco has encontrado en este libro sobre tonos y sobre géneros; ni sobre la construcción, paso por paso, de una novela completa a partir del germen de una idea. ¿Qué diferencias hay entre escribir para niños o adolescentes y escribir para adultos? ¿Y qué decir de los territorios aledaños a la literatura? Quizás te habría gustado que este libro incluyera información sobre cómo llamar a la puerta de las editoriales y de las agencias literarias. Por cierto, ¿merece la pena tener un agente? ¿Y qué hay de los certámenes literarios? ¿Son útiles para lanzar la carrera de un escritor? Tal vez debería haberte hablado sobre lo que es plagio y lo que no lo es, y sobre las leyes de propiedad intelectual…

Y esto es lo que suele ocurrir con la escritura: conforme uno escribe las últimas palabras de su libro, se da cuenta de que muy pronto va a tener que empezar uno nuevo.

Carcelén (Albacete),
15 de julio de 2021

Ejercicios de escritura

INTRODUCCIÓN

Ningún curso o manual de escritura estaría completo sin su parte práctica. Lo que te ofrezco a continuación son propuestas para ejercitarte en las cuestiones fundamentales que se tratan en este libro. En ciertos casos, lo que se piden son textos no narrativos o fragmentos de historias. Pero otras veces se propone la escritura de un relato, breve pero completo. Mis alumnos de los talleres prefieren esto último. Es cierto que siempre existen unas directrices, un tema. Pero los márgenes son lo bastante amplios para que la creatividad sea protagonista, lo que los alumnos agradecen y disfrutan. Además, el hecho de escribir cuentos completos les permite ir creando su portafolio de relatos, que luego podrán emplear para presentarse a certámenes, para colaborar con publicaciones y para ver cómo va creciendo un libro que tal vez entreguen a la imprenta algún día.

Casi todos los ejercicios que encontrarás en estas páginas los he usado en mis talleres de escritura, por lo que te puedo asegurar que funcionan, que dan juego, y que constituyen propuestas sólidas y sugerentes para escribir y progresar. El problema es que, tras la fase de escritura solitaria, los participantes en los talleres reciben los comentarios y las críticas de sus compañeros y del profesor. Cada ejercicio se convierte en objeto de debate, y los alumnos suelen encontrar esta parte más útil que las explicaciones sobre los distintos aspectos técnicos, por muy prácticas que estas sean. Si has llegado hasta aquí, no me cabe duda de que has leído este libro con interés y de que te apetece pasar a la acción y poner todas esas técnicas en práctica. Sin embargo, me temo que, sin la respuesta de los compañeros y los consejos del profesor, lo más probable es que te canses pronto. La principal ventaja de los talleres literarios presenciales es el estímulo que los alumnos se brindan mutuamente. El hecho de reunirse cada semana con un grupo de personas que comparten la misma pasión alivia el trabajo del escritor de su principal lastre, que es la soledad. Incluso si tienes una voluntad de acero y completas todos los ejercicios que te propongo, tu esfuerzo servirá de poco si no recibes ningún tipo de respuesta, de reacción o de crítica. En definitiva, si careces de lectores que le den sentido al acto de escribir. Lo he dicho varias veces y lo repito: siempre se escribe para alguien. Los lectores son nuestro estímulo principal.

Pero se me ocurren un par de ideas para solucionarlo:

La primera son los clubes de escritura. A diferencia de los talleres, en los clubes de escritura no hay profesor, sino un grupo de entusiastas dispuestos a escribir con regularidad, a compartir su producción y a debatir las aportaciones de los compañeros. Por regla general, estos clubes dependen de las bibliotecas públicas o de las librerías, y no exigen el pago de una cuota. Incluso los hay *online*, si tus obligaciones no te permiten asistir a uno presencial de forma regular. En mi caso, puedo decirte que algunos de mis primeros pasos como escritor los di en un grupo de escritura de internet que se reunía virtualmente en uno de aquellos viejos foros de discusión que eran el equivalente prehistórico de los actuales grupos de Facebook.

Si lo anterior no es posible, mi sugerencia sería que recurras a un lector cero, o mejor a varios, para no estar importunando siempre al mismo pobre diablo. Te remito al capítulo 10 para que vuelvas a repasar las características de este tipo de lector y para que recuerdes lo afortunado que serás si lo encuentras.

Algunos ejercicios se refieren a un capítulo en concreto (por ejemplo, el dedicado a los personajes), mientras que en otros se combinan aspectos que aparecen en varias partes de este libro (estilo, construcción de la historia, punto de vista, etc.). Bajo el título del ejercicio, figurará el capítulo o los capítulos que te convendría repasar para refrescar la memoria. El orden de los ejercicios no siempre sigue el orden de capítulos del libro, pues he procurado organizarlos de tal forma que las técnicas fundamentales se revisen de forma periódica. Lógicamente, son más numerosos los ejercicios sobre aquellas técnicas que me parecen más difíciles de aprender.

Y, ahora sí, vamos a escribir.

EJERCICIO 1
UN ARTÍCULO LITERARIO

(Capítulos 1, 2 y 3)

Vamos a empezar con un ejercicio que te servirá para desentumecer el músculo literario y afilar la pluma. En primer lugar, lee atentamente este fragmento de un artículo de Juan José Millás:

LAS MANOS

Tengo que averiguar si los bolsillos, como los armarios empotrados, se comunican entre sí secretamente. En tal caso, igual que ahora puedo entrar en el armario de un hotel para aparecer al instante en el de tu dormitorio, también sería posible que un objeto cualquiera introducido en el bolsillo de mi chaqueta —un anillo, una flor, una postal— cayera en realidad en el de la tuya.

A ver si puedo confirmar esta hipótesis y encontrar el conducto que une todos los bolsillos del universo mundo, porque de esta manera, al meter mi mano en el bolsillo del pantalón, podría aparecer en el bolsillo de tu falda; así, en lugar de sentir a través del forro mi muslo, presentiría el tuyo, y al rascarme rascaría tu pierna, y al alcanzar con la punta de los dedos mi sexo estaría en realidad rozando el tuyo. Mientras esperara el autobús, metería distraídamente las manos en los bolsillos y nadie sospecharía que al acariciar mis ingles y sus alrededores estaría en realidad explorando la periferia de las tuyas.

JUAN JOSÉ MILLÁS, *Articuentos completos* (2011)

Se trata de un texto muy hermoso, supongo que en eso estaremos de acuerdo. En primer lugar, nos seduce por la enorme imaginación que el autor demuestra en la elección del tema (los bolsillos comunicados como los armarios empotrados en los hoteles). Luego, por su vuelo lírico y su tono poético, que se basa en perseguir lo prodigioso tras lo cotidiano. También por el hecho de mezclar imágenes concretas con ideas abstractas. Por último, por envolver todo esto con un lenguaje de enorme sencillez (y también de gran belleza) que conquista con cada frase.

Voy a pedirte que intentes hacer algo parecido. La propuesta es que escribas una página (unas trescientas palabras) sobre lo más cotidiano y prosaico que se te ocurra. Yo te voy a sugerir la última tarea doméstica que he realizado en casa, que ha sido llenar la lavadora, pero puedes sustituirla por la que hayas realizado tú.

¿Serás capaz de emular a Juan José Millás, de encontrar ese país de las maravillas que se oculta tras los aspectos más cotidianos y prosaicos de la vida?

EJERCICIO 2
LA HIPÓTESIS FANTÁSTICA

(Capítulo 1)

La hipótesis fantástica de Gianni Rodari no solo es útil para idear el argumento de un relato ucrónico, distópico o de historia alternativa. En toda vida hay una serie de momentos capitales, una serie de encrucijadas en las que cada camino conduce a futuros totalmente distintos. Me refiero a decisiones como la de elegir unos estudios u otros, la de presentarse a una oposición o buscar trabajo en el extranjero, la de casarse con determinada persona, la de tener hijos, la de solicitar una hipoteca o no hacerlo, la de irse a vivir a otra ciudad… A veces, en lugar de las elecciones que tomamos, el cambio lo desencadenan acontecimientos que son ajenos a nuestra voluntad: accidentes, enfermedades, golpes de fortuna, etc. En numerosas ocasiones, por último, es el azar el que determina los cambios más dramáticos. En este ejercicio voy a pedirte que imagines tu vida aplicando la hipótesis fantástica: «¿Qué habría pasado si...?» o «¿Qué habría sido de mi vida si en lugar de...?» Puedes escribir un relato o simplemente el esqueleto de una historia, una mera sucesión de acontecimientos. Una variación interesante es la de introducir la idea del destino en tu historia, al estilo de los relatos antiguos.

EJERCICIO 3
CREANDO A PARTIR DE LA EXPERIENCIA

(Capítulo 1)

Voy a pedirte que anotes cinco cosas que puedan servir como ideas narrativas a partir de experiencias que hayas tenido en las últimas semanas: personas, emociones, pensamientos, situaciones. No hay nada que sea demasiado grande ni demasiado pequeño. Después debes repasar la lista y elegir la que te parezca más prometedora para escribir una historia. (Una pista: La idea correcta suele producirnos cierta emoción, cierto escalofrío cuando se nos ocurre). A continuación, toma algunas notas sobre el modo en que esa idea se podría convertir en un relato de ficción. Esboza una línea argumental y una serie de personajes. Piensa en el tiempo y el espacio y anota un posible final. No escribas el cuento, al menos no todavía. Déjalo reposar y vuelve sobre tus notas más adelante. Repite este proceso en varias ocasiones y crea de este modo un «banco de ideas» para futuros relatos.

EJERCICIO 4
EL PLAGIO CREATIVO (1)

(Capítulos 1, 2, 3 y 4)

En el capítulo 1 se habla de que tendemos a pensar que toda obra literaria debe ser por fuerza original, cuando el concepto de originalidad es relativamente moderno. La literatura (el arte en general) bebe siempre de las mismas fuentes, algunas muy antiguas, y cada época se mira en las anteriores, recreando las historias de siempre de tal modo que les digan cosas nuevas a nuevos lectores. El arte es renovación, pero también es tradición. Podemos pensar en la literatura como en un río. Puede que el nacimiento de ese río quede muy lejano, pero una parte de su caudal brotó de la fuente original. Una historia se convierte en «clásica» cuando los autores de épocas posteriores regresan a ella y la convierten en nuevas historias. Edipo está en *Hamlet* y en *Star Wars*. La *Odisea* está en el *Ulises* de James Joyce. La historia de Pinocho está en *Inteligencia artificial*, de Steven Spielberg.

Este ejercicio consiste en escribir una historia «plagiada». Primero reduce el argumento primitivo a un esquema abstracto (por ejemplo, el cuento de Caperucita). Después, reconstruye la historia, que ahora es tuya:

> Para hacerle un favor a su amigo Fernando mientras este se halla ausente de su domicilio, Luis ha recogido en su casa un paquete de tamaño y peso considerables. Fernando lo llama para comunicarle que no va a poder ir a buscarlo, pues al volver del trabajo se ha encontrado mal y ha tenido que meterse en la cama. Luis le responde que no se preocupe, que él mismo se lo acercará. Fernando le da las gracias y acepta, pero le suplica que en ningún momento abra la caja. También le advierte que no hable con nadie durante el trayecto, y menos aún en las inmediaciones de su casa. Luis se siente intrigado con tanto misterio.

Si quieres emplear un modelo más «literario», adelante. Da igual que la historia que tomes como modelo sea el cuento de los tres cerditos o *Crimen y castigo*. Y una cosa más: recuerda que no se trata de escribir un cuento infantil.

EJERCICIO 5
«EL HACEDOR»:
ESCRIBIENDO DESDE LA MEMORIA

(Capítulo 1, 2 y 3)

Busca en la red el texto completo del relato *El hacedor*, de Jorge Luis Borges (entre otros sitios, lo encontrarás en la web *literatura.us*). El cuento es uno de mis favoritos, un auténtico monumento literario, y espero que lo disfrutes.

¿De qué trata este ejercicio? Bien, en el relato se evoca la figura del poeta Homero en el momento en que este descubre que se está quedando ciego y que el proceso es irreversible (un trasunto del propio Borges, a quien le ocurrió lo mismo). Un ciego que no lo es de nacimiento tiene (al menos) dos refugios posibles: uno es la memoria, el otro, la imaginación. Ambos se tratan magistralmente en este breve relato.

Pero quiero pedirte que te concentres en el primero, en la memoria. El protagonista (Homero/Borges) rememora dos recuerdos de juventud. Uno de ellos es el primer hombre al que mató; el segundo, la primera vez que estuvo con una mujer. Ambos se cuentan de una forma muy hermosa a la vez que escueta. Querría que desarrolles en un texto narrativo breve uno de los dos recuerdos, bien el de cobrarse la vida de otro o bien el de hacer el amor por primera vez. No se trata de imitar el estilo de Borges, sino de tomar el texto como punto de partida para una creación original. Si quieres conservar la ambientación arcaica y el personaje, estupendo. Si quieres actualizar la ambientación y modificar el personaje, eres libres de hacerlo. Si prefieres modificar la voz narrativa o el punto de vista, estás en tu casa. El relato borgiano es a la vez un ejemplo y una excusa. El resto te lo dejo a ti. Solo te pido que te ciñas a un asunto o al otro: el recuerdo (espero que ficticio) de matar a otro ser humano o el de hacer el amor por vez primera. Insisto en la idea de recuerdo porque me gustaría que el texto adopte la forma de un recuerdo, como en el relato de Borges.

EJERCICIO 6
NATURALIDAD: «LOS EVENTOS CONSUETUDINARIOS»

(Capítulos 2 y 3)

El erudito sevillano Juan de Mairena, maestro de retórica y catedrático de sofística, le pidió a un alumno que escribiera en la pizarra la frase *Los eventos consuetudinarios que acontecen en la rúa.* «Señor Pérez —dijo a continuación—, vaya usted poniendo eso en lenguaje poético». Tras cavilar unos segundos, el alumno escribió: *Lo que pasa en la calle.* «No está mal», sentenció Mairena.

Hemos hablado del error que supone «hinchar el estilo» pensando que escribir de un modo sencillo y natural es menos literario que hacer uso de un lenguaje ampuloso y rebuscado. El siguiente pasaje está escrito de un modo tan artificioso que resulta ridículo. Como diría Juan de Mairena (quien, por cierto, es un personaje inventado por Antonio Machado): «Vaya usted poniendo esto en lenguaje poético»:

> Cuando la mañana se apresta a perder su nombre, cuando los rosados dedos de la aurora apenas son ya un vago recuerdo en la memoria de los más madrugadores, cabalgaba yo, cual veloz saeta, en un autobús sobre cuyo flanco, de un rojo rabioso, campeaba el emblema de la agencia municipal de transportes, a mayor abundamiento, un autobús de la línea 69 de sinuoso trazado. Advertí, con la precisión y agudeza del indio presto a la refriega, la presencia de un joven cuyo cuello era más largo que el de la jirafa de pies ligeros, y cuya testa lucía el adorno de una gorra de visera historiada con el escudo del Club de Fútbol Atlético de Madrid. La funesta Discordia de senos de hollín vino con su boca hedionda por desdén del dentífrico; la Discordia, digo, vino a inocular su maléfico virus entre este joven del cuello de jirafa y gorra adornada con las armas del club balompédico, y un viajero de borroso y farináceo semblante. Aquel dirigióse a este en los siguientes términos: «¡Oígame, desdichado, diríase que usted me está pisoteando adrede!» Así exclamó el joven del cuello de jirafa y gorra deportiva y fue, presto, a sentarse.
>
> Más tarde, en la plaza de España, de majestuosas proporciones, reparé de nuevo en el joven del cuello de jirafa tocado

con la gorra deportiva, acompañado de un atildado pisaverde de pulcrísimo aspecto, el cual profería esta crítica que me fue dado percibir con mi ágil oído, crítica dirigida a la indumentaria más externa del joven del cuello de jirafa y tocado balompédico: «Mi buen amigo, harías bien en desprenderte de esa gorra que, en tu corto entendimiento, estimas luce augusta sobre tu cabeza, cuando lo cierto y verdad es que el dichoso tocado no consigue sino hacerte parecer un estólido patán a los ojos del vulgo».

(Adaptado del libro de Raymond Queneau
Ejercicios de estilo, 1947)

EJERCICIO 7
CONEXIÓN

(Capítulos 2 y 3)

El propósito de este ejercicio es aprender a contrarrestar ese sonsonete machacón que suele provocar la acumulación de frases cortas y escribir períodos más ligados y fluidos.

Resulta imprescindible, para ello, utilizar las partículas de transición (conjunciones y adverbios) que sirven para unir unas frases con otras: *pero, aunque, sin embargo, así, por ello, mientras, donde, además, luego, a continuación, también, finalmente, después,* etc.

Las oraciones de relativo (*que, quien, cuyo*, etc.) y las copulativas (*y, o, ni, así como,* etc.) también son útiles para mejorar la cohesión de un texto. De este modo, la siguiente frase:

El hombre miró a la mujer sin decir palabra. Ella, desafiante, le devolvió la mirada.

Se expresaría de una manera más ligada con oraciones de relativo:

Sin decir palabra, el hombre miró a la mujer, quien, desafiante, le devolvió la mirada.

> Sin decir palabra, el hombre miró a la mujer, quien le devolvió la mirada desafiante.

Cuidado con la acumulación de copulativas, pues puede provocar un efecto pueril, infantil:

> … le di una patada al balón y salió volando y le dio a una ventana y se rompió…

Este ejercicio consiste en reescribir los siguientes ejemplos usando algunos de los procedimientos que acabamos de ver. A continuación, se ofrecen algunas posibles soluciones que, por supuesto, no son las únicas. Por cierto, algunos de estos ejercicios han sido elaborados a partir de textos de Gabriel García Márquez:

> Eran las nueve de la mañana. Estaba nevando desde la noche anterior. El tránsito era más denso que de costumbre en las calles de la ciudad. El transito era más lento aún en la autopista. Había camiones de carga alineados a la orilla. Había automóviles humeantes en la nieve. En el vestíbulo del aeropuerto la vida seguía en primavera.

> Homero esperaba en la calle. Mientras esperaba, sacó del bolsillo de la chaqueta una billetera. En la billetera no había dinero. Había muchos papeles. Homero le mostró al presidente una foto descolorida.

> Yo estaba en la fila de registro. Detrás de mí había una anciana holandesa. La anciana se demoró casi una hora discutiendo el peso de sus once maletas. Yo me aburría. Entonces fue cuando vi la aparición. Me quedé sin aliento. No supe cómo terminó el altercado. La empleada me bajó de las nubes con un reproche por mi distracción.

Me lo dijeron años después. Habían empezado a buscarlo en la casa de María Alejandrina Cervantes. Estuvieron allí con él hasta las dos. El dato no fue registrado en el sumario. Muchos otros datos tampoco fueron registrados. Los gemelos dicen que fueron a buscarlo a las dos. Pero Santiago Nasar ya no estaba allí a esa hora.

Las grabaciones de la tarde empezaron en torno a las cuatro. Transcurrieron de un modo parecido. El único detalle que Agustín consideró digo de recordar fue la sorprendente aparición del presentador. El presentador entró en el estudio arrastrando los pies. Mostraba la misma actitud ausente y estupefacta de la mañana.

Es fácil comprender la desesperación de los padres. Era muy raro que sus hijos hablaran el mismo idioma que alguno de ellos. El niño se desgañitaba pidiendo alimento o pañales secos. Sus pobres padres tenían que apañárselas sin entenderle ni una sola palabra. Lo mismo les ocurría a todos los padres del mundo.

El policía extrajo su Beretta de la cartuchera. Le insertó el cargador. El arma adquirió vida. Sonaron varios chasquidos metálicos. La pistola parecía un pequeño depredador nocturno.

La desgracia admite muchos grados. Él no era en modo alguno una de esas personas a las que cualquiera se permite el lujo de compadecer. Lo de Andrés no había sido exactamente una tragedia personal. Había sido un fracaso blando y sostenido. Había sido un ir paulatinamente a peor. Había sido todo de lo más convencional. No había habido caídas dramáticas. No había habido grandes cataclismos vitales. Había habido una clara e inequívoca trayectoria de descenso.

En la habitación hay una cómoda poltrona. Sobre ella, sentado, el escritor. El escritor fuma en silencio. Observa las volutas de humo del cigarrillo. El humo asciende espeso, unido. Después se va desflecando, haciéndose más tenue, más gris, hasta perderse en el techo. Un rayo de sol penetra por la rendija de la ventana. El rayo de sol da sobre un libro. El libro está abierto sobre la mesa. En su cubierta, con grandes letras doradas, el título: *Crimen y castigo.*

GONZALO MARTÍN VIVALDI,
Curso de redacción (1977)

Posibles soluciones:

Eran las nueve de la mañana. Estaba nevando desde la noche anterior, y el tránsito era más denso que de costumbre en las calles de la ciudad, y más lento aún en la autopista, y había camiones de carga alineados a la orilla, y automóviles humeantes en la nieve. En el vestíbulo del aeropuerto, en cambio, la vida seguía en primavera.

GABRIEL GARCÍA MÁRQUEZ,
«El avión de la Bella Durmiente»
(*Doce cuentos peregrinos*, 1992)

Mientras esperaba la calle, Homero sacó del bolsillo de la chaqueta una billetera sin dinero y con muchos papeles, y le mostró al presiente una foto descolorida.

GABRIEL GARCÍA MÁRQUEZ,
«Buen viaje, señor presidente»
(*Doce cuentos peregrinos*, 1992)

Yo estaba en la fila de registro detrás de una anciana holandesa que se demoró casi una hora discutiendo el peso de sus once maletas. Empezaba a aburrirme cuando vi la aparición instantánea que me dejó sin aliento, así que no supe cómo terminó el altercado, hasta que la empleada me bajó de las nubes con un reproche por mi distracción.

Gabriel García Márquez,
«El avión de la Bella Durmiente»
(Doce cuentos peregrinos, 1992)

Según me dijeron años después, habían empezado por buscarlo en la casa de María Alejandrina Cervantes, donde estuvieron con él hasta las dos. Este dato, como muchos otros, no fue registrado en el sumario. En realidad, Santiago Nasar ya no estaba ahí a la hora en que los gemelos dicen que fueron a buscarlo.

Gabriel García Márquez,
Crónica de una muerte anunciada (1981)

Las grabaciones de la tarde, que comenzaron en torno a las cuatro, transcurrieron de un modo parecido. El único detalle que Agustín consideró digno de recordar fue la sorprendente aparición del presentador principal, quien entró en el estudio arrastrando los pies y mostrando la misma actitud ausente y estupefacta de la mañana.

Eloy M. Cebrián,
El hombre que respondía a los correos basura (2019)

Sin embargo, es fácil comprender la desesperación de los padres, porque era muy raro que sus hijos hablaran el mismo idioma que alguno de ellos. Así pues, por mucho que el bebé se desgañitara pidiendo alimento o pañales secos, sus pobres padres tenían que apañárselas sin entenderle ni una sola palabra, como todos los padres del mundo.

Eloy M. Cebrián, «Babelia» (2003)

El policía extrajo su Beretta de la cartuchera y le insertó el cargador. Mientras la manipulaba, el arma pareció adquirir vida entre chasquidos metálicos, como un pequeño depredador nocturno.

Eloy M. Cebrián, *El fotógrafo que hacía belenes* (2005)

La desgracia admite muchos grados, y él no era en modo alguno una de esas personas a las que cualquiera se permite el lujo de compadecer. Más que una tragedia personal, lo de Andrés había sido un fracaso blando y sostenido, un ir paulatinamente a peor, todo de lo más convencional, sin caídas dramáticas ni grandes cataclismos vitales, aunque con una clara e inequívoca trayectoria de descenso.

Eloy M. Cebrián, «Libélula»
(*Las luciérnagas y 20 cuentos más,* 2005)

En la habitación hay una cómoda poltrona en la que el escritor está sentado mientras fuma en silencio. Observa las volutas de humo del cigarrillo, que asciende primero espeso, unido, para después desflecarse y volverse más gris, hasta perderse en el techo. Un rayo de sol penetra por la rendija de la ventana e incide sobre un libro que está abierto sobre la mesa. Su título, impreso sobre la cubierta en grandes letras doradas, es *Crimen y castigo.*

Gonzalo Martín Vivald,.
Curso de redacción (1977)

EJERCICIO 8
EL BINOMIO FANTÁSTICO

(Capítulo 1)

Vamos a usar una variación del binomio fantástico de Gianni Rodari para inventar una historia. Usaremos esa herramienta que genera palabras aleatoriamente (*palabrasaleatorias.com*). La configuraremos para que nos muestre pares de palabras (binomios), pero si quieres complicarte la vida un poco más, puedes pedirle que te muestre palabras de tres en tres (trinomios). No es necesario que te quedes con la primera combinación que aparezca. Sigue pulsando el botón de «jugar» hasta que salga una combinación que te sugiera una historia. Escribe esas dos o tres palabras en la parte superior de la página y, a continuación, anota el argumento que te han inspirado. No se trata de escribir un relato completo, sino el esqueleto de un relato. El trabajo siguiente sería desarrollar los personajes, complicar y espesar el argumento con más acontecimientos y acciones, crear los diálogos, las descripciones, etc. Pero no es eso lo que te estoy pidiendo, todavía no. Simplemente quiero que montes los andamios de la historia, que la cuentes como le contaríais una película a un amigo. Puede que con medio folio sea suficiente, pero no hay límite. Y recuerda que en las buenas historias los acontecimientos no transcurren plácidamente, que los personajes se topan con dificultades, que tienen enemigos, que se ven obligados a resolver problemas para alcanzar sus objetivos...

EJERCICIO 9
EL PLAGIO CREATIVO (2): «LAS CIUDADES INVISIBLES»

(Capítulos 1, 2 y 3)

En 1972, el autor italiano Italo Calvino publicó un libro titulado *Las ciudades invisibles.* No se trata de una novela, sino de una serie de descripciones de ciudades imaginarias, todas ellas con nombre de mujer. El emperador mongol Kublai Khan envía al viajero Marco Polo a visitar las ciudades de su imperio y a escribir una crónica de sus viajes. El libro es este supuesto catálogo de los lugares que recorre. Las ciudades se clasifican en varios grupos en función de su valor simbólico y alegórico: *las ciudades y la memoria*, *las ciudades y el deseo*, y *las ciudades y los signos*, etc. Aquí tienes un ejemplo:

LAS CIUDADES Y LOS SIGNOS. 2

De la ciudad de Zirma los viajeros vuelven con recuerdos bien claros: un negro ciego que grita en la multitud, un loco que se asoma por la cornisa de un rascacielos, una muchacha que pasea con un puma sujeto con una traílla. En realidad muchos de los ciegos que golpean con el bastón el empedrado de Zirma son negros, en todos los rascacielos hay alguien que se vuelve loco, todos los locos se pasan horas en las cornisas, no hay puma que no sea criado por un capricho de muchacha. La ciudad es redundante: se repite para que algo llegue a fijarse en la mente.

En la red encontrarás más ejemplos, aunque te recomiendo que te hagas con el libro, pues no debería faltar en tu biblioteca.

Vamos a practicar de nuevo el plagio creativo sumando una ciudad más al catálogo de Marco Polo. Cuando propuse este ejercicio en mi taller, también yo me animé a colaborar con mi propio texto, que reproduzco a continuación:

LAS CIUDADES Y LA MEMORIA

Todo aquel que visita la ciudad de Nadimia lo hace por primera vez. Hasta los comerciantes que regresan cada día de mercado son incapaces de reconocer la ciudad en la que estuvieron pocas jornadas antes. Contemplan atónitos una torre que se alza en lugar del arco de piedra que tan bien recuerdan; se preguntan qué hace ese palacio en el mismo solar donde hasta hace poco había una plaza, se maravillan de que los habitantes ya no vistan el púrpura de antaño, sino el verde o el añil; piden en vano el vino cuya dulzura saborearon en tabernas donde ahora solo sirven una cerveza turbia. Se cuenta de un mercader que llegó a Nadimia con un cargamento de pescado seco, y que fue lapidado porque, según la nueva religión de la ciudad, el pescado era un alimento impuro. Se habla también de un misionero cristiano que enloqueció tratando de predicar el monoteísmo entre los nadimianos. El día que llegó el panteón de la ciudad constaba de tres dioses. Apenas cinco días después eran ya treinta las divinidades. Sin embargo, la semana siguiente despertó con la noticia de que la religión había quedado abolida hasta nuevo aviso.

La ciudad de Nadimia cambia a diario para que nadie pueda fijarla en el recuerdo. Cambian sus calles, sus edificios, sus costumbres y hasta los nombres de sus habitantes. Las familias se recombinan cada dos meses, de tal forma que nadie en Nadimia sabe quiénes son sus hijos, sus esposas o sus padres reales, y todos se conforman con ejercer de hijos, progenitores o cónyuges con quienes les toque en suerte en cada ocasión. El idioma se modifica a intervalos regulares según una combinación que también se cambia con frecuencia. A ningún nadimiano le está permitido conservar su nombre ni su fortuna durante mucho tiempo. Una lotería en la que todos están obligados a participar asigna nombres y patrimonios. Y hasta los muertos se desentierran una vez al año para asignarles una nueva fosa o cripta. Las leyes de Nadimia no permiten incinerar cadáveres porque las cenizas esparcidas al viento no consienten cambio alguno que dependa de la voluntad humana.

En Nadimia todo es inconstante y cambiante. De ese modo sus habitantes obedecen al dios secreto que así lo decretó, y cuyo nombre real nadie se atreve a pronunciar. Lo llaman «El Que Permanece», y cuentan que duerme su sueño de eones en las bóvedas celestes. Aunque a veces, cuando lo despiertan los cometas o las tempestades, su mirada desciende hacia la ciudad para comprobar que nada en ella es igual que en su anterior vigilia, porque tan solo Él posee el atributo de permanecer inmutable en el tiempo.

Eloy M. Cebrián (2020)

EJERCICIO 10
LA ESCRITURA MINUCIOSA: LA NEVERA

(Capítulo 3)

Vamos con un ejercicio «sencillo» para comprobar qué tal se comunican tus ojos con tus manos. Quiero que abras la nevera y que observes detenidamente su contenido durante unos minutos. Si empieza a sonar la alarma, ciérrala y vuelve a abrirla las veces que sea necesario. Si tu pareja se queja, explícale que se trata de un ejercicio de escritura. No hace falta que abras el congelador (no queremos que se estropeen el pescado y las verduras congeladas). Con la parte del frigorífico es suficiente. Ahora bien, tienes que observar el interior muy detalladamente: cada alimento, su disposición, su envasado, cada detalle, las bebidas, el orden, lo que hay en cada bandeja, lo que está más arriba y lo que está más abajo, lo que está en la nevera propiamente dicha y lo que está en los compartimentos de la puerta. ¿Hay algo insólito? ¿Un alimento raro? ¿Un medicamento? ¿Algo que no debería estar ahí? ¿Un pequeño ser verde y peludo con pseudópodos que se arrastra lentamente entre la lechuga y los pimientos? En fin, la primera parte de este ejercicio es ejercitar la observación, que es una de las herramientas fundamentales del escritor y la fuente de la mayoría de las historias. Cuando lleves unos minutos observando, me atrevería a esperar que empieces a encontrar ahí el germen de una historia, algo que está a punto de ocurrir, algún tipo de conflicto. Porque lo que quiero que escribas no es una descripción del interior de la nevera, sino una historia que transcurra en el interior de la nevera. Ahora bien, una observación detenida es fundamental porque los detalles son esenciales para dar cuerpo y realidad a nuestras historias.

EJERCICIO 11
HAZLO VISIBLE

(Capítulo 3)

La idea es escribir un relato a partir de la siguiente secuencia de acciones, y dotarlo de visibilidad e interés añadiendo elementos sensoriales y detalles. Trata, además, de invertir lo previsible. No es necesario concluir la historia.

> *Juan se levanta, apaga el despertador, se asea, va a la cocina, vierte leche en un cazo, la pone a calentar, toma una taza del escurreplatos, busca el azucarero, comprueba si en la cafetera queda café del día anterior, se sirve una taza, el café le sabe rancio y lo tira por el fregadero, prepara café y tuesta pan, se queda ensimismado mientras desayuna, de repente mira el reloj y comprueba que es muy tarde, vuelve al dormitorio y se viste a toda prisa, olvida atarse los cordones de los zapatos, corre por el pasillo hacia la puerta, pisa uno de los cordones con el otro pie y cae al suelo...*

EJERCICIO 12
INVIERTE LO PREVISIBLE

(Capítulo 3)

Lo que sigue es el arranque de un relato. El ejercicio consiste en continuarlo (no se trata de terminarlo, sino de escribir un párrafo o dos, un diálogo, etc.). Lo que importa es que el relato no continúe de un modo que el lector pueda prever, sino tratar de imprimirle a la trama un giro hacia lo inesperado:

> Eran las nueve y diez minutos de la noche del 31 de diciembre cuando Julián Álvarez, mi marido, bajó el cierre de la peletería que teníamos en el centro de la ciudad. Luego se subió a su motocicleta, que, como siempre, estaba aparca-

da frente a la tienda, la arrancó y se incorporó al tráfico. Me imagino que iba con prisa. Habíamos acordado encontrarnos en casa a las ocho y media. Después de arreglarnos, íbamos a recoger a unos amigos para acudir todos juntos a la cena y baile de fin de año del Gran Hotel. Pero esa tarde hubo muchos clientes, tal vez maridos que, aquejados de un repentino ataque de generosidad, habían decidido comprarles a sus esposas ese abrigo de piel que llevaban años prometiéndoles. La cuestión es que a Julián le resultó imposible cerrar la tienda antes de las nueve. Por eso es fácil suponer que apretó el acelerador mientras sorteaba el denso tráfico de la noche de Fin de Año. Pero Julián no era el único que tenía prisa aquella noche. También al conductor del todoterreno azul que descendía por la avenida de España, perpendicular a la calle que mi marido recorría en ese momento, se le hacía tarde para la cena de Nochevieja. Y además aquel hombre iba entonado por las copas que había tomado al salir del trabajo. Después juró que el disco del semáforo estaba en ámbar cuando él atravesó el cruce. Pero eso no importa ahora. Lo único que importa es que Julián, el hombre con quien yo llevaba nueve años casada, no pudo evitar el todoterreno azul y salió despedido de la motocicleta a más de noventa kilómetros por hora.

ELOY M. CEBRIÁN, «*Fin de año*»
(*Las luciérnagas y 20 cuentos más,* 2005)

EJERCICIO 13
EL CONFLICTO NARRATIVO (1): MODIFICA UN ARGUMENTO

(Capítulo 4)

Vamos a seguir trabajando sobre la historia y el conflicto alterando una historia que ya existe. Se trata del argumento de *A Teacher*, una estupenda serie estrenada en HBO en 2020:

Una profesora treintañera y atractiva enseña en un instituto de una pequeña ciudad norteamericana. Está casada y su vida matrimonial parece satisfactoria. Uno de sus alumnos del último curso le pide ayuda para preparar la selectividad, pues quiere entrar en una universidad de prestigio. Ella siente simpatía por el muchacho y comienza a darle clases particulares. Entre ambos se crea una corriente de atracción, más romántica en el caso del chico, más física en el caso de la profesora (el alumno es uno de los atletas del instituto). La atracción crece hasta que una noche en que se celebra un baile la pareja termina haciendo el amor en un coche. Pero no se trata de un hecho aislado, sino que los encuentros continúan y entablan un romance. El alumno tiene diecisiete años, es decir, es menor de edad. Después de una cena con abundante vino, la profesora decide contarle su secreto a una compañera en quien cree que puede confiar plenamente, pero esta responde horrorizada que no tiene más remedio que denunciarla a la autoridad educativa. La perspectiva es el escándalo, la destrucción de su carrera y de su matrimonio e incluso la cárcel (que es lo que ocurre en la serie). Vamos a darle un giro y a convertir esta historia en un *thriller.*

Basta con que escribas una cara de folio (o menos) perfilando el resto de la trama a partir del momento en que la profesora se da cuenta del terrible error que ha cometido contándole su secreto a la compañera.

EJERCICIO 14
LOS PUNTOS DE GIRO

(Capítulo 4)

En el capítulo 4 se habla sobre la construcción del relato y los mecanismos que lo impulsan hacia delante. En él vimos que en la mayoría de las historias existen dos puntos de giro que sirven de puente entre el planteamiento y el desarrollo, por un lado, y el desarrollo y en desenlace, por el otro. Esos puntos de giro son, a su vez, puntos de acción, pero especialmente importantes a efectos narrativos.

Este ejercicio consiste en que, entre la siguiente lista de acciones, elijas dos para convertirlas en los puntos de giro de una historia:

- Se rompe un vaso.
- Estalla una tormenta.
- Entra un pájaro en una casa.
- Un caminante llega a una encrucijada.
- Aparece una llave en un bolsillo.
- Se apaga una vela.
- Llega una carta.
- Un teléfono móvil se queda sin batería.
- En una ventana se enciende una luz.
- Alguien bosteza.
- Alguien dispara un arma.

Ahora debes trazar, de forma resumida, el desarrollo argumental de la historia, dividiéndola en sus tres partes constitutivas (planteamiento, desarrollo y desenlace) y colocando los dos puntos de giro a modo de goznes entre ellas.

En principio, se trata únicamente de contar el argumento, no de escribir la historia en sí. Sin embargo, ese argumento te puede servir como material para escribir el relato completo en el futuro.

EJERCICIO 15
EL CONFLICTO NARRATIVO (2): EL RIDÍCULO

(Capítulo 4)

Hemos hablado largo y tendido sobre la importancia de aprovechar la experiencia para crear historias, personajes, situaciones… Las experiencias ingratas o dolorosas son las más útiles para generar el conflicto narrativo, que, como sabes, debe ser el corazón de nuestro relato. Cuando leemos algo que nos conmueve lo percibimos como sincero, como algo real. Y es muy probable que estemos en lo cierto, es decir, que el autor se haya basado en alguna experiencia dolorosa o traumática y la haya trasladado a la ficción. Lo que te propongo en este ejercicio es, una vez más, ficcionar experiencias propias, en este caso una experiencia que recuerdes con desagrado y algo de vergüenza. Naturalmente, eres libre de cambiar nombres, circunstancias y lugares. Lo importante es que el núcleo de la historia sea algo que has vivido y cuyo recuerdo te mortifica todavía. En este caso, una situación en la que tuviste la certeza de haber hecho el ridículo.

EJERCICIO 16
CINCO COMIENZOS

(Capítulo 5)

> Un hombre al que un terrible dolor de muelas le impide conciliar el sueño sale de su casa de madrugada y se dirige a la farmacia de la esquina, que está de guardia, para comprar analgésicos. Al pasar ante un callejón alguien sale de la oscuridad y le coloca el cañón de un arma en la espalda. El atacante no es un atracador. Lo que quiere es obligar al hombre del dolor de muelas a hacer algo insólito, algo totalmente inesperado. La alternativa es recibir un disparo.

Escribe el principio de este relato de cinco maneras distintas (puedes alternar también los puntos de vista). Como mínimo, debes incluir un comienzo *in medias res* y un comienzo dialogado.

El hecho de terminar el relato o no ya es decisión tuya.

EJERCICIO 17
ESCRIBIR A PARTIR DE UN FINAL

(Capítulo 5)

Escoge un hecho sorprendente para el final de tu relato. Por ejemplo: «El día de su boda, cuando el párroco pregunta a Laura si acepta a Jaime como esposo, en lugar de responder, ella abofetea a su novio y abandona la iglesia corriendo». Luego imagina las cosas que han pasado antes para que eso llegue a ocurrir. Inventa escenas, personajes y diálogos que hagan creíble ese final. Por último, ponte a escribir, pero en orden cronológico. Tú ya conoces el final, pero los lectores solo deben descubrirlo al terminar la lectura. Los lectores deben seguir la historia con naturalidad, pero al acabar deben coincidir contigo y comprender la actitud de Fernando cuando, al final de la historia, Laura abofetea a su novio en el altar, se recoge el vestido y echa a correr.

EJERCICIO 18
PUNTÚA UN DIÁLOGO (1)

(Capítulo 9)

Como te adelanté en el capítulo correspondiente, las normas ortotipográficas para puntuar un diálogo no son fáciles de aprender. Lo que sigue es un intento de resumirlas de la forma más completa y sencilla posible, pero aun así es posible que te sigas encontrando situaciones muy dudosas. En ese caso, piensa que probablemente no haya una única solución posible. Al final, y siempre dentro de los márgenes que nos marca la gramática, la puntuación se convierte también en una cuestión de estilo.

a. Una línea de diálogo tiene dos partes, el parlamento y la acotación o inciso. El parlamento son las palabras que el personaje pronuncia. En el inciso se nos aclara quién ha hablado o está hablando, pero también se puede brindar otro tipo de información: su actitud, su tono de voz, su estado de ánimo, lo que hace mientras habla, etc. No es necesario incluir una acotación en la intervención de cada personaje. De hecho, un abuso de las acotaciones demora la lectura y crea un efecto machacón y redundante. Entre dos líneas de diálogos puede haber pasajes descriptivos o narrativos más o menos largos, aunque lo más habitual es que sean muy breves (tal vez una sola línea) para que el diálogo no pierda continuidad. En los siguientes ejemplos, el parlamento aparece subrayado y la acotación en cursiva:

—Lo que estás diciendo es imposible, Laura *—dijo David con un bufido.*

—Lo que estás diciendo es imposible, Laura *—dijo David con un bufido—*. Sencillamente ridículo.

La muchacha no ocultó su enfado.

—¿Y por qué te parece ridículo, si se puede saber?

—No te oculto mi sorpresa. *—Laura lo miró con expresión contrariada—*. Esperaba más de ti.

---

b. En español, los diálogos se marcan con la raya (—). Las comillas (“ ” o « ») se usan para los pensamientos de los personajes).

—Ya estoy en casa —dijo Alicia.

«Ya estoy en casa», pensó Alicia.

---

3. La raya y el guion son dos signos ortográficos distintos y no deben confundirse (— ≠ -). Además de marcar el comienzo de cada intervención en un diálogo, la función de la raya es idéntica a la del paréntesis. De hecho, esta es la función que cumple cuando se usa al principio y al final de un inciso. En el teclado de un ordenador no existe una tecla asignada a este signo. Para escribirlo debes usar una combinación de teclas entre estas dos posibles:

- Alt + 0151 (en el teclado numérico).
- Ctrl + Alt + - (signo menos en el teclado numérico).

Otra posibilidad es automatizar el proceso asignándole el signo «raya» a una tecla mediante las opciones de autocorrección de Word. En mi caso, por ejemplo, uso el guion bajo, que carece de función en un texto narrativo, para escribir la raya:

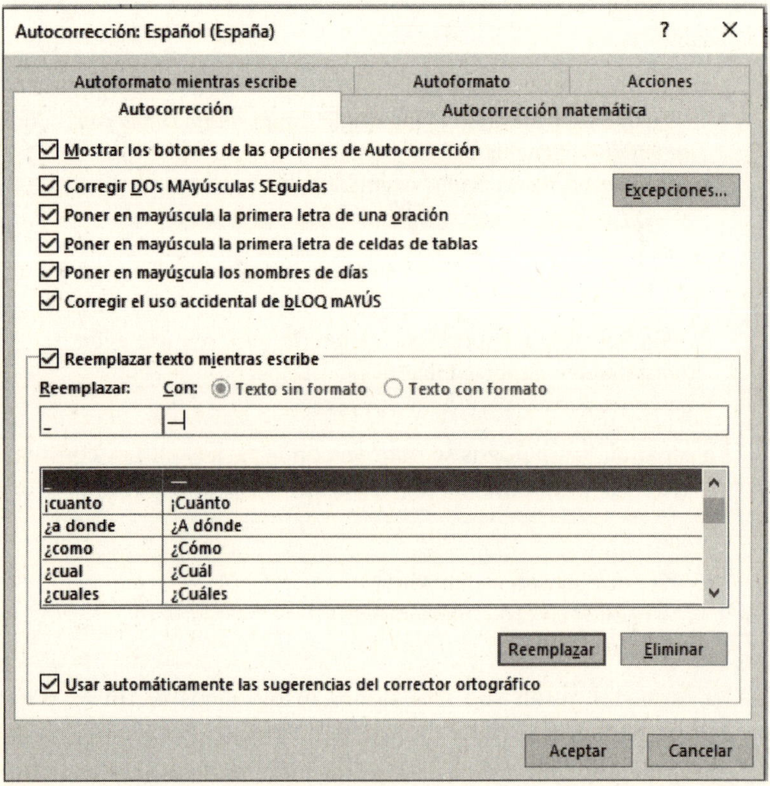

d. Una línea de diálogo de un personaje nuevo siempre conlleva un salto de párrafo (lo habitual es empezar este nuevo párrafo con una sangría de la primera línea). No se deja espacio entre la raya y la primer palabra.

> A pesar de su diferencia de edad, en algunas cosas Pilar estaba más chapada a la antigua que él. Al final no iba a resultar completamente cierto aquello de que las generaciones jóvenes carecían de moral y de principios.

—Lo has hecho por Hernán, ¿verdad? —dijo él por fin con ánimo de sondearla.

---

e. Al final de un diálogo, si concluye con la acotación, nunca se coloca raya de cierre. Simplemente se pondrá un punto.

Mal:

—¡Profesor! Pero ¿qué…?

—¡Sácame de aquí, Pilar! —aulló él logrando por fin que su voz rompiera las ataduras del pánico—.

Bien

—¡Profesor! Pero ¿qué…?

—¡Sácame de aquí, Pilar! —aulló él logrando por fin que su voz rompiera las ataduras del pánico.

---

f. Un personaje termina de hablar cuando llega un punto y aparte.

—¡Ah, nuestra novela! ¿La ha leído ya?

—¿Cómo se te ocurrió regalarme esta cosa? ¡Es una infamia! Pilar soltó una gran carcajada.

Jamás se escribirá con dos rayas iniciales separadas un parlamento del mismo hablante. Eso confundiría al lector, quien creería que son dos personajes distintos los que hablan.

Mal:

—¿De dónde ha salido toda esta gente? —preguntó Erasmo en cierto momento.

—¿Dónde está mi Madrid de toda la vida?

—No se haga el castizo, profesor. Ni usted ni yo hemos nacido aquí. Y esta ciudad es lo bastante grande como para acogernos a todos.

Bien:

—¿De dónde ha salido toda esta gente? —preguntó Erasmo en cierto momento—. ¿Dónde está mi Madrid de toda la vida?

—No se haga el castizo, profesor. Ni usted ni yo hemos nacido aquí. Y esta ciudad es lo bastante grande como para acogernos a todos.

g. Si el personaje sigue hablando después del inciso del narrador, lo cerramos con otra raya que irá pegada al texto del narrador.

—¿No tiene una sensación extraña, profesor?

—Sí —repuso Erasmo—. Creo que se llama hambre.

h. En ningún caso se deben separar los párrafos de un diálogo con espacios de mayor anchura, regla que se aplica también a los saltos de línea al final de cada párrafo de la misma escena. Esto significa que las líneas de una misma escena mantendrán una separación uniforme. Un cambio de escena, sin embargo, se puede marcar con varios saltos de línea (tecla *Return*), es decir, con una separación mayor, aunque hay autores que prefieren introducir algún elemento gráfico para marcar los cambios de escena, por ejemplo, tres asteriscos en el centro de la línea. En sus opciones de formato de párrafo, el programa Word suele incluir una separación entre párrafos por defecto que no se usa en la ortotipografía de un texto narrativo, por lo que hemos de desactivarla. Y aprovecho para insistir en que debes introducir una sangría al comienzo de cada nuevo párrafo:

Mal:

—¿Está aquí? —preguntó Klemperer—. ¿La han traído?

Prometeo asintió.

—Acaba de llegar.

—Ve por ella. Y tú, Maestre, haz algo. Diles a mis hombres que te traigan un trapo, una compresa o lo que sea y tapónale la hemorragia al profesor. Lo está poniendo todo perdido.

—Esto no ha sido idea mía. Lo comprendes, Erasmo, ¿verdad? —le susurró el librero mientras apretaba una compresa estéril contra su oreja lacerada—. Si por mí fuera nunca habríamos llegado hasta este extremo.

Bien:

—¿Está aquí? —preguntó Klemperer—. ¿La han traído?

Prometeo asintió.

—Acaba de llegar.

—Ve por ella. Y tú, Maestre, haz algo. Diles a mis hombres que te traigan un trapo, una compresa o lo que sea y tapónale la hemorragia al profesor. Lo está poniendo todo perdido.

—Esto no ha sido idea mía. Lo comprendes, Erasmo, ¿verdad? —le susurró el librero mientras apretaba una compresa estéril contra su oreja lacerada—. Si por mí fuera nunca habríamos llegado hasta este extremo.

EJERCICIO:

Copia y puntúa el siguiente diálogo con arreglo a las normas expuestas.

Pilar necesito tu ayuda

La muchacha aspiró otra bocanada y exhaló el humo lentamente Desde la última vez que pasaron *Gilda* por televisión Erasmo no había vuelto a ver a una mujer fumar de ese modo

Lo que usted necesita querido profesor es un asesor de imagen

Y señaló con su cigarrillo hacia las palmeras y los papagayos del estampado de su camisa Erasmo rio estrepitosamente.

Por favor señorita sea usted comprensiva con las excentricidades de un pobre anciano

Pilar Esparza apagó su cigarrillo

Sabe que los compañeros nos cruzábamos apuestas sobre el día en que aparecería usted con la primera camisa hawaiana de la temporada Era como un anuncio de las vacaciones de verano Cuando el profesor López de Mendoza sacaba sus camisas de cocoteros del armario es que las vacaciones estaban a la vuelta de la esquina Durante unos segundos Pilar pareció ponderar la conveniencia de encender otro cigarrillo Por fin desistió Dígame en qué puedo ayudarle profesor

Pero sea breve Se acaba el recreo y tengo que volver al instituto

Necesito que me ayudes a descifrar un manuscrito

Descifrar preguntó la muchacha arrugando el ceño No comprendo Es que está en clave

El bibliófilo pareció algo azorado

Bueno no exactamente Digamos que se trata de un manuscrito un tanto especial Con unas características poco comunes Además mi vista se ha estropeado bastante desde que perdimos contacto

Vaya lo siento No sabía Pero por qué yo Seguramente podría encontrar ayuda más cualificada sin la menor dificultad Usted es un estudioso respetado un experto en su campo académico y una autoridad reconocida en bibliofilia.

Erasmo sacó pecho al oír los elogios de su antigua pupila

Verás Pilar Ya te he dicho que las características del manuscrito en cuestión son muy especiales No es algo que pueda enseñársele a cualquiera al menos de momento Hay que realizar algunos estudios previos ciertas indagaciones Pero lo que necesito no es un especialista de primera línea Me basta con alguien que posea conocimientos de paleografía y buena vista Sobre todo necesito poder contar con alguien de confianza

---

Solución:

—Pilar, necesito tu ayuda.

La muchacha aspiró otra bocanada y exhaló el humo lentamente. Desde la última vez que pasaron *Gilda* por televisión, Erasmo no había vuelto a ver a una mujer fumar de ese modo.

—Lo que usted necesita, querido profesor, es un asesor de imagen.

Y señaló con su cigarrillo hacia las palmeras y los papagayos del estampado de su camisa. Erasmo rio estrepitosamente.

—Por favor, señorita, sea usted comprensiva con las excentricidades de un pobre anciano.

Pilar Esparza apagó su cigarrillo.

—¿Sabe que los compañeros nos cruzábamos apuestas sobre el día en que aparecería usted con la primera camisa hawaiana de la temporada? Era como un anuncio de las vacaciones de verano. Cuando el profesor López de Mendoza sacaba sus camisas de cocoteros del armario, es que las vacaciones estaban a la vuelta de la esquina. —Durante unos segundos Pilar pareció ponderar la conveniencia de encender otro cigarrillo. Por fin desistió—. Dígame, ¿en qué puedo ayudarle, profesor? Pero sea breve. Se acaba el recreo y tengo que volver al instituto.

—Necesito que me ayudes a descifrar un manuscrito.

—¿Descifrar? —preguntó la muchacha arrugando el ceño—. No comprendo. ¿Es que está en clave?

El bibliófilo pareció algo azorado.

—Bueno, no exactamente. Digamos que se trata de un manuscrito un tanto especial. Con unas características poco comunes. Además, mi vista se ha estropeado bastante desde que perdimos contacto.

—Vaya, lo siento. No sabía. Pero ¿por qué yo? Seguramente podría encontrar ayuda más cualificada sin la menor dificultad. Usted es un estudioso respetado. Un experto en su campo académico y una autoridad reconocida en bibliofilia.

Erasmo sacó pecho al oír los elogios de su antigua pupila.

—Verás, Pilar. Ya te he dicho que las características del manuscrito en cuestión son muy especiales. No es algo que pueda enseñársele a cualquiera, al menos de momento. Hay que realizar algunos estudios previos, ciertas indagaciones. Pero lo que necesito no es un especialista de primera línea. Me basta con alguien que posea conocimientos de paleografía y buena vista. Sobre todo necesito poder contar con alguien de confianza.

Eloy M. Cebrián y Francisco Mendoza,
Madrid, 1605 (2012)

EJERCICIO 19
LAS VOCES DE LA NARRACIÓN (1)

(Capítulos 2 y 6)

El ejercicio que te propongo consiste en escribir el comienzo de un relato. Basta con un párrafo, unas líneas. Se puede comenzar con unas líneas de diálogo seguidas por un párrafo narrativo o descriptivo, puede tratarse de un monólogo interior... Los detalles los dejo a tu elección. Lo que importa es que la que vaya a ser la voz predominante en esa narración se ajuste a las características del protagonista y contribuya a crearlo, a perfilarlo para el lector.

Esa voz del narrador puede ser la del propio protagonista, puedes ser la de otro personaje que actúa como secundario o como testigo, puede ser una voz en tercera persona que sobrevuele los hechos narrados o se centre en uno de los personajes... Esa elección también es tuya.

Lo fundamental, como ya he señalado, es que la voz narrativa ayude a nacer al personaje a ojos del lector. ¿Qué personaje? Pues alguien que sufre una enfermedad mental.

Repito que no se trata de escribir un relato, sino el arranque de una narración, no más de medio folio. Ahora bien, si el resultado que parece prometedor, si te invita a seguir escribiendo, no dejes de hacerlo.

EJERCICIO 20
EL CONFLICTO NARRATIVO (3): «FUI A COMPRAR EL PAN»

(Capítulo 4)

Este ejercicio desarrolla la idea que surgió de un modo improvisado durante un taller. Se trata de elegir una jornada reciente de tu vida en la que te ocurriera algo digno de mención, algo poco usual. No importa que ese acontecimiento fuera banal, una simple anécdota sin consecuencias. No importa porque en el relato vas a transformar esa anécdota para que adquiera el rango de conflicto narrativo y motor de la historia.

Ejemplo:

Un día cualquiera vas a comprar pan. Al volver a casa y partir el pan antes de la comida, en la barra aparece un insecto. Tiras ese trozo con fastidio y algo de asco, pero no le das importancia. Al día siguiente se lo dices a la dependienta de la panadería, con quien tienes algo de confianza, en tono de casual, casi bromeando (no hay ningún otro cliente presente). Ella se disculpa muy apurada y te regala una bandeja de pasteles para congraciarse. Vuelves a casa con la bandeja. Fin de la anécdota.

Hay varias posibilidades para desarrollar esta idea (algo que realmente te ocurrió) en forma de relato. Pero desde luego hay que transformar la trama para hacerla interesante. Una posibilidad es que, al mencionarle a la panadera lo del insecto en el pan, ella rompa desconsoladamente a llorar. Esto podría dar lugar a una historia carveriana. Si prefieres algo a lo Patricia Highsmith, imagina que vuelves a casa con los pasteles y que dentro de cada uno de ellos encuentras una cucaracha. De hecho, te das cuenta después de darle un bocado al primero y notar algo crujiente y amargo en la boca. Está claro que eso ya no es un accidente, que hay alguna intención perversa.

De esto se trata: parte de una jornada real, de un hecho anecdótico, y construye un relato interesante con ese material de partida.

EJERCICIO 21
EL PLAGIO CREATIVO (3):
«MANUAL DE INSTRUCCIONES»

(Capítulos 1, 2 y 3)

Esta vez vamos a plagiar a Julio Cortázar. En concreto vamos a tratar de reproducir su estilo y sus hallazgos en uno de sus textos más célebres: el *Manual de instrucciones*. En el capítulo 3 se comentan las *Instrucciones para subir una escalera*. Existen también las *Instrucciones para dar cuerda a un reloj*. Incluso las *Instrucciones para llorar*, que puedes repasar a continuación, por si se te ha olvidado cómo hacerlo:

INSTRUCCIONES PARA LLORAR

Para llorar, dirija la imaginación hacia usted mismo, y si esto le resulta imposible por haber contraído el hábito de creer en el mundo exterior, piense en un pato cubierto de hormigas o en esos golfos del estrecho de Magallanes *en los que no entra nadie, nunca.*

Llegado de llanto, se tapará con decoro el rostro usando ambas manos con la palma hacia dentro. Los niños llorarán con la manga del saco contra la cara, y de preferencia en un rincón del cuarto. Duración del llanto, tres minutos.

JULIO CORTÁZAR,
«Instrucciones para llorar» (1962)
(Historias de cronopios y de famas)

¿Te ves capaz de escribir tu propio manual de instrucciones y, de paso, de extraer lo prodigioso de lo cotidiano, de convertir en extraño lo que resulta más normal? El reto consiste en escribir, al estilo de Cortázar, un manual de instrucciones para encender un cigarrillo.

EJERCICIO 22
EL PUNTO DE VISTA (1):
EL NARRADOR EN PRIMERA PERSONA

(Capítulos 3, 4 y 6)

Te propongo escribir un relato breve acerca de una guerra que se está librando en el armario y los cajones donde guardas la ropa. Nunca has sido testigo de ninguna escaramuza ni batalla, pero desde hace tiempo vienes observando signos inequívocos de que tus prendas se han enzarzado en una contienda que ha ido creciendo poco a poco en violencia. Debes narrar cómo comenzó la guerra y describir a los dos bandos y a sus líderes. Debes pronosticar cuál va a ser el resultado y cómo ese resultado te va a afectar. Además, para trabajar la verosimilitud, debes explicar cómo has averiguado todo esto.

Al escribir este cuento, me gustaría que emplearas de forma consciente y deliberada las técnicas de visibilidad y de continuidad (los elementos e ideas principales deben aparecer repetidos a intervalos regulares).

EJERCICIO 23
LO EXTRAÑO

(Capítulos 3 y 9)

Este ejercicio consiste en escribir un relato breve en el que partamos de una situación convencional en la que lo irreal se va infiltrando poco a poco. La situación de partida es una pareja. Hay varias maneras de lograr esta «extrañeza». Un de ellas es a través de las descripciones minuciosas de cosas habituales que todo el mundo da por sentadas (el modo de sostener la cuchara, el ruido al sorber la sopa...) en la que podemos introducir detalles insólitos. Otra forma es la propia descripción de los personajes, en la que podemos emplear rasgos que los hagan excéntricos o no convencionales. También el uso de un diálogo extraño e imprevisible. La propia historia que contamos... Sin embargo, no se trata de escribir un relato fantástico que desemboque en una situación extraordinaria, sino de dejar que lo cotidiano se impregne de extrañeza de un modo paulatino y sutil.

Si quieres un buen ejemplo de lo que se puede lograr dejando que lo cotidiano se tiña de irrealidad, te recomiendo que leas el cuento *La quimera*, de John Cheever. Es un relato muy famoso y seguramente te será fácil encontrarlo en internet.

EJERCICIO 24
ROMPER LA UNIDAD DE ACCIÓN

(Capítulos 3, 4 y 8)

Este ejercicio consiste en escribir un relato en el que aparezcan como elementos principales (al igual que ocurre en el relato «Plumas», de

Raymond Carver) una persona, un animal y un objeto. En tu relato deben aparecer los siguientes elementos:

- Un testigo de Jehová
- Un chihuahua tuerto
- Una muñeca «Barbie»

Hago hincapié en que se trata de romper la unidad de acción. Por lo tanto, no se trata de escribir un relato en el que esos elementos tengan una participación «necesaria» que contribuya al desenlace. De hecho, ni siquiera es preciso escribir un desenlace evidente. Los elementos han de aparecer de forma casual (aparentemente), y ninguno de ellos ha de ser el protagonista de la historia. En la vida no todo consiste en causas y efectos. A veces nos topamos con las cosas y las personas sin más. Son encuentros fugaces, fortuitos, que no tienen consecuencias evidentes, pero que en muchos casos nos dejan una impronta profunda en la memoria. No busques un modo lógico de encajar al testigo de Jehová con el chihuahua y con la «Barbie», sino más bien la manera de crear un efecto general con todos ellos, un valor simbólico que contribuya a crear el tono y al significado del relato. Esto es lo que se denomina una «metáfora de situación».

Sé que el ejercicio es exigente, pero a estas alturas dudo que te asusten los retos.

EJERCICIO 25
LOS PERSONAJES (1): UN PERSONAJE PLANO

(Capítulo 7)

Hemos estudiado dos tipos de personajes: los personajes planos y los personajes redondos. Los personajes planos se caracterizan por un solo rasgo, ya sea físico, psicológico o de comportamiento (son tacaños o bizcos o impacientes o impertinentes...). Los redondos, sin embargo, emergen poco a poco en el transcurso de la narración mediante una caracterización más rica (rasgos físicos, inquietudes, proyectos, origen, etc.).

En un ejercicio de dos o tres folios como máximo no tenemos espacio para crear un personaje redondo, de modo que nos vamos a contentar con crear un personaje plano. La idea es escribir un fragmento de una narración en la que perfilemos un personaje mediante un solo rasgo. Este fragmento no tiene por qué ser una descripción del personaje. Ese único rasgo puede surgir en un diálogo o en un pasaje narrativo.

EJERCICIO 26
EL PUNTO DE VISTA (2): EL MONÓLOGO INTERIOR

(Capítulo 6)

En un monólogo interior, el texto tiene la forma de secuencia de pensamientos de un personaje, de manera que, al leerlo, se asiste en vivo y en directo a su actividad mental como si hubiéramos utilizado un aparato capaz de registrar los pensamientos. El siguiente ejemplo es una cita de *Las olas*, de Virginia Woolf:

> Qué extraño es sentir el verso que se desenvuelve desde nosotros, y que alarga su filamento cruzando los espacios de niebla en el mundo interpuesto. Se ha ido, yo estoy aquí con el poema en la mano. Entre nosotros, este verso. Pero, ahora, ¡qué cómodo, qué seguridad al sentir que ha desaparecido esa extraña presencia, ese escrutinio oscuro y encapuchado! Qué agradable echar las contraventanas, y no admitir la presencia de nadie más, sentir que regresan de los rincones oscuros, en los que buscaron refugio, aquellos decrépitos huéspedes, aquellos familiares, a quienes, con su fuerza superior, obligó a esconderse. Esos espíritus observadores, burlones, que, incluso durante la crisis y el dolor del momento, observaban por cuenta mía, regresan ya a casa juntos.
>
> Trad. de Andrés Bosch

Vamos a intentar un ejercicio literario parecido. Escribe tu propio monólogo interior o corriente de conciencia. Pero previamente piensa en un personaje que no seas tú (como sugerencia, te propongo una mujer que acaba de hacer el amor y descansa junto a su amante). A continuación, deja que ese personaje se apodere de ti y que sus pensamientos fluyan a través de tu conciencia. Y, lo que es más difícil, intenta transcribirlos.

EJERCICIO 27
CONSTRUIR UNA ESCENA (1)

(Capítulos 8 y 9)

Como sabes, una escena es una unidad narrativa definida por las unidades de acción, tiempo y lugar. Es decir, transcurre en un solo lugar, en un período de tiempo breve que coincide con el tiempo de la narración (estamos narrando en «tiempo real»), participan un número limitado de personajes, normalmente pequeño (se pude construir con un único personaje) y gira en torno a una única cuestión.

Los manuales suelen decirnos que para que una escena funcione bien debe haber un elemento que la dote de unidad: por ejemplo, que los personajes estén tomando café y se mencione varias veces el café (su aroma, su sabor, los gestos que hacen los personajes al beberlo...), o que estén buscando un objeto determinado, o que todos estén tristes por la muerte de alguien, o que estén en un parque de atracciones, huela a algodón de azúcar y se oiga la música de un tiovivo. Esto, al margen de lo que hagan o lo que digan, nos permite tener un elemento que distingue a la escena de otras y la dota de unidad.

Recuerda que en una escena puede haber acción, narración, descripción, diálogo, referencias al paso del tiempo (necesariamente breve), e incluso resumen, es decir, es una combinación de todos los elementos narrativos, aunque debe circunscribirse a un lugar y un tiempo definidos, e involucrar a un número limitado de personajes.

La escena que te propongo escribir será la inicial de un relato, transcurrirá en un taxi y los personajes serán el/la taxista y un hombre disfrazado del conde Drácula que acaba de tomar el taxi. El disfraz es buenísimo, pero el elemento que le da unidad a la escena es un crucifijo que el taxista lleva sobre el salpicadero del coche.

Insisto: un relato puede consistir en una única escena.

EJERCICIO 28
LAS VOCES DE LA NARRACIÓN (2)

(Capítulos 2 y 3)

El ejercicio consiste en relatar una escena muy sencilla: el momento en que una persona abre la nevera. Esta actividad está directamente relacionada con el ejercicio 10 («La escritura minuciosa: la nevera»). Sin embargo, esta vez vamos a sumar la subjetividad y el punto de vista de un personaje. En el texto se describirá el interior del frigorífico y se mostrarán las reacciones y pensamientos del personaje ante su contenido.

Este personaje podrá ser:

- Un niño o adolescente
- Un adulto que acaba de divorciarse
- Un anciano

EJERCICIO 29
CONSTRUIR UNA ESCENA (3)

(Capítulos 8 y 9)

Escribe una escena con un componente absurdo que sirva para generar extrañeza. Busca un elemento muy visual, sácalo de su contexto y construye una escena seria con la presencia constante de ese componente: una persona que viste un disfraz de carnaval debe llevar a su padre a urgencias porque acaba de sufrir un ictus; dos amigas riñen a gritos en el probador de una tienda de ropa mientras todos oyen la discusión desde fuera; alguien se topa por la calle con un amigo de la juventud convertido en un indigente*. Presta mucha atención al ritmo interno de la escena alternando partes narrativas, partes dialogadas y partes descriptivas. Trabaja bien la ambientación y los personajes. Y recuerda que se trata de una escena y no de un relato completo. Tampoco tiene que ser necesariamente la primera escena del relato, es decir, puedes hacer referencia a cosas ocurridas antes y anunciar otras que ocurrirán después.

* Esta idea se la he tomado prestada al novelista Javier Sarti y constituye el arranque de su novela *El estruendo* (2002).

EJERCICIO 30
DESCRIBIR A UN PERSONAJE
LA PROSOPOGRAFÍA

(Capítulos 7 y 9)

La prosopografía a la que se alude en el título del ejercicio es la descripción física de un personaje, es decir, la descripción que se centra en su apariencia, en sus rasgos externos y visibles, sin aludir directamente a cuestiones de personalidad o de carácter. Sin embargo, a la hora de trabajar en la caracterización, el hecho de centrarnos en el exterior y dejar que la interioridad aflore a partir de lo visible puede ser un modo sutil y elegante de construir un personaje literario. Estaríamos ateniéndonos una vez más al consabido principio de que «es mejor mostrar que decir», y al mismo tiempo acentuando la visibilidad de nuestro texto.

Veámoslo con un ejemplo clásico de Quevedo. El pícaro que protagoniza el *Buscón* retrata al dómine Cabra, un clérigo que regenta un internado en Segovia en el que Pablos y el caballero al que sirve tienen la desdicha de recalar. El dómine en cuestión es el tipo más miserable del mundo, y escatima cada maravedí por el procedimiento de matar de hambre a sus desdichados pupilos.

Él era un clérigo cerbatana, largo solo en el talle, una cabeza pequeña, pelo bermejo (no hay más que decir para quien sabe el refrán), los ojos avecinados en el cogote, que parecía que miraba por cuévanos, tan hundidos y escuros, que era buen sitio el suyo para tiendas de mercaderes; la nariz, entre Roma y Francia, porque se le había comido de unas búas de resfriado, que aun no fueron de vicio porque cuestan dinero; las barbas descoloridas de miedo de la boca vecina, que, de pura hambre, parecía que amenazaba a comérselas; los dientes, le faltaban no sé cuántos, y pienso que por holgazanes y vagamundos se los habían desterrado; el gaznate largo como de avestruz, con una nuez tan salida, que parecía se iba a buscar de comer forzada por la necesidad; los brazos secos, las manos como un manojo de sarmientos cada una. Mirado de medio abajo, parecía tenedor o compás, con dos piernas largas y flacas. Su andar muy despacioso; si se descomponía algo, le sonaban los güesos como tablillas de San Lázaro. La habla ética; la barba grande, que nunca se la cortaba por no gastar, y él decía que era tanto el asco que le daba ver la mano del barbero por su cara, que antes se dejaría matar que tal permitiese; cortábanle los cabellos un muchacho de nosotros. Traía un bonete los días de sol, ratonado con mil gateras y guarniciones de grasa; era de cosa que fue paño, con los fondos en caspa. La sotana, según decían algunos, era milagrosa, porque no se sabía de qué color era. Unos, viéndola tan sin pelo, la tenían por de cuero de rana; otros decían que era ilusión; desde cerca parecía negra, y desde lejos entre azul. Llevábala sin ceñidor; no traía cuello ni puños. Parecía, con los cabellos largos y la sotana mísera y corta, lacayuelo de la muerte. Cada zapato podía ser tumba de un filisteo. Pues su aposento, aun arañas no había en él. Conjuraba los ratones de miedo que no le royesen algunos mendrugos que guardaba. La cama tenía en el suelo, y dormía siempre de un lado por no gastar las sábanas. Al fin, él era archipobre y protomiseria.

Francisco de Quevedo,
Historia de la vida del Buscón, llamado don Pablos (1626)

El pasaje en cuestión es una joya que lleva al límite las posibilidades expresivas de nuestro idioma. Ingenio y lenguaje se alían para construir un personaje universal a partir de su aspecto. ¿Te atreverías con algo parecido?

En este ejercicio voy a pedirte que traces el retrato de tu propio «dómine Cabra», es decir, de aquel profesor o profesora que ha dejado en ti un recuerdo más perdurable, y no precisamente por sus cualidades. Una buena idea a la hora de trazar descripciones es procurar que sean lo más dinámicas posible, es decir, que nos muestren al personaje realizando alguna acción que resulte característica en él.

EJERCICIO 31
LA ATMÓSFERA (1)

(Capítulos 8 y 9)

Hablamos de una «narración atmosférica» cuando el autor logra crear un espacio en torno a los personajes que va más allá de lo puramente descriptivo. Además del aspecto visual, una atmósfera narrativa crea un clima psicológico y emocional que acentúa el estado de ánimo de los personajes y los envuelve como una especie de emanación.

El siguiente ejemplo está extraído de uno de mis relatos. Un hombre ha sufrido un gran quebranto económico a causa de su proceso de divorcio. En este cuento, traté de acentuar la tristeza y la sensación de fracaso del personaje convirtiéndolo en inquilino de un apartamento deprimente en un barrio periférico:

> Vivía en un sórdido pisito de alquiler, un cuchitril tenebroso en una gigantesca torre del extrarradio. La vista desde su balcón comprendía solares y desmontes convertidos en vertederos, una autovía de seis carriles rugiente de tráfico y un barrio de chabolas donde había fijado su Samarcanda una lenta caravana de yonquis. Muebles enormes y destartalados agobiaban las diminutas habitaciones y parecían estar allí para tormento del inquilino en lugar de para su comodidad. En cuanto a la decoración, se limitaba ésta a las manchas de humedad que prosperaban sobre las paredes, y en las

que Andrés a veces creía ver figuras de animales o costas de continentes desaparecidos. En contraste con la tristeza y la soledad de su vivienda, las de sus vecinos parecían lugares muy animados, a juzgar por el estruendo de música, trifulcas familiares y griterío infantil que brotaba del otro lado de los tabiques. El barrio era tan periférico que no contaba con estación de metro. Puesto que Andrés ya no podía permitirse tener coche, cada mañana debía levantarse mucho antes del amanecer para realizar el viaje en autobús de más de una hora que lo llevaba a la oficina, donde con seguridad lo esperarían nuevas humillaciones.

ELOY M. CEBRIÁN, «Libélula» (*Comunión*, 2009)

Te propongo un ejercicio similar: piensa en un personaje de unas características muy definidas (un policía alcohólico, una viuda solitaria, un asesino a sueldo, un ciego…) y escribe un pasaje de tipo descriptivo con una fuerte carga atmosférica. Intenta que el personaje interactúe con el lugar, es decir, preséntalo realizando alguna acción.

EJERCICIO 32
EL TIEMPO (1) «FUI A COMPRAR EL PERIÓDICO Y…»

(Capítulo 8)

Se trata de narrar el siguiente episodio: una persona sale de su casa y va a comprar el periódico.

¿Trivial? Contado así, desde luego, pero ya sabes que podemos usar la literatura como los buscadores de oro usaban su cedazo a la orilla del río.

Estas son las dos opciones entre las que puedes elegir:

a. Contar el episodio con manipulaciones temporales. Concretamente, debes incluir:

- Una analepsis

- Una prolepsis
- Un futuro especulativo (el personaje imagina lo que podría ocurrir)
- Una elipsis.

b. Plantear la narración como una ucronía. Es decir, la realidad que observa el personaje al salir de su casa en busca del periódico es distinta de la que conocemos porque algún acontecimiento capital de la historia no ocurrió u ocurrió de una forma distinta. Este personaje podría aceptarlo con naturalidad (lo que significa que él forma parte de esa línea histórica alternativa) o bien mostrarse asombrado (por algún motivo, de un día para otro ha ido a parar a una línea histórica alternativa).

EJERCICIO 33
EL DIÁLOGO (3)

(Capítulo 9)

Se trata de escribir un diálogo en el que desarrolles una de estas situaciones:

- Un hombre viudo les revela a sus hijos adolescentes que es gai y que se va a volver a casar, naturalmente con otro hombre.
- Unos hijos tratan de explicar a su padre anciano que lo mejor para todos sería que ingresara en una residencia.
- Una teleoperadora intenta convencer a un posible cliente para que cambie de compañía telefónica. Él le revela que cuando concluya la llamada piensa quitarse la vida.
- Un conductor visiblemente ebrio trata de impedir que un guardia civil lo sancione.

- Una esposa intenta convencer al marido para realizar una gestación subrogada.
- Al volver del trabajo, un hombre le dice a su mujer que lo acaban de despedir.
- Una chica le pide explicaciones a su novio sobre unos wasaps comprometedores que ha descubierto en su móvil.

Trata que lo diálogos tenga viveza y realismo y procura que no parezcan una mera lista de preguntas y respuestas. Recuerda que una pregunta se puede responder «a la gallega», es decir, con otra pregunta, y que una respuesta puede consistir en repetir una parte del enunciado anterior con ánimo de ganar tiempo. Presta mucha atención a la puntuación y a la ortotipografía. Esmérate en los incisos y no los uses si no es necesario.

Sería interesante que, una vez terminado el ejercicio, probaras a escribir el mismo diálogo usando el estilo indirecto.

EJERCICIO 34
EL RESUMEN (1): TÚ ERES EL PERSONAJE

(Capítulo 8 y 9)

Imagina que eres el protagonista de una novela, es decir, que tu vida coincide con la trama de una novela, al menos parcialmente. En los días posteriores a tu nacimiento suceden una serie de hechos extraordinarios que en la novela se cuentan de forma detallada (sobre todo en forma de escenas). Sin embargo, el resto de tu infancia transcurre como la de cualquier otra persona. El ejercicio consiste en <u>resumir esos años de tu infancia en los que no sucede nada extraordinario</u>. Tienes un límite de unas 300 palabras (una cara de folio).

Ejemplo:

El día de su tercer cumpleaños los dedos de Eloy quedaron atrapados en una puerta y fue necesaria la ayuda de un vecino para liberarlos. Al margen de los hechos extraordinarios que rodearon su nacimiento, ese fue quizás el acontecimiento más relevante de su infancia, que transcurrió en media docena de pueblos donde su padre obtuvo plaza como maestro. Cuando, ya adulto, trataba de poner orden en el álbum de sus recuerdos infantiles, le resultaba imposible distinguir unos pueblos de otros: todas aquellas imágenes rurales se confundían en un único collage en blanco y negro donde la imagen central siempre era la de los deditos de su mano derecha, hinchados y amoratados por culpa de la presión de aquella puerta...

EJERCICIO 35
LA ATMÓSFERA (2): UN SUEÑO

(Capítulos 8 y 9)

Vamos a practicar la atmósfera en su variante onírica. El ejercicio consiste en contar un sueño (real o inventado) en el que eres protagonistas (como suele ocurrir en los sueños, otra cosa resultaría algo patética). La ventaja de contar un sueño es que no hay que esforzarse mucho por crear una secuencia lógica de acciones. Ahora bien, estaría bien que el sueño apuntara en alguna dirección, es decir, que fuera hasta cierto punto interpretable. Pero lo más interesante de este ejercicio, más que lo que te ocurre y haces en el sueño, es cómo lo ambientas para que parezca eso, un sueño. Selecciona los elementos y las acciones para crear esa atmósfera de irrealidad. Pueden ser cosas cotidianas mezcladas de un modo estrambótico. Puede haber elementos extraordinarios que dentro del sueño resultan naturales. En mi caso, una vez soñé que se me aparecía Dios, como al mismísimo Moisés, solo que ocurría en el portal de mi casa. La atmósfera me quedó muy lograda.

EJERCICIO 36
LOS PERSONAJES (2): LA FAMILIA

(Capítulo 7)

El ejercicio consiste en escribir un texto sobre un miembro de tu familia. De lo que aquí se trata es de comprobar lo peliagudo y emocionalmente exigente que resulta usar a personas cercanas como inspiración de nuestros personajes. Y si hablamos del género memorialístico, en el que los personajes coinciden con las personas, ya ni te cuento. Sé que es mucho pedir, pero me gustaría que hicieras un ejercicio de sinceridad para escribir tu texto. De sinceridad y de introspección, pues previamente tendrás que bucear en tus recuerdos y emociones. No hace falta que sea un relato, es decir, no tiene por qué tener forma narrativa, trama ni argumento. Puede ser una descripción, una colección de recuerdos, la recreación de un diálogo que mantuviste con esa persona, etc. El texto puede involucrar a más de un familiar, por supuesto. La narración de una cena de Nochebuena podría ser un estupendo ejercicio. Solemos escribir mejor sobre lo que conocemos de primera mano.

EJERCICIO 37
EL TIEMPO (2)

(Capítulo 8)

Hemos estudiado que existen varios recursos para detener el tiempo en una narración, es decir, para que el tiempo de la escritura siga transcurriendo mientras el tiempo de la historia se ralentiza detiene. Las reflexiones y los análisis psicológicos son recursos frecuentes. También las descripciones y la narración de sueños. Si lo piensas, en la vida fuera de la literatura, los sueños también distorsionan nuestra percepción del tiempo. Imagina una mañana de domingo. Te despiertas pero decides quedarte un rato más en la cama y vuelves a dormirte. Y sueñas. En tu sueño ocurren infinidad de cosas. Al despertar, miras el reloj y compruebas que solo has permanecido dormido cinco o diez minutos.

En el ejercicio de hoy puedes optar entre una descripción o un sueño.

- Descripción: la persona más desagradable que hayas conocido (no tiene por qué responder a una experiencia real ni hace falta mencionar nombres).
- Sueño: el sueño de un condenado a muerte la noche anterior a la mañana de su ejecución. Te sugiero la tercera persona focalizada para narrarlo. Como en el ejercicio 35, puedes aprovechar para ejercitarte en crear una atmósfera onírica.

EJERCICIO 38
LOS PERSONAJES (3): CONSTRUIR UN PERSONAJE A PARTIR DE UNA PERSONA REAL

(Capítulo 7)

Disculpa el oportunismo y lo desagradable del personaje en cuestión, pero creo que este ejercicio puede resultarte útil y entretenido. Un personaje no debe ser una simple acumulación de datos. Para construirlo, es preferible que lo muestres en movimiento, actuando. Otro detalle importante es la necesidad de evitar el tópico (el banquero codicioso, el asesino psicópata y despiadado, el político corrupto), lo que daría lugar a un personaje plano y en absoluto interesante. Teniendo todo esto en cuenta, te invito a escribir el comienzo de una novela o relato con Vladimir Putin como protagonista. Prueba a escribir un arranque típico en narrativa en el que veamos al personaje en la intimidad, realizando alguna acción cotidiana (levantándose, lavándose los dientes, sentado en el váter, desayunando, leyendo el periódico, poniendo el lavavajillas… qué se yo). Atención, el tono debe ser serio, nada de parodia o de humor. El personaje debe estar caracterizado desde el exterior, a través de sus acciones, su gestualidad, su voz, etc. Es decir, no te metas en su cabeza para contar lo que piensa, pues no va por ahí el ejercicio. No pretendo que escribas más de una página. Se trata, repito, de escribir el arranque de una narración.

EJERCICIO 39
EL PUNTO DE VISTA (3): EN EL PARQUE INFANTIL

(Capítulo 6)

Se trata de narrar una escena desde dos puntos de vista diferentes. Puedes elegir entre los siguientes:

- En primera persona:
- Narrador protagonista
- Narrador testigo
- Monólogo interior
- En segunda persona
- En tercera persona
- Narrador omnisciente
- Narrador deficiente
- Narrador focalizado

Esta escena transcurre en un parque infantil. Un niño está jugando, sufre una caída y rompe a llorar. El adulto que lo acompaña acude, lo recoge del suelo de forma violenta y, en lugar de consolar al niño, le da unos azotes por haberse manchado la ropa de tierra. Un segundo adulto, que ha observado la escena, interviene entonces. El punto de vista puede ser el del niño, el del adulto que le pega, el del adulto que interviene o el de un testigo que ha presenciado todo esto. También se puede adoptar el punto de vista del narrador omnisciente que conoce los pensamientos y motivaciones de los personajes. La escena se puede narrar en primera, en segunda o en tercera persona. O en una combinación de estas.

EJERCICIO 40
EL TIEMPO (3): RECOMENDACIONES DE LECTURA

(Capítulo 8)

Hemos visto que el tiempo es uno de los aspectos más complicados de manejar y reflejar en una narración. Ya sabes que uno de los consejos en los que más insisto es el de aprender de los maestros, por eso te recomiendo la lectura de una serie de novelas en las que el tiempo se ha reflejado y manipulado de una forma admirable:

El perfume: historia de un asesino, Patrick Süskind (1985)

Me ha parecido conveniente empezar esta lista de recomendaciones con una novela en la que el tiempo se trata del modo tradicional, es decir, siguiendo el orden cronológico de los hechos. Este libro, muy emparentado con las grandes novelas del pasado, nos narra el ciclo vital completo de un personaje fascinante (Jean-Baptiste Grenouille), que percibe el mundo a través de su prodigioso sentido del olfato.

Cien años de soledad, Gabriel García Márquez (1967)

Nunca se hablará lo suficiente sobre el monumental legado literario de Gabriel García Márquez. El tratamiento del tiempo en *Cien años de soledad* es uno de los aspectos más memorables de la novela, ya que en ella se superponen varios tiempos diferentes: un tiempo histórico, un tiempo mítico (o atemporal, valga la paradoja) y un tiempo circular que se repite igual que los nombres de los personajes masculinos.

Las horas, de Michael Cunningham (1998)

Esta magnífica novela presenta tres historias de mujeres que transcurren en tiempos y lugares diferentes: la Inglaterra de los años 20, la ciudad de Los Ángeles de finales de los 40 y el Nueva York de finales del siglo XX.

Expiación, de Ian McEwan (2001)

Lo más sobresaliente de esta novela es que recrea dos tiempos distintos: el tiempo histórico (o real) y un tiempo alternativo (o literario) inventado por la protagonista como forma de reparar una serie de hechos trágicos de los que fue causante.

Máquinas como yo, de Ian McEwan (2019)

De nuevo este novelista británico, gran maestro del uso del tiempo en sus obras. Esta vez con una narración de historia alternativa o ucronía. La trama transcurre en el Reino Unido durante unos años 80 alternativos en los que la inteligencia artificial ha progresado de tal modo que es posible adquirir robots humanoides de uso doméstico. Por cierto, en esta historia los Beatles siguen publicando discos.

La flecha del tiempo, de Martin Amis (2011)

Si has visto la película *Memento*, de Christopher Nolan, aquí tienes un precedente literario. La muerte del personaje principal es, a la vez, el nacimiento del narrador, de su conciencia interna, que hace un relato lineal de su vida pero narrada al revés.

4 3 2 1, de Paul Auster (2017)

Auster narra cuatro versiones de la vida del mismo personaje, que toma caminos distintos a partir de los distintos resultados de un incidente en la infancia del protagonista. El mito de los universos paralelos se convierte en una excusa para explorar las posibilidades de la narración.

«De lo que aconteció a un deán de Santiago con don Illán, gran maestro que moraba en Toledo», Don Juan Manuel *(El conde Lucanor,* 1331-1335)

¿Te sorprende encontrar en esta lista un cuento del siglo XIV? ¿Pensabas que los experimentos narrativos con el tiempo se limitaban a la literatura contemporánea? Hazte el favor de leer este relato y ya me contarás.

«El otro», Jorge Luis Borges (*El libro de arena*, 1975)

En este cuento, un Borges anciano conversa con un Borges juvenil, ambos sentados en un banco que está en dos ciudades y en dos tiempos diferentes: Boston en 1969 y Ginebra en 1918.

La historia de tu vida, Ted Chiang (novela corta, 1998)

Quizás hayas visto la adaptación al cine de esta historia de ciencia ficción, que se estrenó con el título de *La llegada*. El tiempo y las distintas formas de percibirlo asumen un enorme protagonismo en esta trama. También el modo en que el lenguaje moldea el pensamiento. Ciencia ficción para amantes de la gran literatura.

«Todos vosotros, zombis», de Robert A. Heinlein (relato,1958)

En esta endiablada trama de ciencia ficción, el protagonista es un viajero del tiempo que se las arregla para ser a la vez su propia madre y su propio padre. Se trata de uno de esos relatos que hay que leer más de una vez para extraerles todo el jugo.

«Las siete vidas (o así) de Sebastián Mingorance», de Félix J. Palma (relato, *El menor espectáculo del mundo*, 2010)

Y terminamos con un relato de un escritor español al que se le podría llamar un «autor popular» por su vocación de llegar a todo tipo de público lector, incluidos los amantes de la literatura de género. Para mí, uno de nuestros mejores narradores. Este ingenioso cuento desarrolla en clave de humor ese tema tan de moda de las vidas alternativas y los universos paralelos, con la particularidad de que todos están incluidos en este.

Bibliografía recomendada

Castillo, Abelardo. *Ser escritor.* Seix Barral, 1997

Codes, María José. *Intriga y suspense, el gancho invisible.* Alba Ed., 2013

Gardner, John. *Para ser novelista.* Ultramar Ed., 1990

Highsmith, Patricia. *Suspense.* Círculo de Lectores, 1987

King, Stephen. *Mientras escribo.* Ed. Plaza y Janés, 2001

Kohan, Silvia Adela. *Dar vida al personaje: técnicas para crear personajes inolvidables.* Alba Ed., 2014

Kohan, Silvia Adela. *El arte de reescribir: pulir el diamante narrativo.* Alba Ed., 2015

Kohan, Silvia Adela. *Cómo se escribe una novela.* Ed. Plaza y Janés, 2000

Lodge, David. *El arte de la ficción: con ejemplos de autores clásicos y modernos.* Ed. Península, 2006

Marco, Vicente. *Manual de escritura creativa y premios literarios, taller de narrativa.* Berenice Ed., 2017

Martín Vivaldi, Gonzalo (ed. de Sánchez Pérez, Arsenio). *Curso de redacción: Teoría y práctica de la redacción y del estilo.* Ed. Paraninfo, 2018

Millán, José Antonio. *Perdón imposible: guía para una puntuación más rica y consciente.* Ed. Ariel, 2005

Mittlemark, Howard y Newman, Sandra. *Cómo no escribir una novela.* Ed. Seix Barral, 2010

Murakami, Haruki. *De qué hablo cuando hablo de escribir.* Tusquets Ed., 2017

Páez, Enrique. *Escribir: manual de técnicas narrativas.* Ed. SM, 2001

Palma, Félix J. *Escribir es de locos: Las claves para enfrentarse a la página en blanco.* Ed. Destino, 2021.

Queneau, Raymond. *Ejercicios de estilo.* Ed. Cátedra, 1989

Rodari, Gianni. *Gramática de la fantasía: Introducción al arte de inventar historias.* Ed. del Bronce, 2006

Tacca, Óscar. *Las voces de la novela.* Ed. Gredos, 2000

Tizón, Eloy. *Herido leve: 30 años de memoria lectora.* Ed. Páginas de Espuma, 2019

Vicente, David, *El arte de escribir, manual de escritura creativa.* Berenice Ed., 2017

VV. AA. *Escribir ficción: Gotham Writers' Workshop.* Alba Ed., 2012

VV. AA. *Escribir cuento: Manual para cuentistas.* Ed. Páginas de Espuma, 2020

VV. AA. *Escribir novela: Manual para novelistas.* Ed. Páginas de Espuma, 2021

Zapata, Ángel. *La práctica del relato: Manual de estilo literario para narradores.* Ediciones y talleres de escritura creativa Fuentetaja, 1997

Agradecimientos

Si hay una actividad ingrata en el mundillo de la escritura, esta es la de leer y comentar el libro de un amigo. Si te limitas a elogiarlo, el autor sospechará que quieres salir del paso sin molestarte ni comprometerte demasiado. Si lo comentas con sinceridad y espíritu crítico, corres el riesgo de herir la vanidad de tu amigo. En fin que, hagas lo que hagas, llevas las de perder. Sin embargo, una buena crítica es una contribución inestimable y, por lo tanto, una gran prueba de amistad. Este libro, como todos los que he escrito, se ha beneficiado de un grupo de «lectores cero» cuya generosidad y buen criterio han ayudado a darle su forma final. Y así deseo testimoniarlo aquí, junto con mi gratitud:

A Miguel Pérez, Arturo Tendero y Javier Sarti les agradezco su lectura minuciosa y sus palabras de aliento, pero sobre todo sus observaciones críticas, doblemente valiosas por venir de colegas escritores.

Mi gratitud también para Sandra López, Miguel Ángel Molina y Elena Solera, que leyeron los primeros capítulos y me ayudaron a fijar el tono de la obra.

Mención aparte merece mi amigo y compañero de aventuras librescas Antonio García Muñoz, quien ha tenido la santa paciencia de leerse cada capítulo conforme iba saliendo del horno. Muchos de los comentarios y de los ejemplos que ilustran estas páginas se los debo a él.

Afirman las malas lenguas que los escritores siempre andamos a la greña, que nuestras relaciones se basan en la hipocresía, la envidia y la desconfianza, y que no perdemos ocasión de frustrar los esfuerzos de nuestros rivales. Supongo que se trata de un tópico alimentado por enemistades literarias famosas, como la de Quevedo y Góngora (que eran poetas, por cierto). Sin embargo, yo nunca me he sentido perjudicado por las acciones de mis compañeros escritores, sino todo lo contrario. De un modo muy destacado, quiero reconocer la ayuda de dos amigos que son a su vez magníficos escritores, y que han allanado de forma desinteresada el camino de este libro hasta la imprenta. Se trata de Francisco Rodríguez Criado y de Vicente Marco. Sin la pericia del primero, este conjunto de textos habría llegado a tus manos con el desaliño que me caracteriza. Sin la generosidad y las buenas artes del segundo, puede que este libro ni siquiera hubiera visto la luz.

Por último, mi reconocimiento para Manuel Pimentel, Javier Ortega, Daniel Valdivieso y el resto del equipo de Editorial Berenice. Hay quien opina que sobran escritores, pero de lo que no cabe duda es de que los editores escasean. La edición no es un buen negocio, por lo que el mundo del libro siempre anda necesitado de insensatos. Mis libros y yo hemos tenido la suerte de dar con algunos de los insensatos más maravillosos de este país.